방콕 홀리데이

2018년 4월 10일 개정 3판 1쇄 펴냄
2019년 1월 31일 개정 3판 2쇄 펴냄

**지은이** 이동미
**발행인** 김산환
**책임편집** 성다영
**디자인** 렐리시, 윤지영
**마케팅** 정용범
**지도** 글터
**펴낸곳** 꿈의지도
**인쇄** 두성 P&L
**종이** 월드페이퍼

**주소** 경기도 파주시 경의로 1100, 604호
**전화** 070-7733-9545
**팩스** 031-947-1530
**홈페이지** www.dreammap.co.kr
**출판등록** 2009년 10월 12일 제82호

ISBN 979-11-87496-82-3-14980
ISBN 979-11-86581-33-9-14980(세트)

지은이와 꿈의지도 허락 없이는 어떠한 형태로도 이 책의 전부, 또는 일부를 이용할 수 없습니다.
※ 잘못된 책은 구입한 곳에서 바꿀 수 있습니다.

# BANGKOK
# 방콕 홀리데이

글·사진 이동미

꿈의지도

# 프롤로그

가장 좋아하는 도시의 리스트에 방콕이 있다. 베를린, 방콕, 이스탄불, 부다페스트, 바르셀로나 그리고 아직 가보진 않았지만 분명히 내 톱 리스트에 오를 부에노스 아이레스까지. 그러고보니 내가 가장 좋아하는 이 도시들은 이스탄불만 빼고 모두 알파벳 B로 시작한다.

이 중에서 방콕은 내가 세상에서 두 번째로 좋아하는 도시이다. 뭣 모르고 떠난 첫 해외 여행지도 방콕의 카오산이었고, 사랑하는 친구가 방콕으로 신혼여행을 떠났을 때 다른 친구들과 일정을 맞춰 다함께 보냈던 곳도 방콕이었으며, 틈만 나면 만만하게 떠났던 여행지도 방콕이었다.

방콕에는 세상에서 가장 부드러운 미소가 있는가 하면 동시에 가장 섹시한 에너지가 넘쳐 흐른다. 누구에게나 열려 있는 문화는 태국 전통에서 과감한 성문화에 이르기까지 그 범위를 규정할 수 없을 만큼 다양하고 끝도 없다. 나는 그 뻔하지 않은 도시의 스펙트럼과 지루할라 치면 툭툭 튀어나와 뒤통수를 치는 예상 밖의 방콕 문화와 사람, 일상에 매료되었다. 나에게는 그런 반전과 기대 이상의 도시가 바로 방콕이다.

방콕은 유혹이 많은 도시다. 그래서 위험한 도시이기도 하다. 그 유혹에 온전히 몸을 맡기는 것도, 적당히 조절하며 즐기는 것도, 아니면 단순한 관광객으로 남는 것도 모두 자신에게 달렸다. 나는 이 책이 여러분을 어디로든 유혹할 수 있는 책이면 좋겠다. 누구나 다 아는 곳에서 유명 음식을 먹고 사진을 찍기보다는 숨어 있는 방콕의 뒷골목에서 현지인들의 일상처럼 먹기 바라며, 달콤한 디저트보다는 똠양꿍 향과 맛이 나는 똠양 마티니에도 도전해보기를 바란다.

평범한 일상이 지겨워서 혹은 탈출하고 싶어서 떠나는 여행이 아니던가. 단순한 관광객이 되길 원한다면 그냥 이 책을 덮고 가시라. 이 책은 그보다는 훨씬 강렬한 경험을 원하는 여행자의 것이다.

## Special Thanks

방콕에서 가장 멋지고 인기 있는 부티크 호텔과 럭셔리 호텔들,
뿐만 아니라 호텔 내의 스파와 레스토랑까지 다양하게 경험할 수 있도록 아낌없이
지원해준 에바종Evasion의 **에드몽드**Edmond **대표**,
이전에 한 번도 만나뵌 적 없음에도 〈방콕 홀리데이〉를 위해
통 크게 지원해주신 여행박사의 **조영우 이사님**,
반얀트리 방콕에서 최고의 힐링 시간을 갖을 수 있도록 완벽하게 지원해주신 **김영선님**,
그리고 방콕의 숨은 맛집에서 진짜 파인 다이닝, 어둠의 클럽까지 쏙쏙 뽑아 안내해준
광장한 미식가이자 세계 미식가협회의 엠버서더, **라즈 타네자**Raj Taneja,
방콕에 갈 때마다 따뜻한 환대를 해준, 지금은 아시아 베스트 레스토랑 1위에 오른 셰프 **가간**Gaggan

방콕의 핫 플레이스 리스트를 기꺼이 넘겨준 많은 호텔 홍보 관계자분들-
특히 수코손 호텔의 커뮤니케이션 매니저인 **캔디스 라퍼티**Candice Rafferty
호텔 뮤즈의 커뮤니케이션 디렉터인 **시리나테 미나쿨**Sirinate Meenakul과
시니어 마케팅 커뮤니케이션 매니저인 **수차나**Suchana

그 밖에도 수많은 음식과 술과 밤을 함께 나와 즐겨준 현지의 친구들과
서울에서 날아와 격려해준 **영수오빠, 인화, 정아, 스캇, 일라, 유선, 미정, 하영**
송크란 축제 사진을 흔쾌히 제공해준 사진작가 **김재욱**,
따끈따끈한 방콕 사진을 제공해준 **효진**,
벌써 세 번째 책을 함께 작업하며 '서로 느낌 아니까'가 된 디자이너 **렐리시**,
방콕 마니아로서 자신의 방콕 최애 공간과 사진을 기꺼이 제공해준 (홍)**석천 오빠**

마지막으로 원고 마감 중에도 계속 해외 출장을 다니느라 사라졌던 저자를 한탄과 인내심으로
끝까지 기다려주신 꿈의지도 **김산환 대표**와 **구완회 선배**에게 감사의 말씀을 드립니다.

이동미 드림

# 〈방콕 홀리데이〉 100배 활용법

방콕 여행 가이드로 〈방콕 홀리데이〉를 선택하셨군요. '굿 초이스'입니다. 이제 고민 끝, 행복 시작입니다. 〈방콕 홀리데이〉가 여러분의 방콕 여행 계획부터 돌아오는 순간까지 생애 최고의 휴가를 책임지겠습니다. 어떻게요? 스텝 바이 스텝, 〈방콕 홀리데이〉를 이렇게만 활용하시면 됩니다.

### 1) 방콕 꿈꾸기
❶ Step 01 » Preview를 먼저 펴세요. 방콕의 환상적인 풍광과 함께 당신이 방콕에서 꼭 봐야 할 것, 먹어야 할 것, 해야 할 것들을 알려줍니다. 그중에 맘에 드는 것을 콕 찍어 놓으시면 됩니다.

### 2) 여행 스타일 정하기
❷ Step 02 » Planning을 보면서 나의 여행스타일을 정해 보세요. 방콕여행의 목적이 휴식인지, 음식인지, 또 누구와 함께 여행을 할 것인지에 따라 여행일정과 스타일이 달라집니다.

### 3) 볼 것, 먹을 것, 할 것, 살 것 고르기
이제 여행의 내용을 채워 넣는 단계입니다. ❸ Step 03 » Enjoying에서 ❹ Step 05 » Shopping까지 꼼꼼히 보면서 하고, 먹고, 보고, 사고 싶은 것들을 고르면 됩니다. 이것도 마음에 들면 일단 찜해 놓으세요.

### 4) 숙소 정하기
가장 먼저 해야 할 일은 숙소를 정하는 것입니다. ❺ Step 06 » Sleeping을 보면서 내가 묵고 싶은 방콕 숙소들을 찜해 놓으세요. 마음껏 욕심을 부려도 좋습니다. 방콕은 특급호텔도 다른 도시의 절반 가격이니까요.

### 5) 지역별 일정 짜기

먹고, 보고, 즐길 거리들을 정했다면 이제 그 리스트를 지역별로 나눠봅니다. 6 Area에서는 해당 지역마다 가야 할 명소들이 나와 있어요. 하루에 한 지역씩 돌아보면 어떨까요? 특히 앞쪽에서 소개했던 호텔이나 레스토랑을 지역별로 다시 한 번씩 되짚어줘서 지역별 일정을 짜는데 아주 편리할 겁니다. 방콕의 대중교통은 7 Step 02 » Planning '방콕의 대중교통 이용하기' 참조.

### 6) D-day 미션 클리어

여행 일정까지 완성했다면 책 마지막의 8 여행준비 컨설팅을 보면서 혹시 빠뜨린 것은 없는지 챙겨보세요. 여행 40일 전부터 출발 당일까지 날짜 별로 챙겨야 할 것들을 꼼꼼히 알려주고 있으니까요.

### 7) 홀리데이와 최고의 휴가 즐기기

이제 모든 준비가 끝났으니 〈방콕 홀리데이〉가 필요 없어진 걸까요? 그렇지 않습니다. 여러 사정에 의해 일정이 틀어지거나, 계획하지 않은 모험을 즐기고 싶으면 언제라도 9 〈방콕 홀리데이〉를 펴야 하니까요. 〈방콕 홀리데이〉 한 권이면 여행이 든든해집니다.

# CONTENTS

- **004** 프롤로그
- **006** 〈방콕 홀리데이〉 100배 활용법
- **008** 방콕 전도

### STEP 01
### PREVIEW
### 방콕을 꿈꾸다
### 014

- **016** 01 방콕 MUST SEE
- **020** 02 방콕 MUST DO
- **028** 03 방콕 MUST EAT

### STEP 02
### PLANNING
### 방콕을 그리다
### 030

- **032** 01 혼자 처음 가는 방콕 여행 – 싱글, 초보여행
- **034** 02 먹고, 마시고, 밤새 놀고 – 친구, 미식여행
- **036** 03 쇼핑하고 스파하고 – 쇼핑여행
- **038** 04 로맨틱하고 럭셔리하게 – 커플, 신혼여행
- **040** 05 갈 곳은 가고, 쉴 땐 쉬고 - 가족여행
- **042** 06 방콕의 대중교통 이용하기

### STEP 03
### ENJOYING
### 방콕을 즐기다
### 048

- **050** 01 1920년대 스타일로 회귀한 방콕!
- **054** 02 방콕 최고의 칵테일을 찾아서
- **058** 03 방콕 클럽 BEST 3
- **062** 04 여자들은 모르는 남자들의 방콕
- **066** 05 안 가면 후회하는 방콕의 대표 스파 & 마사지 숍 5
- **070** 06 방콕 호텔 스파 BEST 3
- **074** 07 방콕의 스파&마사지 알짜 정보
- **076** 08 놓치면 아쉬워요! 방콕에만 있는 쇼
- **080** 09 방콕 러버 홍석천의 베스트 추천 4
- **082** 10 차오프라야 디너 크루즈
- **084** 11 직접 배우며 즐기는 체험 여행, 방콕 수업
- **086** 12 기왕이면 이때 오자! 방콕의 축제
- **090** 13 이곳만은 놓칠 수 없다! 방콕과 근교 일일투어
- **096** 14 현지인도 모르는 방콕 안의 섬 여행, 방 크라차오

## STEP 05
## EATING
### 방콕을 맛보다
### 102

- 104    01 방콕 최고의 로컬 맛집 BEST 4
- 108    02 파리, 뉴욕이 부럽지 않은 파인 다이닝
- 114    03 방콕의 푸드코트 BEST 4
- 118    04 방콕 최고의 길거리 음식 골목 5
- 122    05 방콕의 대표 음식 열전
- 124    06 방콕에만 있는 디저트 가게
- 126    07 방콕의 열대 과일 사전
- 128    08 세상 어디에도 없다! 방콕에만 있는 기이한 레스토랑
- 132    09 방콕 최고의 루프톱 바 3

## STEP 06
## SHOPPING
### 방콕을 남기다
### 136

- 138    01 아시아 패션의 중심으로! 태국의 로컬 브랜드
- 140    02 방콕의 쇼핑몰 BEST 3
- 144    03 방콕의 대표 스파 브랜드 상품
- 146    04 짜뚜짝에서 중고 야시장까지 안 가면 서운한 방콕의 쇼핑 스폿 3
- 150    05 한여름의 세일 기간, 어메이징 타일랜드 그랜드 세일

## STEP 04
## SLEEPING
### 방콕에서 자다
### 152

- 154    01 도심 속의 휴양지, 초특급 시티 리조트 호텔 BEST 4
- 162    02 로맨틱하고 합리적인 부티크 호텔 BEST 4
- 170    03 언제 가도 든든, 가족을 위한 호텔 BEST 4
- 174    04 How to book 방콕에서 호텔 고르는 방법

# CONTENTS

## BANGKOK BY AREA

### 01
**수쿰빗**
나나&아속 |
통로&에까마이
*178*

| | |
|---|---|
| 180 | PREVIEW 나나&아속 |
| 182 | MAP |
| 184 | ENJOY |
| 192 | EAT |
| 196 | SLEEP |
| 198 | PREVIEW 통로&에까마이 |
| 200 | MAP |
| 202 | SEE |
| 203 | ENJOY |
| 214 | THEME 라차다 거리 |
| 216 | EAT |
| 227 | SLEEP |

### 02
**시암&아눗싸와리**
*228*

| | |
|---|---|
| 230 | PREVIEW 시암 |
| 232 | MAP |
| 233 | SEE |
| 236 | ENJOY |
| 242 | EAT |
| 249 | SLEEP |
| 250 | PREVIEW 아눗싸와리 |
| 252 | MAP |
| 253 | SEE |
| 254 | ENJOY |
| 256 | EAT |
| 260 | SLEEP |

### 03
**칫롬&프런칫**
*262*

| | |
|---|---|
| 264 | PREVIEW |
| 266 | MAP |
| 268 | SEE |
| 270 | ENJOY |
| 275 | EAT |
| 285 | SLEEP |

## 04 실롬&사톤& 리버사이드

실롬&사톤 북부 | 실롬&사톤 남부와 리버사이드

**290**

| | |
|---|---|
| 292 | PREVIEW 실롬&사톤 북부 |
| 294 | MAP |
| 296 | SEE |
| 297 | ENJOY |
| 298 | EAT |
| 304 | SLEEP |
| 306 | PREVIEW 실롬&사톤 남부, 리버사이드 |
| 308 | MAP |
| 310 | SEE |
| 311 | ENJOY |
| 315 | EAT |
| 321 | SLEEP |

## 05 두짓&카오산 차이나타운

**324**

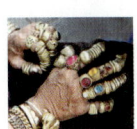

| | |
|---|---|
| 326 | PREVIEW 두짓&카오산 |
| 328 | MAP |
| 330 | SEE |
| 334 | ENJOY |
| 336 | EAT |
| 344 | SLEEP |
| 346 | PREVIEW 차이나타운 |
| 348 | MAP |
| 349 | SEE |
| 350 | EAT |
| 352 | 여행준비 컨설팅 |
| 366 | 인덱스 |

01 방콕 MUST SEE
02 방콕 MUST DO
03 방콕 MUST EAT

STEP 01
PREVIEW

1

여행을 하면서 늘 날씨가 좋으면 좋겠지만, 안 좋은 날씨도 나름의 매력이 있다. 이런 방콕의 하늘.

PREVIEW 01
# 방콕 MUST SEE

'천사들의 도시'라 불리는 방콕은 따스한 미소와 친절한 사람들, 그리고 뭔가 항상 끓어오르는 듯한 에너지가 넘치는 도시다. 전세계 여행자를 두루 매료시키는 관대하면서도 세련된 감각의 코스모폴리탄 시티! 그곳의 대표 풍경들.

2
도시의 가장 높은 곳에서 내려다보는 방콕의 야경. 보고 있어도 믿기지 않는 순간.

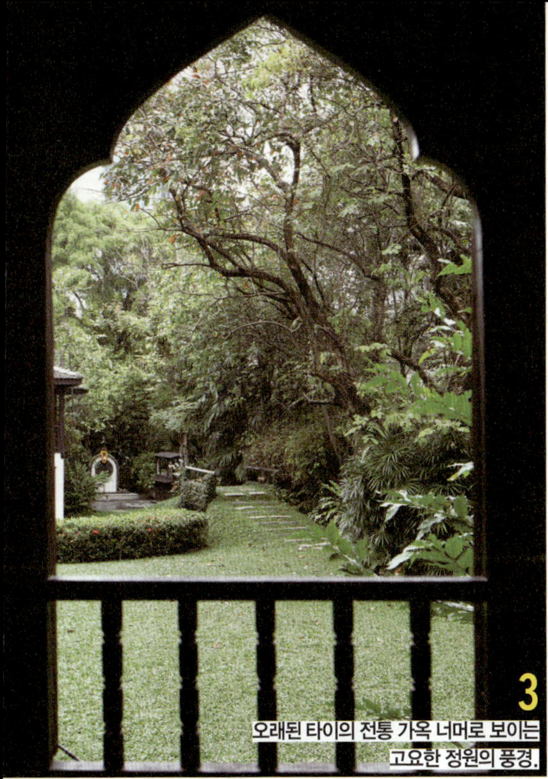

3
오래된 타이의 전통 가옥 너머로 보이는
고요한 정원의 풍경.

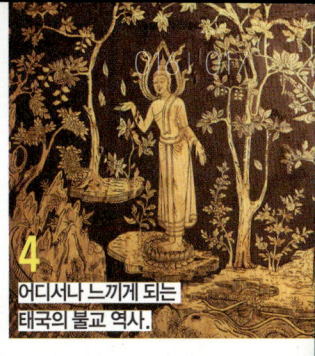

4
어디서나 느끼게 되는
태국의 불교 역사.

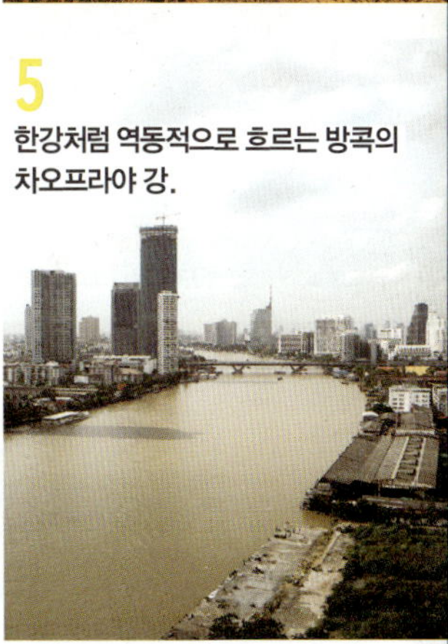

5
한강처럼 역동적으로 흐르는 방콕의
차오프라야 강.

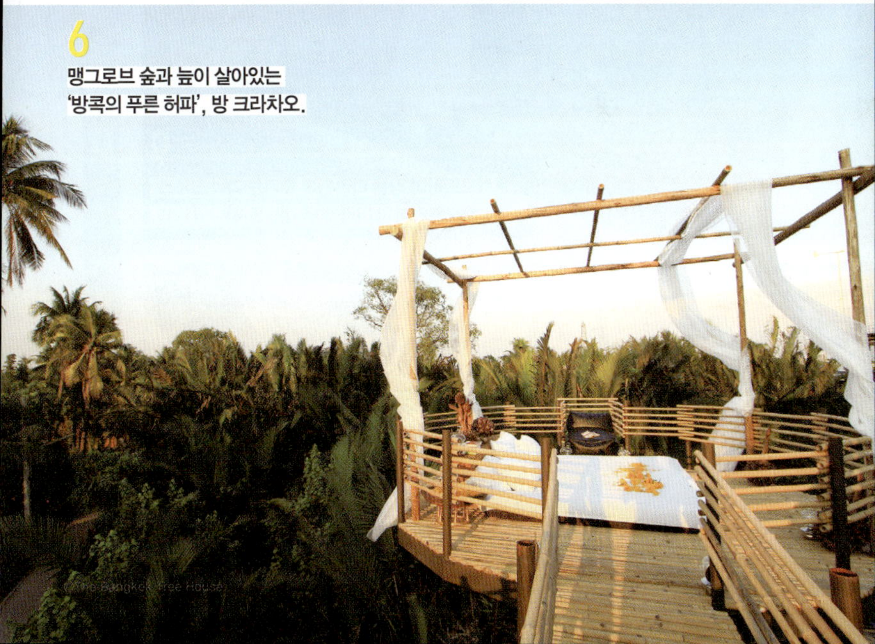

6
맹그로브 숲과 늪이 살아있는
'방콕의 푸른 허파', 방 크라차오.

ⓒThe Bangkok Tree House

STEP 03
PREVIEW

7 꼭 보아야할 곳, 수상시장.

8 방콕 안의 유럽 정원.

9 차오프라야 강을 따라가며 즐기는 디너 크루즈.
차오프라야의 야경을 즐기는 또 하나의 방법.

10 방콕의 아트는 어떤 모습?

## 11
택시 안에 있는 게 아니라면 이것도 근사한 풍경. 방콕의 러시아워.

## 12
방콕 관광의 1번지, 왕궁과 사원과 부다.

## 13
방콕에서 유럽을 만나다.

STEP 01
PREVIEW

PREVIEW 02
# 방콕
# MUST DO

익숙한 방콕, 새로운 방콕,
친절한 방콕, 든든한 방콕,
만만한 방콕, 세련된 방콕,
화려한 방콕, 신나는 방콕,
나른한 방콕, 야한 방콕.
이 도시에서 꼭 경험해야 할,
이 끝도 없는 리스트들!

**1** 방콕의 1920년대로 회귀한 그곳 찾기!

**3** 이것 때문에 방콕 온다!
마사지 받고 또 받고.

**4** 지친 나를 위한 시간.
힐링을 위한 자리. 스파.

**2** 방콕에서 휴양하기. 한번 들어가면 나오기 싫은 도심 속 오아시스 즐기기.

**5** 그 도시에 가면 꼭 하는 것.
도서관 가보기. -TCDC에서

**6** 뉴욕과 파리의 미식가들
안 부러운 방콕의 파인 다이닝.
- 가간에서

STEP 01
PREVIEW

**7** 부티크 호텔에서 할리우드 스타처럼 지내기.

**8** 타이 쿠킹 클래스. 요리 못해도 맛있는 음식 만들게 되는 마법의 시간.

**10** 눈치껏 타고 잽싸게 내린다. -방콕 시내를 구불구불 흐르는 수로 따라 가는 수상버스.

**9** 쇼핑의 대세, 쇼핑몰에서 쇼핑하기! 방콕에서 가장 멋진 화장실은 덤으로!
- 터미널 21에서

**11** 사람 냄새, 땀 냄새, 방콕의
시장 냄새. 주말 짜뚜짝 냄새.

**12** 방콕 세일 대방출.

STEP 01
**PREVIEW**

**13** 만들자. 방콕 리얼 클럽 체험기! -DND클럽에서

**14** 방콕에만 있다! 치킨이 날라다니는 집.
-크라통 플라잉 치킨에서

**16** 이런 곳이 있을 줄이야! 1970년대 분위기의 방콕판 나이트클럽! -타완댕 디스틸러리에서

**15** 한 번 타면 재미, 두 번 타면 짜증. 방콕의 툭툭.

**17** 다른 것이지 틀린 것은 아닌 우리 모두의 골목.

**18** '세상에 이런 칵테일'을 만날 수 있는 방콕의 밤.

STEP 01
PREVIEW

**19** No 슈거, No 워터! 방콕의 흔한 100% 길거리 과일 주스!

**20** 먹는 거라면 현지인처럼!

**22** 라임을 넣으면 파란색에서 보라색으로 변하는 버터플라이 피.

**23** 밤의 거리, 수쿰빗 24. 바로 개조한 빈티지 카에서 술 사먹기.

**21** 연인과 함께라면 꼭. 친구와도 꼭. 부모님과도 꼭.
혼자서는 못하는 루프톱 레스토랑의 저녁식사 –버티고 앤 문 바에서

**24** 음식의 천국.    **25** 수영하며 노을 감상.

STEP 01
**PREVIEW**

방콕에서 만난 미쉐린 요리,
강댕 프로즌 레드 커리 랍스터
**스라부아 긴긴 in 시암** p.111

열대과일의 여왕,
망고스틴
**길거리 과일 노점** p.126

칵테일을 시키면 폴라로이드를
찍어 잔에 꽂아주는
**이블 맨 블루스 in 통로** p.205

## PREVIEW 03
# 방콕 MUST EAT

매콤새콤하면서도 입안이
얼얼한 리얼 쏨땀
**이산 로디 in 아눗싸와리** p.256

프로그레시브
인디안 퀴진을 만나다
**가간 in 랑수언 로드** p.108

생선살튀김 같은 토드만
쁠라와 코코넛 주스!
**딸링 쁠링 in 시암** p.107

신선한 망고, 망고 아이스크림,
망고 스티키 라이스
**망고탱고 in 시암** p.125

싸고 맛있는 터미널 21의
푸드코트 타이 음식
**피어 21 in 아속** p.115

보트 위에서 먹는 누들 한 그릇
**보트누들 골목 in 아눗싸와리**
p.257

저녁에 먹는 칼칼한
생선찌개
**낀롬촘사판 in 카오산**   p.336

똠얌꿍 맛이 나는
마티니? 똠얌티니
**멧바 in 사톤**   p.057

소면처럼 삶은 면에
남야소스를 얹어먹는 카놈진
**소이 수안플룻 in 사톤**   p.299

1,500원짜리 맛깔난 길거리 음식에서
10만원짜리 파인 다이닝 요리까지,
오감을 찌르는 방콕의 음식 천국을 소개합니다!

태국식 북경오리
**린파 차이니즈 레스토랑
in 아눗싸와리**   p.257

당 떨어질 때 딱 좋은
달달한 몬놈솟 토스트
**몬놈솟 in 마분콩**   p.125

우리 입맛에도 쏙!
태국식 닭튀김 까이톳
**쏨땀누아 in 시암**   p.242

하이소들의
단골 태국 요리
**칼파프록 in 사톤**   p.106

한번 빠지면 헤어나올
수 없는 맛, 두리안
**차이나타운**   p.127

이 맛에 방콕 온다, 푸팟퐁까리
**티 레스토랑
in 아눗싸와리**   p.256

01 혼자 처음 가는 방콕여행 싱글, 초보여행
02 먹고 마시고 밤새 놀고 친구, 미식여행
03 쇼핑하고 스파하고 쇼핑여행
04 로맨틱하고 럭셔리하게 신혼여행
05 갈 곳은 가고, 쉴 땐 쉬고 가족여행
06 방콕의 대중교통 이용하기

## PLANNING 01

# 혼자 처음 가는 방콕여행

**싱글, 초보여행
3박 5일**

배낭여행자의 천국, 카오산 로드가 있는 방콕은 혼자 여행가는 사람들에게 가장 만만하고 인기있는 여행지다. 홀로 떠나는 두려움은 줄이고, 무궁무진한 재미를 느낄 수 있는 방콕 싱글여행.

**PLAN** 여행 경비는 최대한 아끼면서 많이 보고 돌아다니는 콘셉트로 잡는다. 처음 가는 방콕이라면 그만큼 의욕도 충만하고 욕심도 많을 터. 방콕에 일찍 도착하는 아침 비행기를 타고 와서 첫날부터 알차게 돌아볼 수 있는 코스로 꾸민다.

**숙소** 만약 당신이 어리고 패기넘치는 여행자라면 배낭여행자들의 천국이라 불리는 카오산에 숙소를 잡자. 가장 저렴한 게스트하우스와 호스텔이 많이 몰려 있다. 또 혼자 여행하는 사람들이 많기 때문에 쉽게 친구를 사귈 수 있고 정보도 공유할 수 있다. 한국인이 운영하는 여행사나 식당도 모여 있어 낯선 도시에서 도움 받기도 쉽다. 동대문, 홍익인간, 홍익여행사 등이 대부분 식당과 숙소, 여행사를 겸하고 있다.

**식사** 카오산에는 배낭여행자들이 갈 만한 저렴한 식당과 노천 음식점이 많아 부담없이 식사를 할 수 있다. 현지 젊은이들이 많이 모이는 바와 음식점도 가볼 것. 대부분의 식사를 값싸게 먹을 수 있지만, 혼자 가서 먹어도 어색하지 않은 유명 음식점도 리스트에 넣을 것.

**이동** 카오산 내에서는 도보로 다니거나 툭툭을 한번쯤 타보는 것도 나쁘지 않다. 카오산에서 시내까지는 교통이 그닥 좋지 않으니 익스프레스 보트를 이용해 사판탁신 역으로 온 다음, BTS를 이용하자.

**주의사항** 처음 그리고 혼자 여행하는 곳인 만큼 사람이 많이 모이는 관광지에서는 항상 가방을 잘 챙기고, 무엇보다 택시를 타거나 쇼핑을 할 때 바가지를 쓰지 않도록 조심한다. 방콕 실정에 어두우니 타깃이 되기 쉽다.

**TIP** 숙박비는 줄이고 일정은 길게 잡는 것이 관건. 인천에서 출발하는 아침 일찍 비행기로 출국하고 방콕에서 자정에 출발하는 비행기로 돌아간다면 꽉꽉 찬 3박 5일을 보낼 수 있다.

## [1일]
- 09:35 타이항공으로 출국
- 13:20 방콕 도착
- 15:00 호텔 체크인
- 17:00 카오산 나이쏘이 국수(p.339)나 꾼댕(p.339)에서 쌀국수 먹기
- 18:00 카오산 구경
- 20:00 멀리건스 아이리시 바나 브릭 바 등에서 라이브 연주 보며 맥주 마시기. 안주로 저녁 때우기

## [2일]
- 09:00 왕궁(p.089)과 왓포(p.090) 관광

- 12:00 왓포 마사지는 실력이 좋으니까 꼭 받자(발마사지 혹은 타이마사지로). 왓포 안에 마사지를 받을 수 있는 숍이 있다

- 13:30 카오산 팁사마이에서 팟타이 먹기, 길거리에서 과일 사먹고 로띠 마타바(p.337)에서 디저트 삼아 또 먹고
- 14:00 모카 커피 앤 갤러리에서 휴식
- 17:00 차오프라야 강변 혹은 프라쑤맨 요새(p.332)에서 노을 감상하기
- 19:00 쏙 포차나에서 해산물 타이 요리 먹기
- 21:00 빅토리 모뉴먼트 역 근처에 있는 색소폰 바에서 재즈 공연 보며 하루를 마무리

## [3일]
- 07:00 담넌사두악 시장(p.092) 반일투어 가기
- 13:00 카오산 도착, 숙소에서 잠시 휴식
- 15:00 왓아룬(p.091) 관광
- 17:00 아시아티크 야시장(p.141)에서 쇼핑
- 19:00 아시아티크에 있는 다양한 음식점 중 골라서 저녁 식사
- 21:00 호텔 도착

## [4일]
- 09:00 일정 중에 주말이 낀다면 짜뚜짝 시장(p.148)에 가보자
- 13:00 시암역 주변에 있는 시암 파라곤(p.236), 시암 센터, 시암 디스커버리, 마분콩 등에서 쇼핑. 점심 식사는 쇼핑센터 안의 푸드코트를 이용. 혼자 먹기에도 매우 편리한 장소다. 마분콩의 몬놈솟(p.125)에서 토스트는 필수코스

- 17:00 창 풋 마사지(p.241)
- 19:00 암뎃에서 타이 분식 먹기
- 20:30 팟퐁 골목 구경하고 숙소 돌아오기

## [5일]
- 10:00 체크아웃. 숙소에 짐 맡겨두기
- 11:00 짐톰슨 박물관(p.233) 구경
- 13:00 짐톰슨 박물관 내에 있는 레스토랑 겸 카페에서 느긋한 점심식사
- 16:00 아속역에 있는 쇼핑몰 터미널 21(p.142)에서 쇼핑하고 렛츠릴렉스에서 타이 마사지 받기. 다양한 타이 음식을 판매하는 푸드코트에서 저녁먹기

- 21:00 숙소에 맡겼던 짐 찾아 공항으로 출발

## PLANNING 02

# 먹고
# 마시고
# 밤새 놀고
### 친구, 미식여행
### 4박 6일

길거리 음식에서 파인 다이닝까지, 부담없는 비용으로 미식여행의 절정을 누리다. 먹는 것에 관심 많고 유흥에 강한 여행족 일정. 방콕 빠꼼이들을 위한 플랜이다.

**PLAN** BTS나 MRT를 서울 지하철처럼 자유로이 이용할 수 있고, 관광객이 아니라 현지인처럼 방콕을 즐기고 싶은 여행자를 위한 일정이다. 방콕에 친구들이 한두 명쯤은 있거나 혼자여도 사람이 바글바글한 레스토랑에서 천연덕스럽게 음식을 먹을 줄 아는 베테랑 여행자를 위한 코스.

**숙소** 여러 번 와본 익숙한 도시이므로, 집처럼 편안한 분위기를 느낄 수 있는 레지던스나 서비스 아파트먼트를 구한다. 방콕에 거주하는 외국인들이 많이 사는 통로 지역의 레지던스나 가장 핫한 거리로 손꼽히는 첫록 또는 프런칫 역 쪽의 호텔이 좋겠다.

**식사** 관광객에게 유명한 레스토랑보다는 현지인에게 인기있는 음식점, 현지인들만 아는 곳을 공략한다. 파인 다이닝을 즐길 수 있는 호텔 레스토랑이나 고급 레스토랑도 리스트에 올릴 것.

**이동** 어디가 어느 지역인지 웬만큼 꿰고 있는 여행자이므로 BTS와 MRT로 부지런히 다니기로 한다. 택시, 오토바이 택시도 상황에 따라서는 적절히 이용. 기회가 된다면 클롱 쌘 쌥 운하를 지나다니는 보트를 타보자. 당신이 몰랐던 방콕을 보게 될 것이다.

**주의 사항** 웬만큼 아는 도시라고 방심하면 금물. 특히 클럽이나 바에서 놀 때는 너무 오버하지 말자. 그래도 준비는 철저히! 클럽갈 때 필요한 신분증은 항상 지참!

**TIP** 방콕 안에 있는 섬으로 1박2일 에코투어를 떠나거나 버려진 기차역 주변에서 열리다가 지금은 장소를 옮긴 주말 야시장 딸랏 롯 빠이 마켓, 빅토리 모뉴먼트역 부근에 지금도 남아있는 보트누들 골목 등 익숙한 방콕의 숨겨진 곳들을 탐험해보자.

## [1일 수]

- 13:00 느긋한 여행자니까 방콕 도착은 오후 시간에 적당히
- 16:00 통로 서머셋 호텔(p.173) 체크인
- 18:00 '방콕 탑 10 레스토랑'에 든 수파니가 이팅룸에서 타이 음식으로 저녁 식사
- 21:00 도착한 날부터 밤을 즐겨주는 센스, 요즘 핫한 배드 모텔(p.056)에서 칵테일 한잔!

## [2일 목]

- 10:00 기상
- 11:00 방콕의 유럽을 느낄 수 있는 두짓 지역의 위만멕 궁전(p.330) 관광
- 13:00 빅토리 모뉴먼트 역 부근의 운하에서 보트누들 먹기
- 14:30 아늣싸와리의 수안빡깟 궁전(p.253)에서 조용한 산책
- 17:00 현지인이 즐겨가는 쾌적한 도매시장 플래티넘 쇼핑몰 뒤지기. 현금 필수
- 20:00 호텔 뮤즈의 메디치 레스토랑(p.275)에서 오페라 들으며 저녁식사
- 22:30 주말 밤을 위해 오늘은 자두기

## [3일 금]

- 10:00 아침식사 후 방콕 아트앤컬처센터(p.234) 구경
- 13:00 총논시 역에서 내려 방콕 하이소에게 유명한 현지 음식점 칼파프룩(p.106)에서 점심 먹기
- 15:00 카트만두 사진 갤러리(p.310)와 힌두사원 구경

- 18:00 프로그레시브 인디안 퀴진을 먹을 수 있는 가간(p.108)에서 셰프의 테이스팅 메뉴 식사
- 22:00 호텔 뮤즈의 루트톱 바 스피크이지(p.052)에서 방콕 야경+칵테일 타임!
- 24:00 이국적인 바 매기추(p.051)에서 칵테일
- 02:00 DND 클럽(p.208)에서 춤추기
- 04:00 수쿰빗 소이 38의 먹자골목에서 출출한 배 채우기

## [4일 토]

- 11:00 하이드 앤 식(p.279)에서 브런치
- 15:00 아시아 허브 어소시에이션(p.068) 혹은 리바나 스파에서 스파 휴식
- 18:00 퀸스 혹은 소울 푸드(p.105)에서 저녁식사
- 20:00 신비로운 아이런 페어리스(p.228)에서 술 마시며 공연 보기
- 22:00 통로의 72건물 1층에 있는 이블 맨 블루스(p.205)에서 이태리 출신의 믹솔로지스트가 선보이는 칵테일 마시기
- 24:00 수쿰빗 소이 11의 레벨스, 혹은 클라이맥스 클럽(p.186)에서 '불토'를 보낸다

## [5일째 일]

- 11:00 아침식사 후 수영장에 퍼져 있기
- 14:00 통로 더 커먼스(p.204)에서 점심 먹기
- 16:00 왓포 마사지 수쿰빗(p.069)에서 두 시간 타이 마사지 받기
- 18:00 차이나타운 야와랏 로드에서 해산물 먹기
- 21:00 세인트 레지스 호텔의 주마(p.057)에서 칵테일로 마무리

## [6일째 월]

- 10:00 아침식사 후 가까운 슈퍼마켓 쇼핑
- 13:00 수스타니아 오가닉 레스토랑(p.217)에서 건강한 음식으로 디톡싱
- 15:00 호텔 휴식, 짐 싸두기
- 18:00 똥뎅다이 보트누들(p.220)에서 쌀국수로 간단한 저녁식사
- 21:00 공항으로 출발

STEP 02
**PLANNING**

PLANNING 03

# 쇼핑하고
# 스파하고

**친구 혹은 커플
쇼핑 여행 4박 6일**

여자를 위한 여행,
여자친구를 위한
커플여행 되시겠다.
명품 쇼핑몰에서 짜뚜짝
시장까지, 쇼핑을 위한
체력은 필수! 다크서클은
스파로 물리친다. 방콕
쇼핑몰과 소문난 스파
완전 정복 코스!

---

**PLAN** 쇼핑과 스파 때문에
방콕을 찾을 정도로
마니아 취향을 가진 여행자
코스다. 여자들의 여행, 혹은
여자친구를 위해 함께 따라온
남자친구와의 커플여행 되겠다.
쇼핑지와 가까운 지역에 호텔을
잡고 지칠 때까지 보고 또 보고
사는 쇼핑 콘셉트.

 내로라 하는 쇼핑몰이
**숙소** 몰려 있는 시암 지역과
가까운 칫롬&플런칫 지역에
호텔을 잡는다. 쇼핑을 위한
최고의 숙박 지역이다. 시암 지역
자체에는 숙소가 많지 않다.
부티크 호텔이 많은 랑수언 로드
주변으로 유명 브랜드 호텔과
주변에 합리적인 금액대의
중가호텔이 여럿 있다.

**식사** 쇼핑이 위주인 만큼
식사는 쇼핑몰 내의
푸드코트나 유명한 타이 레스토랑
체인점을 애용한다. 쇼핑몰
안에는 럭셔리 브랜드의 스파
센터도 많이 자리하고 있으니
일석이조.

 쇼핑몰로 갈 때는 BTS와
**이동** MRT, 잔뜩 산 물건이
많다면 돌아올 때는 택시를
이용한다.

 방콕에서 파는 세계 명품
**주의** 브랜드 가격은 다른
**사항** 도시보다 결코 싸지 않다.
서울 매장과 비슷하거나 한국의
면세점에서 사는 것이 더 쌀 정도.
독특한 타이 디자이너 브랜드나
보세제품, 인테리어제품에
집중하자.

**TIP** 보통 6월 중순에서 8월
중순 사이에 방콕 메가
세일이 열린다. 명품이나 유명
타이 디자이너 브랜드를 구매할
계획이라면 이 시기를 적극
활용해볼 것. 시암의 유명
쇼핑몰에서 5% 할인되는
여행자카드를 만든다. 100만원이
넘는 물품은 텍스리펀을 받을 수
있는 서류를 꼭 챙겨 공항에서도
환급받을 수 있도록 한다.

## [1일 수]
- 09:35 서울 출국
- 13:20 방콕 도착
- 14:30 1920년대의 빈티지한 스타일로 꾸며진 부티크 호텔 뮤즈(p.166)에 체크인
- 15:00 시암 파라곤 딸링 쁠링(p.107)에서 늦은 점심식사 후 아이쇼핑, 1층의 고메 마켓에서 태국 요리 재료 사기
- 18:00 시암스퀘어는 야외에 있으므로 해질 무렵부터 보세 쇼핑 시작
- 20:30 쏨땀누아(p.242)에서 쏨땀과 카이텃(닭튀김) 먹기
- 21:00 망고탱고(p.125)에서 망고 디저트 먹기. 항상 줄을 서는 곳이므로 느즈막이 가서 먹고 호텔 돌아오기

## [2일 목]
- 10:30 아침식사 후 시암센터(p.143)에서 태국 디자이너 브랜드 쇼핑
- 13:00 그레이하운드 카페(p.216)에서 점심식사
- 15:00 시암 디스커버리(p.140)에서 라이프스타일 숍 공략
- 17:00 마분콩 몬놈솟(p.125)에서 토스트 먹기, 다양한 식품류을 살 수 있는 톱스 마켓과 기념품 선물 사기
- 19:00 MK 수키 먹기
- 21:00 랑수언 로드의 창풋 마사지(p.241)에서 발마사지로 마무리

## [3일 금]
- 11:00 짐톰슨 아웃렛 팩토리(p.149)에서 실크 제품, 부모님 선물 사기
- 13:00 칫롬역의 엠버시 쇼핑몰 내에 있는 나라 타이 퀴진(p.107)에서 점심

- 16:00 호텔에 쇼핑한 물건 두고 아시아티크(p.141)로 출발
- 17:00 사판탁신 역까지 BTS로 와서 아시아티크 가기. 덤으로 강변 노을 보고 야시장 구경, 아시아티크 내의 파이어 앤 다인에서 파스타
- 22:30 숙소 도착

## [4일 토]
- 09:30 한낮에는 더워서 쇼핑 불가, 짜뚜짝 시장(p.148)은 아침 일찍 서두르자
- 12:00 짜뚜짝 시장 내에서 점심 떼우기. 수시로 물이나 주스 마시며 체력 유지
- 14:00 호텔에 돌아와 짐 두고 스파 받으러 가기. 수쿰빗의 오아시스 스파(p.190)에서 넉다운 된 심신을 스파로 다스릴 수 있다
- 16:30 수쿰빗의 라사야나 리트리트 카페(p.223)에서 건강 음료와 가볍게 오가닉 음식 먹기
- 18:00 터미널 21(p.142)에서 쇼핑 재도전!

- 21:00 풀만 방콕 호텔 G의 스칼렛(p.320)에서 와인 마시며 주말 밤 보내기

## [5일 일]
- 11:00 체크아웃. 센트럴월드(p.270) 갔다가 센트럴칫롬에서 스파 제품 쇼핑
- 13:30 랑수언 로드의 크레페앤코에서 크레페 먹기
- 15:00 한사르 호텔의 럭사 스파(p.273) 혹은 르네상스 라차프라송의 콴 스파(p.272) 받기
- 18:00 레이트 체크아웃하고 스위트 라임(p.280)에서 베트남 음식으로 가볍게 저녁식사
- 21:00 공항 출발

## PLANNING 04

# 로맨틱하고 럭셔리하게

### 신혼여행 3박 4일

방콕으로 떠나는 신혼여행은 너무 시시하다고 생각하는 사람을 위한 반전 코스! 눈 휘둥그레지는 최고급 호텔에서 휴양하고, 뉴욕, 파리만큼 고급스럽고 낭만적인 시간을 보낼 수 있는 일생일대의 허니문 타임.

**PLAN** 방콕 허니문 코스는 대개 방콕을 경유지로 1박 정도만 하고 푸껫이나 코사무이 등의 섬으로 가는 것이 일반적이다. 여기서는 방콕을 경유지로 하는 허니문 코스가 아니라 3박 이상은 방콕에서 로맨틱하게 둘이서 즐기는 장소와 일정으로 소개했다.

**숙소** 일생에 한 번뿐인 신혼여행인 만큼 초특급 럭셔리 호텔을 공략하자. 전 객실이 스위트룸으로 구성된 풀빌라 형태의 '더 시암'이나 시내 중심지에 있는 부티크 호텔 한사르, 스파가 예술인 올스위트룸의 반얀트리 호텔 등이 좋은 후보다.

**식사** 한 끼를 먹더라도 맛있게, 혹은 근사하게 먹기. 타이 요리를 배우고 직접 만든 음식도 먹어보는 쿠킹 클래스, 그리고 낭만적인 디너를 책임져주는 파인 다이닝도 두세 번 정도는 먹어줘야 허니문.

**이동** 어떤 타입의 여행자라 하더라도 가장 편안하고 만만한 수단은 BTS와 MRT이다. 다만 택시 이용도 아끼지는 말자. 안 비싸다.

**주의 사항** 밖을 다닐 때는 무척 덥지만, 쇼핑몰 안이나 호텔 안은 에어컨이 제법 세다. 그러니 얇은 가디건 한두 개는 챙겨다니는 것이 좋다.

**TIP** 이때 안 받으면 언제 받아보나 하는 마음으로 예약하는 럭셔리 커플 스파. 커플 마사지는 최소 1시간 반 이상 받도록 하고(그래야 효과를 볼 수 있다), 받고 난 뒤에는 팁으로 최종 금액의 10% 정도를 주도록 한다.

## [1일]
**코사무이 혹은 푸껫 허니문 이후의 방콕 일정**
- 12:00 방콕 도착, 한사르 호텔(p.168) 체크인
- 13:00 시암 파라곤(p.236)과 시암센터 쇼핑몰 구경, 시암 파라곤 안의 '카페 칠리'에서 태국요리로 점심식사
- 16:00 시암 파라곤 바닐라 브라세리에서 커피와 케이크 타임
- 17:00 게이손 플라자의 탄 생추어리(p.068)에서 스파
- 20:00 반얀트리 베티고 앤 문 바(p.133)에서 방콕 야경 보며 디너 코스 식사
- 23:00 호텔 도착

## [2일]
- 08:45 블루 엘리펀트(p.316)에서 쿠킹 클래스 및 점심식사
- 14:00 호텔 수영장에서 느긋하게 오후 보내기
- 19:30 디너크루즈(p.080)로 차오프라야 강 야경 즐기기
- 22:00 리버시티의 '비바 아비브'에서 분위기 이어가기
- 24:00 호텔 도착

## [3일]
- 11:00 온눗역 짐톰슨 팩토리(p.149)에서 실크 인테리어 소품, 부모님 선물 사기
- 13:30 아속역에서 내려 터미널 21안 피어 21(p.115)에서 쌀국수 먹기, 터미널 21 쇼핑몰 둘러보기
- 16:00 만다린 오리엔탈(p.072) 커플 스파 받기

- 19:00 아시아티크 야시장 쇼핑 및 식사
- 21:45 칼립소(p.079) 공연 보기

## [4일]
- 11:00 위만멕 궁전(p.330)에서 방콕 속 유럽 즐기기
- 13:00 더 시암의 타이 레스토랑 '촌'에서 점심 식사. 혹은 아눗싸와리 랑남 로드의 현지 음식점에서 쏨땀 먹기
- 15:00 호텔에서 쉬며 짐 싸기
- 18:00 호텔 레이트 체크아웃 하기. 하이드 앤 식(p.279)에서 저녁식사
- 21:00 공항 출발

STEP 02
**PLANNING**

PLANNING 05

# 갈 곳은 가고, 쉴 땐 쉬고
**가족여행 3박 4일**

모든 일정은 아이를 배려한 코스가 되기 마련이다. 휴식과 관광의 시간을 적절히 분배하는 것도 필요하다. 무리한 일정보다는 여유가 있는 코스로 짠다. 부모 욕심에 아이 골병 나지 않는, 현명한 코스 선택 제안!

**PLAN** 아이가 한 명 이상 있는 가족의 경우 관광형인지, 휴식형인지에 따라 숙소와 일정이 달라질 수 있다. 관광할 곳은 아이들에게도 흥미로울 만한 곳으로 짜고, 한참 더운 오후 시간에는 쇼핑몰 안에서 시간을 보내면서 피로를 줄인다.

**숙소** 많이 돌아다니지 않고 휴식 위주의 여행이라면 차오프라야 강변쪽의 호텔들이 좋고, 관광과 쇼핑으로 이동이 많다면 시내에 있는 호텔이 편리하다. 혹은 2박씩 나눠서 강변쪽에 있는 힐튼에서 2박, 시내의 시암캠핀스키에서 2박을 나눠 지내는 것도 방법이다.

**식사** 어른들 식성보다는 아이들의 식단도 신경써야 하므로, 타이요리를 먹더라도 되도록이면 자극이 덜한 음식을 먹고, 아이들에게 친근한 서양 음식도 종종 먹는다.

**이동** BTS의 금액이 방콕에서는 결코 저렴한 편이 아니기 때문에 3인 이상 가족이라면 택시가 더 싸게 나올 수 있다. 그러니 어디서든 택시 타는 것을 부담스러워하지 말자.

**주의 사항** 길거리 음식은 아무래도 부담스럽다. 하지만 길거리에서 얼음박스 안에 넣어두고 파는 과일은 신선한 것이니 많이 먹어도 배탈날 염려는 없다.

**TIP** 택시를 탈 때는 항상 미터로 가는지를 확인해야 한다. 택시 운전사가 미터기를 켜지 않는다면 미터기를 켜달라고 말해야 한다. 그렇지 않고 계속 흥정을 하려든면 미련없이 내려서 다른 택시를 탄다.

## [1일]
- **10:20** 인천 출발
- **15:00** 밀레니엄 힐튼 호텔(p.171) 체크인
- **16:00** 호텔 수영장에서 아이들과 물놀이하며 놀기. 풀 사이드에서 간단한 스낵 먹기

- **17:00** 라마 8세 다리를 바라보며 낀롬 촘사판(p.336)에서 푸짐한 태국 해산물 요리로 저녁식사
- **21:30** 호텔 도착

## [2일]
- **09:30** 아이들의 교육을 위해서도 왕궁(p.089)과 왓포(p.090) 혹은 왓아룬(p.091)을 선택해 관광한다. 정오쯤에는 투어를 마칠 것
- **12:30** 시암 파라곤(p.236)의 푸드홀에서 점심식사
- **14:30** 시암 파라곤 아쿠아리움 구경과 시암 디스커버리 쇼핑

- **17:00** 미스터 존스 오퍼니지(p.247)에서 아이들과 케이크 먹기
- **19:00** 시암 스퀘어(p.240) 구경, MK에서 저녁식사

## [3일]
- **07:00** 배 위에서 물건을 파는 담넌사두악 수상시장(p.092) 반일투어는 아이들에게도 흥미로운 볼거리다. 수상시장만 돌아보는 반일투어를 신청한다. 담넌사두억 시장에서 코코넛 아이스크림 먹기

- **14:00** 호텔로 돌아와 잠시 휴식
- **18:00** 힐튼 호텔 디너 뷔페 혹은 시내에 있다면 르네상스 라차프라송 방콕의 플레이버 디너 뷔페 식사

## [4일]
- **11:00** 방콕 아트앤컬처센터(p.234) 구경

- **13:00** 짐톰슨 하우스 뮤지엄(p.233)의 레스토랑에서 점심 식사
- **15:30** 플래티넘 쇼핑몰(p.254)에서 부담없이 쇼핑
- **17:30** 아이와 함께 버티고나 시로코를 가기에는 무리가 있다. 방콕 도시의 모습을 한눈에 내려다보고 싶다면 바이욕 스카이 전망대(250바트)가 괜찮다. 우리나라의 63빌딩 같은 곳이라 보면 된다.
- **18:30** 실롬의 풀만 G 호텔 1층 25 디그리스(p.318)에서 햄버거로 저녁 식사
- **21:00** 호텔에서 짐을 픽업해 공항 출발

## PLANNING 06
# 방콕의 대중교통 이용하기

인구 천만에 육박하는 방콕은 서울만큼 큰 도시다. 가장 편리하게 이용할 수 있는 BTS와 MRT를 비롯, 차오프라야 강을 오가는 수상버스, 택시와 오토바이 택시까지 다양한 교통수단이 갖춰져 있다.

### 1. 스카이트레인 BTS

관광대국 방콕에서도 심한 교통체증 만큼은 늘 환영받지 못하는 최대의 불만 요소다. 꽉꽉 막히는 도로에서 스트레스 안 받고 가장 편리하고 쾌적하게 이동할 수 있는 교통수단이 바로 지상철 BTS와 지하철 MRT이다. BTS는 방콕의 중심지역에서 외곽지역까지 두루 이어져 편리하며, 크게 실롬 노선과 수쿰빗 노선으로 나뉜다. 수쿰빗 노선은 모칫Mo chit에서 베어링Bearing까지, 실롬 노선은 내셔널 스타디움 역에서 딸랏 프루Talat Phlu까지 이어지며 두 노선은 시암 역에서 교차한다. 요금은 15~40바트. 아침 6시부터 자정까지 운행한다. 하루 동안 무제한 사용할 수 있는 1일 패스는 120바트다. 방콕 물가를 생각하면 BTS나 MRT는 결코 가격이 싼 편이 아니다. 함께 여행하는 일행이 서너 명이라면 BTS를 이용하는 것보다 택시를 이용하는 것이 더 이익일 수 있으니 목적지가 어디냐에 따라 잘 이용하는 것이 좋다.

Web www.bts.co.th

## 2. 지하철 MRT

BTS와 함께 가장 편리한 교통수단이다. 현재 한 개 노선에 총 18개의 역이 있다. BTS보다는 활용도가 조금 떨어지지만 짜뚜짝 시장이 있는 후알람퐁 역 등으로 가기 편리하다. 기본 요금은 15바트, 거리에 따라 요금이 올라간다. BTS를 탔다가 MRT로 갈아탈 때 한 표로 이용할 수 없어 표를 새로 사야하는 번거로움이 있다.
Web www.mrta.co.th

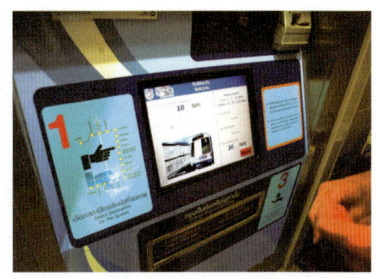

## 3. 택시 Taxi

방콕의 택시는 요금이 저렴해 여행자들이 가장 많이 이용하는 교통수단 중 하나다. 교통 체증만 없다면 어디서나 택시를 타고 다녀도 별 부담이 없을 정도로 저렴하다. 하지만 문제는 한 번 막히기 시작하면 택시 안에서 꼼짝달싹 할 수 없고, 마냥 시간을 버려야 한다는 점. 그래도 방콕의 중심 시내 안에서 움직인다면 사실 택시비는 아무리 막혀도 100바트를 넘지 않는다. 기본 요금은 35바트. 거리에 따라 2바트씩 올라간다. 핫 핑크, 노랑, 초록 등 비비드한 컬러의 미터택시는 방콕을 상징하는 것 중 하나로 볼 수 있다. 항상 미터로 갈 것을 얘기하고 확인하는 것이 좋다.

> **Tip 방콕에서 타지 말아야할 택시**
> 길가에 차를 대놓고 기사가 밖으로 나와 있는 경우에는 되도록 이용하지 말자. 대부분 미터로 가지 않고 흥정을 하려는 택시다.

## 4. 차오프라야 익스프레스 보트 Express Boat

차오프라야 강을 따라 운행하는 익스프레스 보트는 사판탁신 역에서 강의 북쪽을 따라 올라가며 왕궁, 왓아룬 등의 주요 관광지와 구시가지를 지나 라마 5세 다리까지 올라간다. 익스프레스 보트는 총 다섯 종류가 있는데, 배 뒤쪽에 달린 깃발 색을 보고 속도를 알 수 있다. 깃발이 없는 배는 일반 보트로 강의 모든 선착장에 서기 때문에 가장 느리고, 초록색, 노란색, 오렌지색, 파란색의 깃발을 단 보트가 있다. 파란색 보트는 관광객 보트로, 가장 빠른 대신 가는 노선도 가장 짧다. 각각의 익스프레스 보트가 운행 시간이 다르고, 운행간격도 5분 걸리는 배에서 20분 간격으로 다니는 것도 있다. 대부분의 보트는 주중 아침 6시에서 8시 사이, 저녁 5시에서 7시 사이에 다니는 배가 많다. 선착장마다 고유의 이름과 넘버가 있어 BTS처럼 노선도나 가이드북을 참고해야 한다. 요금은 10~32바트. 배에 타서 요금을 낸다. 파란색 깃발 투어리스트 보트는 편도 40바트다.
Web www.chaophrayaexpressboat.com

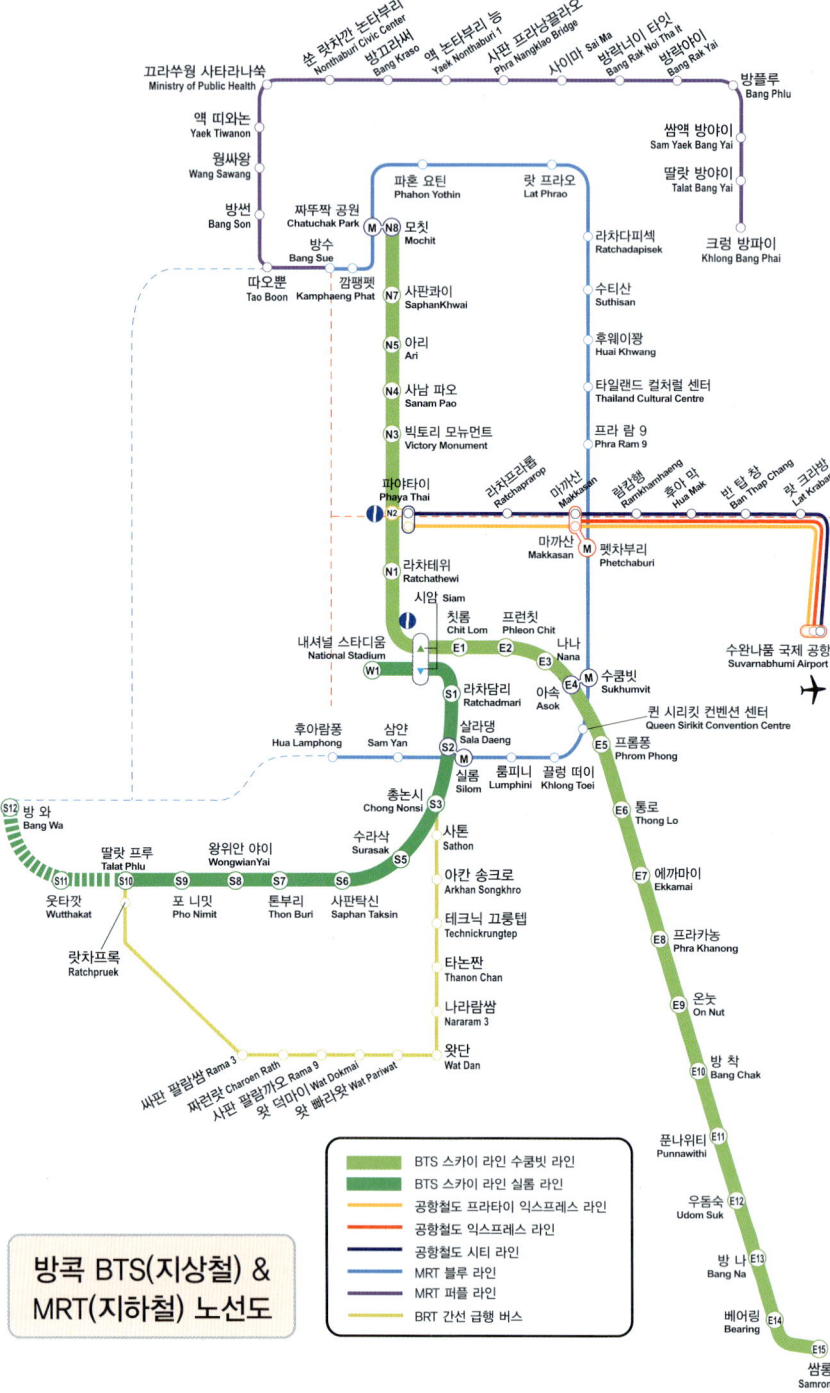

## 5. 클롱 쌘 쌥 운하 보트 Khlong Saen Saep Boat

차오프라야 강을 남북 방향으로 운행하는 익스프레스 보트도 있지만, 방콕 시내의 운하를 따라 동서로 가로지르는 클롱 쌘 쌥 보트도 정기적으로 다닌다. 차오프라야 익스프레스 보트는 관광객도 많이 이용하지만, 이 클롱 쌘 쌥 보트는 현지인이 주로 이용하는 교통수단으로, 시내 도로를 지날 때처럼 교통 체증을 겪지 않아도 된다. 이 보트는 폼 프랍 스트루 파이 Pom Prap Sttru Phai와 방카피 Bang Kapi 지역 사이를 오간다. 하지만 눈치껏 알아서 배에 올라타야 하고, 미리 신호를 보내지 않으면 정차를 하지 않는 배도 있어 타기가 쉽지는 않다. 게다가 시내 중심부의 좁은 수로를 흐르는 물은 차오프라야 강보다 수질이 나쁘고 냄새도 고약하기 때문에 가급적 물이 몸에 튀지 않도록 조심해야 한다. 특히 보트가 빠르게 움직일 때나 좁은 수로를 두 대의 배가 엇갈려 지나갈 때 물이 많이 튀는데, 이때 배의 양 옆에 있는 손잡이를 잡아당기면 비닐천이 올라가면서 물이 튀는 것을 막아준다. 보트를 타고 가며 방콕 시민들의 수상가옥도 보고, 생활상도 볼 수 있는 풍경이라 꼭 한 번 이용해보길 권하고 싶다.

Open 주중 05:30~, 주말은 오후 7시까지 운행 Cost 8~20바트

## 6. 버스 Bus

방콕에서 버스를 이용할 수 있는 여행자라면 그는 이미 현지인이라 불러도 될 것이다. 버스색마다 요금이 다르고 목적지까지의 거리에 따라서도 요금이 달라 개인적으로는 방콕에서 가장 이용하기 힘든 교통 수단이라 생각한다. 가장 많이 볼 수 있는 빨간색 버스는 에어컨이 없는 일반 버스, 오렌지와 파란색은 에어컨이 있는 버스다. 일반버스 요금은 5~12바트, 에어컨 버스는 8~20바트이다. 안내원이 버스 안에서 돈을 받고 탑승권을 준다.

## 7. 오토바이 택시 Motorcycle taxi

교통 체증이 심할 때 요긴하게 탈 수 있지만, 차들이 뿜어내는 매연은 감수해야 한다. 방콕을 여러번 와본 여행자들이나 방콕에서 사는 사람들이 골목을 다닐 때 주로 이용한다. 가까운 거리는 10~15바트, 먼거리는 20~30바트 정도 선이며, 30바트 이상은 바가지 요금이니 타지 말 것. 오토바이 택시 운전사들은 대부분 회사별로 다른 색의 조끼를 입고 있다.

## 8. 툭툭 Tuk Tuk

처음 한 번 타보는 것은 재미 있지만, 두 번 이상 타면 짜증 난다. 모토사이클을 바퀴 3개가 달린 삼륜차로 개조한 것으로, 사방이 뚫려 있어 막힌 도로에 들어가기라도 한다면 지독한 매연에 시달리게 된다. 툭툭은 몇 년 전까지만 해도 도로에서 흔히 볼 수 있는 교통수단이었지만, 현재는 안전과 배기가스 배출 규제 이유 등으로 계속 줄어드는 추세다. 목적지까지 정해진 요금이 없어 항상 모든 가격을 흥정해야 하며, 간혹 관광이나 쇼핑지로 데리고 가는 불량 운전수도 있으니 조심할 것. 교통이 혼잡하지 않은 곳에서 단거리를 이동할 때 이용하는 것이 가장 좋다.

---

### Tip See More, Do More, Get More

**방콕 시티 패스 Bangkok City Pass**

방콕의 주요 관광지를 묶은 입장권을 저렴하게 판매하는 방콕 시티 패스다. 1일권, 2일권, 3일권으로 나누어져 있으며, 모든 패스에는 BTS와 차오프라야 강 보트 1일 패스 등이 포함되어 있어 하루 교통비를 아낄 수도 있다. 또 시티패스의 리스트에 있는 스파와 레스토랑을 이용 시 최고 400바트까지 할인받을 수도 있다. 시티 패스에 포함되는 공연이나 장소를 갈 계획이 있는 사람에게 유용하다.

**1일권** 동남아시아 최대 규모의 수족관 시암오션월드의 입장권이 포함되어 있으며, 39% 할인된 999바트에 살 수 있다.
**2일권** 칼립소 카바레Calypso Cabaret 입장권 포함 1,200바트.
**3일권** 시암 나라밋, 플로우하우스 방콕Flow House Bangkok, 칼립소 카바레 포함. 1,999바트.
**Web** bangkokcitypass.com

01 1920년대 스타일로 회귀한 방콕
02 모히토는 잠시 잊어주세요! 방콕 최고의 칵테일을 찾아서
03 방콕 클럽 BEST 3
04 여자들은 모르는 남자들의 방콕
05 안 가면 후회하는 방콕의 대표 스파&마사지 숍 5
06 방콕 호텔 스파 BEST 3
07 방콕의 스파&마사지 알짜 정보
08 놓치면 아쉬워요, 방콕에만 있는 쇼!
09 방콕 러버 홍석천의 베스트 추천 4
10 차오프라야 디너 크루즈
11 직접 배우며 즐기는 체험여행, 방콕 수업
12 기왕이면 이때 오자! 방콕의 축제
13 이곳만은 놓칠 수 없다! 방콕과 근교 일일투어
14 현지인도 모르는 방콕 안의 섬여행 방 크라차오

ENJOYING 01
# 1920년대 스타일로 회귀한 방콕!

요즘 방콕은 1920~30년대 초의 유럽 스타일과 콘셉트를 차용한 공간들이 유행 중이다. 미국과 유럽에 불어닥친 금주법으로 몰래 술을 마시던 시대의 콘셉트을 옮겨놓은 흥미로운 바들이 인기를 끌고 있다.

미국의 주류 밀매점 스타일 그대로
## 스피크이지 Speakeasy

'스피크이지'라는 이름부터 1920년대 스타일을 대변한다. 1920년대 미국에 불어닥친 금주법 때문에 당시 술집들은 무허가 상태로 몰래 술을 팔았다. 대부분 간판이 없었고, 문을 잠그고 있다가 아는 사람에게만 문을 열어주는 식이었다. 문을 열어주거나 술을 주문할 때 손님이 미심쩍은 점이 없으면 바텐더가 스피크이지하게, 즉 '조용하게' 술 주문을 받은 데서 유래했다. 이후 스피크이지는 주류밀매점을 뜻하는 말이 되었다. 호텔 뮤즈의 24층과 25층에 있는 스피크이지는 이 시대의 스타일을 그대로 따르고 있다. 술잔 대신 커피잔이나 머그잔, 잼 통에 술을 담아 팔던 당시의 스타일대로 이곳에서도 칵테일을 투명한 유리 양념통에 담아준다. 25층으로 올라가는 숨겨진 통로를 찾는 일도 재미있다. 미닫이식으로 되어 있는 문을 열고 비밀 문을 올라가면 360도로 탁 트인 루프톱 바가 나온다. 24층의 테라스 바로 가기 전 옆에는 블라인드 피그Blind Pig 라는 이름의 시가 라운지가 있다. 블라인드 피그 역시 무허가 술집을 일컫는 말이었는데, 스피크이지와의 차이점이라면 스피크이지는 주로 상류층이, 블라인드 피그는 하류층 사람들이 주로 이용하던 싸구려 술집이었다고 한다. 호텔 뮤즈의 블라인드 피그에서는 입구에서 실크 재킷을 입고 들어간다. 옷에 시가 냄새가 배는 것을 막기 위해 입는다. 안에는 여러 개로 나누어진 프라이빗 바가 나오고, 전용 테라스를 갖춘 곳도 있다.

**Data** Map 267G
**Access** BTS 칫롬 역 4번 출구에서 도보로 10분
**Add** 24&25F, Hotel Muse 55/555 Langsuan Road, Ploenchit Road
**Open** 18:00~01:00
**Cost** 시그니처 칵테일 350바트
**Tel** 02-630-4000
**Web** www.hotelmusebangkok.com

### 1930년대의 상하이로 순간 이동
## 매기 추 Maggie Choo's

지하로 내려가면 종이우산이 주렁주렁 달려 있는 작은 분식집 같은 곳이 나온다. 잠깐만. 여기가 그 유명한 매기 추 바라고? 뜨끈한 누들 수프를 먹고 있는 사람들 사이를 지나 검은 커튼을 제치고 다시 들어가면 그제서야 레스토랑에 몇 배는 됨직한 규모의 큰 실내가 나타난다. 어두컴컴하지만 그 속에서도 단번에 사로잡는 장면은 피아노 위에 비스듬히 누워 있는 여자. 영화 <펄프 픽션>의 우마 서먼 같은 검은 머리를 하고 치파오를 입고 부채를 흔들고 있는 여자. 고개를 돌리니 다른 쪽에서는 그네를 타고 왔다갔다 하는 여자가 눈에 들어온다. 이곳은 1930년대 상하이의 퇴폐적이면서도 관능적인 술집 분위기를 테마로 만들었다. 동인도 회사의 지하금고였던 자리는 아치형의 작은 방들로 담배를 피거나 좀 더 농밀한 시간을 보낼 수 있는 프라이빗 룸으로 바뀌었다. 방콕의 하이소들과 외국인 거주자들, 잘 차려입은 비즈니스맨들이 많이 오는 이곳은 그야말로 별세계. 특히 밤 10시 이후에 라이브 재즈를 연주하는 무대로 바는 더 섹시해진다. 스카와 레게, 재즈를 두루 선보이는 티본T-bone 밴드(18년 넘은 타이 레게 부스터의 대부)를 비롯, 실력 있는 재즈 뮤지션들이 자정까지 음악을 선사한다. 아무리(벌써) 한 물 갔다고 해도 이런 공간을 만나본 적이 없는 여행자로서는 단번에 빠져들 수밖에 없는 곳이다. 꼭 한번 가보시라 권한다.

**Data** Map 308F
**Access** BTS 수라삭 역에서 나와 수라삭 로드로 우회전 도보 10분 후 좌회전 길 건너편
**Add** Novotel Bangkok Fenix Silom Hotel, 320 Silom Rd
**Cost** 글라스 와인 300바트, 와인 보틀 1,500~6,950바트, 맥주 200바트
**Open** 19:30~02:00
**Tel** 091-772-2144
**Web** www.facebook.com/maggiechoos

### 통러의 품격 있는 클럽
## 싱싱 시어터 Sing Sing Theater

매기 추를 먼저 가본 사람이라면, 싱싱 시어터 역시 뭔가 분위기가 비슷하다고 느낄 수도 있을 것이다. 그도 그럴 것이, 이곳에서도 치파오를 입고 부채를 흔들며 돌아다니거나 그네를 타는 여자들을 볼 수 있다. 뿐만 아니라, 매기추와 마찬가지로 이곳 또한 1930년대의 상하이를 연상시키는 인테리어와 분위기로 가득하다. 천장에는 1930년대 스타일의 붉은 조명들이 달려 있고, 중앙 층을 내려다보는 목재 발코니에도 사람들이 기대어 있으며, 숨겨진 통로와 의자도 찾아야 한다. 방콕에서 가장 특이한 바와 클럽을 만들어온 애슐리 서튼 Ashley Sutton의 또 다른 야심작이다. 매기 추 역시 그의 작품이다. 그는 중국 홍등가와 버려진 극장을 상상하며 이곳을 창조해냈다. 벌레스크 쇼가 열리는 카바레이자, 하우스와 일렉트로닉 음악이 나오는 클럽이기도 하다. 2015년 9월에 오픈한 이후, 방콕의 하이소와 파랑, 관광객까지 끌어모으는 최고의 클럽으로 군림하고 있다. 방콕에서 이보다 더 신나고 별난 데는 당분간 없을 듯싶다.

**Data Map** 200G
**Access** BTS 프롬퐁 역 4번 출구로 나와 도보로 6분
**Add** Sukhumvit 45
**Cost** 입장료 300바트
**Open** 화~일 21:00~03:00(화요일 휴무) **Tel** 063-225-1331
**Web** singsingbangkok.com

STEP 03
ENJOYING

ENJOYING 02

# 모히토는
# 잠시 잊어주세요!
# 방콕 최고의
# 칵테일을 찾아서

방콕에서 듣도보도 못한, 가히 혁신적인
맛의 칵테일들을 맛보면서 그동안
모히토만 시킨 것이 얼마나 억울한
일인지 깨닫게 되었다. 칵테일의 천국,
방콕에서 선택은 무궁무진하다.

### 2018년 아시아 베스트 바 13위 등극
## 백스테이지 칵테일 바 Backstage Cocktail Bar

이름처럼 백스테이지로 들어가기 위해 열어젖힐 법한 무거운 무대 커튼 뒤에 바가 숨어 있다. 극장을 테마로 한 부티크 호텔, 플레이하우스Palyhaus 로비 층에 위치한 칵테일 바이다. 이곳에 모든 관심이 집중되는 건, 2017년 아시아 베스트 바 50위에 갑자기 나타나 단숨에 18위에 올랐기 때문이다. 물론 그 전에도 이 숨은 바의 존재는 탄탄했다. 방콕 최고의 바텐더 6명이 의기투합하여 만든 백스테이지는 방콕에서 가장 창의적인 칵테일을 맛볼 수 있는 곳. 12가지의 시그니처 칵테일과 함께, 클래식 칵테일은 물론, 전구 프레임이 달린 거울에 쓰인 그날의 스페셜 드링크를 골라 즐길 수 있다. 카모마일 차를 우려낸 보드카와 사과주스, 유자 퓨레, 에그화이트 등을 넣어 만든 아삭하고 새콤한 맛의 칵테일 C&Y처럼, 당신에게도 꼭 맞는 칵테일을 찾을 수 있기를. 친절한 바텐더와 얘기를 나누다보면 어려운 일이 아니다. 무대 뒤의 탈의실처럼 꾸며진 백스테이지 바에 은밀하게 앉아 휴식하는 것, 방콕의 밤을 즐기는 또 하나의 방법이다.

**Data** **Map** 200H
**Access** BTS 통로 역 3번 출구로 나와 뒤돌아서 통로 메인로드로 도보 14분
**Add** 205/22-23 Sukhumvit Soi 55 **Cost** 시그니처 칵테일 340바트~
**Open** 19:00~02:00
**Tel** 061-519-5891
**Web** www.facebook.com/backstagecocktailbarbkk, www.lunaloungebkk.com

STEP 03
ENJOYING

**라커룸에 문을 열 수 있는 힌트가 있다!**
## 파인드 더 라커룸 Find the locker room

방콕에서 가장 찾기 힘든 스피크이지 바가 아닐까? 여자 셋이서 입구를 찾으려고 했으나 5분 넘게 찾지 못했다. 간판도 문도 없다. 힌트는 스티커가 덕지덕지 붙은 라커룸에 있다. 문을 찾는 것이 이 바의 가장 재미있는 부분 중 하나이니, 독자분들도 직접 찾아보길 권한다. 2층으로 구성된 내부는 작고 군더더기가 없다. 바도 화려하지 않으나, 하이라이트는 역시 이곳에서 만드는 칵테일. 모든 칵테일은 과거, 현재, 미래 세 가지 버전으로 이루어져 있다. 과거는 칵테일의 충실한 클래식 버전, 현재는 클래식을 변형한 것, 미래는 모험심 가득한 아이디어 칵테일로 완성됐다. 예를 들어 피나콜라다의 경우, 미래 버전인 '아이스콜드피나'는 판단잎과 코코넛을 넣어 인퓨즈드한 보드카와 코코넛워터에 우린 블루피 Blue Pea를 넣어 보라색의 투명한 미래적 피나콜라다가 탄생한 것. 친절한 바텐더들과 흥미진진한 메뉴판을 탐독하며 기꺼이 비밀스러운 칵테일을 즐길 수 있는 스피크이지 바이다.

**Data** Map 200F
Access 통로역 3번 출구로 나와 뒤돌아서 통로 메인 로드 방면으로 직진, 도보로 15분.
Add 406, Sukhumvit 55
Cost 아이스콜드피나 칵테일 420바트
Open 18:00-02:00
Tel 061-524-2689

## 뉴욕의 숨은 바에 온 듯한 무드
### J 보로스키 믹스올로지 J. Boroski Mixology

**Writer's Pick!**

서머셋 통로가 있는 통로 5와 통로 7 사이의 골목 안에 간판도 없이 자리한 스피크이지 바다. 발을 더듬을 수밖에 없을 만큼 어두컴컴한 실내는 높은 천장과 긴 바로 간결하게 이루어져 있다. 바 뒤에 높게 장으로 짠 벽은 중국의 오래된 약방처럼 빼곡한 서랍장으로 이루어져 있다. 두 명의 바텐더가 바를 누비고 있는데 17살 때부터 일을 시작한 조셉 보로스키가 이 바의 주인이다. 바텐더로서 대부분의 삶을 뉴욕에서 보내고 온 그는 방콕으로 옮겨와 제 2의 인생을 살고 있다. 이곳에는 칵테일 메뉴판이 없다. 자신이 좋아하는, 혹은 먹고 싶은 스피릿의 종류와 원하는 취향을 말하면 바로 만들어준다. 진 베이스에 과일 향이 나고, 대신 너무 달지는 않은 칵테일을 원한다고 이야기하면, 그에 가장 맞는 칵테일을 새롭게 만들어주는 것. 칵테일의 가격대는 센 편이지만, 대체로 평이 좋다.

**Data** Map 201H
**Access** BTS 통로 역 3번 출구로 나와 뒤돌아서 통로 메인 로드로 도보 10분. 서머셋 통로 지나 첫번째 골목에서 좌회전
**Add** 125/13, Sukhumvit Soi 55
**Cost** 시그니처 칵테일 300바트 이상
**Open** 19:00~02:00
**Tel** 02-712-6025
**Web** www.sipslowly.com

## 음식이 아닌 칵테일로도 최고!
### 주마 Zuma

2002년 런던에서 큰 성공을 거둔 이후, 아시아에는 홍콩과 방콕, 그리고 이스탄불, 마이애미 등 주요 도시에 지점을 두고 있는 유명 레스토랑이다. 모던 컨템포러리 일식 다이닝을 선보이는 집으로, 테이스팅 메뉴나 단품 일식 요리 모두 훌륭하지만, 야외로 이어진 사케 바에서 칵테일만 마시기에도 훌륭한 곳이다. 매콤한 칠리맛이 나는 칠리앤패션, 루밥으로 만든 칵테일, 유주앤마티니 코스모폴리탄 등 새로운 칵테일의 세계를 경험할 수 있다.

**Data** Map 266F **Access** BTS 라차담리 역에서 세인트 레지스 호텔로 바로 연결
**Add** 159 Rajadamri Road, Lumpini, Pathumwan **Cost** 주말 브런치 1,280바트, 단품 350바트~1,000바트, 칵테일 280바트~ **Open** 레스토랑:12:00~15:00, 18:00~23:00 라운지바:일~목 12:00~24:00, 금~토 11:30~02:00 **Tel** 02-252-4707 **Web** www.stregis.com/bangkok

### ENJOYING 03
# 방콕
# 클럽 BEST 3

방콕에서 요즘 가장 뜨는 클럽은?
대형 클럽이 몰려 있는 RCA 거리처럼
1년 내내 관광객이 몰리는 클럽이
아니라, 가장 트렌디하고 '물 좋은'
클럽을 소개한다. 방콕의 하이소와
파랑, 트렌드세터들이 몰려가는 곳인
만큼, 의상에도 신경을 써야 한다.
반바지 차림이나 샌들, 조리 등을
신고는 입장할 수 없다.

**가장 핫한 부티크 클럽**
### 레벨스 Levels

2013년 7월에 1주년을 맞은 레벨스는 지금 방콕에서 가장 핫한 클럽으로 손꼽힌다. 최근에 문을 닫은 베드서퍼클럽의 바로 맞은편, 어 로프트 호텔 6층에 위치해 있다. 야외 샴페인 테라스 바를 지나 안으로 들어가면 높은 천장과 화려하게 반짝이는 중앙의 거대한 샹들리에가 있는 라운지가 나온다. 샹들리에 바로 아래로 커다란 원형의 바가 만들어져 있다. 안쪽으로 더 들어가면 본격적으로 춤을 출 수 있는 클럽 공간이 나온다. 어두운 공간에서는 일렉트로하우스와 프로그레시브 하우스의 강렬한 음악이 터져 나온다. 외국에서 초청한 거물급 DJ파티가 아닌 이상 입장료는 따로 없다. 멋진 사람들이 많이 오는 곳인 만큼 하이힐이 필수다.

**Data Map** 182B **Access** BTS 나나 역 3번 출구로 나와 수쿰빗 소이 11 골목 어 로프트 호텔 2층 **Add** 6F, 35 Sumhumvit Soi 11 **Open** 21:00~03:30 **Cost** 맥주 150~200바트, 칵테일 210~300바트 **Tel** 08-2308-3246 **Web** www.levelsclub.com

## STEP 03
ENJOYING

### 통로와 에까마이의 새 강자
# DND 클럽 DND Club

2014년 말 오픈한 신생 클럽이지만, 이미 통로와 에카마이에서는 꼭 가야할 클럽으로 소문나 있다. '방해하지 마시오(Do Not Disturb)'라는 이름도 매력적이지만, 오래된 모텔을 테마로 지은 공간 인테리어도 근사하다. 모텔 복도처럼 만들어놓은 입구를 지나 안으로 들어서면 굉장히 큰 클럽 내부가 나타나는데, 빈티지 TV를 칸칸이 넣어둔 바의 벽과 낡은 수트 케이스 벽이 멋지다. 흡연실 안도 독특한데, 내부를 오래된 이발소처럼 만들어놨다. 홀에는 높은 테이블과 의자를 두어 따로 댄스홀이 있는 건 아니지만, 사람들은 그냥 테이블 주변에서 자유롭게 술을 마시다 춤을 추는 식이다. 다른 방콕 클럽과 마찬가지로 이곳에서도 병으로 마시는 타이 친구들이 많은데, 보틀 가격은 다른 클럽보다 조금 비싼 편이지만(2,000~3,000바트), 토닉이나 체리주스 등 타먹는 음료를 계속 무료로 제공한다. 주말 밤 10시 반부터 자정까지는 라이브 공연이 열리고, 그 이후에는 하우스와 테크노 등 EDM음악이 주를 이룬다. 자정이 넘으면 사람이 꽉꽉 들어차 인테리어고 뭐고 감상할 시간이 없다. 다만, 열심히 술을 마시고 춤을 추면 된다.

**Data** **Map** 2011 **Access** 낭렌 오른편에 있는 미니 쇼룸 옆 골목으로 들어가서 세이프 하우스 가기 전
**Add** Ekamai Soi 5/1 **Cost** 조니 워커 블랙 라벨 3,500바트,
**Open** 화~일 20:00~02:00 **Tel** 094-414-9266
**Web** www.facebook.com/donotdisturbclub

### 방콕 하이소들의 아지트
## 세라비 방콕 Celavi bangkok

쿠데타 방콕으로 문을 열었다가 세라비로 이름을 바꾸었다. 사톤 스퀘어 빌딩의 39층과 40층에 위치한 세라비는 심각하게 인상적인 입구의 무거운 커튼을 지나면 직사각형의 긴 클럽 라운지가 나타난다. 높은 천장에 길쭉한 조명이 위에서 쏟아질 듯 매달려 있다. 라운드 형 소파가 만들어진 테이블은 VIP자리. 발리나 싱가포르의 쿠데타를 찾는 사람들처럼 이곳 역시 잘 차려 입은 사람들이 주로 찾아온다. 섹시하게 입은 원피스와 하이힐이 기본이라는 말씀. 사운드 시스템과 조명이 환상적인 이곳에서는 문 닫는 새벽 2시까지 사람들은 나갈 줄 모른다.

**Data Map** 29I
**Access** BTS 총논시 역에서 1번 출구로 나와 도보 10분
**Add** 39F, Sathorn Square Building, 98 North Sathorn Rd, Silom
**Cost** 칵테일 200~300바트
**Open** 22:00~02:00 **Tel** 02-108-2000
**Web** celavi.com

## STEP 03
ENJOYING

### ENJOYING 04
# 여자들은 모르는
# 남자들의 방콕

늘씬한 여자들이 폴 댄스를 추는 방콕의 스트립 바나 아고고바는 남자들의 전유물로 여겨져 왔다. 여자끼리는 그런 바나 클럽을 갈 일도, 욕심도 없어서 아예 갈 생각을 하지 않게 된다. 그러다 취재를 빙자해(?) 팟퐁과 실롬, 소이 나나까지 탐험에 나섰다. 물론 심약한 여자들을 데리고 거침없이 다녀준 친구가 있다. 방콕의 밤 문화에 훤한 그가 아니었다면 꿈도 못꾸었을 일이다. 도대체 '그곳'에서는 무슨 일이 벌어지는 걸까 궁금하기만 했던 남자들의 밤 문화 속으로 들어가봤다. 처음에는 당황되는 부분도 많았지만, 신기하고 웃긴 부분도 있다. 방콕의 밤 문화를 책임지는 지역은 크게 네 군데다. 실롬과 팟퐁, 수쿰빗의 나나와 소이 카우보이. 실롬과 팟퐁이 한 지역에 붙어 있고, 나나와 소이 카우보이도 수쿰빗 지역으로 서로 멀지 않다.

### 최고의 게이클럽이 있는 곳
## 실롬 소이 2 Silom Soi 2

게이클럽과 바가 모여 있는 골목이다. 작은 골목 안에는 입구부터 바와 클럽들이 줄지어 있는데, 골목 가장 끝에 '디제이 스테이션DJ Station'이라는 방콕 최고의 게이클럽이 있다. 디제이 스테이션은 매일밤 드랙퀸 쇼(23:00)가 열리고, 주말 12시가 넘으면 '타이 보이'와 세계에서 모여든 게이들로 밤 디딜틈이 없다. 일반인들도 많이 놀러와는 다른 도시의 게이바들과 달리, 이곳은 일반 여성이나 남성은 거의 찾아보기 힘들다. 오로지 게이. 디제이 스테이션까지 들어오는 골목 양쪽에도 모로코 스타일의 클럽 카페Club Cafe와 파티 오Patio 등 여러 바들이 있는데, 이 모든 곳의 주인은 한 사람이라고. 주말에는 이 골목에도 사람들이 꽉 차서 움직이기가 힘들다. 입구쪽에서 소지품을 맡기고 들어가며 입장료는 300바트. 신분증 지참, 슬리퍼는 입장 불가.
www.dj-station.com

### 일본인 상대로 하는 거리
## 타논 타니야 Thanon Thaniya

일본 패션 스타일의 차림을 한 업소 여성들이 양쪽 길거리에 몰려 앉아 있는데, 대부분은 일본인 옷차림을 한 방콕 여성들이 일하고 있다. 일본 비즈니스객을 주로 상대한다.

### 게이바의 대표 골목
## 실롬 소이 4 Silom Soi 4

여자들도 한두 번쯤은 지나가 봤을 게이들의 대표 골목이다. 거리를 향해 나와 있는 테이블마다 빼곡하게 앉아 있는 남자들은 모두 게이. 이 골목을 레드카펫 삼아 지나가는 남자들을 살펴보고 서로 눈인사도 하는 식. 골목을 지나가기가 조금은 뻘쭘한데, 여자들한테는 눈길도 안주니까 괜히 의식할 필요 없다. 골목 초입에 있는 타파스는 일반과 이반이 모두 다 즐겁게 어울리는 이 골목의 터줏대감. 골목 맨 끝에 있는 바스BAS도 작지만 느긋하게 즐길 수 있는 바다.

### 고고바의 원조 거리
## 팟퐁 골목 Pat Phong

실롬과 수라웡Surawong 사이의 지역으로, 실롬 소이 6이 팟퐁에 해당한다. 유명한 야시장이 가운데 길게 늘어서 있고, 그 양쪽으로 여자들이 나오는 고고바들이 포진해 있다. 고고바는 여성만 모여 있는 곳도 있고, 레이디보이가 섞여 있는 곳도 있다. 또 팟퐁 2 골목에는 결박과 훈육, 사도마조히즘의 'BDSM'을 테마로 하는 곳도 있다. 여러 가게가 있지만, 팟퐁 소이 1과 소이 2 사이에 있는 바다빙Bada Bing이 가장 유명하다. 팟퐁에서 유일하게 언니들에게 '시달리지' 않고 느긋하게 앉아 쇼를 감상할 수 있는 곳이다. 바다빙은 두 가지 타입의 댄서(100% 여성)가 있다. 춤을 잘 추고 예쁜 미모의 코요테와 2차가 가능한 고고걸. 무대는 가운데에 만들어져 있으며, 그 주변으로 손님들이 앉는 의자가 있다. 20분마다 춤을 추는 언니들의 그룹이 바뀌며, 아주 짧은 청바지 혹은 간호사 복장, 군복 등으로 의상의 테마가 바뀌기도 한다. 팟퐁에 있는 고고바 중에는 점잖고 쿨한 클럽이라고 볼 수 있다.

# STEP 03
## ENJOYING

### 잊을 수 없는 레이디보이 클럽에서의 경험
### 나나 플라자 Nana Plaza

팟퐁과 실롬 소이 골목을 다녀본 후 의기양양하게 갔다가 언니들의 너무나 적극적인 행동에 깜짝 놀랐던 곳. 수쿰빗 소이 4에 있는 나나 엔터테인먼트 플라자는 현란한 네온사인과 조명으로 일단 시선을 압도한다. ㄷ 자 형태의 3층으로 구성된 이 플라자 안에는 고고바가 가득한데, 성전환 수술한 레이디보이, 수술 안 한 레이디보이, 완전 여자만 나오는 고고바 등으로 클럽이 나뉘어 있다. 3층의 클럽에서는 쇼도 펼쳐지는데, 무대 한 쪽에 커다란 욕조가 있는 곳도 있다. 언니들이 거품이 가득한 욕조에 들어가 섹시하게 거품 목욕을 하다가(비키니를 입고) 나와서 샤워를 하는 일을 되풀이한다. 가장 적극적이고 무섭게 달려드는 곳은 수술한 레이디보이들의 클럽. 시스루 형태의 속옷만 입고 있는 그녀들은 자리에 앉을 때부터 구름떼처럼 모여드는데, 만약 한두 명에게 술을 사주기 시작하거나 팁을 주기 시작하면 '얘는 주고 나는 왜 안 주냐'는 아우성과 함께 엄청 시달리게 된다. 같이 간 친구는 아마 그 자리에서 1,000바트 이상의 팁이 나갔을 것이다(한 명당 100바트). 수술한 레이디보이들은 정말 대담하다. 무릎에 앉기는 기본, 자신의 가슴이나 '그곳'까지도 보여주며 팁을 구한다. 그녀들은 남자 손님들이 오기를 좋아하지만(당연히), 우리처럼 여자, 남자가 섞여올 경우에는 남자만 에워싼다. 그녀들은 대담하지만 대체로 웃고 재미있다. 나나 플라자는 철저하게 남자를 위한 곳이므로 여자끼리는 가기 힘든 곳이다. 하지만 그곳에서의 경험은 후회스럽거나 불결한 일은 아니었다. 그저 또다른 형태의 삶을 사는 사람들이 있을 뿐이다. 이런 공간에 호기심이 있는 사람이라면 친구 혹은 연인과 한번 가보는 것도 색다를 듯하다.

### 아고고의 또다른 명소
### 소이 카우보이 Soi Cowboy

BTS 아속 역에서 내려 스카이패스를 따라 걷다보면 좌측으로 시티뱅크 건물이 보인다. 그 왼편으로 하얀 불빛이 보이는 곳이 소이 카우보이. 방콕의 밤 문화에 익숙한 남자들 사이에서 최고 인기 장소로 꼽히는 바카라Baccara를 비롯 티락Tilac, 샤크라 등이 유명한 클럽으로 꼽힌다. 소이 카우보이에서 가장 큰 규모와 언니들이 있는 바카라는 일본인과 한국인들에게도 인기가 많다.

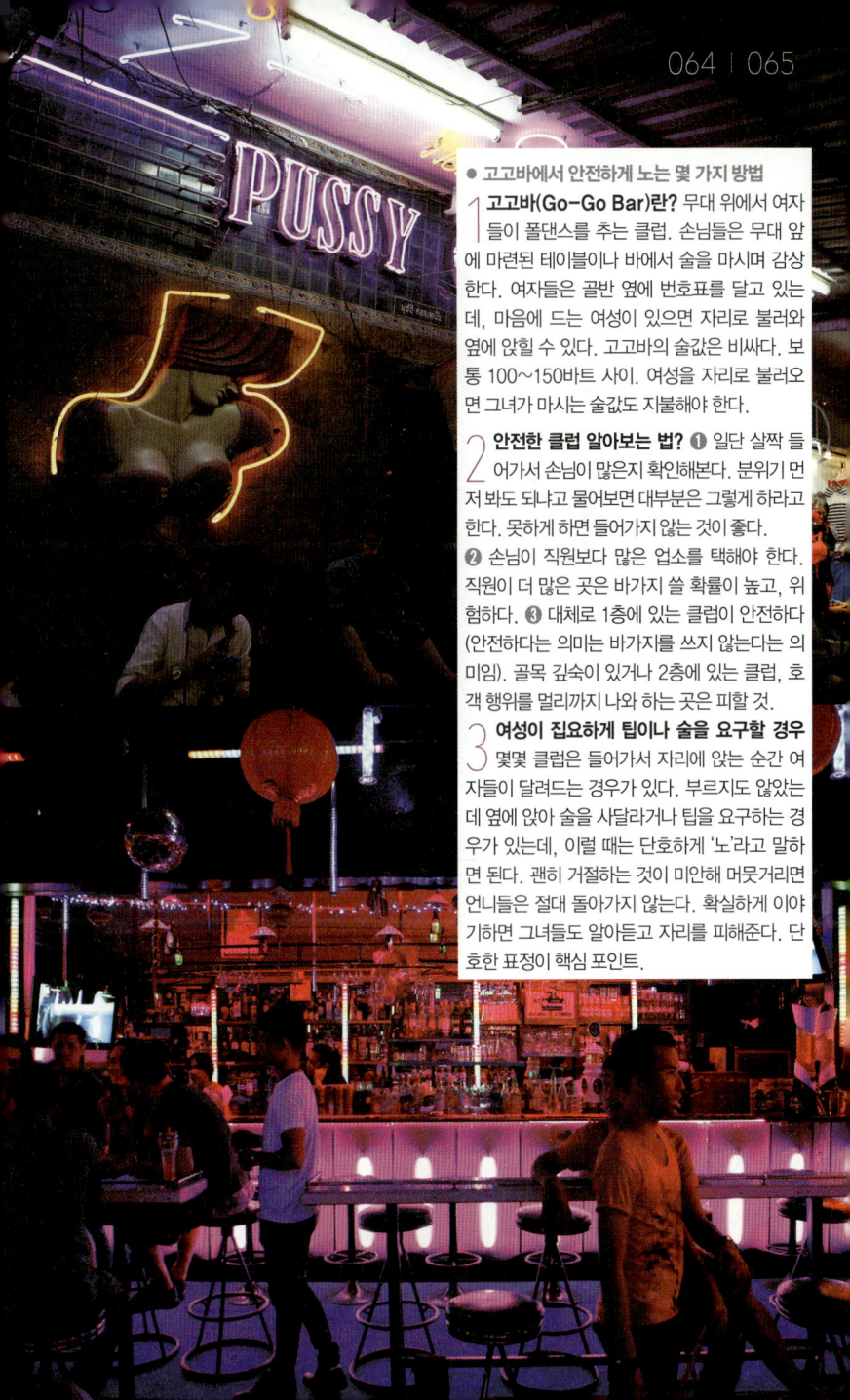

● 고고바에서 안전하게 노는 몇 가지 방법

**1 고고바(Go-Go Bar)란?** 무대 위에서 여자들이 폴댄스를 추는 클럽. 손님들은 무대 앞에 마련된 테이블이나 바에서 술을 마시며 감상한다. 여자들은 골반 옆에 번호표를 달고 있는데, 마음에 드는 여성이 있으면 자리로 불러와 옆에 앉힐 수 있다. 고고바의 술값은 비싸다. 보통 100~150바트 사이. 여성을 자리로 불러오면 그녀가 마시는 술값도 지불해야 한다.

**2 안전한 클럽 알아보는 법?** ❶ 일단 살짝 들어가서 손님이 많은지 확인해본다. 분위기 먼저 봐도 되냐고 물어보면 대부분은 그렇게 하라고 한다. 못하게 하면 들어가지 않는 것이 좋다.
❷ 손님이 직원보다 많은 업소를 택해야 한다. 직원이 더 많은 곳은 바가지 쓸 확률이 높고, 위험하다. ❸ 대체로 1층에 있는 클럽이 안전하다(안전하다는 의미는 바가지를 쓰지 않는다는 의미임). 골목 깊숙이 있거나 2층에 있는 클럽, 호객 행위를 멀리까지 나와 하는 곳은 피할 것.

**3 여성이 집요하게 팁이나 술을 요구할 경우** 몇몇 클럽은 들어가서 자리에 앉는 순간 여자들이 달려드는 경우가 있다. 부르지도 않았는데 옆에 앉아 술을 사달라거나 팁을 요구하는 경우가 있는데, 이럴 때는 단호하게 '노'라고 말하면 된다. 괜히 거절하는 것이 미안해 머뭇거리면 언니들은 절대 돌아가지 않는다. 확실하게 이야기하면 그녀들도 알아듣고 자리를 피해준다. 단호한 표정이 핵심 포인트.

ENJOYING 05
# 안 가면 후회하는 방콕의 대표 스파&마사지 숍 5

호텔 스파를 제외한 태국의 현지 브랜드 스파와 마사지 숍 중에서 베스트를 꼽아봤다. 최고의 호사를 누릴 수 있는 부티크 스파도 있고, 가격대비 최고의 만족감을 주는 마사지 숍도 있다.

디바나 벌츄 스파

### 방콕 부티크 스파의 1인자
## 디바나 스파 Divana Spa

오아시스 스파와 함께 방콕에서 가장 대표적인 부티크 스파로 손꼽힌다. 호텔 스파가 아닌 방콕의 고급 스파를 거론할 때 1순위로 꼽히는 곳. 디바나 스파는 사톤로드 남부의 디바나 벌츄 스파, 아속역 부근의 디바나 마사지 & 스파, 통로의 디바나 디바인 스파 등 세 지점이 있는데, 모두 별장같은 이국적인 건물과 아름다운 정원을 갖추고 있다. 트리트먼트룸은 모두 각기 다른 디자인과 컬러로 꾸며져 있으며, 고전적인 욕조를 갖춘 룸도 있다. 2013년 세계 베스트 럭셔리 스파, 세계 베스트 웰니스 스파에 모두 선정될 만큼 전문성을 인정받았다. 마사지에 사용되는 오일과 스크럽 제품은 모두 유기농 제품으로 타이 허브와 곡물, 과일을 원료로 한다. 아로마틱 마사지에서 디톡싱 스파, 아유르베딕 스파까지 다양한 트리트먼트를 갖추고 있으며, 부티크 스파답게 가격대도 꽤 높은 편이다. 유기농 원료를 이용한 다양한 스파 트리트먼트 제품도 판매한다.

**Data**
**Cost** 아로마틱 마사지(90분) 1,850바트, 아유르베딕 안티 에이지 시그니처(210분) 6,250바트
**Open** 월~목 11:00~23:00, 금, 토, 일 10:00~23:00
**Web** www.divana-dvn.com

디바나 벌츄 스파
**Map** 319K **Add** 10 Srivieng Silom **Tel** 02-236-6788

디바나 마사지&스파
**Map** 193G **Add** 7 Sukhumvit 25 **Tel** 02-661-6784

디바나 디바인 스파
**Map** 212E **Add** 103 Thonglo 17 **Tel** 02-712-8986

디바나 벌츄 스파

디바나 디바인

## STEP 03
## ENJOYING

**18가지 약재가 들어간 허브볼 마사지**
### 아시아 허브 어소시에이션 Asia Herb Association

방콕에서 중상급에 속하는 스파. 오아시스나 디바나 스파보다는 대중적이지만, 허브볼 마사지를 비롯한 전문 트리트먼트와 고급스런 시설을 갖춘 스파 체인점이다. 방콕의 유명 지역에 총 네 군데의 지점이 있으며, 이중 통로점이 가장 최근에 생겨 시설도 고급스럽다. 18가지의 유기농 허브와 약재를 넣어 직접 만든 허브볼로 등과 원하는 부위를 지압하며 마사지하는 것으로 유명하다. 레몬그라스, 생강, 심황, 민트, 스윗바질 등 18가지의 유기농 허브를 전통적인 처방으로 배합해 생허브볼을 만드는데, 이 허브들을 직접 키우는 농장까지 운영하고 있다. 타이 전통 마사지를 받은 후에 허브볼로 찜질하는 트리트먼트가 가장 인기있다.

**Data Map** 201K
**Access** BTS 통로 역 3번 출구로 나와 뒤돌아서 통로 메인 로드 방면으로 직진, 도보로 5분
**Add** 58/19-24 Sukhumvit 55
**Cost** 타이 전통 마사지(90분) 900바트, 100% 퓨어 블랜드 오일 마사지+허브볼 (90분) 1,250바트
**Open** 09:00~02:00
**Tel** 02-392-3631~3
**Web** www.asiaherbassociation.com

**쌀과 시소 추출물로 마사지**
### 탄 생추어리 Thann Saturary

탄은 태국에서 가장 먼저 대중화에 성공한 스파 브랜드. 2002년에 론칭한 이후 천연식물과 허브를 재료로 다양한 스킨 케어와 스파 제품을 선보이고 있다. 그중에서도 비타민 E성분이 풍부한 쌀 겨 오일과 시소(일본 깻잎)로 만든 스킨 케어 제품을 단독 개발해 더욱 유명해졌다. 가격대는 좀 있으나, 천연 헤어&스킨 케어 제품과 아로마 향초, 디퓨저 등 다양한 상품군의 질이 좋아 늘 인기가 많다. 게이손 플라자와 센트럴 월드에 지점이 있으며, 가장 최근에 문을 연 엠포리움 7층은 전 층에 걸쳐 단독 스파 매장으로 이루어져 있다. 엠포리움 쇼핑몰에서 엘리베이터로만 올라갈 수 있으며, 규모도 가장 크고 쉴 수 있는 라운지도 넓다.

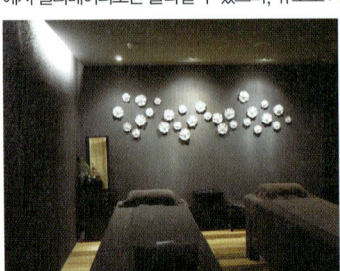

**Data Map** 201G
**Access** BTS프롬퐁 역 엠포리움 스위트 7층 **Add** Emporium Suites 7F **Cost** 나노 시소 테라피 3,800바트, 탄 생추어리 시그니처 마사지 90분 3,000바트
**Open** 10:00~22:00
**Tel** 02-664-9924
**Web** www.thann.info

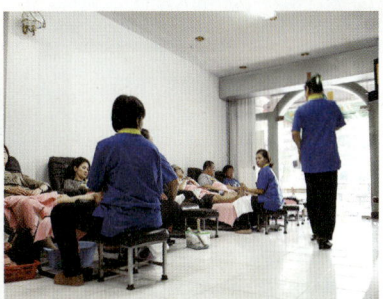

**최고의 만족감을 주는 타이 마사지 숍**
## 왓포 마사지 Wat Po Massage

태국에서 가장 공신력있는 마사지 교육 기관인 왓포 마사지 스쿨과 연계 된 곳이다. 수쿰빗 소이 39에 있는 왓포 마사지는 다른 마사지 숍들과 비교하면 분위기나 시설은 한참 떨어진다. 좁은 방 안에 매트리스만 깔려 있고, 옆 사람과 분리할 수 있는 것도 얇은 커튼이 전부다. 그럼에도 불구하고 왓포 마사지는 항상 사람들로 문전성시를 이룬다. 마사지 스쿨을 수료한 사람들이 전문적이고 체계적으로 마사지를 하기 때문이다. 가격대비, 기술대비 최고의 만족감을 준다. 충분히 온 몸을 풀어주는 2시간 코스를 추천한다. 일본인, 한국인들에게 특히 인기가 높다.

**Data Map** 183G
**Access** BTS 프롬퐁 역 4번 출구로 나와 100m **Add** 1/54-55, Soi 39 Sukhumvit
**Cost** 왓포 타이 마사지(120분) 300바트, 풋 마사지(60분) 250바트 **Open** 08:00~18:00
**Tel** 02-662-0151~3
**Web** www.watpomassage.com

**평생 잊지 못할 스파 경험**
## 판푸리 오가닉 스파 앤 숍 Panpuri Organic Spa & Shop

태국의 스파 브랜드 중 가장 귀족적이고 럭셔리한 브랜드다. 탄보다 높은 럭셔리 라인으로, 오프라 윈프리가 즐겨 구입한다고 해서 더 유명해졌다. 하지만 판푸리의 진짜 명성은 태국 선조들이 오래 전부터 사용해온 천연 재료에 있다. 천연 허브와 플라워 오일, 식물 뿌리 등을 이용한 천연재료를 스파 제품으로 쓰는 것이 특징이다. 게이손 플라자 로비 층에 있는 판푸리 오가닉 스파점에는 이국적인 분위기의 숍 뿐만 아니라 별도의 스파 룸도 갖추고 있다. 숍 안에는 블랙 다이아몬드처럼 반짝이는 싱글 트리트먼트 룸과 커플 룸이 한 개씩 있고, 숍 건너편에 새로 확장해 만든 스파 룸이 따로 있다.

**Data Map** 266B
**Access** BTS 칫롬 역 6번 출구에서 도보 5분 **Add** Lobby Level, Gaysorn Plaza 999, Pleonchit Rd.
**Cost** 판푸리 오가닉 바디 스크럽 1,000바트 **Open** 10:00~20:00
**Tel** 02-656-1199 **Web** www.panpuriorganicspa.com

ENJOYING 06
# 방콕
# 호텔 스파 BEST 3

지금껏 경험해본 방콕의 호텔 스파는 13군데 정도. 이 경험을 토대로 호텔 스파 BEST 3를 꼽아봤다. 방콕의 호텔 스파를 다 경험해본 것은 아니고, 대대적인 리서치를 통해 구성된 순위도 아니다. 하지만 이름 있는 호텔 스파를 체험한 기준으로 작성한 것임을 밝혀둔다.

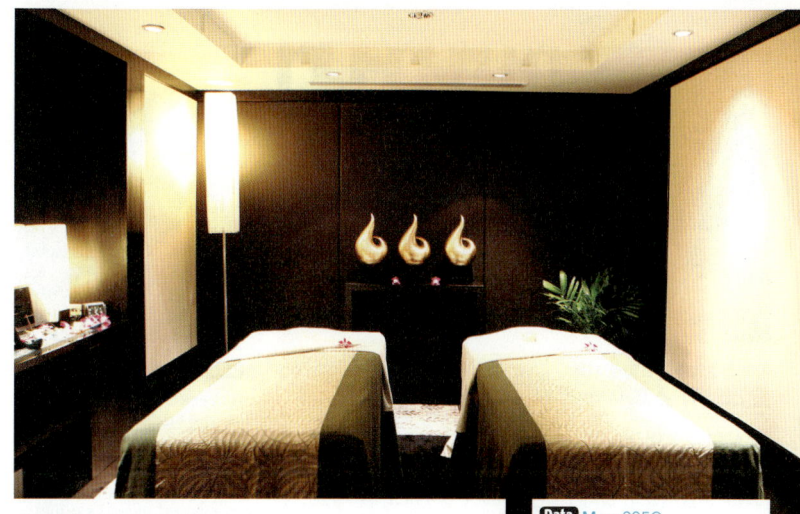

**기술보다는 인간 손길의 철학으로**
## 반얀트리 스파 Banyantree Spa

방콕을 대표하는 호텔 스파로 통한다. 반얀트리 스파는 태국 교육부와 보건부의 승인을 받은 스파 아카데미를 운영하면서 전문 테라피스트 양성에도 힘을 쏟고 있다. 최소 300시간 이상을 교육받고 통과한 전문가들이 반얀트리 스파에서 일하게 되며, 그 결과 세계 어느 도시의 반얀트리 스파에서도 똑같은 수준의 전문적인 마사지를 받을 수 있다. 반얀트리 스파는 기술보다는 인간의 손길을 더 중요시하는 'High Touch, Low Tech' 철학을 바탕으로 아시아 전통 방식의 치유 테라피를 강조하고 있다. 인체의 주요 압점을 완벽히 파악하고 현대와 고전의 방식을 융합한 마사지 기술로 엄지와 주먹, 손바닥과 팔꿈치 등 몸의 모든 부분을 이용해 세밀하게 마사지한다. 반얀트리 스파는 호텔의 19층과 20층에 걸쳐 16개의 트리트먼트룸을 갖추고 있고, 천연약초와 허브를 이용해 자체 제작한 오일과 스크럽 제품을 쓴다.

**Data Map** 295G
**Access** MRT 룸피니 역 2번 출구에서 도보로 10분
**Add** 21/100 South Sathon Road **Cost** 시그니처 마스터 테라피스트 익스피어리언스 (90분) 5,000바트, 아시아 블렌드, 밸런싱, 발리니즈(90분) 3,200바트, 하모니 반얀트리 스파 패키지(3시간) 10,000바트
**Open** 09:00~22:00
**Tel** 02-679-1200
**Web** www.banyantree.com

방콕 최초의 호텔 스파로 시작
### 오리엔탈 스파 Oriental Spa

130년이 다 되어가는 만다린 오리엔탈 방콕의 역사에 비추어보면 오리엔탈 스파의 역사는 의외로 짧다. 1993년, 방콕 최초의 호텔 스파로 문을 열었다. 하지만 짧은 역사에도 불구하고, 늘 세계 최고의 명성을 지키고 있다. 오리엔탈 스파의 가격은 방콕에서도 가장 비싼 축에 속한다. 두세 시간짜리 스파 패키지는 40만원, 6시간 동안 받는 스파 스위트는 100만원을 훌쩍 넘는다. 가장 인기 있는 시그니처 트리트먼트도 20만원 정도. 큰 마음 먹고 한 번 받을까 말까 한 럭셔리 스파이긴 하지만, 특별한 경험을 원하는 허니무너나 스파 애호가라면 기꺼이 '지를' 만하다. 사실 20만원은 국내 호텔 스파와 별 차이 없는 금액이다. 전통 티크나무로 지어진 스파 건물 안에는 14개의 스파 스위트룸과 고대 모로칸 스타일의 라술 베스Rhassoul Bath가 갖추어져 있다. 침대식이 아닌 마루로 된 스파 베드가 있는 스파 스위트에서 시그니처 트리트먼트를 받았다. 발-다리-등-어깨-배-가슴-팔 순으로 오일 마사지를 받고, 레몬그라스와 강황 등이 들어간 뜨거운 허브볼로 어깨와 등을 깊게 지압받은 뒤 마무리됐다. 묵직한 무게감을 느끼면서도 등을 뜨뜻하게 찜질해주는 완벽한 온도의 허브볼 마사지는 최고의 만족감을 선사해주었다.

**Data Map** 308E
**Access** BTS 사판탁신 역 2번 출구, 사톤 선착장에서 셔틀보트 이용
**Add** GF, Mandarin Oriental Bangkok 48 Oriental Avenue
**Cost** 오리엔탈 시그니처 트리트먼트(90분) 4,500바트, 전통 타이 마사지(90분) 3,900바트
**Open** 09:00~22:00
**Tel** 02-659-9000 (ext 7440)
**Web** www.mandarinoriental.com/bangkok

### 런던 감성의 현대적인 스파
# 코모 샴발라 Como Shambala

코모 샴발라를 알게 된 건 2005년, 메트로폴리탄 방콕에 비치된 욕실 용품을 만나고나서였다. 유칼립투스와 라벤더, 제라늄, 페퍼민트 등을 원료로 만드는 코모 샴발라의 인비고레이트Invigorate 제품은 머리와 피부에 닿는 순간 느껴지는 화한 느낌과 독특한 향기가 거의 혁신적(?)이었다. 이후 코모 샴발라에 대한 무한 애정이 생겨 인비고레이트 샤워젤과 바디 로션 구매는 물론 스파도 빼놓지 않고 받는 마니아가 되었다. 코모 샴발라 스파는 2000년 런던에 처음 오픈하면서 헐리우드 스타와 패션디자이너들의 사랑을 듬뿍 받았다. 과학적인 방법과 고대의 힐링요법, 숙련된 테라피스트의 결합이 조화로운 코모 샴발라의 스파는 타이 전통 스파가 지배적인 방콕에서 확실히 다른 면이 있다. 보다 현대적이고 유럽적인 감성을 지녔다. 엎드린 자세에서 등과 어깨를 끝내고 하체로 내려가는 대개의 호텔 스파 마사지 순서와도 다르다. 다리 아래 쪽을 먼저 하고 상체를 마사지하는 순서로, 몸의 오른쪽 반을 먼저 하고 이후 왼쪽 반을 끝낸다.

**Data** **Map** 295K
**Access** MRT 룸피니 역 2번 출구로 나와 직진, 사톤 소이 1을 지나고서 반얀트리 호텔 가기 바로 전 골목으로 우회전
**Add** 27 South Sathorn Road
**Cost** 코모 샴발라 마사지(90분) 3,600바트, 젯 렉 테라피(2시간) 4,400바트, 코모 샴발라 베스(2시간) 4,600바트
**Open** 10:00~22:00
**Tel** 02-625-3333
**Web** metropolitan.como.bz

## ENJOYING 07
# 방콕의 스파 & 마사지
## 알짜 정보

오로지 타이 마사지와 스파를 받기 위해 여행하는 사람이 있을 정도로 방콕 스파는 최고의 인정을 받는다. 다른 도시보다 비용 부담은 적은 대신 최고의 대접을 받을 수 있는 고급 스파의 천국. 250바트짜리 타이 마사지에서 2,000 바트가 넘는 고급 스파까지 다양한 가격대와 메뉴를 갖춘 스파가 넘쳐난다. 선택의 폭이 넓지만 제대로 고르기 힘든 점도 있다. 방콕 스파를 더 잘 즐길 수 있는 알짜 정보를 모았다.

### 태국 스파와 마사지의 장점

태국 마사지는 스트레칭과 지압 위주로 하는 타이 마사지와 크게 부드럽게 문지르듯 마사지를 하는 오일 마사지로 나눌 수 있다. 치료를 목적으로 하기보다는 긴장된 근육을 풀어주고 팔다리를 당기거나 상체를 누르고 비틀고 잡아당김으로써 혈액 순환을 원활하게 하는 것이 일반적이다. 물론 일반 마사지 외에 치료를 목적으로 하는 전문 코스도 있다. 왓포 마사지 스쿨에서 치료를 위한 마사지 교육을 병행하고 있다. 타이 스파는 생각보다 그 역사가 짧다. 1990년대 초부터 본격적으로 타이 스파가 발달하기 시작했다. 타이 스파는 태국 전통 재료를 이용해 스크럽을 하는 과정과 허브나 꽃이 담긴 욕조에 들어가 수치료를 하는 과정, 오일로 전신을 마사지하는 과정, 사우나에 들어가 땀을 빼는 과정, 마지막으로 얼굴 피부 케어와 마사지를 하는 과정 등이 포함되는데, 이 코스들을 선택적으로 받을 수도 있고 종합해서 받을 수도 있다. 종합해서 받는 것을 서너 시간 혹은 반일 스파 패키지로 보면 된다.

## 알고 가면 배로 즐길 수 있는 타이 스파

1 호텔 스파와 유명 브랜드 스파 숍은 주기적으로 할인 프로모션을 하고 있다. 스파 방문 전에 홈페이지를 통해 할인 쿠폰 등을 출력해 가는 센스를 발휘할 것. 비수기 때는 50%까지 할인 받을 수도 있다.

2 좋은 마사지 숍의 기준은 결국 얼마나 실력 좋은 마사지사를 만나느냐에 달렸다. 아무리 비싼 스파나 마사지 숍을 가더라도 마사지사가 못하면 만족하기 어려운 법. 마음에 드는 마사지사를 만나면, 이름을 알아두었다가 다음 예약 시 지정하는 것도 한 방법이다.

3 방콕에서 발 마사지로는 창 풋 마사지가 가장 유명한 체인점이다. 스파 체인점으로는 헬스랜드, 아시아 허브 어소시에이션, 릴렉스 스파 등이 가격대비 만족도가 높은 곳으로 꼽힌다.

4 타이 마사지나 발 마사지는 가격이 저렴한 곳에서 받아도 크게 문제되지 않지만, 전신 마사지는 시설이나 수준이 일정 이상 되는, 검증 받은 곳에서 받도록 한다. 오일을 온 몸에 바르거나 허브볼, 핫스톤을 직접 몸에 대야 하는 경우, 질이 좋지 않으면 제대로 된 효과를 보기 어렵고, 부작용이 생길 수도 있다.

5 허브볼 마사지는 타이 마사지나 오일 마사지에 비해 좀 생소한 것이 사실. 허브볼 마사지는 태국에서 사용하는 허브와 약초를 13~18가지 정도 섞어 고유의 방법으로 배합한 후 천으로 싸고 찜통에 찐 다음, 마사지할 신체 부위에 강하게 압박하며 마사지하는 방법이다. 약초의 독특한 향기가 스트레스와 긴장을 완화시켜주고, 피부의 살결을 정돈하는 효과가 있다. 보통 허브볼과 오일 마사지, 혹은 타이 마사지와 함께 병행해 마사지를 받는다.

©The Siam Opium Spa

## 초보자도 당당하게 만드는 타이 스파의 순서

▶ 예약을 한다. 원하는 시간에 여유있게 스파나 마사지를 받으려면 예약은 기본. 호텔 스파나 고급 스파일수록 예약 필수.
▶ 스파를 받기 최소 1시간 전후로는 음식을 먹지 않는다. 배가 부른 상태에서 스파를 받는 것은 좋지 않다.
▶ 약속한 시간보다 최소 15~30분 정도 일찍 도착한다. 데스크에서 스파 종류에 대한 설명을 듣고, 상담을 통해 자신에게 알맞는 스파 메뉴를 정한다. 오일 마사지의 경우, 원하는 오일과 향을 선택하는 곳이 많다.
▶ 스파 메뉴를 정하고 나면 현재의 몸 상태와 마사지 취향에 대한 체크 리스트를 작성한다.
▶ 스파숍에서 제공하는 차를 마시고 독립된 개인 마사지실로 이동한다.
▶ 스파를 받기 전 가벼운 사우나 샤워를 통해 긴장된 몸을 풀어주고 땀구멍을 열어주는 것이 좋다. 일회용 하의 속옷과 가운으로 갈아입는다. 여성의 경우 아래 일회용 속옷만 입는다.
▶ 개인 마사지실 혹은 전용 발 마사지실에서 족욕을 먼저 한다. 마사지 베드에 누워 순서에 따라 마사지를 받는다. 마사지가 끝나면 잠시 누워 휴식을 취하고 차를 마신다. 마사지를 받은 이후 오일이 묻은 몸은 바로 씻지 않는 것이 더 좋다. 스파 이후 최소 두세 시간 동안은 몸에 오일이 남아 있어도 놔두는 것이 좋다.
▶ 옷을 갈아입는 동안 마사지사가 밖에서 기다리는 것이 보통인데, 안내를 위해 다시 마사지사가 들어오면 그때 팁을 주는 것이 가장 자연스럽다. 팁 금액은 정해져 있지 않으나 보통 받은 마사지 금액에 10% 정도를 주는 것이 일반적이다. 스파 숍에 따라 만족도에 대한 평가서를 작성하는 곳도 있다. 평가서를 작성하며 애프터티를 마신다.

STEP 03
**ENJOYING**

ENJOYING **08**

## 놓치면 아쉬워요!
# 방콕에만 있는 쇼

뉴욕 브로드웨이의 뮤지컬,
라스베가스의 태양의 서커스,
서울의 난타 등, 그 도시에 가면 꼭
챙겨봐야할 쇼가 있다. 방콕에도
있다. 두 번까지는 안 보겠지만,
방콕에 간다면 한 번은 꼭 챙겨볼
만한 대표 쇼를 추천한다.

무대장치와 효과가 뛰어난 태국의 복합예술공연
## 시암 나라밋 쇼 Siam Niramit Show

라스베가스에 태양의 서커스가 있다면, 방콕에는 시암 나라밋 쇼가 있다. 솔직히 보기 전에는 태국 전통공연이 거기서 거기지 라고 생각했는데, 무대 한가운데에 강이 생기고 폭포가 떨어지는 등 웅장한 공연 스케일에 꽤 놀랐다. 태국의 고대 왕국과 설화를 모티브로 만든 시암 나라밋 쇼는 한 회에 무려 150명의 연기자가 출연하고, 시각 효과와 무대장치가 매우 뛰어난 전통민속공연이다. 시암 나라밋 쇼는 기네스북 기록을 보유한 방콕 최대 규모의 극장에서 펼쳐지며, 공연 시작 전에는 야외 무대에서 전통의상을 입은 배우들의 맛보기 쇼도 볼 수 있다. 쇼는 뷔페를 먹고 쇼를 보는 코스와 쇼만 보는 코스가 있는데, 단체 여행객이 아니라면 굳이 식사까지 할 필요는 없을 듯하다(뷔페로 나오는 음식 맛이 그저그렇다). 공연 부지 한켠의 옛날 가옥을 둘러보고, 태국 전통간식을 만들어 파는 모습 등도 구경할 수 있다.

**Data** **Map** 237
**Access** MRT 타일랜드 컬처럴 센터 역 1번 출구로 나와 셔틀버스 이용 **Add** 19 Tiamruammit Road, Huaykwang **Open** 17:30~22:00 공연 시간 20:00~21:30 **Cost** 쇼(어른) 1,000바트, (어린이) 750바트, 쇼+디너(어른) 1,100바트, (어린이) 850바트 **Tel** 02-649-9222 **Web** www.siamniramit.com

섹시하고 코믹하고 기괴한 트렌스젠더 쇼
### 칼립소 방콕 Calypso Bangkok

방콕을 꽤 많이 다녀왔지만 트렌스젠더 쇼는 한번도 본 적이 없었다. 왠지 팟퐁 거리를 걷는 것처럼 긴장되고, 혹시나 퇴폐적인 쇼는 아닐까 살짝 걱정도 되었다. 하지만 방콕에서 최고의 트렌스젠더 쇼는 '칼립소 쇼'라는 추천을 많이 받았기에 방콕을 세 번째 갔던 해인가에 이 공연을 봤다. 결론부터 말하면 개인적으로는 무척 즐겁게 봤다. 홈페이지를 이용해 직접 예약하면 1,200바트인 요금을 900바트에 살 수 있는데, 원하는 좌석도 고를 수 있기 때문에 직접 예약하기를 권한다. 현지 한국 여행사를 통해서도 900바트에 구입할 수 있지만, 원하는 좌석을 지정할 수는 없다. 칼립소 쇼는 원래 방콕 시내의 아시아 호텔에서 하던 것을 아시아티크가 오픈한 이후 이곳으로 옮겨왔다. 외국인들 사이에서는 '레이디보이Ladyboy 쇼'라고도 불리는데, 50여 명의 레이디보이들이 쉴 새 없이 무대 위에서 립싱크를 하며 춤을 추고 연기를 펼친다. 트렌스젠더 쇼는 원래가 립싱크 공연이다. 얼마나 틀리지 않고, 똑같이, 드라마틱하게 '부르는 척' 하느냐가 관전 포인트다. 마릴린 먼로, 마돈나, 게이샤, 한국의 부채춤까지 관객들은 섹시하면서도 코믹하고 조금은 기괴한 쇼에 시간가는 줄 모른다. 맨 앞자리에 앉은 관중이라면 무대 위로 끌려가는 즐거운 일도 벌어진다. 공연이 끝난 후에는 무용수들과 사진도 찍을 수 있다. 하지만 노골적으로 팁을 요구하므로, 사진을 찍고 싶으면 팁을 준비해야 한다. 칼립소 쇼는 방콕에서 25년째 장기 공연되고 있는 쇼이다.

**Data** **Map** 308 I
**Access** BTS 사판탁신 역에서 아시아티크 무료 셔틀 보트가 다닌다. 보트로 10분 소요.
**Add** Asiatique The Riverfront (Warehouse no.3) 2194 Charoenkrung 72–76 Rd, Prayakrai, BangorLaem
**Show Time** 1회 공연 20:15~21:30/ 2회 공연 21:45~23:00
**Tel** 02-688-1415 **Web** www.calypsocabaret.com

STEP 03
ENJOYING

## ENJOYING 09
# 방콕 러버 홍석천의 베스트 추천 4

필자의 오래된 그리고 유일한 연예인 친구, 홍석천. 필자보다 더 오랫동안 방콕을 사랑해왔고, 그래서 태국 음식점 '마이타이'로 가장 먼저 이태원에서 음식 비즈니스도 시작했고, 지금도 틈만 나면 방콕으로 훌연히 떠나는 남자. 그가 요즘 그의 SNS 상에도 적극적으로 알리고 있는 최고의 애정 공간 네 곳을 방콕 홀리데이에도 공유해 주었다. 어딘지는 봤는데 정확히 어딘지는 모르겠는 독자들을 위해 상세히 소개한다.

### 수파니가 이팅룸 X루츠  Supaniga eatingroomXroots

"올해(2018년) 초에 방콕 갔을 때 현지 친구가 데리고 간 음식점이에요. 통로에 있는 수파니가 이팅룸이 차오프라야 강변에 또 한 군데를 낸 곳이죠. 이산음식을 비롯해 다양한 태국음식을 먹을 수 있어요. 2층 루프톱에서 저녁 먹었는데, 분위기가 정말 '끝장'이에요. 강 건너 왓아룬이 전망으로 보이죠. 저녁에 불이 들어와서 더 아름다웠어요. 이곳에서는 익숙한 태국음식보다는 매운 생선찌개 같은 요리나, 태국 고추와 말린 새우, 피시소스 등이 어우러진 프릭 카이 푸 같은 생소한 음식에 도전해보시길 추천합니다."

**Data** Map 328l
**Access** 타 티엔 선착장 옆
**Add** Supanniga x Roots, Riva Arun, 392/25-26 **Cost** 남 프릭 카이 푸 240바트, 똠얌꿍 250바트 Open 11:30~22:30
**Tel** 02-015-4224 **Web** www.supanniigaeatingroom.com

### 짠펜 레스토랑 Chandrphen Restaurant

"늘 나에게 음식 아이디어를 주는 친구의 가게입니다. 70년 전통을 자랑하는 태국 차이니스 스타일의 음식점이에요. 룸피니 역 근처의 호텔에서 묵을 때는 가까우니까 더 빼놓지 않고 들르는 곳인데요, 짠펜 레스토랑은 '내 영혼의 맛집'이라고 할 수 있죠. 늘 새로운 영감을 주는 메뉴들이 많아요. 모닝글로리 볶음, 태국어로는 '깡꽁'이라고 하는데요, 요건 정말 올 때마다 시키는 메뉴에요. 제 이름으로 된 추천 메뉴판이 따로 있으니까, 방콕 처음 오신 분들이나, 뭘 시켜야 할지 고민되시는 분들은 안심하고 시켜보세요."

**Data** **Map** 295H **Access** MRT 룸피니 역 1번 출구로 나와 도보 10분
**Add** 1030 Thanon Rama IV, Wang Mai, Pathum Wan
**Cost** 돼지고기, 마늘 후추를 볶아 오징어 안에 넣은 음식 220바트, 푸팟퐁커리 180바트 **Open** 11:00~22:00 **Tel** 02-287-1535
**Web** www.chandrphen.com

### 제 지에 옌타포 Jay Jia Yentafo

"방콕에서 최고라고 생각하는 쌀국수 집 중 두 번째 정도 되는 집입니다. 방콕에 도착하자마자 일단 쌀국수 한 그릇하고 또 한 그릇, 기본 두 그릇이 기본인 집이죠. 여긴 정말 맛있고 싸요. 핑크누들 유명해요. 방콕여행 하실 기회 있으면 꼭 들르세요. 근데 일찍 가세요. 오후 3시쯤에는 재료가 떨어져서 안 팔아요. 라마 4로드, 패밀리마트 옆에 있어요."

**Data** **Map** 294A
**Access** MRT 삼안 역에서 후아람퐁 역 방향으로 도보 5분
**Add** 564 Rama 4 Road, Bang Rak, Krung Thep
**Cost** 쌀국수 45~60바트
**Open** 09:00~17:30
**Tel** 095-953-5038

### 싱싱 시어터 Sing Sing Theater

"메기 추랑 비슷하면서도 더 춤추기 좋은 클럽으로 만들어진 곳이죠. 중국풍의 인테리어도 멋지지만, 늘 퍼포먼스를 펼치는 직원들이 인상적인 곳이에요. 메기 추랑, 아이런 페어리스 만든 애슐리 서튼이 새로 만든 곳이라고 하던데. 방콕에 이미 여러 개의 공간을 인테리어하고 운영도 하는 유명한 사업가로 통하죠. 전 이번에 처음 가봤는데, 방콕에서 핫한 나이트라이프를 즐기고 싶다면 강추하는 곳입니다."

**Data** **Map** 200G
**Access** BTS 프롬퐁 역 4번 출구로 나와 도보로 6분 **Add** Sukhumvit 45
**Cost** 입장료 300바트 **Open** 화~일 21:00~03:00(화요일 휴무)
**Tel** 063-225-1331 **Web** singsingbangkok.com

STEP 03
ENJOYING

## ENJOYING 10
# 차오프라야 디너 크루즈

방콕을 거침없이 흐르는 차오프라야 강은 태국 중부까지 이어지는 큰 강이자 태국의 젖줄이다. 태국의 기원인 수코타이 왕조와 아유타야 시대부터 사람과 생필품을 실어나르는 중요한 교통 수단이자 삶의 원동력이 된 곳이다. 이 거대한 차오프라야 강을 지나며 방콕의 대표 관광지인 왕궁과 아름다운 야경을 보는 디너 크루즈는 방콕에서 꼭 한번은 경험해봐야할 대표 관광코스다.

## 방콕 디너 크루즈

차오프라야 강을 건너는 동안 저녁식사를 하게 되며, 크루즈 상품에 따라 음식은 뷔페나 코스로 구성된다. 가장 유명한 디너 크루즈로는 그랜드 펄 크루즈와 차오프라야 프린세스가 있고, 고급 호텔들이 운영하는 소규모의 디너 크루즈도 있다. 많은 사람들과 함께 흥겨운 시간을 보내고 싶다면 대중적인 크루즈를, 특별한 데이트나 보다 럭셔리하게 크루즈를 즐기고 싶다면 호텔 디너 크루즈를 이용하는 것이 좋겠다. 거의 대부분의 디너 크루즈는 리버시티 선착장에서 조금씩 다른 시간대에 출발하는데, 사람들이 많이 몰리는 만큼 저녁시간 때는 매우 혼잡하고 줄을 길게 서야 한다. 홈페이지 www.true-thai.com를 이용하면 한번에 크루즈 상품을 비교할 수 있고, 금액 또한 해당 홈페이지에서 예약하는 것보다 저렴하다.

### 그랜드 펄 오브 시암 Grand Peal of Siam
방콕 최대의 크루즈 회사인 그랜드 펄에서 운행하는 크루즈로 가장 인기가 많은 크루즈 중 하나다. 저녁 7시에 승선을 시작, 밤 9시 30분에 리버시티 선착장으로 돌아온다. 뷔페로 구성된 식사와 무료 음료, 커피 등이 준비되며, 라이브 음악 공연과 타이 댄스 쇼도 펼쳐진다. 아침 7시 반에 출발해 오후 4시에 방콕으로 돌아오는 아유타야 풀데이 투어도 있다. 어른 1,050바트
www.grandpealcruise.com

### 차오프라야 프린세스 Chaophraya Princess
디너 크루즈 중 배의 규모가 가장 크며, 총 4대의 배를 운영한다. 코스는 리버시티 선착장(19:30)~왓포~왓아룬~에메랄드 사원~끄룽톤 다리~라마 8세 다리~리버시티 선착장(21:45). 어른 800바트.
www.chaophrayaprincess.com

### 반얀트리 압사라 디너 크루즈
크루즈 중 가장 가격대가 높다. 오후 8시에 출발하며, 티크나무로 만든 태국의 전통 바지선 Barge을 개조해 분위기가 고풍스럽다. 반얀트리의 대표 레스토랑인 사프론 Saffron에서 제공하는 로얄 타이 퀴진과 카나페 메뉴로 구성된다. 어른 1,800바트
www.banyantree.com

### 샹그릴라 호라이즌 크루즈
샹그릴라 호텔 내의 선착장에서 출발하며, 배는 흰색의 경쾌한 쾌속선 같은 느낌으로 매우 고급스럽다. 음식은 태국요리와 서양요리가 섞인 뷔페식이다. 어른 1,700바트
www.shangri-la.com

STEP.03
ENJOYING

ENJOYING 11
# 직접 배우며
즐기는 체험여행
## 방콕 수업

요즘은 여행도 직접 무언가를 배워보는 것이 인기다. 대표적인 것으로는 태국 음식을 만드는 쿠킹 클래스와 마사지를 배워보는 수업 등이 있다. 요가나 태국의 전통춤을 배워볼 수도 있다.

### 왓포 마사지 수업 받기

태국 마사지의 원조로 통하는 왓포 마사지 스쿨이 가장 유명하다. 며칠동안 마사지만 배우는 프로그램이 외국인들에게 인기 있다. 하루에 6시간씩 5일을 배우는 단기코스(총 30시간)가 일반적이며, 왓포 마사지 외에도 발 마사지 코스, 오일 마사지 강좌 등도 마련되어 있다. 수업은 영어로 이루어지지만 말보다 손이 더 필요한 수업이므로 크게 걱정하지는 않아도 된다. 왓포는 방콕에서 가장 오래된 사원이다. 라마 1세때 지어진 사원은 당시 마사지와 태국 전통의학 등의 교육기관 역할도 담당했는데, 본격적으로 마사지 스쿨을 설립한 것은 1955년의 일이다. 왓포 마사지 스쿨은 반세기 동안 수만 명의 마사지 전문 인력을 배출했고, 가장 공신력을 갖춘 마사지 교육기관으로 자리잡고 있다. 카오산 로드에서 가까운 학교 외에도 수쿰빗에도 캠퍼스가 있다.

**Data** 왓포 마사지 스쿨 Wat Pho Massage School **Access** 마하랏 로드Maha Rat Rd에 위치. BTS 사판탁신 역 1번 출구로 나와 수상보트를 타고 타 띠안Tha Tien 선착장에서 내려 마하랏 로드를 따라가다 소이 펜팟Penphat 1끝에 위치 **Add** 2 Sanamchai Road | Wat Po, Tatian **Open** 09:00~17:00 **Cost** 제너럴 타이 마사지 코스 9,500바트(30시간), 발 마사지 코스 7,500바트(30시간) **Tel** 02-622-3551 **Web** www.watpomassage.com

## 이젠 나도 요리사! 타이 쿠킹 스쿨

요리를 잘 하지도, 할 생각도 별로 안 하는 사람에게도 타이 쿠킹 스쿨은 신나고 추천하고 싶은 체험이다. 태국 고유의 식재료와 향신료를 배우고, 셰프의 지시에 따라 시간가는 줄 모르게 만들어보는 태국 음식들. 손이 많이 가는 요리보다는 사람들이 익히 알고 있고, 해먹기 쉬운 쏨땀이나 얌운센, 돔얌꿍 등을 만드는 쿠킹 클래스가 많다.

**블루 엘리펀트 쿠킹 스쿨** 오전반과 오후반으로 나누어 진행하며 오전반은 재래시장을 방문해 시장 체험을 하는 코스가 포함되어 있다. 메뉴의 구성은 매일 바뀌며 디저트를 포함한 네 가지 요리를 배운다.
**Data** Cost 일반 하프데이 클래스 2,800바트 **Open** 오전반 08:45~13:15 2,800바트, 오후반 13:30~16:45 2,500바트 **Tel** 02-252-8756 **Web** www.blueelephant.com

**만다린 오리엔탈 쿠킹 스쿨** 20년 넘게 운영해온 명성이 자자한 쿠킹 스쿨로, 매일 네 가지의 요리를 만든다. 마사만 비프 커리, 코코넛 밀크수프, 스티키 라이스 덤플링, 팟타이 등의 음식을 만든 후 식사를 하는 일정. 홈페이지에서 요일별 만드는 요리를 확인할 수 있다.
**Data** Cost 4,000바트 **Open** 월~토 09:00~13:00 **Tel** 02-659-9000 **Web** www.mandarinoriental.com

**반얀트리 쿠킹 스쿨** 전문셰프의 지도하에 타이음식 외에도 전통 일본요리와 중국요리도 배워볼 수 있다. 수업이 끝날 때쯤 요리 실력에 대한 증명서도 받는다.
**Data** Cost 3,000바트 **Open** 매주 화요일 오후 4시, 롬사이 레스토랑 **Tel** 02-679-1200 **Web** www.banyantree.com/en/bangkok/activities/cooking_class

STEP 03
ENJOYING

ENJOYING 12
## 기왕이면 이때 오자!
### 방콕의 축제

세계의 축제를 따라다니며 즐기는 여행을 꿈꾼다. 그 여행을 시작할 수 있는 가장 만만하고 흥미진진한 도시 역시 방콕이 될 수 있다. 세계인을 불러모으는 방콕의 대표 축제 두 가지를 소개한다.

#### 가장 낭만적이고 아름다운 축제
### 러이끄라통 Loykratong

**시기: 11~12월 초 장소: 차오프라야 강**

러이끄라통은 태국력 음력달을 기준으로 12번째에 해당하는 보름 밤에 열리는, 태국에서 가장 큰 축제 중 하나다. 음력으로 날짜를 계산하기 때문에 축제의 날짜는 조금씩 바뀌지만, 대개 매년 11월과 12월 초 사이에 열린다. 러이끄라통 축제가 시작되면 사람들은 바나나 나무 잎으로 만든 작은 연꽃배 안에 꽃과 함께 촛불, 향을 피워 차오프라야 강에 띄워보낸다. 지난 1년간 생긴 나쁜 운을 강에 흘려보내고, 앞으로 가족과 자신에게 좋은 일과 운이 찾아오기를 기도하는 축제다. 연인들은 함께 이 연꽃배를 만들어 띄우면서 서로의 사랑이 더욱 단단해지고 영원할 것을 기도한다. 그래서 연인들에게는 가장 낭만적인 축제로 꼽힌다. 고대 타이왕국이었던 수코타이에서 시작된 이 축제는 큰 강이 흐르는 지역을 중심으로 크게 발전했는데, 그곳이 바로 치앙마이와 수코타이, 탁Tak, 그리고 방콕이었다. 또 타이 북부와 인접해 있는 라오스와 버마의 일부 지역에서도 이 러이끄라통 축제가 열린다. 현대의 러이끄라통 축제는 큰 강은 물론이거니와 호수, 연못, 심지어 수영장까지, 물이 있는 곳이라면 어디서나 열린다. 고향에 가지 못한 사람들은 방콕의 차오프라야 강으로 모두 모여든다. 러이끄라통 축제가 다가오면 차오프라야 강변에 위치한 호텔들도 덩달아 최고의 성수기를 맞는다. 강변 바로 앞에 위치한 5성급 호텔의 고층 레스토랑은 풀부킹 상태가 되고, 밤 10시가 넘으면 시작되는 도시의 불꽃놀이를 보기 위해 호텔 스카이라운지 역시 사람들로 꽉꽉 들어찬다.

STEP 03
ENJOYING

### 피할 수 없다면 물총을 쏴라!
# 송끄란 축제

### 시기: 매년 4월 13~15일 장소: 방콕 전역

방콕에서 가장 더운 달은 4월이다. 기온이 40도까지 육박한다. 이 가장 더운 4월이 태국에서는 새해가 시작하는 달이다. 태국력에 의한 태국 전통 설날에 큰 축제가 열린다. 바로 물의 축제인 '송끄란'이다. 전통적으로는 원래 아침 일찍 절을 찾아 스님에게 시주를 하고 달마의 말씀을 듣고 오후에는 불상에 정화수를 뿌리는 것이다. 이때 아래 사람들이 축복을 빌며 웃어른의 손에 정화수를 뿌리고 이에 대한 답으로 어른들은 건강과 행복, 번영을 기원해준다. 이렇게 손에 정화수를 뿌려주는 전통에서 비롯된 송끄란은 이제 서로에게 물을 뿌리며, 복을 기원하는 물 축제가 됐다. 송끄란이라는 말은 산스크리트어로 '들어간다, 움직인다'는 의미로, 이날 태양의 위치가 바뀐다 하여 이름 붙여졌다. 태국 전역의 12곳에서 크게 열리는데, 방콕을 비롯, 아유타야, 방센, 푸껫 송끄란, 치앙마이 등에서 열린다. 송끄란이 열리는 날, 방콕의 거리는 사람들로 가득차고 상점들은 문을 닫는다. 무방비 상태로 물세례를 맞고, 물을 쏘는 날이다. 물총은 기본, 준비물도 가지가지다. 이 축제를 위해 여행을 오는 사람들이 늘고 있는 만큼, 꼭 한번 경험해볼 만한 흥겨운 축제다.

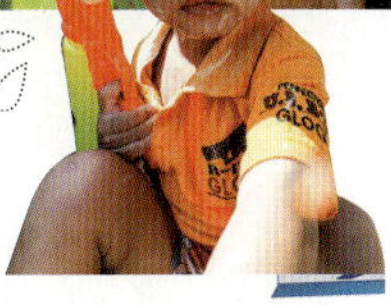

| Theme |

## 방콕에서 열리는 태국 축제 캘린더

**태국에서 열리는 대부분의 축제는 음력에 맞춰 열리므로 날짜가 유동적이다.**

태국 관광청 www.visitthailand.or.kr

**3월** 매년 음력 정월 대보름 | 마카부차 Magha Puja
부다의 설법을 듣기 위해 1250명의 제자가 모인 것을 기념해 전국 사원에서 다양한 행사가 열린다.

**4월** 4월 13~15일 | 송끄란 축제
Songkran Festival

**5월** 5월 말 | 위싸카부차 Visakha Puja
부처가 된 것과 열반에 든 것을 기념하는 날. 태국의 공휴일 중 가장 신성하게 지내는 날이며, 꽃과 초를 준비한 행사가 전국적으로 열린다.

**6월** 태국왕실 선박행렬행사 Royal Borge Procession
차오프라야 강에서 4대의 주요 왕실 바지선과 10대의 동물 모형 선수상 바지선, 38대의 작은 선박이 지나는 바지선 행렬이다. 고대의 전투 대형을 재현한 것으로, 국가적으로 상서로운 행사가 있을 때 열린다.

**7월** 7월 초 중순 | 카오 판싸 Khao Phansa
우기가 시작되는 날부터 스님들이 3개월간 사원에 머물며 수행에 전념하는 안거 수행이 시작되는 날이다. 카오 판싸 이틀 동안 술판매가 금지되며, 사람들은 스님들이 3개월 동안 사용할 넉넉한 식량을 시주하고 덕을 쌓는 날이다.

**8월** 8월 12일 | 씨리낏 왕비탄신일 H.M The Queen's Birthday Celebration
현 태국 씨리낏 왕비의 탄신일로 태국 전역의 모든 공공 건물이 이날을 기념하여 꽃과 등으로 장식한다. 특히 왕궁 주변과 라차담논 거리의 정부 기관과 도로들이 갖가지 꽃과 등으로 장식된다.

**11월** 11월 중순, 1년 중 12번째 보름 | 러이끄라통 Loi Krathong

**12월** 12월 5일 전후 | 국왕 탄신일 H.M The King's Birthday
현재 태국의 왕인 라마 9세의 탄생일. 라차담넌 로드 일대가 꽃과 등으로 화려하게 장식되며, 시내 곳곳에 국왕의 대형 초상화가 걸린다.

STEP 03
ENJOYING

## ENJOYING 13
# 이곳만은 놓칠 수 없다!
# 방콕과 근교 일일투어

방콕을 처음 온 여행자가 일일투어로 꼭 가볼 곳을 골라보았다.
소문만 무성하고 정작 실속 없는 투어도 많지만, 방콕 시내의 왕궁투어와
근교의 담넌수상시장, 아유타야 여행은 놓치면 두고두고 후회할 곳들이다.
더욱 풍성한 방콕여행을 위한 선택.

## 방콕 왕궁투어

방콕여행의 시작점이라 할 수 있다. 특히 방콕을 처음 찾는 사람에게는 더욱 그렇다. 왕궁과 에메랄드 사원, 왓포, 왓아룬은 모두 꼭 가봐야 할 국보급 관광지이지만, 하루만에 다 둘러보기는 불가능하다. 그만큼 규모가 크기도 하지만, 한꺼번에 보다보면 오히려 힘만 들고 감동이 덜하다. 한두군데를 포기하더라도 여유를 갖고 천천히 둘러보기를 권한다. 왕궁과 왓포, 왓포와 왓아룬 식으로 일정을 나눠 이틀 정도 할애하는 것도 좋겠다. 여행사를 통해 왕궁투어를 따라다닐 수도 있지만, 개별적으로 다니기에도 전혀 어려움이 없는 투어다.

### 왕궁 Grand Palace

수코타이~아유타야~톤부리~현재의 차크리 왕조로 이어지는 태국의 역사 속에서 이 왕궁은 방콕으로 수도를 이전한 라마 1세가 세운 짜끄리 왕조의 궁이다. 그 뒤로 후대의 왕들이 즉위할 때마다 새로운 사원과 건물을 짓고 확장하면서 지금의 형태를 갖추었다. 왕궁 안에는 에메랄드처럼 빛나는 비취색의 불상이 모셔진 왓 프라깨우를 비롯해 르네상스 양식과 태국의 전통양식이 어우러진 차크리 궁전, 그리고 역대 왕들의 대관식이 행해지는 두시트마하 프라사드 궁전이 자리해 있다. 또 에메랄드 사원 안에 있는 부처의 갈비뼈를 보관하고 있는 범종 모양의 탑 '프라시 라타나 체디'와 화려한 모자이크로 장식된 왕실 도서관도 빼놓을 수 없다. 왕궁은 방대한 규모를 자랑하지만 출입이 허용되는 곳은 극히 일부분에 불과하다.

**Data** Map 328I **Access** BTS 사판탁신 역 1번 출구로 나와 수상보트 타고 타 창Tha Chang선착장. **Add** Na Phra Lan Road, Old City **Open** 08:30~16:30(티켓 판매는 15:30분까지) **Cost** 입장료 400바트 **Tel** 02-623-5500 **Web** www.palaces.thai.net

## 왓 포 Wat Pho

아유타야 양식으로 지은 방콕에서 가장 오래된 사원이자 큰 사원이다. 사원은 크게 불공을 드리는 지역과 스님들이 거주하는 지역으로 나뉘어 있으며 사원으로 들어가는 입구는 모두 16군데가 있다. 여행자들이 가장 보고 싶어하는 곳은 태국에서 가장 큰 규모의 와불상. 석고 기단 위에 황금색으로 칠해진 45m 길이의 와불이 모셔져 있는데, 한번에 다 볼 수가 없기 때문에 사람들은 줄을 따라 길게 한바퀴를 돌며 머리에서 발바닥 부분, 뒷모습을 보게 된다. 대법전의 외벽을 따라 전시되어 있는 394개의 황동불도 인상적인데, 태국 불상 중 가장 아름답고 우아하다고 평가되는 아유타야와 수코타이 양식의 불상들이 주를 이루고 있다. 또 도자기 조각을 붙여 만든 4개의 대형 체디도 눈길을 끈다. 녹색은 라마 1세, 흰색은 라마 2세, 노란색은 라마 3세, 파란색은 라마 4세를 상징하는 불탑이다.

**Data** **Map** 328I **Access** BTS 사판탁신 역 1번 출구로 나와 수상보트 타고 타 띠안Tha Tien 선착장에서 내린 후 마하랏 로드를 지나 째뚜폰 로드 방면으로 도보 10분 **Add** Maharat Road, Old City **Cost** 입장료 100바트 **Open** 08:00~17:00 **Tel** 02-221-5910 **Web** www.watpho.com

### 왓 아룬 Wat Arun

18세기 말, 톤부리 왕조의 탁신 왕이 왕실전용 사원으로 만들었다. 톤부리 왕조 시대의 사원이라 방콕에 있는 다른 사원들과 달리, 차오프라야 강의 건너편인 톤부리 지역에 위치해 있다. 현 왕궁에 있는 에메랄드 불상도 방콕으로 수도가 옮겨지기 전까지는 이곳 왓아룬에 안치되어 있었다. 왓아룬의 매력은 형형색색의 빛을 띠며 강 건너편까지 반짝이는 탑 '프랑Phrang'에 있다. 자기로 만든 이 탑들은 새벽의 햇살을 받아 눈부시게 반짝이는데, 때문에 '새벽사원'이라는 이름을 갖게 되었다. 사원 안에는 높이가 74m에 이르는 옥수수 모양의 거대한 프랑이 가운데 세워져 있고 그 주변으로 네 개의 작은 프랑이 대칭으로 배치되어 있다. 동서남북 방향으로 나 있는 계단을 따라 프랑의 전망대로 올라갈 수 있는데, 경사가 매우 심해서 올라가는 데 적잖이 힘이 든다. 하지만 높은 프랑 위에서 건너다보는 차오프라야 강과 그 너머의 왕궁이 멋진 풍경을 선사한다. 반대로 왕궁 쪽의 강변에서 왓아룬의 야경을 보는 일도 참 아름답다. 왓아룬은 타이의 10바트짜리 동전에 새겨져 있을 만큼 태국인들에게는 친숙한 사원이다.

**Data** **Map** 328I **Access** 왕궁 부근의 타 티엔 선착장에서 왓아룬만 가는 배를 타면 된다.
**Add** 34 Thanon Arun Amarin Kwang Arun, Khet Bangkok Yai **Cost** 입장료 50바트
**Open** 08:00~17:00 **Web** www.watarun.org

**Tip** 방콕의 모든 왕궁과 주요 사원은 복장 제한이 있다. 반바지, 짧은 치마, 민소매, 슬리퍼 차림은 입장이 안 된다. 무릎 길이의 치마와 소매가 있는 티셔츠 등을 입어야 한다. 입구에서 보증금을 내면 사롱이나 바지를 빌릴 수 있는데, 줄도 길고 번거로우니 미리 맞는 옷차림을 하고 가는 것이 최선의 방법이다. 두를 수 있는 얇고 긴 스카프를 준비해가는 것도 좋다.

# STEP 03
## ENJOYING

배 위의 일상, 배 위의 시장
### 담넌사두악 수상시장
**Damnoen Saduak Floating Market**

방콕여행에서 가장 인기 있는 일일투어 중 하나다. 방콕에서 서쪽으로 약 110km 떨어진 랏부리에 위치해 있으며 가는 데 두 시간 정도가 걸린다. 담넌사두악 수상시장에서 삐걱거리는 배를 타고 좁은 수로를 부딪힐듯 다른 배들과 스쳐지나가고, 또 배 위에서 물건을 파는 상인들을 만나는 경험은 정말 특별하다. 좁은 배 위에서 꼬치도 굽고, 국수도 삶는 현지인들의 모습이 놀랍게 다가올뿐만 아니라, 수상가옥에서 살고 있는 사람들의 일상을 보는 일도 신기하다. 긴 막대기로 단번에 관광객들의 배를 끌어다 옆에 붙이는 상인들의 수완은 억척스러우면서도 살갑게 느껴지기도 한다.

사실 태국은 예부터 이런 수상가옥과 수상시장이 많았고 불과 20~30년 전까지만 하더라도 흔히 볼 수 있는 풍경이었다. 하지만 지금은 담넌사두악 시장과 암파와 수상시장 등을 찾아야 그 모습을 제대로 만나볼 수 있는 귀한 풍경이 되었다. 이제는 여행객에 의존하는 관광 상품이 되었지만, 그래도 담넌사두악 수상시장은 지금도 아침 일찍 물건을 사고파는 매매가 이루어지는 곳이므로 꼭 한번 와볼 만하다. 새벽 5시부터 오전 9시 사이에 장이 서므로 이 생생한 현장을 원한다면 여행사 투어보다는 아침 일찍 이곳으로 오는 버스를 타는 부지런함을 떨어야 한다.

수상시장에서 파는 기념품이나 수공예품은 가격적인 면에서도 그렇고 그다지 싸거나 특별한 매력은 없다. 하지만 배 위에서 만들어주는 쌀국수나 꼬치, 달콤한 망고 등의 열대과일을 먹으며 이 독특한 운하를 흘러가는 경험은 꼭 맛보길 바란다. 방콕이 아니면 만나기 힘든, 진기한 경험이다.

> **Tip 어떻게 갈까?**
> **1** 여행사 투어 프로그램을 이용할 경우 보통 미니버스를 타고 간다. 한국인 여행사의 투어 비용은 대략 1인당 500바트선으로 아침 7시에 출발한다. 수로를 따라 배를 타고 다니다가 시장 안에서 한 시간 정도의 자유시간을 갖는다. 투어 상품에 따라 점심식사가 포함되거나 그렇지 않기도 한다. 투어 비용에 배를 빌리는 비용은 포함되어 있지 않다. 1인당 150~200바트 정도를 내고 배를 탈 수 있다.
> **2** 방콕 남부터미널에서 30분마다 운행하는 담넌사두악행 버스를 이용할 수 있다. 첫 차는 오전 6시 출발. 버스 요금 80바트. 소요시간 약 2시간

### 태국의 고대왕조를 찾아서
# 아유타야 일일투어

1350년 우통Uthong 왕이 건설한 아유타야는 417년 동안 태국 고대왕궁의 수도로 번성했다. 33명의 왕이 기거한 왕도이자 도시 곳곳에 사원 천여개가 세워진 역사의 도시다. 400년 넘게 이어져온 아유타야 왕조는 1767년 미얀마의 침략을 받으며 처참히 파괴되었다. 불상은 모두 머리가 잘려나갔고 궁전과 사원도 심하게 파손되었다. 아유타야 왕조가 무너진 후 새로 왕이 된 탁신은 폐허가 된 아유타야에서 톤부리로 수도를 옮기게 된다. 아유타야는 바삭 강, 롭부리 강, 차오프라야 강으로 둘러싸운 섬이다. 시가지에는 운하가 많아 지금도 수상생활을 하는 사람들이 남아 있다. 전쟁으로 많은 곳이 파괴되었지만, 그 속에서 용케 참상을 비켜간 건축물과 불상, 그리고 다시 복원된 사원들이 남아 있어 1991년에는 세계문화유산으로 지정되었다.

아유타야 투어를 할 때는 보통 다섯군데 정도의 유적들을 돌아보게 된다. 투어에서 가장 먼저 들르는 야이차이몽콘Wat Yai Chaimonkhon 사원에서는 왓포의 거대한 와불상처럼 편안하게 팔베개를 하고 누워있는 불상을 만난다. 황금색 승려의 옷을 걸친 커다란 불상이 수두룩하고 탑의 일종으로 사리나 유골을 모셔놓은 거대한 체디도 볼 수 있다. 왓 프라시산펫Wat Phra Si Sanphet은 아유타야의 사원 중에서 가장 규모가 크고 아름다워 방콕의 에메랄드 사원과 곧잘 비교되는 곳. 또한 잘린 불상의 머리를 나무 뿌리가 감싸고 있는 모습의 왓 마하 탓Wat Maha That은 아유타야의 투어에서 가장 중요한 볼거리로 통한다. 이곳에서 사진을 찍을 때는 최대한 몸을 낮춰 불상의 머리보다 낮은 자세를 취해야 한다.

> **Tip 어떻게 갈까?**
> 1 방콕 시내 여행사나 카오산에 있는 여행사를 통해 아유타야 투어를 예약할 수 있다. 투어 가격은 반일투어 600~1,000바트, 일일투어 1,600바트부터 시작. 보통 다섯군데 정도의 유적을 방문한다. 대표 크루즈 회사를 통해 아유타야까지 크루즈를 즐길 수도 있다. 아유타야 크루즈 1,450바트부터.
> 2 방콕의 북부터미널인 머칫 마이에서 아유타야로 가는 버스가 30분마다 출발한다. 소요시간은 대략 2시간 정도. 아유타야에서 방콕으로 가는 버스는 타논 나레쑤언에서 출발한다. 타논 나레쑤언에서 방콕터미널 외에 남부터미널이나 아눗싸와리로 가는 여행사 버스가 운행되기도 한다.
> 3 후알람 역에서 기차를 탈 수도 있다. 매 1시간마다 출발하며 소요시간은 1시간 반. 아유타야 역에서 시내까지는 페리를 타야 한다.

## ENJOYING 14
# 현지인도 모르는
# 방콕 안의 섬여행
# 방 크라차오

방콕을 다섯 번 넘게 가봤지만, 방콕 안에
섬이 있는 줄은 몰랐다. 우리나라로 치면
여의도 같은 곳인데, 여의도처럼 고층빌딩이
많은 번화지가 아니라 방콕에 마지막 남은
'자연 여행지'로 통하는 곳이다.
바로 '방 크라차오 Bang Krachao'란 섬이다.

방 크라차오 섬에 들어가기 위해서는 배를 타야 한다. 다리가 하나 있긴 한데, 배를 타고 가는 것이 가장 빠르다. 방콕에 사는 외국인들 사이에서는 자전거투어를 하는 섬으로 알려져 있다. 365일 기온이 30도 넘게 올라가는 방콕에서 자전거 투어라니? 그러나 섬에 들어와 보면 그 이유를 알 수 있다. 이 듣도보도 못한 섬에 가게 된 건 이곳에 새로 생긴 '에코 프렌들리' 호텔에 묵기 위해서였다. 방콕에서는 보기 드문 자연친화형 호텔이고, 홈페이지에서 본 호텔 전경도 근사해 내심 기대가 컸다. 무엇보다 에너지를 아끼려는 호텔 측의 노력이 놀랍다. 호텔 이름은 '더 방콕 트리하우스The Bangkok Treehouse'.

STEP 03
**ENJOYING**

호텔까지 가는 길은 너무 멀고도 힘들었다. 배의 주인이 여기서 내리면 된다고 알려준 호텔의 입구는 더 충격적이었다. 가장 먼저 나를 반겨준 것은 깨끗한 공기도, 청정한 자연도 아니었다. 오래된 수상가옥과 호텔 주변으로 떠다니는 엄청난 양의 쓰레기였다. '여기가 에코 프렌들리 리조트라고?' 이건 뭔가 잘못됐지 싶었다.

"방콕 시내에서 버려지는 쓰레기들이 흘러오다가 이 섬에 쌓여서 그래요. 방콕에선 보기 힘든 광경이지만, 몇 십 년 전의 방콕도 딱 이런 모습이었죠. 이곳은 대도시가 되기 전의 방콕을 생각하시면 돼요. 그래도 이곳에는 순수함이 많이 남아 있죠."

일그러진 내 얼굴이 보였던지 호텔 주인이 말을 이었다. 사실 이 호텔은 쓰고 있는 전기를 모두 태양열과 풍력 발전으로 자체 해결하고, 한 사람이 묵을 때마다 매일 1kg 떠내려온 쓰레기를 없애는 캠페인을 펼치고 있다. 객실에는 1회용 플라스틱 물병도, 냉장고도 비치해두지 않았고, 자연친화형 호텔답게 수많은 벌레와 개미들도 객실에 함께 했다. 호텔은 벌레들을 죽이는 일체의 스프레이형 살충제를 쓰지 않아 하룻밤 만에 내 다리는 모기 물린 자국이 수두룩했다.

"호텔 외관을 좋게 할 수 있는 방법은 많았어요. 쓰레기가 흘러들어오지 못하게 댐을 쌓거나 여러가지 장치를 할 수 있었죠. 하지만 그렇게 되면 이 강의 생태계를 인공적으로 막고 파괴하게 되죠. 그래서 아무런 장치도 하지 않게 되었습니다."

주인의 설득력 있는 설명을 들었음에도 호텔에서 묵는 첫날은 너무 고통스러웠다. 방으로 가는 길에는 연두색 뱀을 보고 기겁했고, 동네 산책을 하겠다고 나섰다가 잘못 든 길에서는 개 세 마리한테 물릴 뻔했다. 이 섬에서는 집집마다 개를 키우는 편인데(우리네 시골 마을처럼), 낯선 사람이 지나가자 엄청나게 짖어대며 낯선 이를 향해 돌진한다. 그러니 항상 조심할 필요가 있다.

이 섬에 머무는 것 자체가 '정글의 법칙'에 버금가는

©The Bangkok Treehouse

모험이라 느껴질 만큼 힘들었다. 하지만 하룻밤을 넘기고 나서 조금씩 마음이 변하기 시작했다. 이곳에는 도심에서 상상도 할 수 없을 만큼 시원한 바람이 분다. 사람들은 방 크라차오를 '방콕에 마지막 남은 푸른 허파'라고 부르는데, 섬 전체가 정글이라 할 만큼 푸른 야자수와 맹그로브숲, 늪이 살아 있다. 밤이면 생전 처음 듣는 온갖 희귀한 새들의 울음 소리에 이불을 힘껏 끌어당기고, 사람들이 걸어 다니는 길 아래의 늪에서는 작은 악어(사실은 악어를 닮은 물왕도마뱀이다)도 봤다! 세상에! 이게 방콕 같은 대도시에서 가능한 일이기나 한가?!
섬의 내륙으로 들어가면 어느 정도 번화한 중심지가 나온다. 호텔은 그곳까지 자유로이 다녀올 수 있는 자전거를 제공하고, 시내에서도 자전거를 빌려탈 수 있다. 주말에는 현지인들만 아는 그러나 꽤 유명한 방남풍 플로팅 마켓이 열리고, 라마 4세 시대에 지어진, 아무도 모르는 사원도 있다. 섬의 사람들은 직접 기른 식물과 허브로 비누와 아로마 오일, 향 등을 만들어 쓰고 판다. 또 섬의 가운데에는 너무 넓어서 다 돌아볼 수 없을 만큼 큰 보타닉 가든이 있어 조용히 산책하기 좋다.
방 크라차오는 아직 세상에 알려지지 않은 미지의 섬이다. 그런 섬이 천만 명이 살고 있는 방콕의 대도시 안에 있다는 것이 놀라울 따름이다. 방콕에 3~4일 일정으로 여행을 오는 사람들이 이곳을 오기란, 라오스의 어느 산골 마을을 가는 것만큼 불가능한 여정일 수 있다. 그러나 방콕의 매력을 이미 알고 있고, 방콕의 숨어 있는(?) 매력을 찾고 싶은 모험가라면 꼭 가보기 바란다. 요즘 안 나오는 데 없이 쓰여 시시해진 '힐링'의 진짜 의미를 몸소 체험할 수 있다.

## 방 크라차오 섬 안에서 갈만한 곳

### 방남풍 수상시장
**Bang Namphung Floating Market**

방 크라차오의 대표 관광지라 할 수 있으나, 그나마도 태국 현지인들에게만 알려져 있다. 한국인에게는 담넌사두악 수상시장이 잘 알려져 있지만, 이곳은 매우 로컬 분위기가 넘치는 수상시장. 대부분은 이 지역 주민들이 직접 만든 수제품, 티크나무로 만든 가구 제품과 오가닉 비누, 향, 초, 아로마오일 등을 판다. 배에서 파는 보트누들수프와 팟타이, 각종 열대과일도 먹을 수 있다. 주말에만 연다.

### 왓 방남풍 녹 Wat Bang Namphung Nok
쌈빠웃 선착장에서 탄 페리가 내리는 곳에 이 사원이 있다. 라마 4세 시대에 지어진 사원으로, 섬 사람들만 아는 곳이다. 거대한 불상이 두 군데 있고, 독특하게 지어진 사원 건물도 눈에 띈다. 사원에서 선착장으로 이어지는 길에는 노천 음식점들이 늘어서 있다.

### 스리 나콘 쿠암 칸 파크 Sri Nakon Kuam Kan Park
방 크라차오 안에 9만6,000평에 달하는 규모로 꾸며진 보타닉 가든. 50여 종의 독특한 철새들을 볼 수 있는 공원으로 유명하고, 크고 작은 호수와 연못, 야자수와 숲이 우거져 있다. 워낙 규모가 커서 자전거를 빌려 돌아볼 수 있고, 현지인들의 휴식 장소로 사랑받는다. 사람이 많지 않아 매우 조용하고 자연적인 분위기가 넘친다.

### 조스 스틱 하우스 Joss Stick House
현지 부부가 살고 있는 집 안에 작은 숍이 함께 있다. 조스 스틱이란 원래 절에 기도를 드릴 때 피우는 향의 일종으로, 부인은 특수한 허브를 이용해 향과 향초를 만드는데, 모기를 가까이 못오게 하는 효과가 있다. 갖가지 허브로 만든 주방 세제와 모기향, 향, 향초가 가득하다. 쿠킹 클래스를 할 수 있는 공간이 있어 이 지역 요리도 배워볼 수도 있고, 남편은 자전거 투어 안내를 한다. 인터넷으로는 아무런 정보도 찾을 수 없지만, 방콕 트리하우스에서 위치를 알려준다.

### 더 방콕 트리하우스 The Bangkok Tree House
1박 2일, 혹은 2박 3일 방콕의 소음에서 벗어나 조용하게 휴식하고 자연과 어울리고 싶은 여행자에게 딱 어울리는 에코 리조트다. 모든 객실은 복층 구조로, 6개의 개별적인 건물로 분리되어 있다. 2층 침실에는 방마다 벌, 개미, 나비 등의 커다란 곤충 조각 장식이 벽에 만들어져 있고 통유리창을 통해 섬의 야자수 나무가 배경으로 펼쳐진다. 야외 테라스 공간에 만들어진 샤워시설도 특이한데, 대나무로 만들어진 발을 내리지 않으면 아예 오픈된 공간이 돼서 특이하다. 밖에서 샤워하는 듯한 기분이 든다. 건물의 외관과 객실 내부에는 거울이 많이 달려 있다. 거울에 반사되는 배경과 밤의 조명으로 인해 분위기가 비현실적으로 느껴지기도 한다. 짐은 간소하게 꾸려지되 곤충과 모기가 많으므로 반드시 긴 팔과 긴 바지를 가져오는 것이 좋다. 레스토랑과 프론트 데스크, 영화를 볼 수 있는 라운지 등이 모두 야외여서 특히 밤에는 긴 옷이 필수다. 강을 바라보고 있는 레스토랑 천장에는 수많은 대나무통 장식이 매달려 있는데, 이 안에 박쥐가 살고 있다.

**Data** **Access** BTS 방나 역에서 내려 택시를 타고 쌈빠웃Sanpawut 선착장으로 간다. 이곳에서 호텔로 가는 보트를 타거나 왓 방남풍 녹으로 가는 페리(4바트)를 탄다. **Add** Moo 1, Bang Nampheung, Samut Prakan Province **Cost** 더블룸 4,690바트~ **Tel** 082-453-1100 **Web** www.bangkoktreehouse.com

01 방콕 최고의 로컬 맛집 BEST 4
02 파리, 뉴욕이 부럽지 않은 파인 다이닝
03 방콕의 푸드코트 BEST 4
04 방콕 최고의 길거리 음식 골목 5
05 방콕의 대표 음식 열전
06 방콕에만 있는 디저트 가게
07 방콕의 열대 과일 사전
08 세상 어디에도 없는 기이한 레스토랑
09 방콕 최고의 루프톱 바 BEST 3

EATING 01

# 방콕 최고의 로컬 맛집 BEST 4

너무 유명해 관광객이 득시글대는 곳은 뺐다. 정통의 맛을 고수하면서도 분위기도 좋은 곳을 골랐다. 현지인들에게 더 사랑받는 곳이라 믿고 넣었다.

방콕의 길거리 음식을 근사하게 즐기는 방법
### 소울푸드 Soulfood

요즘 방콕에서 유행하는 다이닝의 콘셉트은 태국의 길거리 음식을 좋은 재료로 건강하게 만들어 근사한 분위기에서 즐길 수 있도록 하는 것이다. 시암 캠핀스키 호텔의 스라부아 긴긴 레스토랑이 그렇고, 메트로폴리탄 호텔의 남, 그리고 이곳 소울푸드의 음식이 그렇다(모두 엄청난 사랑을 받고 있다). 미국 출신의 음식 컬럼니스트인 자렛 위슬리Jarret Wristley는 자신이 사랑하는 타이의 스트리트 푸드를 지저분한 길거리의 플라스틱 테이블이 아닌 좀 더 쾌적하고 감각적인 공간에서 먹으면 좋겠다는 생각을 했고, 그래서 만들어진 곳이 소울푸드이다. 그는 이산 출신의 셰프인 반차 캄탱Bancha Kahmthaeng씨를 영입해 쏨땀과 같은 이산의 대표 음식은 물론 버마 스타일의 커리, 태국 남부의 '서던 타이 사모사' 등의 메뉴까지 다양하게 구성했다. 오픈을 한지 얼마되지 않아 소울푸드는 엄청난 입소문을 타기 시작했고, 통로의 핫 스폿이 됐다. BTS 통로 역 근처의 작고 오래된 3층짜리 건물을 개조해 만든 소울푸드는 따뜻하고 편안한 타이의 가정집 분위기를 풍긴다. 하지만 안에는 방콕의 트렌드세터들과 파랑(Farang. 방콕에 거주하는 서양인을 부르는 태국어)들로 빈자리가 없다. 방콕 여행에 빠지면 안 되는 집이다.

**Data** **Map** 201K **Access** BTS 통로 역 3번 출구로 나와 뒤돌아서 메인 로드 방면으로 도보 5분
**Add** 56/10 Sukhumvit Soi 55
**Cost** 샐러드 220바트, 커리 종류 240바트, 시그니처 칵테일 180~230바트
**Open** 일~목 17:30~23:00, 금~토 17:30~24:00
**Tel** 02-714-7708 **Web** www.soulfoodmahanakorn.com

# STEP 05
## EATING

**Data** Map 309K
**Access** BTS 수라삭 역에서 나와 프라무안 로드로 들어가 도보 5분 **Add** 27 Soi Pramuan, Silom Road **Open** 09:00~18:00 **Cost** 그린 비프 커리와 로띠 110바트, 비프 사테 150바트, 쏨땀 120바트 **Tel** 02-238-4002

로열 패밀리 모이는 태국 현지 음식점
### 칼파프룩 Kalpapruek

방콕에서 취재를 하면서 새로 발견한 곳 중 가장 값지다고 생각하는 레스토랑이다. '칼파프룩'의 이름을 대면 방콕에서는 모르는 사람이 없을 정도라는데, 우리나라 여행자에게는 거의 알려지지 않았다. 그나마 센트럴 월드 쇼핑몰과 시암 파라곤 등에도 지점이 생기면서 찾아가는 사람이 조금씩 생기고 있다. 본점은 실롬의 프라무안 로드에 있다. 1976년에 베이커리로 시작해 지금은 레스토랑과 베이커리를 함께 운영 중이다. 칼라프룹은 모든 음식을 '로열 프로젝트'에서 생산하는 최고의 식재료로 만든다. 로열 프로젝트란 태국의 푸미폰 왕이 태국 고산지대의 아편 재배 지역 사람들을 구제하기 위해 대체 작물들을 키우면서 시작된 운동. 로열 프로젝트를 통해 생산되는 모든 과일과 음식 재료는 유기농으로 뛰어난 품질을 보증하는데, 칼라프룹이 이 프로젝트와 연계되어 있다. 이유는 이 레스토랑의 주인이 로열 프로젝트 협회의 회장이기 때문. 손님의 대부분은 방콕의 하이소 부인들과 로열 패밀리들이다. 이들이 찾아올 정도면 음식 가격대도 만만치 않겠거나 싶겠지만, 가격대는 80~170바트 선으로 무척 저렴하다. 방콕 사람들이 일상적으로 먹는 음식을 홈메이드 방식으로 만들고 있으며, 퀄리티 또한 매우 높은 칼라프룩의 음식들. 집에서 먹는 것처럼 건강하고 신선한 음식이라 깊은 신뢰를 얻고 있다.

#### 방콕 대표 브랜드 레스토랑
### 딸링 쁠링 Taling Pling

태국에서 유명한 프렌차이즈 타이 음식점. 실롬의 본점을 비롯해 시암 파라곤, 센트럴월드, 센트럴 백화점 등 주요 쇼핑몰과 백화점에 입점해 있다. 방콕의 베스트 타이 레스토랑에도 매번 선정될 만큼 그 맛과 분위기를 모두 인정받는다. 분위기는 잘 꾸며진 카페처럼 화사하고 밝다. 음식은 고유의 맛을 잘 살리면서도 외국인들도 부담없이 먹을 수 있는 깔끔한 맛이다. 가격대도 합리적이라 한 번 갔던 여행자들은 잊지 않고 또 찾아간다. 플럼 소스에 찍어먹는 통새우살 튀김과 똠얌꿍, 그린커리, 돼지바비큐구이인 무양 등 많은 음식들이 입에 착착 감긴다.

**Data** Map 232C Access BTS 시암 역 3번 출구와 연결, 시암 파라곤 G층 Add GF, 991 Siam Paragon, Rama 1 Road Cost 토드문꿍 200바트, 마사만 치킨 커리 230바트, 톰카치킨수프 165바트, 똠얌꿍 260바트 Open 10:00~22:00 Tel 02-129-4353 Web www.talingpling.com

#### 수준 높은 태국 전통 요리가 먹고 싶다면
### 나라 타이 퀴진 Nara Thai Cuisine

딸링 쁠링보다 훨씬 고급스러운 분위기와 음식 플레이팅을 선보이는 로컬 프랜차이즈이다. 2003년에 보트 누들을 파는 유명 음식점으로 시작해 현재는 센트럴 월드, 에라완, 엠버시 등에 매장을 갖고 있다. 태국 고대의 레시피와 질 높은 재료를 이용해 만드는 음식들은 친근하면서도 수준이 높다. 특히 가장 최근에 생긴 엠버시 쇼핑몰의 나라 레스토랑은 그 우아하고 근사한 분위기에 절로 흥이 나는 곳. 여러가지 소스가 함께 나오는 팟타이와 언제 시켜도 맛있는 닭요리, 가볍게 먹을 수 있는 치킨 마사만 커리와 오믈렛, 두리안으로 만든 디저트까지, 딸링쁠링에 익숙한 여행자라면 이제 나라로 갈아탈 시기이다.

**Data** Map 267C Access BTS칫롬 역 2번 출구 도보 5분 Add Central Embassy Shopping Mall 5F, 1031 Pleonchit rd. Cost 핫 앤 스파이시 치킨 윙 230바트, 치킨 마사만 커리와 오믈렛 185바트 Open 10:00~22:00 Tel 02-160-5988 Web www.naracuisine.com

STEP 05
EATING

EATING 02

# 파리, 뉴욕이 부럽지 않은 **파인 다이닝**

방콕에서는 호텔 레스토랑에서 식사를 하는 것이 서울만큼 부담스럽지 않다. 20만원이 넘는 수준의 음식들을 10만원도 안 되는 가격으로 먹을 수 있기 때문. 방콕여행에서 한두 끼 정도는 돈을 아끼지 않고 좋은 음식에 투자하겠다는 여행자들이 늘고 있는 요즘, 최고의 선택이 되어줄 미쉐린급 레스토랑을 소개한다. 정말 돈이 아깝지 않은 곳들이다.

### 미쉐린 방콕 2스타 레스토랑 등극
## 가간 Gaggan

방콕에서 개인적으로 최고의 레스토랑을 꼽으라면 주저없이 가간을 선택하겠다. 인도 음식을 분자요리와 접목하며 방콕의 레스토랑계를 뒤흔든 가간은 '프로그래시브 인디안 퀴진'으로 크게 주목받는 곳. 달걀 노른자 같이 탱글탱글한 식감의 요리는 카레맛이 나는 요거트이고, 미니버거처럼 생긴 모양의 빵은 밀가루로 만든 진짜 빵이 아니라 토마토와 물로만 만든 폼이다. 블랙 트뤼플이 올려진 초콜릿 스노우볼은 이곳의 대표 디저트 메뉴. 평범한 방식이 없고, 평범한 맛이 없다. 셰프의 이름이 가간이다. 인도의 전 대통령 압둘 카람의 개인 요리사를 담당했고, 방콕에서 자신의 레스토랑을 준비하던 중에 돌연 스페인의 엘 불리티Bulli에서 몇 개월간 요리를 배우고 돌아왔다. 가간은 스페인 요리의 대가인 페란 아드리아에게서 요리를 배운 단 두 명의 아시안 중 한 명이었으며, 이때 분자요리에 대한 체계를 다지고 돌아왔다. 우리는 셰프 테이블에 앉았다. 블라인드가 올라가고 유리창 너머로 가간의 주방이 펼쳐졌을 때 우리가 가장 멋진 자리에 앉았음을 실감했다. 방콕 책을 만들면서 친하게 지냈던 셰프 가간은 5년 사이 아시아 최고의 셰프가 되었다. 매년 선정하는 '아시아 베스트 레스토랑 50'에서 2015년부터 3년 연속 1위를 독차지하고 있다. 10년째가 되는 2020년, 그는 가간을 접고 후쿠야마 셰프와 함께 일본 후쿠오카에 고간GohGan 레스토랑을 열 예정이다. 고간 타이틀로 이미 세계 여러 도시에서 팝업 행사도 꾸준히 열고 있다. 어디에서도 경험하지 못한 디너를 경험해볼 날이 이제 2년밖에 남지 않았다는 말이다.

**Data Map** 266F
**Access** BTS 칫롬 역 4번 출구에서 도보로 15분, 가간의 간판을 보고 우회전 **Add** 68/1 Soi Langsuan, Ploenchit Road, Lumpini, Pathumwan **Cost** 가간 테이스팅 메뉴 3,500바트 **Open** 12:00~14:30, 18:00~23:00 **Tel** 02-652-1700 **Web** www.eatatgaggan.com

타이 길거리 음식이 미쉐린 요리로
### 스라부아 긴긴 Sra Bua Kiin Kiin

시암 캠핀스키 호텔 안에 있는 스라부아 긴긴 레스토랑은 코펜하겐에 있는 원 스타 미쉐린 레스토랑 긴긴Kiin Kiin의 자매점이다. 2010년 캠핀스키 호텔이 방콕에 문을 열면서 어떤 레스토랑을 들일 것인지 고심 끝에 선택한 파인 다이닝 레스토랑이다. 현대적인 방법으로 해석한 태국 요리를 내지만, 모양만 봐서는 태국 음식의 정체성을 찾아보기 어렵다. 간혹 요리의 모양을 보고 태국 음식을 시켰는데, 왜 이런 음식이 나오냐고 되묻는 사람이 있을 정도다. 요리의 생김새는 매우 서양식이지만, 태국 음식의 맛과 향은 고스란히 살아있다. 이곳의 음식은 태국 요리를 여러 번 경험해본 사람에게 알맞다. 태국 요리를 한 번도 먹어보지 않은 사람은 이해하기 힘든 곳이다. 스라부아 긴긴은 타이의 길거리 음식에서 영감받은 다양한 요리들을 낸다. 가장 인기있는 메뉴 중 하나는 강댕 프로즌 레드 커리 랍스터. 열대과일 리치 폼이 올라간 프로즌 레드 커리 랍스터 샐러드의 맛이 환상적이다. 긴긴의 오너 셰프인 헨릭 에이드 앤더슨Herik Yde Anderson과 4년 동안 함께 일했던 모르텐 닐센Morten Nielsen 셰프가 방콕의 스라부아 긴긴을 담당하고 있다. 2018년 미쉐린 방콕 원스타를 받았다.

**Data** **Map** 232C
**Access** 시암 역 시암 파라곤 뒷쪽으로 연결된 문이 나옴
**Add** 991/9 Rama 1 Road, Pathumwan, **Cost** 점심 세트 메뉴 4가지 코스 1,700바트, 저녁 8가지 코스 3,200바트
**Open** 점심 12:00~15:00, 저녁 18:00~23:00
**Tel** 02-162-9000 **Web** www.srabuakiinkiin.com

### 네덜란드 미쉐린 스타의 방콕 입성
## 사벨베르그 타일랜드 Savelberg Thailand

2015년 초 방콕에 프렌치 파인다이닝을 연 행크 사벨베르그 셰프는 네덜란드에서 운영하는 네 개의 레스토랑이 모두 미쉐린 스타를 받은 유일한 사람이다. 유럽에서 가장 영감을 주는 셰프로 통하는 그는 최근 헤이그에 있는 미쉐린 원스타 레스토랑을 접고, 방콕을 다음 정착지로 선택했다. 클래식 프렌치 요리와 누벨 퀴진 사이의 접점을 보여주는 그의 요리는 비주얼도 아름답지만, 완벽한 맛의 균형과 자극을 갖추고 있다. 세계에서 손꼽히는 프렌치 파인다이닝을 방콕에서 만날 수 있다는 건 분명 행운이면서 부러운 일. 30년간 선보여온 그의 시그니처 요리 랍스터 샐러드(캐나다산 랍스터와 트뤼플 오일, 퀴노아, 거위간으로 만든 요리)와 으깬 바질, 치즈를 넣은 랍스터 랭귀니 등 셰프 특선 코스를 꼭 선택할 것.

**Data Map** 267G
**Access** BTS프런칫역 1번 출구로 나와 와이어레스 길로 좌회전, 오리엔탈 레지던스 방콕 1층에 위치 **Add** 110 Wireless Rd, Lumpini, Patumwan **Cost** 4코스 3,000바트, 6코스 3,700바트
**Open** 수~월 12:00~14:30, 18:00~22:00
**Tel** 02-252-8001 **Web** www.savelbergth.com

호주 셰프가 만드는 태국 전통 요리
### 남 Nahm

트렌드세터들의 집합처였던 방콕 메트로폴리탄 호텔의 명성도 사그라든지 오래다. 그 명성을 되찾기 위한 야심작으로 호텔이 내놓은 것이 바로 2011년에 오픈한 레스토랑 남Nahm이다. 태국 음식을 잘 아는 호주 출신의 셰프 데이비드 톰슨David Thomsom이 런던에 갖고 있는 동명의 레스토랑을 방콕에도 연 것. 런던의 '남'은 런던에서 미쉐린 원스타를 받은 유일한 타이 레스토랑이었고, 지난해 방콕의 '남'도 '아시아 베스트 레스토랑 50위'에서 4위에 오르는 기염을 토했다. 아유타야 시대의 벽기둥을 재현한 남에서는 한두 가지의 메인 음식을 시켜 두세 명이 나눠먹는 것이 일반적이다. 애피타이저를 더한다면 서너 명이 먹어도 충분한 양이다. 아뮤즈 부슈로 나온 음식은 파인애플 위에 마늘과 견과류, 치킨을 올린 후 고수로 마무리했는데, 태국 음식의 특징인 달콤하고 짭짤하고 매콤하고 상큼한 맛이 한꺼번에 느껴진다. 사실 이곳의 많은 음식이 이 네 가지의 맛을 골고루 풍기며 자극적으로 남는다. 서양식으로 순화된 타이 요리의 맛이 아닌, 타이 정통의 맛을 강렬하게 잘 표현하고 있다. 요리의 모양도 타이 전통 음식 그대로다. 남의 대표 요리 중에는 생선을 삶아 부순 뒤 커리처럼 육수를 만들어 소면 같은 국수에 부어먹는 카놈진이 있다.

**Data** **Map** 295G
**Access** BTS 살라댕 역에서 하차, 컨벤트 로드로 들어와서 도보로 10분. 도로를 건너면 메트로폴리탄 호텔 1층.
**Add** GF, Metropolitan Hotel, 27 South Sathron Road  **Cost** 남 세트 메뉴 2,800바트  **Open** 12:00~14:00, 19:00~23:00  **Tel** 02-625-3333  **Web** www.comohotels.com/metropolitanbangkok.bz

STEP 05
EATING

EATING 03
# 방콕의 푸드코트 BEST 4

방콕 사람들에게 푸드코트는 그들이 매일 기도를 드리러 가는 사원이나 타고 다니는 오토바이처럼 일상에 꼭 필요한 것이다. 있으면 좋고 없으면 말고가 아닌, 꼭 있어야 하는 필수 공간. 쇼핑몰마다 푸드코트가 빠짐없이 자리해 있는 이유이자 경쟁이 심한 이유다.

#### 수상시장 컨셉의 초대형 푸드코트
## 수크 시암 Sook Siam

방콕 최대 쇼핑몰 아이콘시암의 G층 가득 펼쳐진 푸드코트다. 태국의 대표 문화인 수상시장을 콘셉트로, 쇼핑몰 안에 인공 수로를 만들고 수로 주변으로 음식을 파는 노점과 각종 먹거리, 식재료를 판매한다. 사람들은 다양한 태국의 음식과 디저트를 수로 옆에 쪼그리고 앉아 먹는 체험을 하고 한입거리 음식을 사다가 군데군데 만들어진 벤치와 푸드코트에 앉아 먹는다. 팟타이 골목이라 붙인 음식점에서는 팟타이만 전문으로 팔기도 하고 아유타야산 민물새우 요리만 판매하는 전문 식당도 있다. 규모가 워낙 커서 한 층만 둘러보기에도 벅찬 곳. 특히 주말에는 발 디딜 틈 없이 사람들이 찾아와 무척 붐빈다. 차오프라야 강변에 문을 연 아이콘시암까지 가는 가장 편한 방법은 BTS 사판탁신 역 앞의 선착장에서 아이콘시암까지 가는 셔틀보트를 타는 것이다. BTS 끄룽톤부리 역에서 셔틀버스나 택시를 탈 수 있으나 도로가 좁고 주말에는 차가 무척 밀린다.

**Data Map** 010l
**Access** BTS 사판탁신 역 2번 출구로 나와 사톤피어 선착장에서 셔틀보트를 탄다(아침 8시부터 밤 11시 30분까지 셔틀보트 운영)
**Add** 299 Charoen Nakhon Soi 5, Charoen Nakhon Road
**Cost** 새우 팟타이 160바트, 디저트류 20~40바트
**Open** 10:00~22:00
**Tel** 02-495-7000

**방콕 최대의 푸드코트**
# 피어 21 Peir 21

방콕에서 가장 맛있고 싸고, 깨끗한 푸드코트로 떠오른 최강자, 피어 21. 샌프란시스코의 금문교가 멋지게 보이는 터미널 21의 5층으로 올라가면 샌프란시스코의 '피셔맨즈 워프'처럼 꾸민 푸드코트가 나온다. 방콕에서 가장 규모가 큰 곳 중 한 곳이며, 다양한 종류의 타이 음식을 먹을 수 있는 최고의 장소다. 가격도 3,000원을 넘기지 않을 정도로 저렴하다. 만들어 놓았다가 그냥 담아주는 음식보다는 그 자리에서 바로바로 만들어주는 요리들이 맛있다. 방콕 쇼핑몰 안에 있는 푸드코트들은 대개 먼저 돈을 내고 선불카드를 받은 다음, 그것으로 음식을 주문하고 계산하는 시스템이다. 피어 21에서도 계산대에서 먼저 선불카드에 금액을 충전한 뒤 쓴다. 보통 100바트를 충전하면 음식과 음료수를 먹고도 돈이 남는다. 나갈 때 카운터에서 카드를 내면 남은 돈을 환불받을 수 있다.

**Data** Map 182F
**Access** BTS 아속 역 1번 출구와 연결 **Add** 88 Sukhumvit 19, Klong Toey Nua **Cost** 태국음식 100바트~, 이탈리안 140바트~, 한식 160바트, 일식 170바트~
**Open** 10:00~22:00
**Tel** 02-108-0888
**WEB** www.terminal21.co.th

**태국 유명 맛집 브랜드는 모두 입점**
## 시암 파라곤의 푸드 홀 Food Hall

보통 쇼핑몰의 꼭대기 층이나 지하에 푸드코트가 자리한 것과 달리 시암 파라곤의 푸드 홀은 G층(우리나라로 치면 1층)에 위치해 있다. 시암 파라곤의 푸드 홀은 유명한 태국 프랜차이즈와 푸드 브랜드가 가장 많이 입점해 있는 곳. 푸드 홀 내부는 태국식, 중국식, 베트남식 국수, 이탈리안 파스타까지 즐길 수 있는 푸드코트와 보다 고급스러운 분위기의 푸드 홀 갤러리, 그리고 각종 디저트와 케이크, 음료 등을 살 수 있는 테이크홈 구역으로 나뉘어 있다.

**Data** Map 232C
**Access** 시암 역 3번 출구와 연결
**Add** 991 Siam Paragon Shopping Center, Rama 1 Road
**Open** 10:00~22:00
**Tel** 02-610-8000
**Web** www.siamparagon.co.th

**방콕 하이소들의 푸드코트**
## 푸드 로프트 Food Loft

푸드코트 중에 가장 비싼 곳이다. 50바트 안팎으로 먹을 수 있는 다른 곳들과 달리 이곳은 100~200바트 정도 한다. 하지만 가장 고급스러운 분위기를 갖췄다. 센트럴 칫롬 백화점 7층에 위치한 푸드 로프트는 세련된 인테리어와 좋은 식재료를 사용해 방콕의 하이소들도 즐겨찾는다. 음식을 주문하는 방법도 조금 다르다. 들어갈 때 한 사람씩 바코드가 찍혀있는 카드를 받는데, 원하는 부스에서 음식을 주문하고 받은 영수증을 자리에 앉아 직원에게 주면 음식을 가져다준다. 계산은 다 먹고 난 후 나가는 출구 앞에서 한다. 들어올 때 받은 카드를 잃어버리면 카드 사용의 최고 한도액을 지불해야만 나갈 수 있기 때문에 잃어버리지 않도록 한다. 타이 음식을 비롯해 중식, 일식, 이탈리안, 인디안 요리 등 나라별 음식을 다양하게 즐길 수 있어 외국인도 많이 온다.

**Data** Map 267C
**Access** BTS 칫롬 역 5번 출구와 연결, 센트럴칫롬 7층에 위치 **Add** 7F, Central Chit Rom, 1027 Thanon Phloen Chit **Cost** 태국음식 100바트~, 이탈리안 200바트~, 일식 170바트~
**Open** 10:00~22:00
**Tel** 02-793-7070 **Web** chidlom.foodloftcentral.com

EATING 04

# 방콕 최고의 **길거리 음식 골목 5**

방콕의 길거리 음식에 대해 싸게 한 끼를 해결할 수 있다고는 생각해도, 이 음식들이 싱싱하거나 깨끗하다고는 생각하지 않았다. 하지만 매일 점심과 저녁을 길거리에서 먹는 현지인들을 보면서, 그리고 그들을 위해 신선한 재료와 숙련된 요리법으로 식사 시간에만 문을 여는 노점상들을 보면서 생각은 바뀌게 되었다.

**주변 회사원과 병원 직원들의 구내식당 같은 곳**
## 실롬 소이 컨벤트 로드 Silom Soi Convent Road

방콕에는 소문난 길거리 음식 골목도 따로 있다. 가장 맛있는 길거리 음식 골목을 가고 싶다면 세 가지만 기억하면 된다. 병원과 회사 주변, 대학교 주변, 쇼핑몰 주변 거리로 갈 것! 병원과 회사에서 일하는 직원들, 대학생들, 쇼핑객 등의 많은 인파를 상대하는 곳인 만큼 이 거리의 노점상들은 남기는 음식이 없고 매일 항상 신선한 재료를 쓴다. BTS 살라댕 역에서 내려 소이 컨벤트 로드로 들어서면 점심 시간에만 거리를 꽉 메우는 음식점들을 만날 수 있다. 사톤과 실롬을 잇는 컨벤트 거리는 방콕 최고의 사무실 밀집 지역인 동시에 이 거리 중간에 BNH 병원이 있다. 태국에서 맛볼 수 있는 거의 모든 길거리 음식을 이곳에서 먹을 수 있다고 해도 과언이 아니다. 태국식 닭고기 덮밥과 노란 면의 바미해, 각종 쌀국수와 사테 등 다양한 음식과 과일, 디저트가 가득하다.

**보트 위에서 말아주는 국수**
## 빅토리 모뉴먼트 부근의 보트누들 골목
Boat Noodle Alley at Victory Monument

BTS 빅토리 모뉴먼트 역에서 파혼 요틴Phahon Yothin가 방향으로 가면 나오는 보트누들 거리. 보트누들은 오래 전 수상가옥과 수로가 많았던 방콕의 특징을 잘 보여주는 음식으로, 빅토리 모뉴먼트 근처에 지금도 그 보트누들을 파는 운하 옆 집들이 성업중이다. 한입에 다 넣을 수 있을 정도로 작은 보트누들 한 접시의 가격은 단돈 10바트. 여자들도 6접시는 먹을 수 있고, 남자라면 10접시도 거뜬하게 먹는다. 먹고 난 접시들을 쌓아놓는 모양도 이곳의 진풍경. 굵기와 재료가 다른 여러가지 면에 쇠고기, 돼지고기, 어묵 등이 들어간 작은 보트누들을 흡입할 수 있는 거리다. 현지인들이 대부분으로, 에어컨이 나오는 실내 푸드코트도 갖추어져 있다.

## STEP 05
## EATING

#### 방콕의 가장 대표적인 길거리 음식 골목
### 수쿰빗 소이 38 Sukhumvit Soi 38

원래 수쿰빗 대로에서 장사를 했던 노점상들은 BTS 통로 역이 들어서고 도로가 재정비되면서 소이 38 안으로 옮겨오게 됐다. 늦은 밤 시간부터 더욱 바빠지는 수쿰빗 소이 38은 새벽까지 사람들이 끊이지 않는데, 이곳에는 30년 넘은 바미 국수집, 수많은 신문 기사와 사진이 달려 있는 팟타이 노점, 까오만까이, 해산물 등을 파는 다양한 노점이 밀집해 있다. 현재 수쿰빗 소이 38 안에서 영업을 하고 있는 노점 중에는 20~30년을 넘긴 맛집들이 상당수 있으며, 음식 또한 현지인들의 인정을 받고 있어 일부러라도 꼭 들러볼 만하다.

#### 이산 지방의 대표 음식 골목
### 랑남 로드 Rangnam Road

풀만 킹 파워 호텔과 면세점이 위치한 랑남 로드는 태국 동북부의 이산 지방 음식을 먹을 수 있는 거리로 유명하다. 이산 지방의 대표 음식인 쏨땀 비롯, 입안이 얼얼할 정도로 매운 이산 음식들을 맛볼 수 있다. 점심 시간과 밤이 되면 길거리로 테이블을 내놓는 식당들과 노점들까지 가세해 그야말로 매우 붐비는 거리가 된다. 36년째 영업을 하고 있는 이산 로드 데드Isan Rod Ded 레스토랑과 꾸앙 시푸드 집 등이 유명하다.

**방콕 길거리 음식의 천국**
### 야와랏 로드 Yaowarat Road

차이나타운의 중심도로인 야와랏 로드는 짜런 끄룽Charoen Krung 로드 까지 이어지는 큰 길로, 수많은 식당과 가게들이 이 길에 자리해 있다. 200년이 넘는 역사를 지닌 동네인 만큼, 이곳은 길거리 음식점 조차 심상치 않은 내공을 가지고 있다. 다른 음식점 거리보다 경쟁이 치열한 곳이라, 이곳에서 살아남은 집들은 대부분 훌륭하다. 야와랏 거리에서는 값비싼 해산물에서 제비집, 샥스핀에 이르는 희귀한 음식들까지도 길거리에서 맛볼 수 있다. 싱싱한 해산물은 T&K시푸드 와 R&L시푸드, 샥스핀은 전문 포장마차집인 시에 샥스핀Xie Shark's Fin과 행 샥스핀, 야와랏의 명물인 꾸어이 짭 국수는 20년 넘게 팔고 있는 오운 포차나Kuay Jub Uan Pochana 등이 유명하다.

STEP 05
**EATING**

## EATING 05
## 방콕의 대표 음식 열전

**입안이 텃텃해지도록 조미료가 들어간 길거리 음식마저도 태국에서는 거부할 수 없는 매력이 있다. 다양한 음식의 천국에서 찾은 방콕인들의 로컬 푸드, 대표 음식.**

### 팟타이 Pad Thai
쌀국수와 숙주, 부추, 두부, 달걀 등을 넣고 타마린드, 굴소스 등으로 볶아만드는 태국식 볶음국수. 라임, 젓갈, 땅콩, 고추가루 등을 뿌려서 먹으면 더 맛있다.

### 똠얌 Tom Yum
가장 유명한 태국 음식. 향신료가 강하게 들어간 수프로 시큼하고 매콤한 맛이 일품이다. 우리에게 익숙한 똠얌꿍은 새우를 넣은 것, 해산물을 넣으면 똠얌탈레, 코코넛 크림을 빼면 똠얌남싸이.

### 푸팟퐁가리 Pu Phat Pongkari
태국 옐로 커리에 게를 넣고 볶은 요리. 한국사람들이 가장 좋아하는 대표 타이 요리 중 하나로, 값비싼 게 요리를 맛있고 저렴하게 먹을 수 있어서 인기가 많다.

### 꾸어이 띠여우 Kuay Teow
어디서나 먹을 수 있는 태국 쌀국수. 국물이 있는 국수는 꾸어이 띠여우 남 Kuay Teow Nam, 비빔국수처럼 먹는 것은 꾸어이띠여우 행 Kuay Teow Haeng, 똠얌 수프를 육수로 넣은 것은 꾸어이띠여우 똠얌.

### 찜쭘 Jim Jum

숯불 위에 기본 간이 되어 있는 육수를 담은 뚝배기를 올려서 샤브샤브처럼 각종 채소와 고기를 넣어 먹는다. 이산 지방의 수키라 보면 된다. 돼지고기, 닭고기 외에 새우, 각종 내장도 넣을 수 있다.

### 까이톳 Gai Tod

태국식 닭튀김 요리. 쏨땀, 찰밥과 함께 먹는 것이 일반적으로, 한국인에게도 잘 알려진 쏨땀누아에 가면 이 궁합대로 먹을 수 있다. 튀기지 않고 구운 닭은 까이양 Gai Yang이라고 부른다.

### 쏨땀 Som Tam

덜 익은 파파야를 채썰어 맵고 시게 무쳐먹는 타이식 샐러드. 땅콩, 라임, 고추, 말린 새우, 젓갈 등의 양념을 함께 넣고 절구에 빻아서 먹는데, 매운 맛이 무척 강하다. 이산 지방의 전통 음식.

### 사테 Satay

가장 많이 먹는 길거리 음식 중 하나. 대꼬치에 여러 종류의 고기를 끼워 소스를 발라가며 숯불에 굽는데, 돼지고기는 무사테, 쇠고기는 느어사테, 닭고기는 까이사테가 된다.

### 카놈진 Kanom Jeen

소면처럼 삶은 쌀국수 면에 걸쭉한 국물 소스를 얹어먹는 음식. 생선을 갈아서 오래 끓인 다음, 코코넛즙과 매콤한 카레를 넣고 끓이는 남야소스 등 보통 세 가지 종류의 소스가 있다.

### 카오만까이 Khao Man Gai

태국 닭고기 덮밥. 태국인들이 가장 많이 먹는 덮밥 종류 중 하나. 닭을 고아 진한 육수를 내고 그 육수로 밥을 지은 뒤 밥 위에 백숙같은 닭고기를 올려낸다.

## EATING 06
# 방콕에만 있는 **디저트 가게**

방콕은 디저트의 천국이라고 해도 과언이 아닐 만큼 많은 디저트 가게가 있다. 단 것을 더 달게 먹는 태국인들의 식문화 때문에 더 발달했다. 수많은 디저트 가게가 있지만, 방콕에서만 만나볼 수 있는 콘셉트의 가게만 골라봤다.

망고 디저트의 천국
### 망고탱고 Mango Tango

이 집을 모르는 여행자는 거의 없을 만큼 유명한 디저트 가게다. 망고탱고에 대한 사랑은 현지인들도 마찬가지여서 가게 앞은 항상 기다리는 사람들로 북적댄다. 망고 하나로 신선한 주스와 아이스크림, 쉐이크, 푸딩까지 다양한 디저트의 종류를 만들어내는 망고 디저트의 천국이다. 메뉴 이름도 독특하다. 망고탱고를 비롯, 망고살사, 망고 룸바, 망고 왈츠처럼 댄스이름을 달고 있다. 가장 인기있는 메뉴는 여러 가지 종류의 망고 디저트를 한꺼번에 맛볼 수 있는 망고탱고. 신선한 망고 과일과 푸딩, 아이스크림이 한 접시에 담겨나온다. 망고와 찰밥에 코코넛 밀크를 얹어 먹는 망고 스티키 라이스, 망고와 요거트를 넣어 만든 망고 라씨도 잘 팔리는 메뉴.

**Data** Map 232E
**Access** 시암 역 6번 출구로 나와 방콕은행 골목으로 직진, 소이 3에 위치
**Add** Siam Sqare Soi 3, Rama 1 Road
**Cost** 망고 디저트 75~160바트
**Open** 12:00~22:00
**Tel** 081-619-5504
**Web** www.mymangotango.com

달달한 토스트와 우유의 조합
### 몬놈솟 Mont Nom Sod

싱가포르에 카야 토스트가 있다면 방콕에는 몬놈솟 토스트가 있다. 방콕에서 꼭 먹어봐야할 대표 디저트다. 태국인들은 원래 토스트 위에 각종 잼이나 초콜릿, 설탕 등을 듬뿍 뿌려먹는 카놈팡Khanom Pang을 간식으로 즐겨먹었다. 이 유명한 대표 간식을 몬놈솟 회사에서 우유와 함께 만들어 팔면서 하나의 브랜드로 만든 것. 원래 몬놈솟은 1964년에 시작한 우유회사로 지금은 우유보다 토스트로 더 유명해졌다. 몬놈솟 토스트는 두툼하게 자른 식빵을 겉면만 바삭하게 구운 뒤 위에 딸기잼, 녹차잼, 땅콩버터, 초콜릿, 코코넛 커스터드, 연유 등을 담뿍 발라 먹는다. 무척 달지만 한 접시를 뚝딱 비울 만큼 맛있다. 가장 인기있는 것은 역시 오리지널 코코넛 커스터드 토스트.

**Data** Map 232E
**Access** BTS 내셔널 스타디움 역 4번 출구와 연결, 마분콩 2층에 위치
**Add** 2C-19-20 2F, MBK Centre 444, Payathai Road
**Cost** 토스트 20~25바트, 커피 45~80바트, 우유 35~90바트
**Open** 11:30~21:00
**Tel** 02-611-4898 **Web** www.mont-nomsod.com

## EATING 07
## 방콕의 열대 과일 사전

싱싱하고 값싼 열대 과일을 원없이 사먹을 수 있다는 것은 방콕에서 누릴 수 있는 축복 중 하나다. 맛도 모양도 신기한 태국의 열대과일을 소개한다.

● 열대 과일의 제철 시기 **1~4월** 잭 프루트, 사과, 귤, 석류, 수박, 포도 **4~6월** 망고, 망고스틴, 리치, 두리안, 파인애플 **7월** 패션 프루트, 자몽, 롱안, **9~11월** 오렌지 **연중** 바나나, 코코넛, 구아바, 파파야

### 망고 마무앙 Mamuang

가장 대중적인 열대과일. 먹어도 먹어도 질리지 않는 맛! 망고 안에는 아주 큰 씨가 있어, 그 씨를 피해 반으로 자른 후 바둑판 무늬로 칼집을 내서 껍질을 뒤집어 먹는다. 아니면 숟가락으로 퍼먹거나.

### 망고스틴 망굿 Mang-Kut

'열대과일의 여왕'이라 불리는 망고스틴은 그 맛이 어느 과일보다 우월하다. 빨간 껍질 안에 마늘처럼 갈라지는 모양의 하얀 과육이 들어 있다. 잘 익은 망고스틴은 껍질도 잘 까진다.

### 애플 아푼 A-Pun

태국의 사과를 열대과일이라고 말할 수는 없지만 대중적으로 인기를 누리는 과일이다. 아푼이란 이름은 '애플'이란 영어를 타이식으로 부르는 말이다.

### 오렌지 쏨 Som

태국의 오렌지는 오렌지들 중에 가장 즙이 많기로 유명하다. 보통 생으로 먹거나 주스로 먹는다. 일년 내내 먹는 과일이긴 하나, 제철 시기는 9월에서 11월 사이다.

### 석류 폰 탑 팀 Pon Top Tim

단단하고 노르스름한 껍질 안에 빨갛고 굵은 씨가 다닥다닥 들어 있다. 먹을 수 있는 부분은 약 20%인데, 과육은 새콤달콤한 맛이 나고 껍질은 약으로 쓴다. 신맛이 있지만 자몽보다는 달다.

### 코코넛 마프라우 Ma Prau

갈증을 확 풀어주는 시원한 즙이 최고다. 다 먹고 난 다음에는 껍질에 붙어 있는 속살을 긁어먹을 수 있는데, 지방이 함유되어 있어 많이 먹으면 살이 찐다.

### 람부탄 응오 Ngoh

양손으로 람부탄을 잡고 돌리면 껍질이 쉽게 까진다. 즙이 많고 비타민 C가 풍부하게 들어 있다. 과일이지만 칼로리가 높다.

### 드래곤 프루트 깨우망껀 Kaew Mung Kron

강렬한 핑크빛의 색은 곱지만 생긴 건 좀 요상하다. 까만 씨가 다닥다닥 박힌 흰색의 과육이 일반적이지만, 껍질과 속이 모두 붉은 것도 있다. 대체로 별로 달콤하지 않다.

### 두리안 투리안 Turian

과일의 황제. 딱딱한 껍질을 까면 노랗고 진득한 속살이 나온다. 방에 둘 수 없을 만큼 구린 향이 나는데, 한번 맛들이면 헤어나올 수 없는 중독성이 있다. 과일이지만 칼로리가 높다.

### 용안 람야이 Lam Yai

얇고 딱딱한 껍질을 까면 하얀 반투명의 과육이 나온다. 안에 까만 씨가 있고, 과즙이 많고 달다.

### EATING 08

# 세상 어디에도 없다!
# 방콕에만 있는
## 기이한 레스토랑

방콕의 고수들도 모르는 곳이다. 시내 중심가에 친절히 있을 리 없다. 그렇다고 찾아가기가 어려운 곳은 아니다. 주소를 보면, 도대체 방콕 어디에 있는 거냐 싶겠지만, 택시를 타면 생각보다 가까운 곳에 있다.

### 방콕 현지인들의 거대한 나이트클럽
## 타완댕 디스틸러리 Tawandang Distillery

**Data** **Map** 294J **Access** BTS 총논시 역이나 아속역에서 택시로 15분. **Add** 462/61 Rama 3 Road, Yan Nawa **Cost** 생맥주 300㎖ 100바트, 생맥주 3ℓ 900바트, 딥 프라이드 시바스 350바트 **Open** 17:00~01:00 **Tel** 02-717-2108~9 / 02-678-1114 **Web** www.tawandang.co.th

현지인들을 위한 테마파크 같은 곳이다. 저녁식사를 하고 술도 마시고 공연도 보고 춤도 춘다. 얼핏 보면 방콕의 나이트클럽처럼 보이지만, 정확하게 말하면 이곳은 1999년부터 운영해온 방콕의 독일 마이크로 브루어리 집이다. 그런데 규모가 엄청나다. 라마 3세 도로에 있는 타완댕 디스틸러리에는 1,400명이 들어갈 수 있고, 2005년에 람 인트라Ram Indra지역에 오픈한 2호점에는 2,000명을 수용할 수 있다. 이렇게 역사도 오래 되고 규모가 큰, 독특한 맥주 집이 왜 한국에는 거의 알려지지 않았을까? 이곳은 순수하게 현지인을 상대로 하기 때문이다. 무대에서 노래를 부르는 가수들은 오랫동안 사랑받아온 타이 가요를 부르고, 이곳의 분위기는 40년을 훌쩍 되돌아간 1970년대 풍이 찰찰 흐른다. 우리로 치면 뽕짝 분위기가 나는 곳이다. RCA에 있는 나이트클럽처럼 세련되지도 못했고, 이곳은 가족들이 모두 같이 와서 어울려 노는 건전한(?) 곳이기도 하다. 생일파티 장소로 매우 인기가 높은데, 가수들은 중간중간 생일자의 이름을 부르고 생일 축하송도 불러준다. 그렇다고 나이든 사람들만 모이는 곳도 아니다. 방콕의 젊은 친구들도 이곳에 와서 타이 가요를 따라부르고 춤도 춘다. 타완댕 디스틸러리에 와보면 태국인들이 얼마나 음악과 춤을 순수하게 좋아하는지 한눈에 느껴볼 수 있다. 외국인 관광객에게도 거의 알려지지 않았다. 방콕에 살고 있는 소수의 파랑들만이 이곳을 안다. 나만 알고 있다는 뿌듯함을 전해주는 곳. 현지인들과 스스럼없이 친구가 될 수 있는 곳. 그리고 맥주와 안주 음식이 기막히게 맛있는 집이다.

### 외발 자전거를 타고 날아다니는 치킨
## 플라잉 치킨 Flying Chicken

방콕이 신기한 것은 "설마 그런 것도 있어?" 싶은 것들이 진짜로 있다는 사실이다. '나는 새'는 봤어도 '나는 통닭'을 보게 될 줄이야! 일단 입구에 장군 포스로 서 있는 형형색색의 거대한 닭 조각상들을 보며 안으로 들어간다. 넓은 야외 테이블을 갖춘 중앙에는 길이 3미터 정도 되는 무대가 만들어져 있다. 음식을 주문하고 나면(물론 플라잉 치킨을 주문한다), 중학생도 안 되어 보이는 소년이 외발 자전거를 타고 등장한다. 무대 끝에는 지렛대 역할을 하는 커다란 장치가 만들어져 있다. 땡땡땡. 종이 울린다. 다른 직원이 지렛대에 통닭을 꽂고 '펑소리와 함께 하늘을 향해 쏘면 외발 자전거를 타는 소년이 요리조리 움직이다 하늘을 가르고 날아오는 통닭을 받아낸다. 나중에는 헬맷을 쓰고 헬맷 끝에 달려있는 꼬챙이로도 받는다! 1986년부터 문을 연 이 플라잉 치킨 레스토랑은 세상에 하나밖에 없는 콘셉트의 음식점. 치킨맛은 우리 통닭 맛과 비슷한데, 사실 음식 자체는 그리 특별할 것이 없다. 하지만 '나는 통닭' 앞에서 누가 불평을 할 수 있을 것인가! 어떤 외국의 작가는 '세계에서 가장 기이한 레스토랑 톱 10'에 이곳을 넣었다. 사람들은 통닭이 꽂힌 헬맷을 쓰고 양 손에도 통닭을 든 채 외발 자전거에 타서 기념사진을 찍을 수 있다. 누구나 망설이지만, 솔직히 누구나 원하는 순간이기도 하다.

**Data  Access** BTS 방나 역 2번 출구로 나와 택시 이용
**Add** 99/1 Bangna Trat Road, Bangna **Cost** 플라잉 치킨 350바트, 새우완자튀김 150바트 **Open** 17:00~01:00 **Tel** 02-399-3557

**음식을 날라주고 춤을 추는 사무라이 로봇**
## 하지메 로봇 레스토랑 Hajime Robot Restaurant

아이디어는 간단하다. 사람 대신 사람과 똑같은 크기의 로봇이 서빙을 하는 것. 상당히 미래적인(?) 콘셉트다. 기대 같아선 로봇들이 손님들 테이블을 자유로이 돌며 음식을 서빙하는 것을 상상하게 되지만, 그 정도로 완벽하지는 않다. 유리로 막힌 긴 복도식 공간 안에 선로식으로 된 길을 따라 로봇이 왔다갔다 하면서 바로 붙어 있는 테이블에 음식을 내주는 식. 양쪽에 사무라이 옷을 입고 있는 로봇 두 명이 들어가 있고, 또 다른 두 명의 로봇은 주방에서 요리를 한다. 로봇은 꽤 센스가 있어서 주문한 음식 재료들을 순서대로 내오기도 하고 빈 접시를 챙겨가기도 한다. 또 30분마다 싸이의 강남 스타일에 맞춰 팔을 움직이면서 춤도 춘다. 얼굴 스크린 안에 그려진 눈도 귀엽고 상황에 따라 표정을 달리하기도 한다. 주문은 테이블마다 설치되어 있는 터치스크린 기계 장치에 나타나는 메뉴를 눌러서 한다. 음식은 100가지 종류의 고기와 야채, 마끼, 스시 등을 고를 수 있는 일식 뷔페와 샤브샤브, 스시 등 단품 요리로 구성되어 있다. 로봇이 차려주는 저녁은 꽤 배부르다.

**Data** **Access** MRT 퀸 시리킷 컨벤션 센터 역에서 택시 이용 **Add** 3F, Mono Poly Park, Rama 3 Road between Soi 61and 63 **Cost** 일식 뷔페 529바트 **Open** 11:00~22:00 **Tel** 02-683-1670 **Web** hajimerobot.com

**공간이 두 배로 커졌어요!**
## 더 아이론 페어리스 The Iron Fairies

다른 도시에서도 찾아보기 힘든 레스토랑이다. 그만큼 유별나다. 오래된 미싱, 무언가 실험을 하다 만 것 같은 약병들, 중세 시대에 나오는 나오는 괴물 유령 조각상 등 무엇하나 평범한 구석이 없다. 분위기는 음산함을 물씬 풍기지만 무섭지는 않다. 분위기와는 안 어울리는 감미로운 재즈 공연이 열리기 때문이다. 이곳은 방콕에서 독특한 콘셉트의 카페 '미스터 존스 오퍼니지'와 매기 추, 싱싱 시어터 등을 만든 호주 출신의 사업가 애슐리 서턴이 만든 곳이다. 동화작가이기도 한 그는 이곳에 그가 가진 상상력과 아이디어를 마구 풀어놓았다. 앤티크한 장식이 몇 백년 전으로 돌아간 듯한, 혹은 동화 속 세상으로 불러들인 듯한 기괴함을 가득 전해준다. 현재의 위치에 두 배 규모로 재오픈했다.

**Data** **Map** 200F **Access** BTS 통로역 3번 출구로 나와 뒤돌아서 통로 메인 도로 방면으로 직진, 도보로 15분. **Add** 394 Soi Thonglor, Sukhumvit 55 **Cost** 시그니처 칵테일 280바트~, 맥주 120바트~, 와인(잔) 220~360바트, 팻 겟 비프 버거 380바트, **Open** 18:00~02:00 **Tel** 02-714-8875 **Web** www.theironfairies.com

## EATING 09
# 방콕 최고의 **루프톱 바 BEST 3**

초고층 루프톱 바에서 근사한 저녁을 먹거나 칵테일 한잔을 하는 일은 방콕에서 꼭 누려봐야 하는 호사 중 하나다. 이름난 호텔과 빌딩의 꼭대기에는 어김없이 루프톱 바가 자리해 있다. 감탄사가 절로 나오는 최고의 루프톱 바는 과연 어디?

### 잊을 수 없는 방콕의 밤을 만들고 싶다면
### 버티고 앤 문 바 Vertigo & Moon Bar

**Data** Map 295G
**Access** MRT 룸피니 역 2번 출구에서 도보로 10분 **Add** 61F, Banyantree Hotel, 21/100 South Sathon Road
**Cost** 맥주 360바트~
**Open** 버티고 18:00~23:00, 문 바 17:00~01:00
**Tel** 02-679-1200
**Web** www.banyantree.com

한 해가 다르게 새로운 루프톱 바가 속속 생겨나는 방콕에서 익히 알려진 곳을 가기란 왠지 망설여진다. 이미 소문이 날 대로 난 유명한 곳이어서인지, 좀더 새롭고 힙한 곳에 눈길이 간다. 하지만 반얀트리 호텔 꼭대기층에 있는 버티고 앤 문 바에서 다시 한번 '구관이 명관'이란 사실을 통감했다. 2002년 문을 연 이래 시로코와 함께 줄곧 방콕 최고의 명성을 지켜온 버티고 앤 문 바는 과연 잊을 수 없는 방콕의 밤을 선사해 주었다. 워낙 인기가 많은 곳이라 저녁식사는 오후 6~8시, 8~10시로 시간대를 나눠 운영한다. 루프톱 바에서의 식사는 워낙 가격대가 있어서 보통은 칵테일 한잔 마시며 즐길 수도 있지만, 뭔가 특별한 기념일을 챙기거나 근사한 저녁을 먹고 싶다면 꼭 가기를 추천한다. 샐러드와 수프의 단품 요리는 650~1,200바트 사이, 생선메인요리는 1,650바트 정도, 애피타이저와 메인(생선 혹은 스테이크), 디저트로 구성된 3코스 세트 메뉴는 2,900바트부터 있다. 방콕에서 결코 만만한 가격은 아니지만, 극진한 서비스를 받으며 즐긴 미식의 경험은 그 이상의 값어치가 있었다. 레스토랑과 마주 보는 반대편 쪽에 문 바가 있다. 밤 10시가 넘으면 발 디딜 틈 없이 사람들이 꽉 들어찬다. 사람들에게 둘러싸여 야경 보기가 쉽지 않다. 꽤 거센 바람이 분다. 하늘의 중간 즈음에 뜬 기분으로 세상을 내려다보는 기분이 무척 근사하다.

**수쿰빗 루프톱 바의 지존**
## 옥타브 바 Octave Bar

**Data** Map 201K
Access BTS 통로 역에서 도보 3분 Add 45F Marriott Hotel, 2 Sukhumvit Soi 57, Klongton Nuea
Cost 시그니처 칵테일 370바트~
Open 17:00~02:00
Tel 02-797-0000
Web www.bangkokmarriott.com

통로 역 부근에 새로 메리어트 호텔이 들어오면서 가장 주목받은 공간은 다름아닌 이 호텔 꼭대기의 루프톱 바였다. 그도 그럴 것이 방콕의 그 흔한 루프톱 바들이 수쿰빗 지역에는 거의 없었기 때문이다. 호불호가 갈렸던 어보브 일레븐과 달리, 옥타브 바는 오픈 초기부터 인기가 좋았다. 메리어트 호텔 45층과 그 위의 발코니 바, 그리고 49층의 360도 전망이 펼쳐지는 스카이 바까지. 이곳에서 내려다보는 방콕 시내의 야경은 그 어느 루프톱 바보다 드라마틱하다. 스탠딩 테이블이 대부분인 기존의 루프톱 바와 달리 식사를 할 수 있는 테이블 자리도 많아 더 여유롭게 야경을 즐길 수 있다. 잘 차려입은 방콕의 여자들에서 아이를 데려온 가족들까지 두루 즐기기 좋은 곳이다.

### 뜨겁게 떠오른 루프톱 바의 새 얼굴
## 파크 소사이어티 Park Society

최근에 오픈한 방콕의 루프톱 바들 중 가장 뜨거운 관심을 받았던 곳이다. 그 입소문의 중심에는 방콕의 시크한 게이들이 있었다. 게이바는 아니지만, 게이들의 사랑을 유독 많이 받았던 곳. 원래 핫한 곳으로 뜨려면 게이들의 '간택'을 받아야 하는 것이 수순이기는 하다. 미래적인 느낌의 스테인리스 스틸과 거울 장식으로 더욱 화려한 느낌을 주는 파크 소사이어티는 식사를 할 수 있는 실내 레스토랑과 방콕의 야경을 감상할 수 있는 야외 바로 구성되어 있다. 야외 바에는 신발을 벗고 올라가 누울 수 있는 베드침대가 있는데, 역시 이곳도 게이들의 열렬한 애정을 받는 자리. 물론 커플, 친구들끼리도 당연히 탐나는 자리다. 한 층 더 위로 올라가면 프라이빗 파티를 열 수 있는 공간 하이소Hi-SO도 자리해 있다. 파크 소사이어티는 공간이 그리 넓지 않다. 하지만, 조용히 앉아 어둠에 잠긴 룸피니 파크를 내려다보고, 디제이의 그루브한 음악을 들으며 시간을 보내기 좋은 곳이다. 단, 손님들을 세세히 살피지 않는 직원들의 무심한 서비스는 단점 요소.

**Data** **Map** 295H
**Access** MRT 룸피니 역 2번 출구에서 도보 3분 **Add** 29F, Sofitel So Bangkok, 2 North Sathorn Road
**Open** 18:00~01:00
**Cost** 애피타이저 550~1,200바트, 메인 1,700~2,900바트, 칵테일 320바트~
**Tel** 02-624-0000
**Web** www.sofitel-so-bangkok.com/en/park-society.html

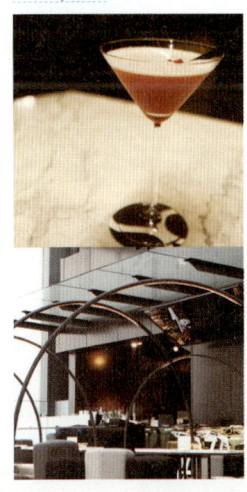

**01** 아시아 패션의 중심으로! 태국의 로컬 브랜드
**02** 방콕의 쇼핑몰 BEST 3
**03** 방콕의 대표 스파 브랜드 상품
**04** 짜뚜짝에서 중고 야시장까지, 안 가면 서운한 방콕의 쇼핑 스폿 3
**05** 한여름의 세일 기간 어메이징 타일랜드 그랜드 세일

## SHOPPING 01
# 아시아 패션의 중심으로!
## 태국의 로컬 브랜드
태국의 패션은 서울보다 한참 떨어질 것이라는 편견은 버리길. 유럽에서도 인정받은 태국의 디자이너 브랜드들이 수두룩하다. 태국을 대표하는 로컬 브랜드를 살펴보자.

클로젯 www.klosetdesign.com

세나다
www.senadatheory.com

그레이하운드 greyhound.co.th

태국의 로컬 브랜드에 관심을 갖게 된 것은 2006년도엔가 방콕패션위크에서 **그레이하운드** Greyhound와 **플라이나우** Flynow를 알게 되면서부터이다. 당시 이 두 디자이너 브랜드는 방콕에서 가장 주목 받는 패션 브랜드였는데, 아니나 다를까 지금은 태국의 로컬 브랜드를 이끄는 패션의 선두주자가 되었다. 방콕의 패션몰에 가보면 어디나 그 세련되고 시크한 패션 디자인에 놀라움을 금치 못하게 된다. 굳이 명품을 고집하는 사람이 아니라면 태국의 훌륭한 로컬 브랜드에서 더 독특하고 참신한 멋을 찾을 수도 있다. 모노톤의 시크한 디자인이 특징인 **그레이하운드**는 독특한 디테일과 근사하게 떨어지는 실루엣 때문에 늘 패션피플에게 최고의 사랑을 받는다. 그레이하운드의 성공으로 캐주얼 라인인 **플레이 하운드**와 티셔츠 라인인 **하운드 앤 프렌즈** 등 자매 브랜드까지 론칭했다. 진작에 오픈한 그레이하운드 카페도 변함없는 사랑을 받는다. 독특한 소재와 화려한 프린트를 쓰는 플라이나우도 인기 브랜드. 고급라인은 '태국의 랑방'이라 불리며 세련되고 우아함을, 캐주얼라인인 **플라이나우에**는 심플한 차림에 포인트를 줄 수 있는 화려함과 독특함을 지녔다. 섹시하고 페미닌한 디자인이 인상적인 **디자야** Disaya, 소녀스러운 색감과 꼼꼼한 재단이 돋보이는 **클로젯** Kloset, 여성스러우면서도 도회적인 느낌을 잃지 않는 **세나다** Senada, 태국 쇼핑목록에 꼭 끼는(개인적으로는 왜 인기인지 모르겠지만) **나라야** Naraya 등도 많은 사랑을 받는 로컬 브랜드. 남녀 패션과 가방 라인이 훌륭한 **자스팔** Jaspal도 빼놓을 수 없다.

자스팔 www.jaspal.com

플라이나우III www.flynowiii.com

## SHOPPING 02
# 방콕의 쇼핑몰 BEST 3
방콕에서 꼭 가봐야 할 최고의 쇼핑지 리스트에 시암 디스커버리가 올랐다. 18년 만에 재오픈한 이곳의 변신은 그야말로 혁신적. 여기에 타이 로컬 디자이너를 위한 시암센터와 터미널 21이 톱 3를 이룬다.

시암에서 가장 매력적인 쇼핑몰로 거듭 난
# 시암 디스커버리-더 익스플로라토리움
Siam Discovery-The Exploratorium

1년 넘게 리노베이션 작업을 해온 시암 디스커버리가 2016년 5월 28일 재오픈했다. 전혀 새로운 공간 구조로 재탄생한 시암 디스커버리의 전체 디자인은 일본의 디자인 스튜디오 넨도Nendo의 오키 사토Oki Sato가 책임지고 맡았다. 오키 사토는 '가장 존경 받는 일본인 100' 리스트에 오르고, 월페이퍼, 엘르데코 등에서 올해의 디자이너 상을 수상하기도 한 인물. 방콕 최대 규모의 라이프스타일 체험몰의 새로운 기준을 제시하며 다시 문을 연 시암 디스커버리는 이제 시암에서 가장 매력적인 쇼핑몰로 단숨에 주목 받고 있다. G층은 여성 패션 브랜드의 허 랩Her Lab, M층은 남성 패션 중심의 히즈 랩His Lab, 1층(실제로는 3층)은 스트리트 스타일의 제품을 압축한 스트리트 랩, 2층은 디지털 랩, 3층은 창의적인 라이프스타일을 모아둔 크리에이티브 랩, 4층은 플레이 랩으로 구성되어 있다. 각 층마다 랩(연구소)이란 이름이 붙듯이, 직원들도 각각 다른 연구복 스타일의 옷을 입고 있고(꽤 멋지다), 인테리어 역시 연구실에 들어온 듯한 느낌이 든다. 한 번 들어가면 바로 나올 수 없으므로 시간을 넉넉하게 잡고 가자.

**Data** Map 232B
Access BTS 시암 역 1번 출구에서 도보 3~5분
Add 989 Rama 1 Road
Open 10:00~22:00
Tel 02-658-1000 Web
www.siamdiscovery.co.th

**방콕 쇼핑 1순위!**
# 터미널 21 Terminal 21

요즘 방콕에서 최고의 추천과 사랑을 받는 인기 쇼핑몰이다. 공항처럼 지어진 콘셉트가 특히 돋보이는 곳. 출국장 간판이 있는 엘리베이터를 타고 위로 올라가면 한 층마다 한 도시를 테마로 만든 공간과 숍들이 나온다. 로마, 파리, 도쿄, 런던, 이스탄불, 샌프란시스코를 상징하는 아이템들이 층마다 들어서 있는데, 런던의 빨간색 트램, 이스탄불의 그랜드 바자, 도쿄의 밤거리, 샌프란시스코의 금문교 등을 보며 쇼핑 여행을 떠날 수 있는 것. 각 층으로 올라가는 에스컬레이터가 모두 공항의 도착층과 출발층처럼 지어진 터미널 21은 4만 4,000평에 달하는 공간 안에 다양한 숍과 식당, 극장 등을 갖추었다. 세련된 디스플레이와 다양한 제품들은 가격도 저렴해서 부담없는 쇼핑을 선사한다. 제품은 대부분 태국의 젊은 디자이너들이 시작한 자체 브랜드나 부티크, 보세 제품이 주를 이룬다. 싸게 사서 다양하게 코디해 입기에는 최고의 쇼핑지다. 5층에 있는 푸드코트는 방콕에서 가장 큰 규모의 푸드코트 중 하나로 가격 또한 무척 싸다. 거의 길거리 음식 가격 수준으로, 팟타이, 타이 쌀국수 등은 3,000원을 넘지 않는다. 방콕에서 딱 한 군데의 쇼핑지를 소개해달라고 하면 단연 1순위에 오르는 곳이다. 쇼핑몰 중에 가장 럭셔리하고 멋진 화장실을 구경하고 싶다면 터미널21의 화장실을 놓치지 말 것! 무엇을 상상하든 그 이상을 보게 될 것이다.

**Data** **Map** 182F **Access** BTS 아속 역 1번 출구와 연결
**Add** 88 Sukhumvit 19, Klong Toey Nua **Open** 10:00~22:00
**Tel** 02-108-0888 **Web** www.terminal21.co.th

### 방콕 패션의 현주소를 보다
## 시암 센터 Siam Center

명품보다는 현지 디자이너 브랜드를 선호하는 나로서는 개인적으로 명품 매장이 모여 있는 시암 파라곤보다는 시암센터에서 항상 더 많은 시간을 보냈다. 시암센터는 젊은 층을 위한 감각있는 멀티숍 개념으로, 매장 분위기나 브랜드 자체도 매우 독특한 곳이 많다. 이미 태국의 톱 디자이너 브랜드로 자리잡은 그레이하운드Grayhound와 플라이나우Ⅲ Flynow Ⅲ, 세나다 티오리Senada Theory 등을 비롯, 42명의 엄선된 타이 디자이너들의 브랜드를 모아놓은 2층, 3층 전체가 자랑거리다. 방콕 패션의 현주소를 보여주는 이곳에서는 그레이하운드 오리지널, 클로셋Kloset, 플레이그라운드playground와 같은 대표 디자이너 브랜드와 함께 더스트 틸 다운, 방콕 스미스, 워크숍, Mr.탱고와 같은 개성 넘치는 패션을 만나볼 수 있다. 댄디한 신사를 위한 멋진 가죽제품이 많은 컨테이너Container, 시즌마다 건축가, 음악가, 사진작가 등 한 명의 아티스트를 아이콘으로 선정해 그의 스타일을 큐레이트하는 큐레이트 바이 씽프라써트Curate by EK Thingprasert 등 수준높은 타이의 로컬 브랜드를 눈여겨보자. 시암 센터는 대대적인 레노베이션을 거쳐 2013년 1월에 재개장했다.

**Data Map** 232B
**Access** 시암 역 1번 출구에서 도보 10분 **Add** 979 Siam Center Rama 1 Road **Open** 10:00~21:00
**Tel** 02-658-1491
**Web** www.siamcenter.co.th

## SHOPPING 03
## 방콕의 대표 **스파 브랜드 상품**

방콕에서 꼭 사야 하는 제품 중 하나가 바로 스파 제품이다. 마음을 평온하게 해주고, 방콕의 향기도 불러일으켜주는 전문 스파 제품들. 유명한 브랜드 제품과 전문 스파숍, 호텔 스파에서 쓰는 제품까지 합하면 매우 다양하다. 그중 베스트 5를 꼽아봤다.

### 판푸리 Panpuri

탄과 함께 가장 유명한 태국의 스파 브랜드이다. 방콕에서는 탄보다 판푸리가 더 인기 있다. 태국어로 지혜를 뜻하는 '파나Panna'와 궁전처럼 신성한 장소를 일컫는 '푸리Puri'를 합한 판푸리는 2003년 방콕에서 론칭했다. 태국의 선조들이 오래전부터 사용해온 천연 허브와 플라워 오일, 식물 뿌리 등을 이용해 100% 천연재료로 만들며, 파크하얏트, 만다린 오리엔탈 내의 고급 스파 제품으로 이용된다. 판푸리의 시그니처 컬렉션인 오가닉 크림 워시바wash bar는 오프라 윈프리가 즐겨쓰는 제품이며, 미온수에 2~3방울 떨어뜨려 쓰는 '안티 옥시던트 밀크배스&바디 마사지 오일'은 판푸리의 최고 인기 제품이다. 색이 뽀얀 우유빛으로 변하면서 보습력을 높여주고, 피부톤이 밝아지는 것을 바로 확인할 수 있다. 게이손 플라자 안에 판푸리 오가닉 스파가 위치해 있으며, 국내에도 청담동과 갤러리아 백화점에 매장이 있다. www.panpuri.com

### 탄 THANN

이제는 모르는 사람이 없을 정도로 유명해진 탄. 2002년 생긴 이래, 태국의 스파 제품 중에서 가장 먼저 대중화에 성공한 브랜드다. 전세계 20개국에 매장이 있으며, 천연식물 추출물과 허브로 만들어진 자연제품으로 가격 대비 훌륭한 퀄리티를 자랑한다. 내추럴 헤어&스킨케어 제품과 아로마 캔들, 디퓨저 등 다양한 상품이 있으며, 게이손 프라자와 센트럴월드 내에 최고급 스파인 탄 생츄어리도 자리해 있다. 쌀과 시소(일본 깻잎)로 만든 제품을 단독 개발해 유명해졌으며, 베스트셀러 제품으로는 페이셜 세럼, 바디버터, 자스민 블러섬 라이스 바디밀크, 레몬그라스 오일과 카피르 오일이 들어간 아로마테라피 샤워젤, 시소라인의 제품 등이 유명하다. www.thann.info

## 도나창 Donna Chang

화사한 꽃무늬와 컬러가 매혹적인 도나창은 매우 여성스러운 향과 촉감, 패키지로 사랑받는 스파 브랜드다. 다른 스파 브랜드처럼 천연재료를 사용하며 과일 추출물로 만든 제품이 많은 것이 특징이다. 슬픔을 기쁨으로 바꿔준다는 향으로 유명한 스윗 바닐라 홈 앤 린넨 미스트가 유명하고, 산달우드 향의 바디로션도 훌륭하다. 가격대는 탄보다 살짝 저렴하거나 비슷하다. www.donna-chang.com

## 디바나 DIVANA SPA

방콕 현지의 전문 스파 중에서는 가장 고급스럽고 유명한 스파로 통한다. 자체적으로 스파 용품도 만들고 있는데, 디바나는 레몬그라스, 라벤더, 자스민, 그린 올리브 라인을 포함, 해조와 진주, 콜라겐을 포함한 심해 추출물로 만든 제품들이 인기 있다. 시그니처 마사지오일과 아로마 오일을 비롯, 바디&스킨케어 제품이 다양하게 구비되어 있으며 가격대는 탄과 비슷하다. www.divanaspa.com

## 코모샴발라 인비고레이트
Como Shambhala Invigorate

2000년 런던에서 론칭한 코모샴발라 스파의 제품 브랜드다. 유칼립투스와 라벤더, 제라늄, 페퍼민트 등을 원료로 만드는 인비고레이트 제품은 머리와 피부에 닿는 순간 느껴지는 화한 느낌과 독특한 향기가 압권. 여러 제품 중에서도 인비고레이트 샤워젤과 바디 로션은 스테디셀러 제품으로 통하며, 자체적으로 만들어 블렌딩하는 오일도 인기가 많다. www.comoshambhala.com

STEP.06
**SHOPPING**

## SHOPPING 04
# 짜뚜짝에서 중고 야시장까지 안 가면 서운한 **방콕의 쇼핑 스폿 3**

한번 가면 됐다 싶은 사람도 있겠지만, 방콕에 갈 때마다 찾아가는 사람도 있다. 아주 유명한 주말시장도 있고, 방콕 현지인들만 아는 중고 야시장도 있다. 한번은 꼭 가봐야 하는, 안 가면 뭔가 허전한 방콕의 쇼핑 스폿.

### 베를린의 감성마저 느껴지는 중고 야시장
## 딸랏 롯 빠이 마켓 Talad Rot Fai Market

비어 있는 기차역 주변과 오래된 기차길에 들어서기 시작한 중고품 야시장. 짜뚜짝 시장 근처에서 주말 밤에만 문을 열었던 이 야시장은 방콕에서 가본 시장 중 가장 특이하고 자유로운 시장이었다. 딸랏Talad은 시장, 롯 빠이Rod Fai는 기차란 뜻으로 영어로는 '나이트 트레인 마켓Night Train Market'으로 불리었는데, 현재는 쇼핑 컴플렉스인 JJ몰의 뒷쪽으로 갑자기 자리를 옮긴 상태다. 이유는 태국철도청이 2017년까지 새로운 전기철도 라인을 완공하기 위해 이 야시장 자리를 모두 헐어버렸는데, 그 과정이 너무 급작스럽게 진행되어 야시장에서 장사를 하던 사람들이 거의 쫓겨나다시피 한 상태. 언제까지 JJ몰에서 다시 운영을 할 수 있을지는 모르겠지만, 그래도 아예 없어진 것이 아니라서 천만 다행이다. 딸랏 롯 빠이 마켓에는 어디서 구했는지 신기하기만 한 중고품과 골동품들이 가득하다. 외국에서 유행했던 만화 캐릭터 장난감, 각종 빈티지한 물건들을 비롯, 싸고 맛있는 먹거리 장터와 노천 바들도 들어선다. 옛날 외국 빈티지 카를 멋지게 개조한 바에서 파는 술은 가격이 싸서 방콕의 젊은이들이 시장 문을 닫을 때까지 와서 놀고가는 인기 장소가 됐다. 이곳에는 세련되고 핫한 분위기는 없지만, 시대를 거슬러 올라간 듯한 추억과 세월의 손때가 묻은 정겨운 중고품들, 그리고 자유분방한 에너지가 넘친다. 언더그라운드 예술가들도 많이 모이는 이곳에는 베를린의 감성까지 풍기며 방콕의 여행자를 흥분시킨다.

**Data** **Access** BTS 우동숙(Udom Suk) 역에서 나와 택시를 타고 수쿰빗 소이 103을 지나 세컨스퀘어 옆 **Add** Secon Square, Srinagarindra 51 **Open** 토, 일 17:00~24:00

## STEP 06
## SHOPPING

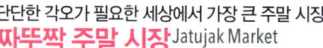

**Data** Map 009C
**Access** BTS 모칫역 1번 출구에서 나와 도보로 5분 혹은 캄팽펫역 2번 출구로 나와 도보 5분 **Open** 토, 일 09:00~18:00
**Web** jjmarketplace.com

단단한 각오가 필요한 세상에서 가장 큰 주말 시장
### 짜뚜짝 주말 시장 Jatujak Market

말이 필요없는 방콕 쇼핑의 1번지. 도매상과 소매상인들이 물건을 떼어가는 시장이기도 하다. 품질이 좋다기보다는 가장 싸게 다양한 제품군을 살 수 있는 장점 때문에 여행자들이 찾는다. 하지만 터미널21, 아시아티크와 같은 쟁쟁한 쇼핑지들이 생겨나면서 짜뚜짝 시장의 명성도 예전 같지는 않다. 조금만 걸어다녀도 땀 범벅이 되는 야외 시장이라 두 시간만 지나도 녹초가 되기 십상이다. 이곳에서 편한 신발과 옷은 필수. 시장 안에 1만개가 넘는 숍이 늘어서 있고, 주말에만 20만명에 달하는 쇼핑객이 모여들기 때문에 일단 안내소에서 지도부터 챙겨 원하는 동선을 잡는 것이 좋다. 인테리어&데코 제품과 관련된 쇼핑을 하기에 좋다.

**최근에 생긴 젊은 야시장**
# 네온 나이트 마켓 Neon Night Market

방콕 도심 한가운데에 가장 최근에 생긴 야시장이다. 매일 밤 펑키한 네온 조명 아래 1000여 개의 노점이 일제히 문을 여는데, 태국 전통 문양의 옷부터 액세서리, 가정용품, 길거리 음식, 포장마차 등이 모두 선다. 매일 밤 라이브 뮤직 공연도 열린다. 플래티넘 쇼핑몰 그룹이 이 쇼핑몰과 가까운 펫차부리 로드의 빈 땅에 만든 야시장으로, 방콕의 젊은 친구들과 관광객들 모두에게 인기가 많다. 특히 젊은 친구들 사이에서는 이 야시장 안에서 머리를 깎는 것이 유행이다. 타투를 한 트렌디한 바버들이 머리를 깎는 광경을 흔히 볼 수 있다.

**Data** **Map** 252F **Access** BTS 칫롬 역 1번 출구로 나와 펫차부리 32로드로 10분 도보
**Add** 1087, 167 Phetchaburi Road **Open** 17:00~24:00


**타이 실크로 쇼핑 완성!**
# 짐 톰슨 팩토리 아웃렛 Jim Thomson Factory Outlet

태국스러우면서도 고급스럽고, 크게 부피나 무게도 차지하지 않는 선물을 사고 싶을 때 가장 좋은 선택이 될 수 있다. 타이 실크의 대명사라 불리는 짐톰슨 제품을 최고 30~70%까지 할인된 가격으로 살 수 있는 팩토리 아웃렛. 시내에서 꽤 거리가 떨어져 있지만, 이곳은 늘 양손 가득 제품을 사가지고 나오는 여행객들로 붐빈다. 1~3층까지는 면과 실크 원단, 4층은 옷과 액세서리, 5층은 홈 인테리어 제품으로 이루어져 있다. 여행자들이 가장 많이 사는 제품은 손수건과 스카프, 다양한 사이즈의 파우치, 각종 쿠션 커버, 침대 커버와 같은 홈 데코 제품들. 질 좋은 실크 원단을 원하는 길이만큼 구입할 수도 있는데, 보통 1m에 350바트 정도 한다.

**Data** **Map** 201L **Access** BTS 방착 역 5번 출구 도보 10분 **Add** 153 Sukhumvit Soi 93
**Open** 09:00~18:00 **Tel** 02-332-6530 **Web** www.jimthopmson.com

# SHOPPING 05
## 한여름의 세일 기간
## **어메이징 타일랜드 그랜드 세일**

매년 여름이면 방콕은 두 달 동안 쇼핑의 열기로 뜨거워진다. 최대 80%까지 할인에 들어가는 그랜드 세일에서 방콕은 또 한번 여행자에게 천사의 도시가 된다. 요즘 방콕의 여름이 주목 받는 또 하나의 이유다. '어메이징 타일랜드 그랜드 세일'이라는 이름으로 두 달 동안 열리는 이 쇼핑 축제는 방콕뿐만 아니라 치앙마이와 푸껫, 팟타야, 후아힌, 핫 야이, 사무이 등 총 7개의 도시에서 동시에 진행된다. 방콕의 그랜드 세일은 홍콩과 싱가포르의 메가 세일에 비해서는 아직 덜 알려져 있지만 1년에 한 번, 유명 백화점과 쇼핑몰은 물론 호텔과 스파, 항공사까지 참여하는 방콕의 세일 축제는 쇼핑 파라다이스로서의 방콕을 즐기기에 부족함이 없다. 태국을 대표하는 백화점 센트럴 월드와 명품 쇼핑몰인 시암 파라곤, 태국 현지 디자이너 브랜드와 캐주얼 브랜드가 모여있는 시암센터 등 총 여덟 개의 크고 작은 쇼핑몰이 주 세일 장소. 50% 할인은 기본, 하나를 사면 또 하나를 주는 1+1행사 등도 자주 눈에 띈다. 대개 6월 15일에서 8월 15일 사이에 열린다. 세일 폭 또한 파격적이다. 최대 80%까지 시즌 마지막 세일을 실시하는 브랜드들을 쉽게 찾을 수 있다.

## 이것만은 꼭 사자!

세일이 아니어도 방콕에 가면 꼭 사야하는 쇼핑 아이템, 방콕이 더 싼 아이템들을 모아봤다.

**1 여성용 속옷 와코루** 한국과 비교도 안 될 만큼 저렴하다. 방콕에 오면 빼놓지 않고 사는 여성들의 필수 아이템. 합리적인 가격과 좋은 품질로 인정받는 BSC 제품도 추천 상품.

**2 태국 스파 제품** 천연 재료를 이용해 만든 태국의 스파 제품은 그 품질과 다양성을 따를 수 없다. 아로마향, 오일, 스크럽제, 각종 바디 용품을 눈여겨보자. 추천 제품은 탄Thann, 판푸리Panpuri, 이알비Herb, 디바나, 오아시스, 한Harnn, 도나 창 donna chang 등이 있으며, 메트로폴리탄 호텔에서만 살 수 있는 코모샴발라 인비고레이트도 있다.

**3 짐 톰슨** 유명한 타이 실크 브랜드 짐톰슨. 팩토리 아웃렛에서 사면 50%까지 저렴하게 제품을 구입할 수 있다. 손수건, 커튼과 침구류, 천 가방 등 생활에 필요한 용품과 선물용으로도 그만.

**4 인테리어 용품** 티크나무로 만든 쟁반, 식기류에서 보석함, 섬세한 조각의 불상, 가구까지 태국 인테리어 제품은 저렴하면서도 그 퀄리티가 뛰어나다. 짜뚜짝 시장이나 마분콩, 아시아티크에서 쇼핑하기 좋다.

**5 태국 음식 재료** 즉석으로 해먹을 수 있는 카레와 똠얌꿍, 팟타이 재료에서 각종 양념 재료, 향신료 등을 구하기 좋다. 수퍼마켓에서 살 수 있는 김과자, 똠얌꿍 라면 등도 인기 상품.

**어메이징 타일랜드 그랜드 세일 정보 홈페이지**
thailandshoppingparadise.com
thailandgrandsale.tourismthailand.org

**SHOPPING SPOT LIST**
센트럴 월드 www.centralworld.co.th
시암 파라곤 www.siamparagon.co.th
시암센터 www.siamcenter.co.th
시암디스커버리 www.siamdiscoverycenter.co.th
짜뚜짝 시장 www.jjmarketplace.com

01 도심 속의 휴양지, 초특급 시티 리조트 호텔 BEST 4
02 로맨틱하고 합리적인 부티크 호텔 BEST 4
03 언제 가도 든든, 가족을 위한 호텔 BEST 4
04 How to book 방콕에서 호텔 고르는 방법

SLEEPING 01

# 도심 속의 휴양지, 초특급 시티 리조트 호텔 BEST 4

도심 속에 있으면서도 전혀 도시에 있지 않은 듯한 리조트 호텔을 찾아서. 주로 차오프라야 강변 쪽에 있는 5성급 호텔들이 이런 시티 리조트형으로 꾸며졌는데, 누구나 한번쯤 꿈꿔보는 방콕의 리조트 호텔 4곳을 뽑았다.

1 차이니즈 풀빌라 객실의 2층 테라스.
2 자쿠지와 야외 테라스가 갖춰진 단독채의 차이니즈 풀빌라 침실. 3 객실만큼 아름다운 더 시암의 각기 다른 욕실 분위기. 4 우아함이 넘치는 더 메남 스위트의 입구 모습. 5 시암 스위트와 메남 스위트가 위치한 메인 건물의 실내 모습. 6 차오프라야 강을 바라보고 있는 야외 수영장. 가벼운 스낵과 음료를 즐길 수 있는 바더스 바도 자리해 있다.

**이보다 더 럭셔리할 수는 없다**
## 더 시암 The Siam

솔직히 언제 또 이런 호텔에 올 수 있을까 싶다. 2012년 6월에 오픈한 더 시암은 현재 방콕에서 최고 럭셔리한 호텔 중 한 곳이다. 39개의 스위트룸이 전부인 이곳은 기본 스위트룸이 하룻밤에 65만 원(1만 6,300바트)을 넘을 정도다. 개인 수영장이 딸린 차이니즈 풀빌라는 4만 바트를 호가한다. 호텔비가 합리적인 방콕에서는 상상도 할 수 없이 비싼 숙박료다. 위치도 시내에서 뚝 떨어져 있다. 방콕의 유럽이라 부를 수 있는 두짓 지역의 차오프라야 강변에 있다. 도대체 누가 이런 곳에 머물까. 방콕을 여러 번 와본 사람, 시내의 번잡스러움이 싫은 사람, 신혼여행객, 연예인, 태국의 셀레브리티 정도다. 호텔 전체가 박물관을 연상케할 정도로 태국 전역과 중국 명나라, 한나라 시대의 도자기, 조각품들이 전시되어 있고, 유럽에서 수집한 앤티크 가구와 빈티지 자동차, 옛날 포스터와 라벨 등이 가득하다. 호텔 인테리어와 건축은 포시즌스와 같은 유수의 리조트를 담당했던 빌 벤슬리Bill Bensley가 맡았다. 햇살을 그대로 받아들이는 유리 지붕과 높은 천장, 시암 시대의 골동품과 예술 작품들이 가득한 귀족 호텔. 더 시암은 개인 버틀러의 극진한 서비스를 받으며, 시암 시대의 왕족이 된 듯한 기분을 만끽할 수 있는 꿈의 호텔이다.

**Data** **Map** 328B **Access** 근처에 BTS나 MRT 역이 없다. 방콕 시내에서는 택시를 타야 한다. 카오산에서는 좀더 가깝다. **Add** Thanon Khao, Vachirapayabal, Dusit **Tel** 02-206-6999 **Cost** 스위트룸 1만8,000바트~ **Web** www.thesiamHoTel.com

STEP 04
## SLEEPING

**전설로 되살아나다**
### 만다린 오리엔탈 방콕 Mandarin Oriental Bangkok

1876년에 문을 연 오리엔탈 호텔은 싱가포르의 래플스 호텔과 함께 아시아에서 가장 오래된 호텔로 손 꼽힌다. 1975년 만다린 오리엔탈 그룹이 운영을 맡으면서 '방콕의 전설'로 되살아났다. 135년이 넘은 역사적인 호텔답게 올드 윙구 건물에는 19세기의 이국적인 콜로니얼 풍의 맨션 분위기가 그대로 남아 있다. 또 20세기 유명 작가들-서머싯 몸, 조셉 콘래드, 존 스타인백 등이 머물며 찬사를 아끼지 않은 까닭에 호텔은 지금도 그 작가들의 이름을 딴 스위트룸을 만들어 역사를 간직하고 있다. 거실과 침실이 복층으로 이루어져 있고, 차오프라야 강이 한눈에 들어오는 프리미어 룸은 100년이 지난 공간의 향수를 그대로 느끼게 해준다. 사각 기둥의 침대소파가 있는 수영장은 도심 속 휴양지를 느끼게 해주는 최고의 공간. 나무로 둘러싸여 있어 더욱 자연적인 분위기를 뿜낸다. 2월에 새롭게 재탄생한 이탈리안 레스토랑 차오Chao와 야외 밤바람을 맞으며 로맨틱한 저녁을 즐길 수 있는 BBQ 리버 사이드 테라스, 만다린 오리엔탈 호텔의 대표 레스토랑이라고 할 수 있는 살라 림 남Sala Rim Naam 타이 레스토랑 등 호텔 밖을 나갈 새가 없을 만큼 즐길거리가 가득하다. 만다린 오리엔탈 호텔의 또다른 자랑거리인 스파까지 즐기고 나면 시간이 멈춘 지상의 천국을 경험하게 될 것이다.

**Data** **Map** 308E **Access** BTS 사판탁신 역 2번 출구, 시톤 선착장에서 셔틀보트 이용
**Add** 48 Oriental Avenue **Tel** 02-659-9000 **Cost** 1만950바트~ **Web** www.mandarinoriental.com

1 워낙 가격대가 있다 보니, 젊은 사람들보다는 나이 지긋한 유럽 여행객이나 가족이 많다. 하지만 방콕의 역사와 전통에 관심이 깊은 여행자라면 빗겨갈 수 없는 운명의 호텔이다.
2 작가들의 이름을 딴 객실은 그 자체로 호화찬란하다.
3 태국 북부의 건축 스타일을 그대로 살린 '살라 림 남' 레스토랑에서는 매일 밤 태국의 전통춤과 공연도 펼쳐진다.
4 애프터눈티가 유명한 오서스 라운지는 그 콜로니얼 풍의 분위기가 압권.
5 아침 저녁으로 객실에 놓여져 있던 작가들의 한 마디.

#### 마음까지 휴양하게 해주는 힐링 호텔
### 반얀트리 방콕 Banyan Tree Bangkok

반얀트리 방콕이 감동적인 것은 무엇보다 '마음'에 대한 힐링을 세심하게 준비하고 있다는 것이다. 객실에는 아로마 오일과 향을 피울 수 있는 도구들이 갖추어져 있고, 욕조에는 아로마 솔트를 비롯 작은 기념품이 매일 침대 위에 놓여 있다. 스파 침대가 별도로 있는 '스파 스위트'룸이 있는가 하면, 1층의 스파 숍에서는 직접 만드는 아로마 오일과 용품들을 전문으로 판다. 은은한 향기만으로도 사람의 마음이 이렇게 평온해질 수 있다는 것에 또 한번 놀란다. 여기에 반얀트리란 이름을 세계에 알린 반얀트리 스파는 이 호텔을 고르는 절대 이유가 되기도 한다. 반얀트리 방콕은 오픈한 지 10년이 넘었지만, 그 명성은 여전하다. 모든 객실은 거실과 침실이 나뉘져 있는 스위트룸 형태이며, 리노베이션을 꾸준히 해서 객실 상태와 부대시설도 만족스럽다. 호텔 내에는 8개의 레스토랑과 바가 있으며, 타이사프론, 일본 데판야키 타이헤이, 중식바이윤, 해산물과 와인피어 59, 인터내셔널 요리롯사이 등 원하는 나라별 요리를 다양하게 고를 수도 있다. 무엇보다 61층에 위치한 버티고 앤 문 바Vertigo and Moon Bar는 지금도 방콕 루프톱 바의 지존으로 손꼽힌다. 커플이라면, 이곳에서의 저녁 식사는 선택이 아닌 필수 코스가 될 만하다.

**Data** **Map** 295G **Access** MRT 룸피니 역 2번 출구에서 도보로 10분 **Add** 21/100 South Sathon Road, **Tel** 02-679-1200 **Cost** 디럭스룸 4,590바트~ **Web** www.banyantree.com/en/bangkok

1 조식 레스토랑으로 인기가 많은 롬사이.
2 침실과 거실이 나누어져 있고, 욕실의 욕조가 매우 멋진 반얀트리 클럽 룸.
3 복층 구조로 커다란 아치형 통창이 아름다운 프레지덴셜 스위트 룸. 4 투숙객을 위해 무료로 진행되는 반얀트리의 쿠킹 클래스.
5 방콕 최고의 루프톱 바&레스토랑으로 꼽히는 버티고 앤 문바.

### 도심 한가운데의 오아시스 호텔
## 시암 캠핀스키 호텔 Siam Kempinski HoTel

방콕의 최대 쇼핑가이자 번화가인 시암에 자리해 있음에도 이렇게 완벽하게 도시와 차단된 느낌을 줄 수 있다는 것이 놀랍다. 도시의 중심에 자리한 위치도 최고이거니와 호텔 건물에 둘러싸인 중앙의 푸른 정원과 수영장은 바라보고 있는 것만으로도 여유가 느껴진다. 객실은 모두 이 정원과 수영장을 바라보고 있으며, 아늑한 발코니도 갖췄다. 객실에서 수영장으로 곧장 들어갈 수 있는 1층의 두플렉스 스위트와 카바나룸에서는 풀빌라의 느낌마저 난다. 로얄 윙의 9층에서 16층까지 있는 이그제큐티브 룸을 이용하면, 17층의 전용 라운지에서 애프터눈티(14:00~16:00)와 이브닝 칵테일(17:00~19:00)을 즐길 수 있는데, 초저녁에 마시는 샴페인과 카나페들이 방콕의 열기를 북돋운다. 시암 캠핀스키에 있는 2개의 바와 세 군데의 레스토랑 중 호텔의 야심이 가득 담긴 곳은 스라 부아 긴긴Sra Bua Kiin Kiin 레스토랑. 식도락가의 흠모를 한몸에 받고 있는 이 레스토랑은 코펜하겐에 있는 원스타 미쉐린 레스토랑인 긴긴의 자매점이다.

**Data** **Map** 232C  **Access** BTS 시암 역 시암 파라곤 뒷쪽으로 연결된 문이 나옴 **Add** 991/9 Rama 1 Road, Pathumwan **Tel** 02-162-9000 **Cost** 슈피리어룸 10,800바트~ 이그제큐티브룸 13,900바트~ **Web** www.kempinski.com/bangkok

1·3 수영장이 전부 이어져 있는 것 같지만, 네 구역으로 나뉘어 있다. 자신의 객실과 가까운 수영장을 이용하면 되고, 나무들로 우거진 비치베드에서 망중한을 즐길 수 있다. 2 가든 스위트룸. 수영장으로 이어지는 객실은 모두 스위트룸으로, 복층 구조로 되어 있는 방도 있다. 4 17층 이그제큐티브 라운지에서 먹을 수 있는 카나페. 5 조식에 스파클링 와인이 제공되는 브라세리에 유로파 레스토랑.
6 로비에 위치해 있는 하누만 바.

SLEEPING 02
# 로맨틱하고 합리적인
# 부티크 호텔 BEST 4

방콕에는 스타일리시하고 디자인 감각 넘치는 부티크 호텔이 유독 많다. 그 감각이 가히 국제적이다. 요즘 방콕에서 가장 잘 나가는 따끈따끈한 부티크 호텔 4곳을 소개한다.

1 깨끗하면서도 로맨틱한 스위트룸의 침실.
2 1층의 로비 바가 2층으로 이어지는 플레이그라운드 바. 3 카페나 바에 온 듯 스타일리시한 분위기를 풍기는 호텔 로비 전경. 4·5 20명 정도의 프라이빗 파티도 가능한 스위트룸. 립스틱과 콘돔, 로션 등이 들어있는 G박스가 있다. 6 엘리베이터 안에 계속 나오는 영상. 풀만 G 호텔을 감각있다고 느끼게 하는 요소 중 하나다.
7 올 화이트 톤의 객실이 깔끔하면서도 모던한 디럭스룸.

### 클럽 같은 분위기의 부티크 호텔
## 풀만 방콕 호텔 G  Pullman Bangkok HoTel G

방콕에는 풀만Pullman 이름의 호텔이 두 군데 있다. 랑남 로드에 있는 풀만 킹 파워와 실롬에 위치한 풀만 방콕 호텔 G. 이중 풀만 방콕 호텔 G는 도시의 트렌드세터들이 모두 모이는 부티크 호텔로 입구에서부터 그 멋진 감각을 엿볼 수 있다. 이전의 소피텔 실롬 호텔을 2010년 4월 올 화이트 톤의 벽면과 객실로 완벽하게 바꾼 이곳은 로비에서부터 플레이그라운드라는 이름의 독특한 바를 만나게 된다. 사람들은 이곳에서 가벼운 칵테일이나 커피를 서서 마시며 화려한 밤의 시간을 준비한다. 때문에 투숙객들이 체크인을 위해 처음 호텔에 들어섰을 때 이곳이 카페인지, 바인지, 혹은 호텔 로비인지 바로 분간이 되지 않는다. 새하얀 색으로 깔끔하게 꾸며진 객실도 탁 트인 도심 전망과 함께 근사한 분위기를 낸다. 스위트룸에서는 20명 안팎의 사람들이 모여 파티도 즐길 수 있다. 풀만 방콕 호텔 G를 유명하게 만든 곳은 루프톱 바 겸 레스토랑인 스칼렛Scarlett 와인 바. 호텔 와인바답지 않게 전혀 비싸지 않은 음식과 와인 값에 또 한번 놀라게 된다. 최근 방콕에서 뜬다는 루프톱 바를 두루 섭렵했지만, 개인적으로는 이곳의 전망이 최고인 듯 싶다. 그 전망을 즐기며 자유로이 마시고 즐기는 방콕 현지인들과의 대화 또한 즐거운 곳이다.

**Data** Map 309H Access 총논시 역 3번 출구로 나와 사거리까지 직진, 왼쪽 방향으로 도보 5분
Add 188 Silom Road, Bangkok Tel 02-2238-1991 Cost 3,200바트~ Web pullmanbangkokhoTelg.com

# STEP 04
## SLEEPING

**크리스찬 라크르와의 패션과 타이 건축의 만남**
### 소피텔 소 방콕 SofiTel So Bangkok

최근 1~2년 사이 가장 핫한 호텔로 통하고 있다. 소피텔 호텔 카테고리 중 럭셔리 라인에 속하는 소피텔 소는 세계 도시에 두 곳밖에 없다. 패션 디자이너 겐조와의 합작으로 만들어진 모리셔스에 이어 두번째 도시가 된 방콕은 크리스찬 라크르와의 작업을 선택했다. 여기에 태국의 유명 건축가와 5명의 태국 인테리어 디자이너도 함께 참여해 그야말로 패션 감각 넘치는 디자인 호텔로 완성된 것. 그 패션 감각을 가장 먼저 보여주는 것은 스태프들의 복장이다. 크리스찬 라크르와가 직접 제작한 유니폼은 스태프당 각기 다른 디자인으로 세 벌씩 지급받게 되는데, 매일 자신이 원하는 스타일의 유니폼으로 골라 입는다. 통일된 느낌을 주면서도 획일적이지 않은 이 패션의 조화가 소피텔 소 방콕을 더욱 자유롭고 돋보이게 한다. 호텔은 지구를 구성하는 5원소 즉, 물, 불, 땅, 나무, 쇠를 테마로 감각 있게 표현되었다. 레스토랑과 바에서 구현된 불을 제외하고, 나머지 요소들로 객실이 완성되었는데, 그래서 이름도 워터룸, 우드룸, 메탈룸, 어스earth룸이다. 또 '소 콤피So Comfy' 등급 이상의 객실은 미니바의 모든 음료와 스낵, 일리 커피 머신을 무료로 즐길 수 있어 투숙객들의 큰 호응을 얻고 있다. 또한 애플 맥 미니 컴퓨터 시스템과 시그니처 베드인 마이베드My bed의 안락함도 소피텔 소만의 특징이라 할 수 있다.

**Data** **Map** 295H **Access** MRT 룸피니 역 2번 출구에서 도보 3분 **Add** 2 North Sathorn Road, **Tel** 02-624-0000 **Cost** 5,250바트부터~ **Web** www.sofitel-so-bangkok.com

1 올 화이트의 객실에 메탈로 작품 디테일을 살린 메탈룸.
2 호텔 곳곳에 장식된 예술 작품들.
3 로비가 9층에 위치해 있다. 룸피니 공원이 한 눈에 내려다보이는 전망의 믹소 바가 함께 있다.
4 루프톱바 레스토랑인 파크 소사이어티.
5 크리스찬 라크르와가 직접 그림까지 그린 25층의 클럽 시그니처 라운지.
6 온통 파란색으로 꾸며진 어스룸은 아이들이 특히 좋아하는 객실. 방과 욕실을 구분하는 문을 통해 마치 동굴 속으로 들어가는 듯한 느낌을 전해준다.
7 여성과 남성용을 따로 준비해 센스가 돋보이는 욕실의 어메니티.

1 마치 뉴욕 한복판의 호텔 같은 이국적인 분위기의 외관. 2 24층에 위치한 스피크이지의 로비 전경. 3 둥근 아치형의 고풍스러움이 넘치는 호텔 로비. 4 24층에 위치한 스피크이지의 테라스 바. 5 티크나무 바닥과 대리석 바닥, 앤티크한 가구와 소품이 가득한 그랜드 디럭스룸. 6 수영장은 작은 편이지만, 랑수언 로드를 가득 메운 초고층 레지던스 아파트와 빌딩들이 미래적인 풍경을 자아낸다.

**부티크를 넘어 컬렉션 호텔로**
## 호텔 뮤즈 HoTel Muse

유럽의 여러 나라를 본격적으로 여행하기 시작한 라마 5세 왕의 시대1900년대 초에는 클래식한 유럽풍의 스타일이 태국의 전통문화와 섞이면서 독특한 유행을 만들어냈다. 호텔 뮤즈는 당시 방콕에 유행하던 유럽 문화를 콘셉트로, 20세기 초의 고전적이면서도 우아한 기운을 호텔 전체에 풀어냈다. 객실의 티크나무 바닥과 오래된 여행 트렁크 장식, 다리가 달린 욕조와 태국의 전통문양이 새겨진 세면대 등 호텔 전체에 앤티크한 장식과 소품이 가득하다. 부티크 호텔을 넘어 럭셔리 컬렉션 호텔이라 스스로 자부하는 이유다. 오페라를 들을 수 있는 이탈리안 레스토랑, 메디치 키친 앤 바, 1920년대 미국의 주류 밀매점을 콘셉트로 하는 스피크이지Speakeasy 등 호텔 뮤즈에 자리한 공간들은 모두 19세기 말 유럽에서 유행하던 탐미적이고 은밀한 분위기를 유혹적으로 풀어내고 있다. 방콕의 내로라 하는 부티크 호텔 중에서도 단연 최고라 인정할 만한 곳이다.

`Data` **Map** 267G **Access** BTS 칫롬 역 4번 출구에서 도보로 10분
**Add** 55/555 Langsuan Road, Ploenchit Road, Lumpini, Pathumwan
**Cost** 4,890바트~ **Tel** 02-630-4000 **Web** www.hoTelmusebangkok.com

### 절제된 디자인과 자연이 만난 부티크 호텔
# 한사르 방콕 Hansar Bangkok

한사르 방콕은 태국 고유의 호텔 브랜드가 얼마나 세계적이고 감각적일 수 있는지를 제대로 보여주는 부티크 호텔이라 하겠다. 5성급을 뛰어넘는 프리미엄 5성급 호텔로 차분하면서도 절제된 분위기와 수준 높은 서비스를 자랑한다. 94개의 모든 객실이 스위트룸으로 이루어진 한사르는 객실 크기도 '넉넉하다'를 넘어 '크다'는 느낌을 단번에 준다. 태국의 고급 천연 티크나무로 만든 침대와 가구, 짐 톰슨으로 도배한 인테리어 소품, 침대의 놀라운 쿠션감, 욕실 가운데의 우아한 테라초 욕조와 파우더룸까지, 최근 8개월 동안 트립어드바이저에서 방콕 호텔 부분 1위를 고수한 이유를 몸소 체험하게 된다. 주변이 초고층 빌딩으로 둘러싸여 있어 자칫 삭막해보일 수 있는 단점을 '버티컬 가든'이라 불리는 초록 식물 벽으로 채운 객실은 한사르만의 야심작. 6성급 호텔을 자처하는 주변 호텔의 존재를 무색하게 만드는 한사르 호텔의 감각과 파워가 그대로 느껴진다.

**Data Map** 266F
**Access** BTS 라차담리 역 4번 출구, 도보로 5분
**Add** 3/250 Soi Mahadlekluang 2, Rajadamri Road, Lumpini, Pathumwan
**Tel** 02-209-1234
**Cost** 5,900바트~
**Web** www.hansarbangkok.com

1 프랑스 프로방스 지역의 지중해풍 음식을 맛볼 수 있는 이브. 2 거실만큼 큰 넓이의 욕실이 멋지다. 허니무너들이 홀딱 반할 만한 욕실. 3·7 호텔의 로비. 4 어번 스위트룸과 버티고 스위트룸에는 벽 한 면이 싱싱한 풀과 식물들로 뒤덮인 버티컬 가든이 있다. 모든 객실의 미니바 음료는 무료. 5 메탈과 목재와 실제 나무로 꾸며진 외관. 6 빌딩 사이를 헤엄치는 듯한 기분의 파노라마 뷰 수영장.

STEP 04
**SLEEPING**

SLEEPING **03**
# 언제 가도 든든,
# 가족을 위한
# 호텔 BEST 4

아이들이 함께 있는 가족들은 무엇보다 부대시설이 다양하고 편안한 곳을 선호하게 된다. 레스토랑 종류가 많거나 넓은 수영장을 갖춘 5성급 체인 호텔이나 부엌 시설과 세탁기 등이 잘 갖추어진 서비스 아파트먼트가 인기 있다.

1 4층에 위치한 야외 수영장은 호주에서 공수해온 모래로 해변을 만들고 20m에 달하는 인피니티 풀을 갖췄다. 수영장 뒤편에 수풀로 가려진 세 개의 자쿠지는 모두 커플 차지.
2 멋진 야경을 갖고 있는 스리식스티 바.
3 플로우 레스토랑. 4 플로우 레스토랑 내에 위치한 치즈룸. 5 밀레니엄 힐튼 방콕은 사판탁신 역에서 셔틀보트를 타고 강을 건너야 한다.

#### 예술 감성 더한 5성급 가족 호텔
### 밀레니엄 힐튼 방콕 Millennium Hilton Bangkok

5성급 체인 호텔은 사실 언제가도 든든한 구석이 있다. 항상 기본 이상은 하기 때문이다. 밀레니엄 힐튼 방콕은 요즘 회자되는 방콕의 핫한 호텔은 아니지만, 가족 여행객에게는 늘 톱 순위에 오른다. 가족 단위의 투숙객이 많이 찾아오는 만큼 호텔 로비에는 어린이 전용 체크인 데스크까지 두었을 정도다. "공식적인 절차라기보다는 재미를 위한 거예요. 부모가 체크인을 할 동안 아이들도 직원이 내미는 서류에 그냥 그리고 싶은 대로 사인을 그리면 돼요. 재미있는 아이디어죠?" 호텔 담당자의 말처럼 사소하지만 아이디어가 돋보이는 이런 서비스는 부모의 마음을 사로잡기에 충분해 보인다. 차오프라야 강을 바로 굽어보는 수영장 더 비치The Beach는 늘 힐튼을 고르는 이유 1순위를 차지한다. 가족 여행객은 물론, 강변 쪽에서 휴식을 취하고 싶은 젊은 여행자들에게도 인기가 높다. 호텔 내의 레스토랑과 바는 모두 합하면 여덟 곳이나 된다. 타이 레스토랑 마야Maya와 야경이 멋진 스리식스티 바Threesixty Bar, 전용 치즈룸을 갖춘 플로우Flow 레스토랑이 특히 인기 있다.

**Data** **Map** 308A
**Access** BTS 사판탁신 역 2번 출구, 사톤 선착장에서 셔틀보트 이용
**Add** 123 charoennakorn Road, Klongsan **Tel** 02- 442-2000 **Cost** 스튜디오 디럭스룸 3,900바트~
**Web** www.hilton.com

STEP 04
## SLEEPING

호텔과 서비스 아파트먼트, 콘도가 모였다
# 차트리움 호텔 리버사이드 Chatrium HoTel Riverside

차오프라야 강의 멋진 전망을 자랑하는 차트리움 호텔은 호텔과 레지던스, 콘도미니엄의 세 건물로 나뉘어 있다. 차오프라야 강에서도 단연 눈에 띄는 세 개의 초고층 빌딩이 나란히 서 있다. 이중 강변 쪽을 향하고 있는 것이 호텔이다. 룸은 다른 호텔에 비해 규모가 크고, 룸 안에는 레지던스처럼 키친이 구비되어 있어 간단하게 음식을 해먹거나 타이 쿠킹 클래스를 받을 수도 있다. 특히 방과 거실이 구분되어 있는 그랜드 스위트룸의 구조와 전망은 나무랄 데 없이 훌륭하다. 35m에 달하는 수영장과 강변을 바라보고 있는 리버 바기|River Barge, 야경이 아름다운 실버 웨이브스 silver waves 등의 레스토랑도 수준급이다. 태국 5성급 호텔인 두짓타니에서 운영을 맡고 있으며, 여유로운 가족호텔로 적극 추천한다. 사톤에도 차트리움 레지던스가 위치해 있다.

**Data** Map 308 I **Access** 사판탁신 역 2번 출구, 사톤 선착장에서 셔틀보트 이용
**Add** 28 Charoenkrung Soi 70, Bangkholame **Tel** 02-307-8888
**Cost** 그랜드룸 리버뷰 3,900바트~ **Web** www.chatrium.com

1 거실과 침실이 나누어져 있고, 키친 시설이 있는 그랜드 스위트룸. 2 올데이 다이닝이 가능한 리버 바기 레스토랑. 3 로비 라운지 밖으로 조성되어 있는 연꽃 연못.
4 차오프라야 강과 사톤 지역의 도시 전망을 모두 볼 수 있는 수영장.

**집에 있는 듯한 편안함을 그대로**
### 서머셋 통로 Somerset Thonglor

| Data |
|---|
| **Map** 201H |
| **Access** 통로 역 3번 출구로 나와 뒤돌아서 통로 메인 로드 방면으로 직진, 도보로 10분 |
| **Add** No 115 Suknumvit 55Thonglor, Sukhumvit Road, Klongton Nua, Wattana **Tel** 02-365-7999 |
| **Cost** 스튜디오 디럭스룸 3,400바트~, 스튜디오 프리미어 3,900바트~ |
| **Web** www.somerset.com |

에스콧 계열에서 운영하는 서비스 아파트먼트로 웬만한 호텔보다 만족도가 아주 높다. 수쿰빗과 사톤 등 다른 주요 지역에도 있는데, 통로점이 가장 최근에 오픈해 시설도 좋고 깔끔하다. 객실은 일반 호텔 객실과 비교하면 전반적으로 넓은 편이다. 객실 타입에 따라 발코니를 갖춘 곳도 있고, 냉장고, 가스렌지, 전자렌지, 토스트기, 커피포트, 토스트기, 세탁기까지 부족함 없이 구비되어 있다. 무료 인터넷과 통로의 전경이 펼쳐지는 수영장의 전망도 기대 이상. 단 조식은 일반 호텔에 비해서는 부실한 편이다. 하지만, 한국인과 일본인이 많이 묵는 덕분에 일본 된장국과 김, 밥이 기본메뉴로 매일 차려진다. 다른 서비스 아파트먼트보다 키즈클럽이 활성화되어 있는 점도 가족여행객을 만족시키는 요소. 길 바로 건너편에는 수퍼마켓도 있고, 통로역까지는 툭툭 서비스도 제공한다.

**가족여행자라면 여기 집중!**
### 그랜드 센터 포인트 라차담리 Grand Centre Point Hotel Ratchadamri

| Data |
|---|
| **Map** 266F |
| **Access** BTS 라차담리 역 4번 출구에서 도보로 7분 |
| **Add** 153/2 Soi Mahatlek-Luang 1, Ratchadamri Rd, Lumpini |
| **Cost** 디럭스룸 3,900바트~ |
| **Tel** 02-670-5000 |
| **Web** www.grandecentrepointratchadamri.com |

타이뱅크 호텔 사이트에서 예약을 하고 묵은 이 호텔은 한마디로 대만족스러운 숙소였다. 라차담리 역에서 5분이면 가는 편리한 위치와 포시즌스, 세인트 레지스 호텔 등 주변에 최고급 호텔들이 자리해 조용하고 프라이빗한 느낌이 충만했다. 무엇보다 부엌 시설이 되어 있는 객실은 레지던스 스타일로 전자레인지와 주방도구, 세탁기까지 모두 갖추어져 있다. F층에 자리한 수영장은 크지도 작지도 않은 딱 알맞은 사이즈. 같은 층에 우아한 분위기의 도서관과 아이와 함께 놀 수 있는 키즈클럽도 있다. 또 수영을 하다가 들어와서 차를 마시며 쉴 수 있는 라운지도 무척 고급스럽다. 가족 여행객에게 보다 유용할 호텔이다.

### 1. 호캉스를 누릴 수 있는 도시!

방콕은 5성급 호텔이라도 다른 나라보다 숙박료가 훨씬 저렴하다. 이 말은 곧 다른 나라에서는 경험하기 힘든 럭셔리 호텔도 충분히 이용해볼 수 있다는 뜻이다. 때문에 방콕은 호캉스(HoTel+vacance:호텔에서 즐기는 바캉스)도 만족스럽게 즐길 수 있는 최고의 도시! 방콕 호텔들이 성수기를 맞는 되는 겨울철을 빼고는 5성급 호텔도 10만 원대에 나오는 경우가 많으며, 때마다 할인 프로모션도 많이 한다. 또 호텔에 따라 2박이나 3박 이상 예약하면 그 다음 날은 무료 숙박을 제공하는 곳도 많다. 너무 닥쳐서 예약하지만 않는다면 좋은 호텔을 구하는 일은 별로 어렵지 않다.

### 2. 그럼 어떤 호텔을 고를 것인가?

호텔 선택의 폭은 매우 넓다. 유명 호텔 브랜드의 체인 호텔에서부터 5성급을 뛰어넘는 초럭셔리 호텔, 규모는 작아도 개성 넘치고 독특한 콘셉트의 부티크 호텔까지. 방콕에서 많이 돌아다니지 않고 호텔에서 느긋하게 쉬면서 지내고 싶거나 허니문으로 오는 여행자라면 차오프라야 강변 쪽에 있는 호텔이나 6성급 호텔을 고르는 것이 좋다. 반면 감각있고 패셔너블한 호텔을 원한다면 랑수언 로드나 사톤 로드에 있는 부티크 호텔들을 공략하는 것이 좋다. 방콕에 여러 번 왔고 편하게 지내길 원하는 여행자라면 간단하게 요리도 할 수 있고 세탁도 할 수 있는 수쿰빗지역의 서비스 아파트먼트를 추천한다. 시설은 호텔급, 분위기는 집처럼 아늑하고 가격대도 10만 원 안팎이어서 방콕 빠꼼이, 장기여행자들에게 사랑받는다.

## SLEEPING 04

# How to book
# 방콕에서 호텔 고르는 방법

### 3. 인터넷 예약 사이트를 적극 활용하자

❶ 가장 싸게 호텔을 예약할 수 있는 방법. 직접 호텔 예약 사이트에 들어가 예약한다.
❷ 아고다 www.agoda.co.kr, 부킹닷컴 www.booking.com, 익스피디아 www.expedia.co.kr 등의 유명 예약 사이트 이용.
❸ 방콕 여행통들에게 가장 인정받는 타이호텔뱅크 www.thaiHoTelbank.com에서 예약. 가격 경쟁력이 매우 세고, 예약처리도 빠르다. 직접 발로 뛴 세세한 리뷰가 많아 도움이 되며, 할인 프로모션을 진행하는 호텔 딜도 많으며, 새로 생긴 호텔도 빨리 올라온다.
❹ 레터박스 www.letterbox.co.kr, 타이프렌즈 www.thaifriends.co.kr, 타이호텔 www.thai-HoTel.co.kr, 트루타이 true-thai.com도 방콕 호텔을 예약할 수 있는 사이트. 열심히 손품을 팔아 비교해서 호텔 예약을 하도록 하자.

## 4. 호텔 홈페이지도 체크해 본다

여러 유명 호텔을 한꺼번에 가지고 있는 호텔 그룹의 인터넷 사이트를 이용해 예약하는 것도 방법이다. 호텔 예약 사이트들이 제공하는 숙박료와 같거나 되려 더 싼 가격을 자체 홈페이지에서 제공하기도 하니, 관심 있는 호텔이 있다면 주목해보자. 특히 여러 호텔을 보유하고 있는 호텔 그룹(아코르, 스타우드호텔그룹 등)이나 관심있는 호텔에 직접 회원가입을 하고 뉴스레터를 받으면 그때그때 얼리버드 패키지나 특가 프로모션 패키지 등을 알려주기 때문에 더 손쉽게 정보를 얻을 수 있다. 또 회원 등급에 따라 객실을 예약할 때마다 객실 업그레이드나 레이트 체크 같은 서비스도 가능하다.

❶ **아코르 호텔** www.accorchotels.com
프랑스에 본사를 둔 대형호텔 체인으로, 전세계 2,000여 개의 아코르 계열 호텔이 있다. 매년 사전 예약자에게 최대 50%를 할인해주는 '슈퍼세일'을 진행하기도 한다.
소피텔Sofitel, 노보텔Novotel, M갤러리M Gallery, 풀만Pullman, 그랜드 머큐어Grand Mercure, 머큐어Mercure, 이비스Ibis, 이비스 스타일Ibis Style, 이비스 버젯Ibis Burget 등.

❷ **스타우드 호텔&리조트** www.starwoodchotels.com
쉐라톤 호텔을 비롯한 스타우드의 모든 브랜드에서 사용할 수 있는 멤버십 서비스 SPGStarwood Preferred Guest 제도를 가지고 있다. 호텔에서 사용하는 모든 금액에 대해 포인트를 적립할 수 있으며 등급에 따라 객실 업그레이드, 웰컴 기프트, 레이트 체크 등을 제공한다. 쉐라톤Sheraton, W호텔, 르 메르디앙Le meridien, 웨스틴Westin, 세인트레지스St. Regis, 어로프트Aloft, 더 럭셔리 콜렉션 호텔&리조트The Luxury Collection 등.

❸ **힐튼 H아너스** Hilton HHonors www.hilton.com
힐튼 월드 와이드의 10개 브랜드 멤버십 프로그램. 콘라드 호텔&리조트, 힐튼 호텔&리조트, 월도프 아스토리아 호텔&리조트, 더블트리바이 힐튼, 엠버시 스위트 호텔, 힐튼 가든 인, 햄턴 호텔, 홈우드 스위트 바이 힐튼, 홈2스위트 바이 힐튼, 힐튼 그랜드 베케이션 등.

## 5. 에바종 Évasion을 통해 예약한다

**ÉVASION** LUXURY DESIGN HOTELS FOR A PRIVATE CLUB

해외 호텔 예약 전용 소셜 커머스로 요즘 큰 인기를 끌고 있다. 일반 저가 상품의 소셜 커머스와 달리, 에바종은 럭셔리 호텔과 부티크, 디자인 호텔을 30~70%까지 할인된 금액으로 예약할 수 있는 것이 특징이다. 또한 딜이 올라오는 시기의 에바종 취급 호텔은 유명 인터넷 호텔 예약 사이트보다도 저렴한 금액으로 예약할 수 있다. 고품격 호텔을 스타일 있고 현명하게 고를 수 있기 때문에 자유여행자를 비롯, 럭셔리 디자인 호텔에 관심이 있는 여행자들에게 좋은 평판을 얻고 있다. 대부분 조식이 포함되어 있는 점도 매력적이다. 회원 가입을 해야하는 번거로움이 있지만 주민등록번호나 주소를 요구하지 않기 때문에 간단히 무료 가입할 수 있다. 회원들은 뉴스레터를 통해 한 주의 새로운 호텔과 프로모션 소식을 받는다. 홈페이지와 에바종 전용 블로그를 통해 제공하는 수준 높은 정보들도 신뢰를 보탠다.
www.evasion.co.kr

# BANG KOK BY AREA

**01 스쿰빗**
나나&아속 | 통로&에까마이

**02 시암&아눗싸와리**
시암 | 아눗싸와리

**03 칫롬&프런칫**

**04 실롬&사톤&리버사이드**
실롬&사톤 북부 | 실롬&사톤 남부 그리고 리버사이드

**05 두짓&카오산**
두짓&카오산 | 차이나타운

Bangkok By Area

# 01

# 수쿰빗
## SUKHUMVIT

**나나&아속
통로&에까마이**

수쿰빗 지역은 나나에서 동쪽으로 길게 뻗어있는 수쿰빗 로드를 따라 중심가를 벗어난 온눗까지 이어지는 방대한 지역이다. 이 메인 로드를 따라 양쪽으로 나뭇가지처럼 길이 나누어져 있고 이 길들은 다시 작은 골목들로 갈라진다. 너무 방대한 지역이므로 편의상 BTS 역의 나나Nana와 아속Asok, 그리고 프롬퐁Phrom Phong, 통로Thonglor, 에까마이Ekkamai를 한 지역으로 묶어 두 파트로 나눠 소개하기로 한다.

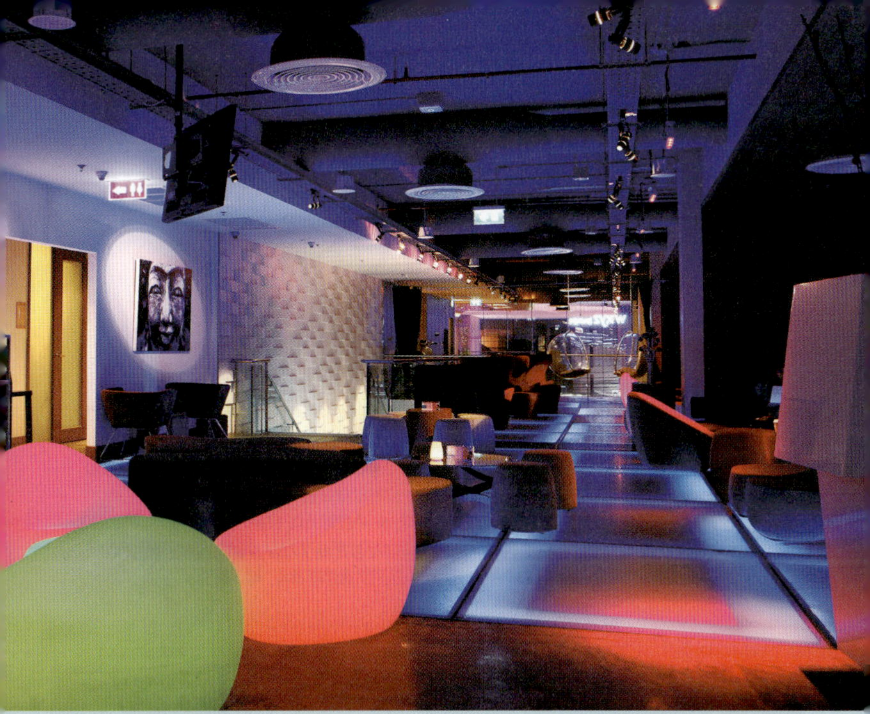

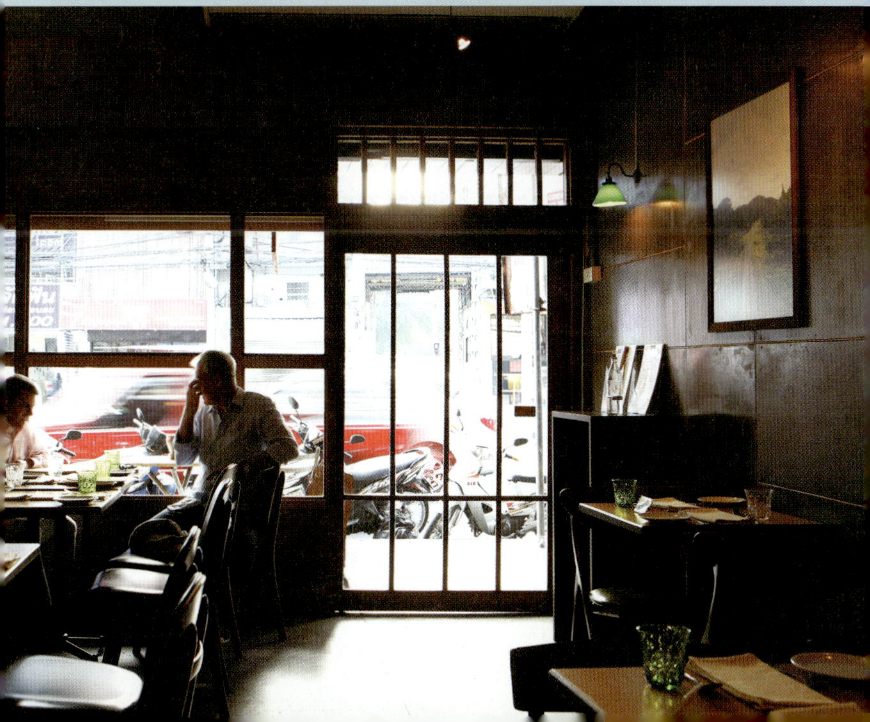

# PREVIEW

# 나나&아속
## NANA & ASOK

*전체 수쿰빗 지역의 소이 골목 번호는 100개가 넘을 정도로 많은데, 나나와 아속 지역만 한정한다면 소이 3에서 소이 39까지가 수쿰빗의 중심지라 할 수 있다. 많은 호텔과 레지던스, 레스토랑, 스파, 바와 클럽 등이 이 골목들 안에 모여 있다. 골목에 따라 성격도 다 다른데, 수쿰빗 소이 3은 케밥 등을 파는 아랍계 음식점이 모여있는 아랍 거리, 소이 4는 방콕의 대표 환락 거리인 소이 나나이며, 소이 4, 6, 7, 8은 인도 문화가 주를 이루는 거리라 할 수 있다. 또 수쿰빗 소이 11은 핫한 바와 클럽들이 모여 있는 밤문화의 중심지로 사실 나나와 아속 지역은 방콕에서 밤문화가 가장 발달한 지역 중 한 곳이다. 입구에 한인타운이 있는 소이 12은 한국인들에게 친근한 호텔과 스파, 레스토랑이 여럿 있다.*

### PLAN
이 지역에 숙소가 있는 여행자라면, 골목 탐험을 하듯 슬슬 다녀보는 것도 좋겠다. 단 햇빛이 강하지 않은 아침이나 늦은 오후가 적당하다. 소문난 카페에서 브런치를 먹고, 스파 숍이 몰려있는 수쿰빗 소이 24에서 마사지를 받거나 별장처럼 지어진 브랜드 스파에서 여유를 부려보자. 이 지역의 하이라이트는 바와 클럽. 주말 밤이면 파랑과 현지인, 여행자와 직업여성까지 모두 뒤섞여 거리를 메운다.

### 어떻게 갈까?
BTS 나나, 아속, 프롬퐁 역을 이용하면 된다. BTS 아속 역과 연결된 지하철 MRT 역의 이름은 수쿰빗이다. 아속 역에서 이어지는 MRT를 타고 타일랜드 컬처럴 센터 역으로 가면 웅장한 스케일의 태국 전통공연 '시암 사라밋 쇼'도 볼 수 있다. 교통 체증이 없다면 한두 정거장 거리는 30바트 내에서 다닐 수 있지만 상시 정체 구역이 많으므로 대중교통을 이용하는 것이 가장 현명하다.

### 어떻게 다닐까?
수쿰빗 골목 안에 깊숙히 숨어있는 카페나 레스토랑을 찾아다닐 때는 오토바이 택시를 이용하는 것이 가장 편리하다. 걸어다니기에는 다소 무리가 있고 한참 더울 때는 걷기도 힘들다. 가장 변화한 거리인 수쿰빗 소이 11이나 12는 역과 가까워 걸어다니기 무난하다.

## SEE

관광지는 거의 없다.
많은 호텔과 레스토랑, 스파,
바와 클럽이 밀집한 지역이다.

## ENJOY

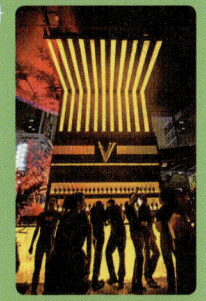

이 지역의 가장 큰 특징은 밤 문화가 특별한 거리가 많다는 것이다. 수쿰빗 소이 4는 남자들을 위한 향락의 소이 나나이며, 수쿰빗 소이 21과 23 사이 역시 성격이 비슷한 소이 카우보이가 있다. 수쿰빗 소이 11은 방콕에서 가장 핫한 나이트 라이프의 중심지, 많은 서양인들과 그들을 만나려는 직업 여성까지 모이는 동네이기도 하다. 골목 깊숙이 들어가면 잘 꾸며놓은 고급 스파 숍도 많으며, 저렴한 마사지 숍도 여러 군데다. 아속 역에 새로 생긴 쇼핑몰 터미널 21은 방콕의 쇼핑 지도를 바꿔놓을 만큼 인기를 끌고 있는 쇼핑지다.

## EAT

골목 안에 띄엄띄엄 특색있는 레스토랑과 카페들이 숨어 있다. 한 골목 안에 모여 있기보다는 제각기 떨어져 있어서 찾는 데 좀 수고스럽다. 고생해서 찾아간 만큼 콘셉트나 맛은 확실히 훌륭한 곳이 많다. 체루빈, 쿠파, 콘돔앤 캐비지, 가스트로1/6, 어보브 일레븐 등 현지인과 파랑들 사이에서 입소문난 곳을 보물섬 찾듯 찾아가 보자. 수쿰빗 소이 11 뒤의 골목인 쑥 소이에는 먹으면 배탈나는 집들이 있다. 독특한 관의 칩 찰리 Cheap Chrlie 바를 지나 골목 안으로 들어가면 나오는 '스내이퍼 뉴질랜드Snapper Newzeland'와 '멕시칸 음식점'은 절대 피해야 할 곳. 바로 옆에 있는 타파스 카페Tapas Cafe는 힙스터들이 모이는 맛집이다.

## SLEEP

가수 비가 묵어서 한때 화제가 되었던 최고급 레지던스 컬럼 레지던스Column Residence와 5성급 레지던스인 프레이저 스위트Fraiser Suite를 비롯, 웨스틴 그랑데 수쿰빗, 쉐라톤 그랑데 수쿰빗, 메리어트 이그제큐티브 수쿰빗 24와 같은 5성급 호텔이 위치해 있다. 그런가 하면 쑥 소이 안의 쑥 11 게스트하우스와 호스텔들도 적지 않으며, 어르프트 호텔, 포 포인츠 바이 쉐라톤Four Point by Sheraton, 머큐어 호텔, 살릴Salil, 르 페닉스, S31 등과 같은 실용적인 중급, 부티크 호텔까지 그야말로 다양한 가격대의 숙소를 취향대로 고를 수 있는 집합처이다.

# ENJOY

### WXYZ 바 WXYZ Bar

어로프트 호텔이 오픈할 당시에는 꽤 힙한 바로 이름을 날렸는데, 솔직히 지금은 안타까울 정도로 사람이 없다. 그럼에도 불구하고 이 바를 소개하는 이유는 이곳에서 만드는 칵테일이 범상치 않기 때문이다. WXYZ 바는 방콕에서 분자 칵테일을 제대로 만드는 곳 중 하나로 손꼽힌다. 게다가 손님도 별로 없으니 이곳의 믹솔로지스트인 폰Porn 씨는 시간에 구애없이 심혈을 기울여 최고의 분자 칵테일을 만든다. 연기가 훨훨 나는 헤븐 온 어스heaven on earth, 칫솔 위에 민트 무스와 거품을 담뿍 담아내는 굿모닝good morning, 젤리 형태의 망고 마티니 라비올리 등 감탄이 절로 나오는 칵테일의 신세계를 경험할 수 있다. 매주 금요일과 토요일에는 499바트(텍스 불포함)에 칵테일을 무제한 제공하는 이벤트를 연다.

**Data** Map 182B Access BTS 나나 역 3번 출구에서 수쿰빗 소이 11 골목으로 도보 10분 Add 35 Sumhumvit Soi 11 Open 일~수 16:00~00:00, 목~토 16:00~02:00 Cost 헤븐 온 어스 260바트, 굿모닝 260바트, 시그니처 칵테일 240바트 Tel 02-207-7000 Web www.spgrestaurantsandbars.com/thailand/bangkok/w-xyzsm-bar

### 레벨스 Levels

**Writer's Pick!**

수쿰빗 소이 11의 상징이라 할 수 있었던 베드서퍼클럽이 2013년 8월 31일 문을 닫았다. 그리고 베드서퍼클럽의 바로 맞은 편에 위치한 레벨스가 떴다. 어로프트 호텔 6층에 위치한 레벨스는 지금 방콕에서 가장 핫한 클럽에 이름을 올렸다. 문이 열리면 흡연이 가능한 야외 테라스 바가 나타나고 오른편으로 2개의 큰 실내 공간이 이어진다. 첫 번째 홀은 높은 천장과 함께 블링블링하기가 이루 말할 수 없는 거대한 샹들리에의 원형 바로 만들어진 라운지. 누구나 어깨를 들썩이게 하는 R&B와 힙합이 주로 나온다. 안쪽으로 더 들어가면 훨씬 어두운 분위기의 클럽이 이어진다. 현란한 레이저가 흥을 돋우고, 베이스가 둥둥 심장을 뛰게 하는 이곳에서는 일렉트로하우스와 트랜스가 중심. 매주 목요일 자정 전에 도착하는 모든 여성에게는 세 종의 무료 음료를 준다. 내로라하는 멋쟁이들이 모이는 클럽인 만큼 완벽한 변신이 필요하다(신분증 필요).

**Data** **Map** 182B **Access** BTS 나나 역 3번 출구로 나와 수쿰빗 소이 11 골목 어로프트 호텔 2층
**Add** 6F, Aloft Hotel, 35 Sumhumvit Soi 11, Klongtoey Nua, Wattana **Open** 21:00~03:00
**Cost** 맥주 150~200바트, 칵테일 210~300바트 **Tel** 08-2308-3246 **Web** www.www.levelsclub.com

## 클라이맥스 Climax

주말 밤이면 발 디딜 틈 없이 사람들이 꽉 들어차는 또 하나의 클럽 클라이맥스. 하지만 분위기는 레벨스나 알티튜트보다는 솔직히 덜 스타일리시하다. 관광객으로 보이는 서양인들과 프리랜서 언니들도 많은 편. 하지만 그만큼 격식을 따지거나 남 신경 안 쓰고 놀 수 있어 신난다. 특히 클럽 안에 라이브 밴드 공연이 열리는 큰 무대가 만들어져 있어 매일 밤 라이브 퍼포먼스를 즐길 수 있다. 또 새벽 1시 전까지는 모든 여성은 매일 무료 입장하는 레이디스 나잇이다. 수쿰빗 소이 11 안의 앰버서더 호텔 지하 1층 클라이맥스는 주차장 안에 숨어 있기 때문에 찾기가 쉽지는 않다.

**Data** **Map** 182F **Access** BTS 나나 역 3번 출구로 나와 수쿰빗 소이 11 골목, 앰버서더 호텔 지하 1층
**Add** Ambassador Hotel (B1), Sukhumvit Soi 11
**Open** 19:00~05:00 **Cost** 입장료 300바트, 드링크 120바트 **Tel** 086-039-6333
**Web** www.climaxsukhumvit11.com

## 네스트 Nest

새벽까지 요란한 수쿰빗 소이 11에서 의외로 조용하고 안락하게 밤을 보낼 수 있는 곳이다. 그래픽 조명이 미래적인 느낌을 주는 르 페닉스 호텔 옥상에 위치해 있는데, 시끌벅적한 거리의 소란스러움은 느껴지지 않는다. 또 옥상 주변이 수풀로 가려져 있고, 바닥은 부드러운 모래로 깔려있어 '둥지'라는 이름처럼 아늑하고 휴식의 기운이 넘친다. 친구들과 수다를 떨거나 평온한 분위기에서 칵테일을 즐기기 좋은 곳. 월요일에는 밤 10시까지 모히토 한 잔을 사면 한 잔을 더 마실 수 있는 모히토 먼데이, 수요일에는 하우스 파티, 매주 목요일에는 라이브 밴드 공연이 열린다.

**Data** **Map** 182B **Access** 나나 역 3번 출구로 나와 수쿰빗 소이 11 골목 끝에서 좌회전, 50m
**Add** Le Fenix Hotel, 33/33 Sukhumvit 11
**Open** 18:00~02:00 **Cost** 타파스 120~140바트, 샐러드 170~200바트, 메인 80~250바트
**Tel** 02-305-4000
**Web** www.thenestbangkok.com

### 수쿰빗 소이 11 거리 Sukhumvit Soi 11 Street

방콕에서 "밤에 어디 가서 놀아야 해?"라고 물었을 때 절대 빠지지 않는 대표 거리다. 나나 역에서 Q바가 있던 곳까지 300여 미터에 걸쳐 유명한 바와 클럽들이 늘어서 있다. 한때 이 골목을 주름잡던 베드서퍼클럽과 Q바(지금은 문을 닫았다)를 비롯, 요즘 한창 주가를 올리고 있는 레벨스, 발 디딜 틈 없이 사람이 많은 클라이맥스Climax 나이트클럽이 다 이 골목에 있다. 맥주를 마시며 축구 경기를 보는 펍도 인기인데, 오스트레일리안 바와 오리지널 저먼 바가 대표적이다. 밤이 되면 거리를 지나다닐 수 없을 만큼 많은 길거리 음식점과 노천 바가 자리를 잡는다. 구형 폭스바겐 벤을 개조한 이동식 칵테일 바들이 키치한 형광색 조명을 내뿜으며 외국인들의 아지트로 변신한다.

**Data** Map 182B **Access** BTS 나나 역 3번 출구로 나와 좌회전, 도보로 5분
**Add** Sumhumvit Soi 11

## 소이 나나 Soi Nana

여자들은 모르는 남자들의 밤문화 거리. 퇴폐와 향락의 집합소, 팟퐁 골목과 함께 남자들을 위한 방콕 최대의 환락 거리가 바로 소이 나나다. 위치상으로는 수쿰빗 소이 4가 해당되는데, BTS 나나 역과 이어진다. 소이 나나에서 가장 붐비는 곳은 나나 플라자. ㄷ형태의 건물 안에 성 전환 수술한 레이디보이, 수술 안 한 레이디보이, 완전 여자들만 나오는 바 등으로 각각 나뉘어 있다. 안에는 봉이 있는 무대 위에서 여자들이 춤을 추고 있고, 자리로 불러 옆에 앉힐 수도 있다. 이때 여자의 술을 사야하는 건 기본. '돈만 주면 뭐든 할 수 있는' 방콕의 밤이 이곳에 있다.

**Data** **Map** 182A **Access** BTS 나나 역 2번 출구로 나와 직진, 랜드마크 호텔 지나 정면에 주유소가 보이는 골목 아속 사거리에서 큰 길을 건넌 후 좌회전해서 첫번째 골목 **Add** Sumhumvit Soi 4

## 소이 카우보이 Soi Cowboy

실롬의 팟퐁 거리, 소이 나나와 함께 방콕의 대표적인 향락 거리로 꼽히는 곳이다. 이 세 거리 모두 아고고 쇼로 대표되는 곳. 소이 카우보이는 수쿰빗 소이 21과 23을 연결하는 100m 정도의 골목으로, 남성 여행자를 대상으로 한 노천 바와 술집들이 몰려 있다. 고수들 사이에서 유명한 곳으로는 소이 카우보이의 지존으로 통하는 바카라Baccara와 티락, 샤크라 등이 있다. 원래 소이 카우보이는 소이 나나보다 한단계 낮은 동네로 취급되었으나 최근 2~3년 사이 소이 나나만큼 각광받고 있다고.

**Data** **Map** 182F **Access** BTS 아속 역 3번 출구로 나와 아속 사거리에서 큰 길을 건넌 후 좌회전해서 첫번째 골목 **Add** between Sukhumvit Soi 21 and 23 **Cost** 맥주 150바트~, 레이디드링크 160바트

### 아포테카 럭스 바 Apoteka Lux Bar

광란의 주말 밤을 보내기 십상인 수쿰빗 11 거리에서 완전히 다른 방법으로 해독제 역할을 하고 있는 아포테카. 입구 앞에 걸린 약국 간판도 그렇고, 빅토리아 시대의 오래된 약병을 연상시키는 병들이 진열된 유리창도 흥미롭다. 내부 역시 19세기의 약국 분위기를 솔솔 풍기지만, 이곳은 약국이 아니라 Q바 맞은 편에 새로 생긴 라이브 바. 오픈한 지 6개월도 안됐지만, 벌써부터 이 거리의 핫 플레이스로 각광받는다. 포크록과 블루스 공연이 매일 열리며, 라이브 음악으로 카타르시스를 선사한다. 해독제라 적힌 대표 칵테일들은 백신, 패니실린, 더 닥터 등의 이름으로 위안을 주다가도 코카인 마티니, 더 데블 등으로 얼굴을 바꾼다. 독특한 이름만큼 맛도 뛰어나다. 보드카와 베일리스, 아마레또 등이 들어간 코카인 마티니를 드셔보시라. 또다른 밤을 달릴 에너지를 준다. 아포테카는 최근에 통로점도 문을 열었다.

**Data** **Map** 182B **Access** BTS 나나 역 3번 출구로 나와 수쿰빗 소이 11 골목 끝 **Add** 33/28 Sumhumvit Soi 11, Sumhumvit Road **Open** 17:00~01:00 **Cost** 칵테일 290~330바트, 맥주 160~280바트 **Tel** 083-720-5586 **Web** www.facebook.com/apotekasoi11

### 시암 나라밋 쇼 Siam Niramit Show

**Writer's Pick!**

태국의 고대 왕국과 설화를 모티브로 만든 시암 나라밋 쇼는 150명의 연기자가 출연하고 시각 효과와 무대장치가 매우 뛰어난 민속 공연이다. 처음엔 전통 공연이 거기서 거기지 했는데, 무대 가운데에 강이 생기고 폭포가 떨어지는 등 웅장한 스케일에 새삼 놀랐다. 뷔페를 먹고 쇼를 보는 코스와 쇼만 보는 코스가 있는데, 단체 여행객이 아니라면 굳이 식사까지 할 필요는 없을 듯하다(사실 맛이 그저그렇다). 공연장 부지에는 태국 전통 가옥을 옮겨놓은 민속촌과 야외 공연장도 함께 자리해 있다.

**Data** Map 215 **Access** MRT 타일랜드 컬처럴 센터 역 1번 출구로 나와 셔틀버스 이용 **Add** 19 Tiamruammit Road, Huaykwang **Open** 17:30~22:00 공연 시간 20:00~21:30 **Cost** 쇼(어른) 1,500바트, 스탠더드 쇼+디너(어른) 1,850바트, (어린이) 1,710바트 **Tel** 02-649-9222 **Web** www.siamniramit.com

### 오아시스 스파 Oasis Spa

디바나 스파와 함께 방콕에서 가장 잘 알려진 고급 스파 브랜드가 아닐까 싶다. 호텔 스파에 버금가는 트리트먼트와 가격대로 스파홀릭의 필수 코스로 손꼽힌다. 수쿰빗 소이 31의 한적한 주택가에 위치한 오아시스 스파는 하얀 타이 전통 가옥과 정원이 아름다운 곳. 대표 스파 메뉴인 킹 오브 오아시스는 파워풀한 타이 마사지와 오일 마사지를 결합해 근육 완화에 탁월하고, 퀸 오브 오아시스는 디톡스와 힐링, 자가 치유 효과가 있다. 최근 수쿰빗 51에 새로운 지점을 냈다.

**Data** Map 183C **Access** BTS 프롬퐁 역 5번 출구로 나와 직진, 수쿰빗 소이 33을 지나 소이 31 이정표가 보이면 우회전, 골목끝에 위치. (픽업서비스 가능) **Add** 64 Soi SwAddee Sukhumvit 31 **Open** 10:00~22:00 **Cost** 킹/퀸 오브 오아시스(120분) 3,900바트 **Tel** 02-262-2122 **Web** www.oasisspa.net

### 렛츠 릴렉스 Let's Relax

1998년 치앙마이에서 시작해 방콕, 푸껫, 파타야 등 태국의 주요 도시와 휴양지로 퍼져나가면서 크게 성공을 거둔 프랜차이즈 스파 브랜드다. 500바트인 타이 마사지에서 2,000바트가 넘는 고급 스파 패키지까지 다양한 가격대와 트리트먼트를 갖춰 대중적인 사랑을 받고 있다. 터미널 21의 6층에 있는 렛츠 릴렉스는 그랜드 센터 포인트 터미널 21 호텔의 스파로 다른 지점보다 럭셔리한 분위기가 돋보인다. 이곳의 시그니처 메뉴는 몸의 부위마다 다른 마사지 스톤을 사용하는 아로마 핫스톤 마사지.

**Data** Map 182F **Access** BTS 아속 역 1번 출구로 연결, 터미널 21 6층 **Add** 6F, Terminal 21, 88 Sukhumvit 19 **Open** 10:00~24:00 **Cost** 드림패키지(90분) 700바트~, 아로마 핫스톤 마사지(90분) 2,200바트 **Tel** 02-108-0555 **Web** www.letsrelaxspa.com

### Writer's Pick! 터미널 21 Terminal 21

공항을 콘셉트로 지어진 터미널 21은 한 층에 한 도시를 테마로, 런던, 이스탄불, 도쿄, 로마, 샌프란시스코 등의 도시가 만들어진 쇼핑몰. 각 층으로 올라가는 에스컬레이터 역시 공항의 도착층, 출발층처럼 지어졌다. 이곳에서 파는 제품은 대부분 태국의 젊은 디자이너들이 시작한 자체 브랜드나 부티크, 보세 제품이 주를 이룬다. 싸게 사서 다양하게 코디해 입을 수 있는 아이템이 많다. 쇼핑몰 중에 가장 럭셔리하고 멋진 화장실을 구경하고 싶다면 이곳 터미널 21의 화장실을 꼭 이용해볼 것!

**Data** Map 182F **Access** BTS 아속 역 1번 출구와 연결 **Add** 88 Sukhumvit 19, Klong Toey Nua **Open** 10:00~22:00 **Tel** 02-108-0888 **Web** www.terminal21.co.th

### 잇츠 해편 투 비 어 클로젯/23 It's happened to be a closet/23

**Writer's Pick!**

엠포리엄 쇼핑몰 안에 있던 '잇츠 해편 투비 어 클로젯'이 '이상한 나라의 앨리스'에 등장할 것 같은 정원과 수영장을 갖춘 단독주택으로 옮겨갔다. 뭐라 정의내리기 힘든 이곳의 정체성은 새로운 장소에도 고스란히 반영됐다. 태국의 패션 디자이너인 프린세스 제Princess Jae가 앨리스가 되어 꾸며놓은 레스토랑과 정원에 들어서면 이상한 나라에서 그랬던 것처럼 바로 길을 잃고 이곳으로 빠져들게 된다. 120석 가까이 되는 레스토랑에서는 300가지가 넘는 음식을 경험할 수 있고, 파스타 옵션도 70가지에 이른다. 메인 음식의 가격대가 비싸긴 하지만 그만큼 최고급 식재료를 이용한다. 낮에 잠시 커피를 마시며 하루의 길을 잃기 좋다. 금요일과 토요일에는 라이브 공연도 열린다.

**Data** Map 183G **Access** BTS아속역 1번 출구로 나와 수쿰빗 소이 23으로 좌회전해서 걷다가 오른쪽 골목으로 100m 직진 후 좌회전 **Add** 124/1 Sukhumvit Soi 23 **Cost** 샐러드 850바트, 베이크드 오니언 수프 490바트, 아이스커피 큐브 라떼 195바트, 뉴욕치즈 케이크 165바트 **Web** itshappenedtobeacloset.wordpress.com

### 바와르치 Bawarchi

방콕에서 가장 맛있는 인디안 음식을 먹을 수 있는 곳으로 정평이 나 있다. 오픈한 지 18년이 넘은 레스토랑 체인으로, 수쿰빗에만 3군데, 그리고 인터컨티넨탈 호텔 지하에도 위치해 있다. 2010년부터 3년 연속 방콕의 베스트 레스토랑에 꼽힌 곳이기도 하다. 인도에서 공수해오는 가장 비싼 양념 재료들과 커리, 사프란, 몽골에서 수입하는 양고기 등 최고의 재료를 쓴다. 수쿰빗 소이 11에 있는 바와르치는 겉에서 보기엔 눈에 잘 띄지 않는 고만고만한 음식점으로 보이지만, 치킨 빈달루, 달 마카니, 빈디 마살라 등 입에 착착 달라붙는 음식들을 먹고 있노라면 감탄사가 절로 나온다.

**Data** Map 182B
**Access** BTS 나나 역 3번 출구로 나와 수쿰빗 소이 11 골목 중간, 도보로 5분.
**Add** F/1-3 Ambassador Hotel 171 Sumhumvit Soi 11
**Open** 07:00~03:00 **Cost** 탄두리치킨 550바트, 탄두리 램 350바트
**Tel** 02-253-2394 **Web** www.bawarchiindian.com

### 롱 테이블 Long Table

이름에서 감지할 수 있듯이 이곳에는 23m에 달하는 '롱 테이블'이 있다. 60여 명이 한꺼번에 앉을 수 있는 길이의 테이블이다. 수쿰빗에 위치한 컬럼 레지던스 Column Residence 빌딩의 25층에 위치해 있는 이곳은 막힘없이 펼쳐지는 방콕의 도시 전망으로 또 한번 유명한 곳. 최근에 워낙 새로운 루프톱 바들이 많이 생겨 예전만큼의 명성은 얻지 못하지만, 전망만 즐긴다면 부족함이 없는 곳이다. 레스토랑과 바로 나뉘어 있는데, 가장 인기있는 곳은 역시 야외 테라스 자리다. 이곳의 음식에 대해서는 엇갈린 평판이 많지만 고급스러운 타이 요리를 중심으로 앵거스 비프 스테이크 등의 서양 요리까지, 선택할 수 있는 음식 종류가 많으므로 꾸준히 인기 있는 음식을 시켜보도록 하자.

**Data** Map 182F
Access BTS 아속 역 3번 출구와 연결된 스카이브리지를 이용, 익스체인지 빌딩 쪽으로 나와서 라마 4세 로드 방면으로 직진, 수쿰빗 소이 16안. 역에서 도보 10분
Add 25F, 48 Column Bldg, Sukumvit Soi 16
Open 17:00~02:00
Cost 칵테일 280바트~
Tel 02-302-2557
Web www.long tablebangkok.com

### 피어 21 Pier 21
*Writer's Pick!*

방콕에서 가장 큰 규모의 푸드코트 중 하나로 가장 맛있고 저렴한 타이 음식을 먹을 수 있다. 샌프란시스코의 항구를 콘셉트로 만들어졌으며 태국의 대표적인 먹을거리를 모두 모아놨다. 팟타이, 타이 쌀국수 등이 우리나라 돈으로 3,000원을 넘지 않을 정도로 가격도 착하다.

**Data** Map 182F Access BTS 아속 역 1번 출구와 연결 Add 88 Sukhumvit 19, Klong Toey Nua
Open 10:00~22:00 Tel 02-108-0888
Web www.terminal21.co.th

### 쿠파 KUPPA

1998년에 문을 연 쿠파는 오랜 친구처럼 한결같은 맛과 분위기로 꾸준한 사랑을 받는 곳이다. 올데이 브랙퍼스트와 브런치 장소로 유명하다. 직접 로스팅한 커피와 케이크를 즐기기에도 좋다. 트렌디함보다는 편안함이 있는 곳.

**Data** Map 182J Access BTS 아속 역 3번 출구로 나와 수쿰빗 소이 16 골목으로 도보 10분
Add 39 Sumhumvit Soi 16 Open 10:00~22:20
Cost 올데이 브랙퍼스트 195~295바트, 커피 150바트
Tel 02-663-0495 Web www.kuppa.co.th

## 가스트로 1/6 Gastro 1/6

일단 찾기가 쉽지 않다. 하지만 고생해서 찾아갈 가치가 충분히 있는 곳이다. 특히 방콕을 현지인처럼 즐기고 싶은 여행자라면! 가스트로 1/6은 방콕 현지인들과 파랑 사이에서 소문난 브런치 장소다. 스무명이 앉으면 꽉 찰 듯한 작은 야외 공간은 나무가 우거진 안뜰로, 저마다 모양이 다른 앤티크한 테이블과 의자, 벤치, 그네의자 등이 아무렇게나(처럼) 놓여 있다. 한정된 브랙퍼스트와 브런치 메뉴가 모두 훌륭하고, 바삭하게 구운 토스트와 커피도 맛있다. 모든 메뉴는 홈메이드 스타일로 신선하고 건강한 음식들이다. 아쉬운 점은 음식이 나오는 속도가 느려도 너무 느리다. 주문하고 20분 뒤에 주스가 나오고, 다시 20분 뒤에 음식이 나오는 식. 너무 배고플 때 가면 짜증만 날 수도 있다. 너그러운 마음으로 기다릴 수 있는 여유가 될 때 가는 것이 좋다. 평온하고 로컬 분위기를 만끽하고 싶다면 더할나위 없이 매력적인 가든 카페다. 건물 안에는 비영리 예술 공간인 RMA 갤러리도 있어 전시도 관람할 수 있다.

**Data** Map 182J
**Access** BTS 프롬퐁 역에서 오토바이택시 이용 **Add** Soi Sainamthip 2, Sukhumvit Soi 22 **Open** 08:30~15:30 월요일 휴무 **Cost** 저크치킨과 비프샐러드 490바트, 라자냐 460바트(현금 지불만 가능) **Tel** 080-603-6421

### 어보브 일레븐 Above 11

요즘 방콕에서 가장 인기있는 루프톱 레스토랑 중 하나. 프레이저 스위트 호텔의 36층에 위치한 어보브 일레븐은 Q바와 베드서퍼 클럽 등이 위치한 수쿰빗 소이 11에서 막강한 밤의 강자로 떠올랐다. 레스토랑보다는 바의 성격이 강한데, 이곳에서 바라보는 방콕의 야경은 시로코나 버티고의 아성에 뒤지지 않는다. 방콕에서 유일하게 페루비안 재패니스 퀴진을 선보이는 것도 특이하다. 페루 요리는 원주민 퀘차족의 전통요리를 비롯, 스페인, 아프리카, 일본, 중국 등의 이주민 음식 문화가 다양하게 섞여 있는 것이 특징. 페루의 대표 음식인 세비체와 페루산 브랜디인 피스코Pisco로 만든 전통 칵테일 피스코 사워는 이곳에서 피해갈 수 없는 인기 메뉴들이다. 한 가지 아쉬운 점은 직원들의 서비스 태도. 직원을 부르려면 직접 바로 가야할 정도로 눈 마주치기가 어렵다. 손님과 주변에 대한 '케어'가 부족하다.

**Data** Map 182B
**Access** BTS 나나 역 3번 출구로 나와 수쿰빗 소이 11 골목 끝
**Add** 33F, Fraser Suites Sukhumvit, 38/8 Sukhumvit Soi11 **Open** 18:00~02:00
**Cost** 세비체 250~600바트, 메인메뉴 400~650바트, 칵테일 320~380바트
**Tel** 02-038-5111
**Web** www.aboveeleven.com

### 하바나 소셜 클럽 Havana Social

*Writer's Pick!*

방콕에서 가장 유명한 클럽거리인 수쿰빗 소이 11 골목에 숨어 있는 스피크이지 바. 버려진 공중전화 부스에서 전화기를 들고 비밀코드를 입력해야 들어갈 수 있다. 잘 알아듣지 못하고 헤매면 밖에 있는 직원이 도와주므로 너무 걱정하지 말 것. 간판 없이 빈티지한 벽 너머의 실내는 올드 쿠바로 여행을 온 듯 낡은 벽과 오래된 가구들로 이루어져 있고, 베란다에는 분위기를 내기 위해 옷가지들과 모자까지 걸려있다. 모자는 하나씩 쓰고 들어가도 된다. 마치 쿠바에 여행 온 것처럼. 주말에는 거의 스탠딩으로 술을 마셔야 한다. 쿠바에서 헤밍웨이가 즐겨 마셨던 모히토와 다퀴리를 주문하자. 위스키 애호가들은 2층의 라운지로 향하면 된다. 시가도 피울 수 있다.

**Data** Map 182B **Access** BTS 나나 역 3번 출구로 나와 좌회전, 도보 5분 **Add** Sukhumvit rd, Soi 11 **Cost** 다퀴리 280~380바트
**Open** 월~토 18:00~02:00, 일 18:00~24:00
**Tel** 061-450-3750
**Web** www.facebook.com/havanasocialbkk

BANGKOK BY AREA 01
SUKHUMVIT | NANA&ASOK

SLEEP

### 어로프트 방콕 Aloft Bangkok

방콕의 나이트 라이프를 사랑하는 여행자라면, 그리고 소문난 클럽과 바를 섭렵하는 것이 방콕여행의 목적이라면 이 호텔이 최고의 선택이 될 수 있다. 베드서퍼클럽 바로 맞은편에 위치한 어로프트 호텔은 베드와 Q바, 바쉬를 입장료 없이 무료로 들어갈 수 있는 쿠폰을 제공한다 (이중 바쉬에 쿠폰을 이용하는 것이 가장 좋다). 수쿰빗 소이 11에서 단연 각광받는 인기 호텔이다. 쉐라톤, 세인트 리지스, W 호텔과 같은 스  타우드 호텔 그룹의 브랜드로, 4성급이긴 하지만 감각이나 서비스 노하우가 절대 뒤지지 않는다. 스위트룸에 한해 '핀지 스마트 폰 룸 키Fingi Smart Phone Room Key'를 제공하는 최첨단 방식과 분자칵테일을 내는 XYZ바, 24시간 운영하는 스낵바까지 어로프트만이 가진 매력이 쏠쏠하다.

**Data** Map 182B Access BTS 나나 역 3번 출구에서 수쿰빗 소이 11 골목으로 도보 10분
Add Sumhumvit Soi 11, Sumhumvit Road, Klongtoey Nua, Wattana
Cost 3,900바트부터~ Tel 02-207-7000 Web www.starwoodhotels.com/alofthotels

### 드림 호텔
**Dream Hotel**

드림 호텔은 원래 2006년도에 오픈을 했지만, 길 건너편 옆에 드림 방콕 2가 문을 열면서 다시 화제를 모은 부티크 호텔이다. 뉴욕 맨해튼의 드림 호텔과 같은 자매 호텔로, 패셔너블한 인테리어와 분위기가 돋보인다. 드림 호텔 1 앞에는 클럽의 미러볼처럼 은빛으로 반짝이는 사인이 있고, 로비에는 사원을 형상화한 조각 작품들이 늘어서 있다. 11층에 있는 루프톱 수영장과 풀바인 플라바 라이트 라운지는 DJ 파티가 자주 열리는 핫 플레이스. 객실은 다소 작은 편이지만, 침대 밑의 블루 나이트 조명과 욕실의 파란색 타일 등으로 숙면을 취하게 도와준다.

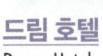 Map182B
**Access** BTS 아속 역에서 로빈슨 백화점 방향으로 나와 소이 15로 우회전 도보 10분 **Add** 10 Sumhumvit Soi 15 **Cost** 킹 베드 스탠다드룸 2,700바트~ **Tel** 02-254-8500 **Web** www.dreambkk.com

### 유지니아 호텔 The Eugenia

이곳의 오너인 유진Eugene씨가 70년대부터 아시아의 여러 나라를 여행하면서 본 콜로니얼 스타일의 저택과 가구들에 영감을 받아 만든 부티크 호텔. 대만에서 인테리어 디자이너로 활동한 그는 여행을 다닐 때마다 수집한 식민지 시대 풍의 가구와 소품들로 이곳을 채웠다. 12개의 스위트룸 안에는 똑같은 가구가 하나도 없다. 각기 다른 앤티크 가구와 소품들로 클래식하면서도 고풍스러운 멋이 넘친다. 1층에는 1405년부터 28년 동안 여행을 해온 중국 탐험가 쟁 행Zheng Heng의 이름을 딴 라운지와 레스토랑 디 비 브래들리D.B. Bradley가 위치해 있다. 마치 오래된 영화 속의 주인공처럼 특별한 여행을 즐길 수 있는 호텔이다.

Map 183G
**Access** BTS 아속 역에서 프롬퐁 역 방면으로 나와 수쿰빗 소이 31 앞에서 좌회전, 골목 끝에 위치 **Add** 267 Sukumvit Soi 31 **Cost** 더 유지니아 스위트 4,900바트~ **Tel** 02-259-9011~9 **Web** www.theeugenia.com

# PREVIEW

# 통로 & 에까마이
## THONG LO&EKKAMAI

통로와 에까마이는 중산층 이상의 태국인과 외국인들이 오랫동안 거주해온 지역으로 다른 지역보다 여유롭고 세련된 스타일이 돋보이는 곳이다. 에까마이 부근으로는 특히 일본인들의 커뮤니티가 강해 다양한 일식 레스토랑과 일본풍의 아기자기한 숍들이 많다. 통로의 메인 길이 되는 수쿰빗 소이 55는 넓은 도로를 두고 양 길가에 고급 레지던스와 스타일리시한 레스토랑과 바, 카페들이 늘어서 있다. 최근에는 통로 역과 프롬퐁 역 사이의 골목들이 각광받고 있다. 이 골목마다 스타일리시한 레스토랑과 바가 생겨나고 있는 것. 수쿰빗 소이 55를 따라 운하가 나오는 클롱 쌘 쌥Klong Saen Saeb까지 가면 현지인들에게 더 인기있는 로컬 바와 음식점들이 나온다. 통로의 모험가가 되고 싶다면 이 지역까지 훑어보는 것도 방콕여행의 재미를 더해준다.

### PLAN
통로와 에까마이의 낮은 평온하다. 낮에는 뜨거운 햇살을 피해 카페에 숨어 있거나 정원이 딸린 스파에서 느긋한 오후를 보낸다. 그러다 저녁 무렵이 되면 잘 차려입은 방콕의 멋쟁이들이 모두 거리로 나선다. 화제가 되고 있는 새 레스토랑에서 저녁을 먹고 칵테일이나 와인을 홀짝이며 밤을 보내다 클럽으로 이동한다.

### 어떻게 갈까?
BTS 프롬퐁 역과 통로 역, 에까마이 역을 이용하면 된다. 쇼핑몰은 역과 붙어 있어 다니기가 수월하지만, 입소문 난 레스토랑과 바들이 대부분 역과는 거리가 좀 떨어져 있기 때문에 오토바이 택시나 일반 택시를 이용하는 것이 일반적이다.

### 어떻게 다닐까?
통로 지역을 전부 걸어다니기에는 무리가 있다. 수쿰빗 55의 메인 길에서 소문난 맛집들이 몰려있는 통로 소이 10과 15까지 가려면 도보로 20여분 정도를 걸어야 한다. 골목도 많고 꽤 큰 지역이라서 역에서 내리면 어딜 가든 택시를 한 번 정도는 타야 한다. 특히 잘 모르는 골목을 가거나 저녁 시간에 이동할 때는 메인 길도 잘 막히므로 택시보다는 오토바이 택시를 추천한다. 어딜 가나 보통 25~35바트 선이면 충분하다.

## SEE

관광지는 별로 없다. 디자인에 관심이 많은 사람이라면 엠포리엄 쇼핑몰 안에 있는 태국 크리에이티브 앤 디자인 센터를 둘러볼 만하다. 통로와 에까마이는 식도락과 나이트라이프로 유명한 지역이라 볼거리는 거의 전무하다.

## ENJOY

방콕에 거주하는 서양인과 일본인의 오랜 거주 지역으로 작고 아기자기한 숍들이 많다. 엠포리움 백화점과 에까마이 역과 연결된 게이트웨이 쇼핑몰을 비롯, 최근 문을 연 더 커먼스와 72 커트야드, 단독 상가 형태의 J 애비뉴, K 빌리지, 신스페이스 Seenspace 등에 숍과 레스토랑, 카페와 바들이 속속 들어서 있다. 수쿰빗 소이 깊숙이 단독 건물 형태의 스파 숍도 곳곳에 포진해 있다. 부유한 계층의 사람들이 많이 모이는 동네인 만큼 스파도 호텔 스파 수준의 가격과 프로그램을 갖춘 곳이 많다.

## EAT

평판 좋고 스타일리시한 레스토랑들이 많이 생기는 곳이다. 음식에만 집중한다기보다는 식사도 하고 칵테일 혹은 와인도 함께 즐기는 레스토랑&바의 형태가 주를 이룬다. 최근에는 통로와 프롬퐁 역 사이의 골목마다 새로운 레스토랑과 바들이 속속 오픈하고 있어 가장 힙한 지역으로 떠오르고 있다. 스미스, 퀸스 등 이쪽에만 모두 35개 정도의 레스토랑과 바가 자리해 있다. 통로에는 호텔 수준급의 훌륭한 바들도 많이 몰려 있다. 근사한 분위기에서 칵테일을 즐기려는 서양인들과 하이소, 여행객까지 한데 어울려 밤늦게까지 열기가 뜨겁다. 방콕인들이 즐겨찾는 라이브 바와 클럽, 애프터 클럽도 많아 현지인들과도 신나게 어울릴 수 있는 곳이다.

## SLEEP

통로에는 유명한 호텔 체인보다는 고급 서비스 아파트먼트가 주를 이룬다. 서머셋 통로Somerset Thonglor, 팬 퍼시픽 서비스 스위트Pan Pacific Serviced Suites, 센터 포인트 수쿰빗 통로Centre Point Sukhumvit, 그라스 스위트Grass Suite 등 유명한 서비스 아파트먼트 브랜드의 럭셔리 버전, 혹은 최신 버전이 통로에 들어섰다. 작은 부티크 호텔과 게스트하우스도 더러 있지만, 여행자에게 가장 인기가 있는 곳은 이 서비스 아파트먼트들이다.

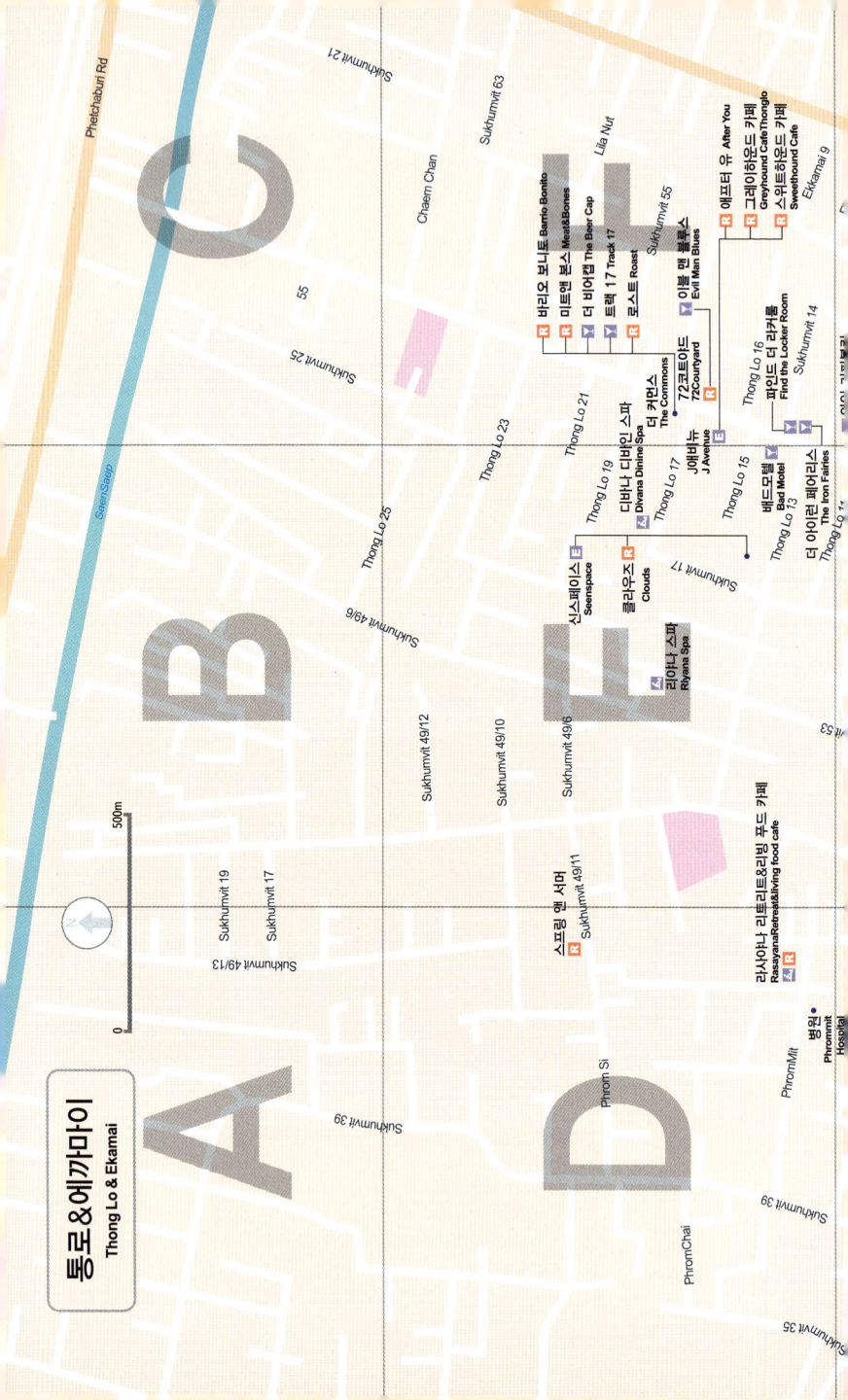

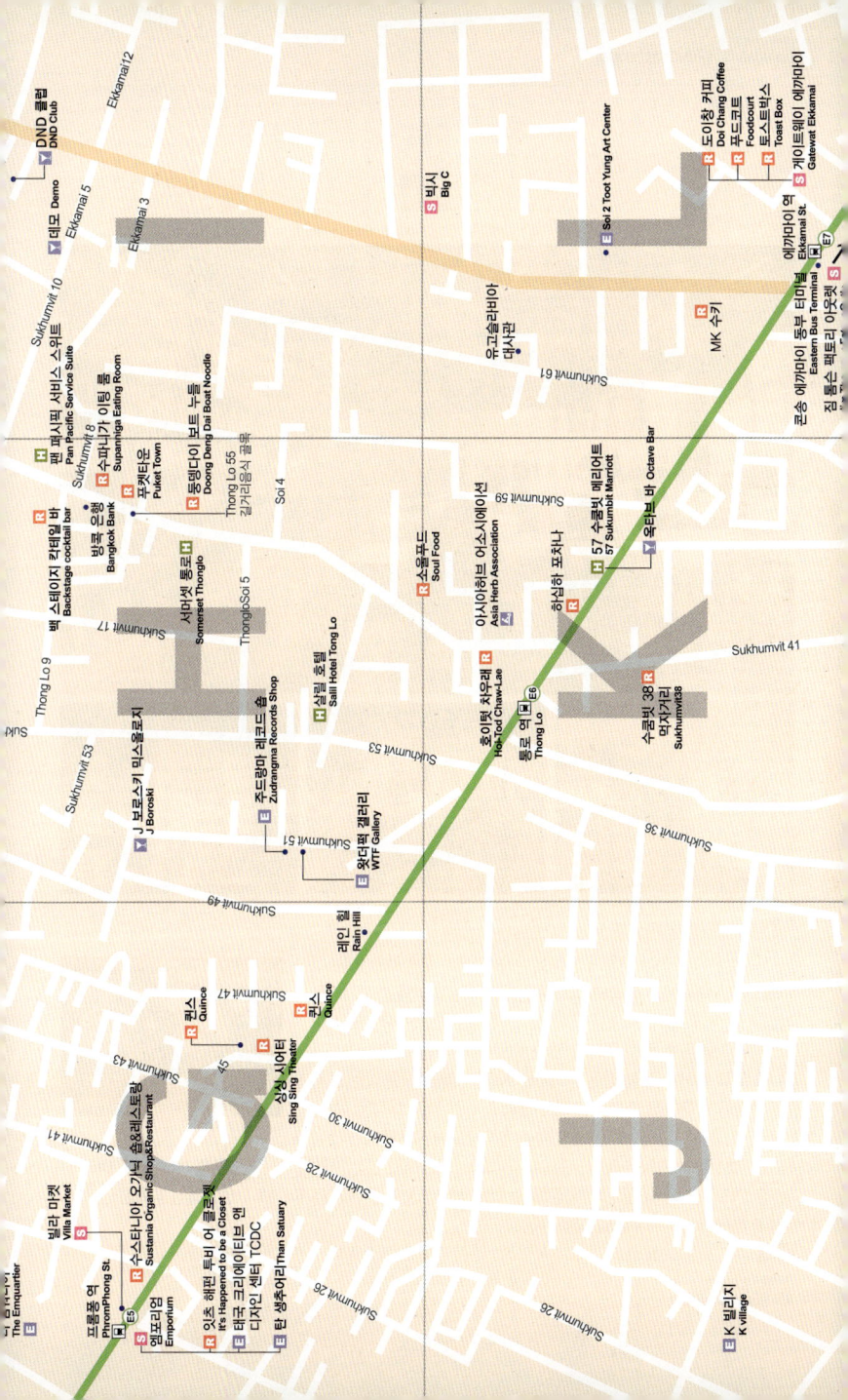

## 태국 크리에이티브 앤 디자인 센터 TCDC

태국의 젊은 디자이너 지원과 양성을 위해 정부가 운영하고 있는 디자인 센터. 내부에는 각국의 디자인을 대표하는 아이템을 전시해둔 상설 전시장과 그때그때 다른 전시를 진행하는 제 2전시장, 도서관과 카페, 기념품 숍 등이 위치해 있다. 이곳을 가장 돋보이게 하는 곳은 바로 각 분야별로 잘 정돈된 디자인 서적을 열람할 수 있는 도서관. 세련되게 꾸며진 도서관 안에서 태국 디자인 관련 서적은 물론, 다양한 외국의 디자인 서적을 살펴볼 수 있다. 도서관에 들어가기 위

해서는 소지품과 가방을 맡기고 들어가야 하며, 관광객의 경우 여권이나 신분증을 맡겨야 한다. 여러 번 들어가기 위해서는 10일 동안 입장할 수 있는 멤버십 카드를 발급받아야 한다. 엠포리엄 백화점 안에 공공 디자인 센터가 위치해 있는 점도 특이하다.

**Data** **Map** 201G **Access** BTS 프롬퐁 역 2번 출구, 엠포리엄 백화점 6층
**Add** 6F, The Emporium, 622 Suknumvit Soi 24 **Cost** 입장료 무료 **Tel** 02-664-8448
**Web** www.tcdc.or.th

# ENJOY

### Writer's Pick! 배드 모텔 Bad Motel

쟁쟁한 바들이 유독 많이 몰려 있는 통로에서 배드 모텔의 등장은 조금 특별한 구석이 있다. 우선, 파랑과 하이소들이 많이 가는 고급 바들과 달리, 이곳은 아티스트들과 펑키한 파티 피플들이 주로 간다. 그것은 마치 건물을 짓다만, 혹은 부수다 만 것 같은 자유분방하고 언더그라운드적인 이곳의 건축 스타일과도 닮았다. 세 개 층에 걸쳐 공간이었으며, 전시와 공연도 자유로이 열린다. 안쪽에 야외 정원도 있다. 커다란 유리병 잔에 내는 '방콕 뮬mule'과 독한 스미노프 블랙 보드카 샷에 꿀을 넣어 먹는 '배드컴퍼니'가 이곳의 추천 칵테일.

**Data** **Map** 200E **Access** BTS 통로 역 3번 출구로 나와 뒤돌아서 통로 메인 로드 방면으로 직진, 도보로 15분. **Add** 331/4-5 Soi Sukhumvit 55, Klongton-Nua, Wattana **Cost** 음식 240바트, 시그니처 칵테일 220바트 **Open** 17:00~02:00 **Tel** 02-712-7288 **Web** www.facebook.com/badMoTel

### 옥타브 바 Octave Bar

어보브 일레븐과 함께 수쿰빗 지역에서는 유일하게 있는 루프톱 바다. 메리어트 수쿰빗 호텔 45층에 위치해 있으며, 수쿰빗 일대의 도심 야경이 화려하게 펼쳐진다. 식사를 할 수 있는 테이블 자리가 많아 호텔에 묵는 가족 여행객도 많이 찾는다. 격식을 차려야만 하는 분위기도 아니라서 편안한 마음으로 갈 수 있지만, 잘 차려입으면 더 근사하게 즐길 수 있는 곳.

**Data** **Map** 201K **Access** BTS 통로 역에서 도보 3분 **Add** 45F Marriott Hotel, 2 Sukhumvit Soi 57, Klongton Nuea **Cost** 시그니처 칵테일 370바트~ **Open** 15:00~02:00 **Tel** 02-797-0000 **Web** www.bangkokmarriott.com

## 더 커먼스 The Commons

통로 소이 17에 위치한 더 커먼스는 친환경적인 분위기에 아티장 카페와 음식점, 바가 한 공간에 자리한 멋진 푸드 콤플렉스다. 4개의 층으로 구성된 이 건물에는 야외 공간과 테라스가 많고 푸른 나무들로 둘러싸여 있어 더욱 운치가 있다. 2016년 1월에 오픈한 최신 공간으로, 지금 방콕에서 가장 핫한 곳이기도 하다. 가장 매력적인 컨셉은 방콕에서 알아주는 음식점들이 건물 1층에 푸드코트처럼 모여 있다는 것! 일단 원하는 곳에서 음식을 주문한 후 가운데 홀의 테이블로 가져와 먹을 수 있다. 음식점마다 자리도 마련되어 있어 꼭 홀에서만 먹어야 하는 건 아니다. 또 와인이나 맥주 또한 숍 가격으로 사서 원하는 레스토랑에 가져와 마실 수 있다. 이렇게 여러 음식점들이 공존하고 함께 협업해 음식과 술을 즐길 수 있게 한 점이 멋지다. 4층에 걸쳐 총 12군데 정도의 음식점 바가 있는데, 1층에서는 멕시칸 레스토랑인 바리오 보니토 Barrio Bonito와 미트 앤 본스 Meat&Bones가 특히 훌륭하다. 또 통로에서 손꼽히는 맛집 소울 루드 마하나칸도 이곳에 작고 편안한 팝업 스토어를 냈다. 바리오 보니토는 8년 전 코창에서 먼저 시작한 음식점으로 멕시코시티에서 온 주인이 제대로 된 멕시코 음식을 선보인다. 이밖에도 방콕에서 만드는 크래프트 맥주를 맛볼 수 있는 더 비어 캡 The Beer Cap이나 빈티지한 기차 칸을 바로 만든 트랙 17(2층)에서 주말 밤을 이어갈 수도 있다. 꼭대기 층인 4층에 있는 올데이 브런치 장소 로스트 Roast도 꼭 챙겨가야 할 장소 중 하나다.

**Data** Map 200F
**Access** BTS통로역 3번 출구로 나와 뒤돌아서 통로 메인로드 도보 15분
**Add** 55, Soi Thong Lo 17
**Open** 08:00~12:00
**Tel** 089-152-2677
**Web** thecommonsbkk.com

## 72 코트야드 72 Courtyard

더 커먼스와 함께 최근에 가장 각광받는 푸드 콤플렉스다. 회색빛의 콘크리트 건물은 겉에서 보면 큰 패션숍처럼 보이기도 하는데, 건물 안으로 들어서면 트렌디한 레스토랑과 바가 자리해 있다. 이 밖에도 여러 종류의 롤과 타키, 일식 돈카츠 등을 먹을 수 있는 일본 가스트로펍, 럭키피시Lucky Fish, 뉴질랜드에서 시작된 티키 칵테일과 약간 변형된 한국 음식들을 먹을 수 있는 호플랜드바Hopeland Bar, 분위기가 근사한 사보이Savoy 바도 함께 자리하다. 방콕의 인스타그래머들에게도 사랑받은 핫플레이스들이 많은데, 멜버른에서 유명한 멕시칸 레스토랑 터치 홈브레Touche Hombre, 야외 비어가든 비어 벨리Beer Belly, 뉴욕의 스페인 타파스 토로Toro, 칵테일 바 이블 맨 블루스 등이 두루 인기 있다.

**Data** Map 201F
Access BTS통로역 3번 출구로 나와 뒤돌아서 통로 메인로드 도보로 15분 Add 72 Courtyard Fl. G, 72 Sukhumvit 55.
Open 가게마다 다름

### 이블 맨 블루스 Evil Man Blues

*Writer's Pick!*

72 커티아드 몰 1층에 자리한 재즈 칵테일 바다. 이탈리아에서 온 바텐더를 주축으로 총 세 명의 바텐더가 창의적인 칵테일을 선보인다. 실내 규모는 작은데, 오른쪽으로 재즈공연을 할 수 있는 무대가 콤팩트하게 들어가 있다. 칵테일 가격은 꽤 센 편. 하지만 가격이 전혀 아깝지 않은 맛이다. 440바트 하는 셀피 아도로드self-adored 메뉴를 시키면 갑자기 폴라로이드를 들이대 사진을 찍는다. 그리고 칵테일이 나올 때 그 사진을 칵테일 잔에 함께 끼워준다. 놀랍고 기분 좋은 서비스다. 야외에도 테이블이 여럿 있다. 하지만 바텐더와 대화를 나누고 싶다면, 은밀하고 근사한 바 자리를 추천한다.

**Data** Map 201F
Access BTS통로역 3번 출구로 나와 뒤돌아서 통로 메인로드 도보로 15분 Add 72, Sukhumvit 55
Cost 시그니처 칵테일 390바트부터
Open 18:00~02:00
Tel 02-392-7740
Web www.facebook.com/EvilManBlues

### 왓더퍽 갤러리 WTF Gallery

방콕을 드나드는 국내 아티스트들 사이에서는 꽤 알려진 곳. 사진작가로 활동하는 크리스와 그의 아내이자 아트 큐레이터인 솜락 씨가 갤러리 겸 바로 운영한다. 1층은 아늑한 바로, 2~3층은 갤러리로 이루어져 있다. 이곳은 오다가다 들를 수 있는 위치는 아니다. 하지만 아무것도 없던 수쿰빗 소이 51에 있으면서도 방콕 예술가들 사이에서 아지트로 자리 잡았다. 방콕에서 예술하는 젊은 작가들을 친구처럼 만날 수 있는 곳, 이름처럼 거침없는 에너지가 채워져 있는 곳이다.

**Data** Map 201H
Access BTS 통로 역 1번 출구로 나와 직진 후 우회전, 도보 7분
Add 7 Sukhumvit Soi 51
Cost 이산 카이피리오스카 칵테일 200바트, 모스크뮬 320바트
Open 화~일 바 18:00~01:00, 갤러리 15:00~22:00
Tel 02-662-6246
Web www.wtfbangkok.com

### 파인드 더 라커룸 Find the Locker Room

**Writer's Pick!** 아이런 페어리 옆이라는 말만 듣고 갔으나, 찾을 수 없었다. 구글 지도도 그곳을 가리키고 있는데, 간판도 문도 없었다. 건물 안 좁은 복도에서 사람들이 나오는 것을 보고 들어가니 스티커가 덕지덕지 붙은 라커룸이 나온다. 이곳에 단서가 있으니 잘 찾아볼 것. 콘셉트에만 힘을 준 곳이 아니다. 싱가포르의 넛맥 앤 클로브 Nutmeg&Clove, 도쿄의 하이 파이브 High Five, 타이베이의 이스트 엔드 East End, 그리고 방콕의 백스테이지 바의 바텐더들이 만든 곳이다. 2017년 초 문을 연 이곳은 짧은 시간 안에 방콕의 칵테일신을 뒤흔들고 있다.

**Data** Map 200F
Access 통로 역 3번 출구로 나와 뒤돌아서 통로 메인 로드 방면으로 직진, 도보 15분
Add 406, Sukhumvit 55
Cost 아이스콜드피냐 칵테일 420바트
Open 18:00~02:00
Tel 061-524-2689

## 주드랑마 레코드 숍 Zudrangma Records Shop

왓더퍽 갤러리 옆에 나란히 있는 레코드 숍이다. 타이 펑크와 소울, 디스코 LP를 파는 곳으로, 우리나라의 1960~70년대 트로트와 블루스 등만 모아 파는 구식 레코드 숍을 떠올린다면 이해가 쉽겠다. 20세기에 유행하던 타이 음악을 전문으로 만나볼 수 있는 아주 독특한 숍으로 음악에 대해 궁금한 점은 간지나게 생긴 점원들이 설명해준다. 앨범 커버만 봐도 옛날 시간여행을 할 수 있는 희한한 곳.

**Data** Map 201H
Access BTS 통로 역 1번 출구로 나와 직진 후 우회전, 도보 7분
Add 7/1 Sukhumvit soi 51
Open 수~일 12:00~20:00
Tel 088-891-1314 Web www.zudrangmarecords.com

## J 보로스키 믹솔로지 J. boroski Mixology

좁은 골목에 있는 데다 간판도 전혀 없어 지나치기 쉽다. 그러나 방콕에서는 이미 알아주는 칵테일 바로 유명하다. 바의 주인인 조셉 보로스키의 이름을 딴 이곳에서는 바텐더와 대화를 통해 칵테일을 주문할 수 있다. 따로 메뉴판이 없기 때문이다. 칵테일의 가격대는 센 편이지만, 사람들의 만족도는 높다.

**Data** Map 201H Access BTS 통로 역 3번 출구로 나와 뒤돌아서 통로 메인로드로 도보 10분. 서머셋 통로 지나 첫번째 골목에서 좌회전 Add 125/13, Sukhumvit Soi 55 Cost 시그니처 칵테일 300바트 이상 Open 19:00~02:00 Tel 02-712-6025 Web www.sipslowly.com

## DND 클럽 DND(Do Not Disturb) Club

통로와 에카마이에서 가장 핫한 클럽. 인테리어에도 꽤 공을 들였다. 외국의 모텔 복도처럼 만들어놓은 입구를 지나 안으로 들어서면 구식 TV를 칸칸이 넣어둔 바의 벽과 낡은 수트 케이스 벽이 눈에 띈다. 하지만 공간이 매우 커서 사람이 꽉 찰 때는 사람밖에 안보인다. 테이블 주변에 서서 술을 마시다 춤을 추는 형태로 댄스 스테이지는 따로 없다. 주말 밤 10시반부터 자정까지는 라이브 공연이 열리고, 후에는 하우스와 테크노 등 EDM음악이 주를 이룬다.

**Data** Map 2011 Access 낭렌 오른편에 있는 미니 쇼룸 옆 골목으로 들어가서 세이프 하우스 가기 전
Add Ekamai Soi 5/1 Cost 조니워커 블랙라벨 3,500바트 Open 화~일 20:00~02:00
Tel 094-414-9266 Web www.facebook.com/donotdisturbclub

## 더 아이런 페어리스 The Iron Fairies

**Writer's Pick!** 방콕을 통틀어 가장 유별나고 기발한 바라 할 수 있다. 오래된 미싱, 무언가 실험을 하다 만 것 같은 약병들, 중세 시대에 나오는 괴물 조각상과 철제 계단 등 무엇하나 평범한 것이 없다. 동화작가이기도 한 이곳의 주인 애슐리 서턴의 풍부한 상상력이 빛을 발한 곳. 바닥에는 까먹고 버린 땅콩껍질이 난무하고, 분위기와는 안 어울리게 조용하고 감미로운 재즈 밴드의 공연이 펼쳐진다. 현재의 자리에서 두 배 커진 공간으로 리노베이션을 마쳤다.

**Data** Map 200F Access BTS 통로 역 3번 출구로 나와 뒤돌아서 통로 메인 로드 방면으로 직진, 도보로 15분.
Add 394 Thonglor Rd
Cost 페어리더스트 칵테일 280바트, 맥주 150바트~, 와인(잔) 220~360바트, 팻 것 비프 버거 380바트
Open 18:00~02:00 Tel 02-714-8875 Web www.theironfairies.com

### 백스테이지 칵테일 바 Backstage cocktail bar

**Writer's Pick!**

2014년에 오픈한 극장 테마의 호텔 플레이하우스playhaus의 무거운 커튼 뒤에 숨어있는 바. 동그란 전구가 알알이 달린 거울이 붙어있는 바의 뒷벽은 아름다운 동시에 오래된 극장의 백스테이지에 앉아있는 듯한 기분을 들게 한다. 루이 14세 스타일의 빨간 벨벳 소파와 빈티지한 조명들, 자리에 드리워진 커튼까지, 시간을 거슬러 올라간 느낌. 방콕 최고의 바텐더 6명이 만드는 칵테일도 뛰어나다. 비트루트를 인퓨즈드한 데킬라에 버무스, 캄파리, 아티초크 리쿼 등을 넣어 만든 칵테일 어스비트Earthbeet는 이곳의 대표 칵테일. 여배우가 앉아서 볼 법한 거울 안에 쓰여 있는 것은 그날의 스페셜 칵테일. 여배우처럼 주문해서 즐겨보는 건 어떨까.

**Data Map** 200H
**Access** BTS 통로 역 3번 출구로 나와 뒤돌아서 통로 메인로드로 도보 14분 **Add** 205/22-23 Sukhumvit Soi 55
**Cost** 시그니처 칵테일 340바트~
**Open** 19:00-02:00
**Tel** 061-519-5891
**Web** www.facebook.com/backstagecocktailbarbkk

### 데모 Demo

10년 동안 비어있던 아파트 건물에 창고 스타일로 만들어진 데모는 마치 뉴욕에 있는 클럽에 온 듯한 강렬함을 전해준다. 내부는 1980년대 브루클린 스타일의 그래피티가 벽면을 가득 채우고 있고, 누디 스코와 하우스, 테크, 일렉트로 뮤직이 심장을 때린다. 오픈한 지 4년이 지났지만, 지금도 매주 다양한 브랜드의 이벤트 파티가 펼쳐질 정도로 꾸준한 인기를 누리고 있다. 이벤트 파티 때면 연예인 뺨치는 멋진 방콕의 선남선녀들이 모인다.

**Data Map** 201I
**Access** BTS 통로 역 3번 출구로 나와 뒤돌아서 통로 메인 로드 방면으로 직진, 도보 20분, 통로 소이 골목 10으로 우회전
**Add** 225/9-10 Thonglor Soi 10, Suknumvit Road
**Cost** 맥주 300바트
**Open** 21:00~02:00
**Tel** 085-250-2000 **Web** www.facebook.com/demobangkok

### 신스페이스 Seenspace

통로 소이 13에 위치한 미니 아웃도어 몰. 헤어살롱과 패션 부티크 숍도 있지만, 10여 개의 카페와 바가 모두 엄청난 입소문을 모으고 있다. 그중에서도 팻 갓츠 살룬의 살찐 버전, 팻터 것츠Fatter Gut'z와 바로 왼쪽 편에 있는 브루 비어스 앤 사이더스Brew Beers & Ciders, 애슐리 서턴의 또다른 역작 클라우즈Clouds는 오픈과 동시에 주목받기 시작한 곳들.

**Data** Map 200E Access BTS 통로 역 3번 출구로 나와 뒤돌아서 통로 메인 로드 방면으로 직진, 도보로 15분. Add 251/1, Thonglor Soi 13, Sukhumvit Soi 55 Open 10:00~23:00 Tel 02-185-2728~9

### 와인 리퍼블릭 Wine Republic

최근 몇 년 사이 와인 열풍이 불고 있는 방콕 와인 레스토랑의 대표주자. 한쪽에 만들어진 와인장에서 와인을 골라 마실 수 있고, 맥주와 시그니처 칵테일 메뉴도 골고루 사랑받는다.

**Data** Map 201I
Access BTS 통로 역 3번 출구로 나와 뒤돌아서 통로 메인 로드 방면으로 직진, 도보로 15분
Add 137 Soi Thonglor 10, Suknumvit 55
Cost 와인(병) 1,000바트~
Open 20:00~01:00
Tel 02-713-8364
Web www.facebook.com/rpb.wine

### 엠포리엄 Emporium

시암 파라곤, 게이손 플라자와 함께 대표 럭셔리 쇼핑몰로 손꼽힌다. 백화점과 쇼핑 컴플렉스가 함께 있는 이곳은 럭셔리 브랜드 숍은 물론 윗층으로 올라갈수록 중저가 브랜드 숍도 어느 정도 입점해 있어 다양한 쇼핑이 가능하다. 백화점은 지하 3층에서 지상 6층까지, 쇼핑몰은 1층에서 5층까지 구성되어 있다. 이중 챙겨가볼 만한 곳은 1층에 위치한 싱가포르 프리미엄 티 브랜드인 TWG 매장겸 카페, 2층의 그레이하운드 카페와 잇츠 해펀 투비 어 클로짓, 3층의 부츠boots 매장, 5층의 고멧마켓과 인테리어 매장, 6층의 태국 크리에이티브&디자인 센터CDC 등이다. 특히 고멧마켓은 똠얌꿍, 팟타이 등을 간편하게 먹을 수 있는 인스턴드 제품과 도이창 커피, 특이한 양념 등을 싹쓸이하듯 사가는 쇼핑 장소로 무한 사랑을 얻고 있다.

**Data** Map 201G Access BTS 프롬퐁 역 2번 출구와 연결 Add 622 Suknumvit Soi 24
Open 10:00~22:00 Tel 02-269-1000 Web www.emporiumthailand.com

### 더 엠쿼티어 The Emquartier

**Writer's Pick!**

더몰 그룹이 2015년 개장한 복합 쇼핑몰로 크게 야외에 정글 폭포를 재현한 워터폴 쿼티어, 열대우림 상들리에가 명물인 헬릭스 쿼티어, 유리패널이 인상적인 글라스 쿼티어로 나뉜다. 그 중 나선형 통로를 따라 6층에서 9층까지 만들어진 헬릭스 쿼티어의 레스토랑과 카페 존이 멋지다. 웬만한 유명 체인 레스토랑은 다 입점해 있는 상태. 1층에는 럭셔리 슈퍼인 고메마켓과 디자이너 편집 숍 '어나더 스토리Another Story'가 있고 명품 숍과 로컬 브랜드숍은 물론 키즈카페와 영화관까지 갖추고 있다.

**Data** Map 200G
Access BTS 프롬퐁 역 1번 출구에서 바로 연결 Add 693, 695, 622, 626 Soi Sukhumvit 35
Open 10:00~22:00
Tel 02-269-1000
Web www.emquartier.co.th

### 게이트웨이 에까마이 Gateway Ekamai

이곳은 24시간 여는 맥스밸류Maxvalu 슈퍼마켓을 비롯, 헬스&뷰티숍2층, 여성 패션&액세서리 숍3층, 전자제품 코너4층, 문구점 등이 들어서 있다. 8층 건물에 400여 개의 숍이 있으며, 무엇보다 G층과 지하 1층에 위치한 일본 음식점들이 인기 있다. 현금을 찾아야 한다면, 수수료가 전혀 없는 5층의 에이온Aeon Thana Sinsap 코너를 이용하자.

**Data** Map 201L Access BTS 에까마이 역 4번 출구에서 게이트웨이로 연결, G층 Add 982/22, Sukhumvit Rd, Phra Khanong, Khlong Toei, Open 10:00~22:00 Tel 020108-2655 / 08-1911-6430 Web www.gateway.ekamai.com

### J-애비뉴 J-Avenue

통로에서 젊은 층에게 사랑받는 쇼핑몰이다. 트렌디한 숍과 음식점, 바가 모여 있어 통로에 거주하는 일본인과 서양인들은 물론, 세련된 현지인들이 즐겨 찾는다. 1층의 오봉팽과 그레이하운드 카페, 스위트 하운드는 늘 인기 있고, 루프톱 비어 가든 바인 인챈티드 바Enchanted Bar에서 라이브 음악과 칵테일을 즐기기에도 좋다.

**Data** Map 200F Access BTS 통로 역 3번 출구로 나와 뒤돌아 통로 메인로드로 직진, 도보로 20분 Add Thonglor Soi 15, Sukhumvit
Open 10:00~22:00 Tel 02-660-9000
Web www.siamfuture.com

### 라사야나 리트리트 Rasayana Retreat

한국 가이드북 어디에도 라사야나 리트리트 스파를 소개한 곳을 찾아볼 수 없다. 하지만 이곳은 단순히 스파나 마사지를 받으며 피로를 푸는 곳이 아니라, 젊음을 되찾기 위한 총체적인 프로그램을 운영하는 전문 건강센터에 가깝다. 다양한 디톡스 프로그램을 운영하는데, 5시간 이상 지속하는 원데이 패키지에서 3주 패키지까지 마련되어 있다. 디톡스 소금 스크럽, 오일 팩, 아로마 마사지, 장세척, 리빙 푸드 밀 등 단계별로 이루어지는 라사야나 리트리트 프로그램은 방콕의 하이소와 연예인들이 정기적으로 들러 관리를 받는 곳이기도 하다.

**Data** Map 200D
**Access** 프롬퐁 역에서 수쿰빗 소이 39 방면으로 가다가 소이 프롬 미트로 우회전, 반 퓨 병원 Baan Paew Hospital 앞에서 다시 좌회전. 역에서 거리가 좀 되므로 오토바이 택시를 타는 것이 가장 빠르다.
**Add** 57 Soi Sukhumvit 39 Soi Prom-mitr
**Cost** 리사야나 디톡스 패키지 5시간 7,250바트, 일주일 패키지 18,500바트
**Open** 10:00~20:00
**Tel** 02-662-4803
**Web** www.rasayanaretreat.com

### 디바나 디바인 스파 Divana Divine Spa

방콕에 총 세 군데의 스파 부티크 숍이 있다. 모두 별장처럼 아름다운 건물에 녹음이 우거진 정원을 갖추고 있어 들어서는 순간부터 마음이 편안해진다. 2013년 베스트 럭셔리 스파, 베스트 웰니스 스파에 모두 선정되었을 정도로 전문성을 인정받고 있다. 통로에 위치한 디바나 디바인 스파는 '시술' 개념의 에스테틱도 함께 운영하고 있다. 로즈, 라벤더, 릴리 등 유기농 재료만을 이용해 직접 만든 제품으로 이뤄지는 디톡싱 스파, 아유르베딕 스파 등의 시그니처 프로그램이 유명하다.

**Data** Map 200E
**Access** BTS 통로 역 3번 출구에서 도보 15분
**Add** 103 Thonglor Soi 17, Sukhumvit 55
**Cost** 시아미즈 릴렉스(70분) 1,250바트, 아로마틱 마사지(90분) 1,850바트, 아유르베딕 안티 에이징 시그니처(210분) 6,250바트
**Open** 월~목 11:00~23:00, 금, 토, 일 10:00~23:00
**Tel** 02-712-8986
**Web** www.divana-dvn.com

###  아시아 허브 어소시에이션
**Asia Herb Association**

### K 빌리지 K Village

수쿰빗 지역에만 3개의 지점을 가지고 있는 유명 스파 체인점. 한국과 일본 관광객에게 특히 잘 알려진 아시아 허브 어소시에이션은 허브볼을 이용한 오일 마사지가 가장 인기 있다. 통로 지점은 다른 지점들보다 분위기가 고급스럽다.

**Data** **Map** 201K **Access** BTS 통로 역 3번 출구 통로 메인 길로 도보로 5분 **Add** 58/19-24 Sukhumvit 55 **Cost** 100% 퓨어 블렌드 오일 마사지+허브볼 (90분) 1,400바트 **Open** 09:00~02:00 **Tel** 02-392-3631~3 **Web** www.asiaherbassociation.com

제이 애비뉴나 신스페이스처럼 단독 건물 형태의 라이프 스타일 몰이다. 여성 부티크 숍만 26개가 있는 만큼 다양한 쇼핑이 가능하다. 음식점과 카페도 30여 군데나 된다. K 빌리지에서 잘 알려진 곳은 와인 커넥션과 최근 오픈해 화제를 모으고 있는 가스트로노미 바 파이브Five. 일식, 타이, 베트남, 한식에 이르기까지 선택의 폭이 넓다.

**Data** **Map** 201G **Access** BTS 프롬퐁 역 4번 출구로 나와 택시로 이동 **Add** 93, 95 Sukhumvit 26, Klongton Klongtoey **Open** 10:00~22:00 **Tel** 02-258-9919 **Web** www.kvillagebangkok.com

### 빌라마켓 프롬퐁점 Villa Market

###  짐 톰슨 팩토리 아웃렛
**Jim Thomson Factory Outlet**

푸드랜드 슈퍼마켓과 함께 인기가 높은 식료품 전문점이다. 방콕에만 총 19개의 매장이 있는데, 그 중 프롬퐁점이 첫 번째로 문을 연 곳이다. 프롬퐁점은 특히 방콕에서는 구하기 힘든 치즈와 햄을 종류별로 살 수 있다. 가격은 다소 비싸다. 2층에 위치한 와인 숍의 규모도 어마어마하게 크다.

**Data** **Map** 201G **Access** BTS 프롬퐁 역 5번 출구에서 도보로 1분 **Add** 595 Suknumvit Soi 33/1 **Open** 24시간 **Tel** 02-259-8128 **Web** www.villamarket.com

짐 톰슨 제품을 저렴하게 살 수 있는 최고의 장소. 30~70% 할인된 가격으로 살 수 있다. 시내에서 꽤 떨어져 있음에도 불구하고, 여행객들이 빼놓지 않고 이곳을 들르는 이유다. 손수건과 스카프, 침대 커버 같은 홈 데코 제품들이 주를 이룬다.

**Data** **Map** 201L **Access** BTS 방착 역 5번 출구 도보 10분 **Add** 153 Sukhumvit Soi 93 **Open** 09:00~18:00 **Tel** 02-332-6530 **Web** www.jimthompson.com

## |Theme|
## 라차다 거리 Rachada

방콕의 밤문화를 즐기기 위해 한 번쯤은 가게 되는 곳.
한국인 여행자들이 사랑하는 해산물 전문점도 모여 있다.

라차다Rachada는 MRT 수쿰빗 역에서 북쪽으로 올라가는 노선을 따라 이어진 '아속 딘댕Asok Dindaeng rd 로드'와 라차다피섹Rachadaphisck 로드의 주변을 말한다. 한국 대사관이 이 지역에 있고, 한국 식당도 많아서 한국 사람들에게는 꽤 친숙한 곳. 나이트 클럽과 대형 클럽 거리인 RCA 거리가 가까운 유흥지구이며, 한국인에게 잘 알려진 쏨분 시푸드와 꽝 시푸드 같은 해산물 전문점도 이곳에 모여 있다. 대부분 새벽까지 영업하는 집들이다. 라차다는 방콕의 새로운 상업지구로 떠오르고 있지만, 중저가 호텔이 많고 시설도 다소 떨어지며, 아직 여행자들이 즐겨가는 지역도 아니라서 이 지역에서는 RCA 거리 정도만 알아두면 된다.

**Data Access** MRT 수쿰빗 역에서 지하철을 타고 북쪽으로 가는 라마 9 역과 타일랜드 컬처럴 센터 역, 후에이꽝 역이 라차다 지역에 속한다.
도로는 항상 막히는 편이므로 MRT를 타고 이동하는 것이 가장 빠르다. RCA는 택시로 이동.

## 라차다의 명물, RCA 클럽 거리

방콕의 최대 클럽거리라고 할 수 있는 RCA 스트리트는 1km가 넘는 거리에 대형 클럽과 바, 카페, 음식점들이 모여 있다. 하지만 메인은 역시 클럽. RCA의 인기도 이제 예전 같지는 않지만, 그래도 방콕을 처음 오거나 유행하는 최신 클럽에 대해 훤하게 꿰고 있지 않는 한, 이곳을 빗겨갈 수는 없다. RCA 거리에서 가장 먼저 만나게 되는 클럽은 슬림&플릭스Slim&Flix. 입구에서 왼편은 일렉트로닉 음악이 나오는 플릭스, 오른편은 힙합이 주로 나오는 슬림으로 공간이 나누어져 있다. RCA가 입소문을 타기 시작하던 시절부터 자리를 지켜온 유명 클럽으로 루트 66과 함께 RCA에서 가장 인기있는 클럽으로 통한다. 루트 66은 슬림만큼 화려하지는 않지만, 20대 초반의 어린 친구들이 많이 간다. 로컬 라이브 밴드와 알앤비, 힙합 음악이 주를 이룬다. 루트 66도 슬림&플릭스처럼 공간이 나누어져 있다. 새벽 2시까지 문을 여는 대형 클럽들은 외국인들에게만 입장료를 받고, 자국민에게는 받지 않는다. 슬림&플릭스는 400바트, 루트 66은 300바트다(2잔의 무료 음료 포함). 이전 808 클럽이었다가 이름을 바꾼 LED, 방콕의 로컬 클러버들이 많이 가는 '더 비트 라운지'와 클럽이라기보다는 비어가든에 가까운 코스믹 카페Cosmic Cafe 등도 가볼 만하다. RCA 거리로 들어가기 전의 보도블록 쪽으로는 밤에 문을 여는 길거리 음식점들이 많이 늘어선다. 아드레날린 대방출 이후 간단하게 허기를 때울 수 있는 곳이다. RCA거리 안에는 작은 카페와 바들도 많이 생겼다.

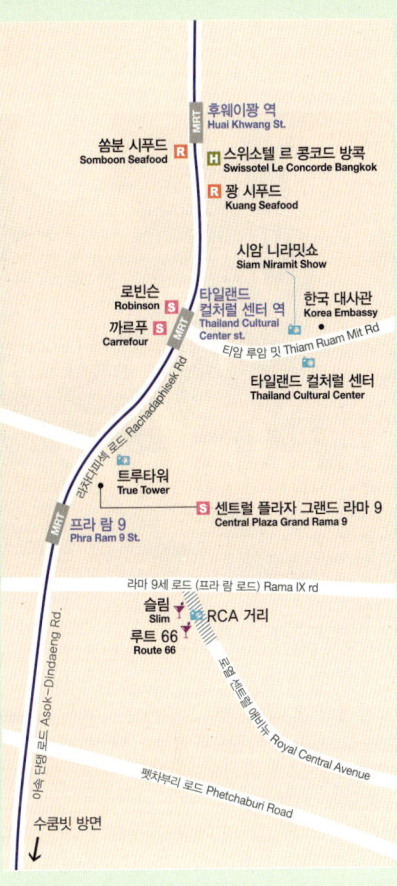

### 센트럴 플라자 그랜드 라마 9
Central Plaza Grand Rama 9

2012년 MRT 라마 9 역 앞에 대형 백화점인 센트럴 플라자 그랜드 라마 9가 오픈했다. 패션 뷰티 브랜드는 물론 13개의 스크린을 갖춘 극장과 올림픽 사이즈의 아이스링크도 있다. 방콕의 젊은층이 많이 찾는 7층 규모의 복합 쇼핑몰 에스플러네이드Esplanade와 귀신의 집 콘셉트의 독특한 쇼핑몰 맨션7Mansion 7, 까르푸와 로빈슨 백화점 등이 갈 만하다.

### 그레이하운드 카페 Greyhound Cafe

지인 중 한 명은 이곳의 닭날개 튀김을 먹기 위해 방콕에 간다고 할 정도로 이곳을 챙겨간다. 그처럼 이곳을 챙겨가는 한국인 여행자가 사실 한 둘이 아니다. 실제로 그레이하운드 카페는 태국에서 가장 인기 있는 레스토랑 중 한 곳으로 꼽힌다. 태국의 유행을 선두하는 브랜드 그레이하운드처럼 이 카페 역시 태국의 젊은이들이 많이 모이는 고급 쇼핑몰에는 대부분 입점해 있다. 시암 파라곤에는 보다 우아하고 고급스런 다이닝 컨셉트의 '어나더 하운드'가, 제이 애비뉴의 그레이 하운드 카페 옆에는 디저트 바인 '스위트 하운드'도 자리해 있다. 타이스타일의 매운 스파게티, 일본 간장 드레싱이 들어간 소바와 새우 샐러드, 피시 소스로 만든 닭날개 튀김 등 이탈리안과 태국, 아시안 스타일을 결합한 퓨전 음식을 선보인다.

**Data** **Map** 200F
**Access** BTS 통로 역 3번 출구에서 도보로 15분, 제이 에비뉴 1층
**Add** J Avenue Shopping Center, Thonglor Soi 15, Sukhumvit 55
**Cost** 타이스타일의 매운 스파게티 190바트, 닭날개 튀김 140바트, 게살 크림소스 스파게티 270바트
**Open** 일~목요일 11:00~23:00, 금, 토 11:00~24:00
**Tel** 02-712-6547~8
**Web** www.greyhoundcafe.co.th

### 소울푸드 Soulfood

**Writer's Pick!**

BTS 통로 역 근처의 작고 오래된 3층짜리 건물에 작지만 근사한 레스토랑이 들어섰다. 방콕에 거주하는 서양인들에게 벌써부터 핫 플레이스로 떠오른 이곳은 태국의 맛있는 길거리 음식을 제대로 된 공간에서 먹는다는 콘셉트로 오픈한 곳. 따뜻하고 편안한 가정집 분위기의 소울푸드는 타이의 길거리 음식을 사랑하는 미국의 음식 컬럼니스트 자렛 위슬리Jarret Wristley씨의 아이디어로 탄생했다. 타이 북동부의 이산 음식을 비롯, 버마 스타일의 커리, 남부 지방의 사모사와 같은 메뉴도 갖추었다. 식사 시간이 지나면 잘 만든 칵테일을 즐기는 곳으로도 인기가 많다.

**Data** Map 201K
**Access** BTS 통로 역 3번 출구로 나와 뒤돌아서 통로 메인 로드 방면으로 도보 5분
**Add** 56/10 Sukhumvit Soi 55, Bangkok
**Cost** 샐러드 220바트, 커리 종류 260바트, 시그니처 칵테일 250바트~
**Open** 일~목 17:30~23:00, 금~토 17:30~24:00
**Tel** 02-714-7708
**Web** www.soulfood mahanakorn.com

### 수스타이나 오가닉 숍&레스토랑
Sustania Organic Shop &Restaurant

태국 동북쪽 팍총Pak Chong이란 지역에 위치한 '하모니 라이프 오가닉 농장 Harmony Life Organic Farm'을 운영하는 주인이 문을 연 오가닉 숍이자 레스토랑이다. 1층에는 농장에서 바로 들여오는 싱싱한 유기농 야채와 과일을 비롯, 각종 소스, 허브로 만든 천연 아로마 오일, 비누, 로션 등의 생활용품을 파는 숍이 있고, 2층은 차분한 분위기의 오가닉 레스토랑이 있다. 모든 음식은 고기가 들어가지 않은 채식 스타일로, 풍부한 해산물과 과일, 야채를 이용해 만든다.

**Data** Map 201G **Access** BTS 프롬퐁 역 3번 출구로 나와 수쿰빗 소이 39 안으로 도보 10분 **Add** 1/40 Soi Sukhumvit 39 Sukhumvit Road, Klong Tun Nua
**Cost** 자연식 세트 메뉴 380바트, 단품요리 150바트~
**Open** 10:30~14:00, 17:00~22:00
**Tel** 02-258-7573

### 수파니가 이팅 룸 Supanniga Eating Room

통로 메인 도로를 어슬렁거리며 이 집 앞을 여러 번 지나쳤는데, 그때마다 사람들이 안에 가득 차 있어 궁금했다. 생긴 지 얼마 안 된 곳임에도 불구하고 이미 많은 매체에 소개되었고, BK 매거진에서 선정하는 '2013 방콕 탑 테이블 10'에도 오른 집이었다. 이곳의 젊은 주인은 '수파니가 이팅 룸'을 할머니의 레시피로 가득 채웠다. 할머니의 고향인 태국 동부의 도시 뜨랏Trat의 음식에 뿌리를 두고 있으며, 주인의 가족이 살고 있는 이산의 중심 콘캔Khon Kaen의 음식도 선보인다. 그린커리와 팟타이 같은 유명 음식이 아닌, 진짜 태국 지방의 음식을 맛보고 싶다면 이곳이 새로운 선택이 될 것이다. 뜨랏의 해안가 마을에서 가져오는 신선한 피시소스와 마른 새우, 후추 등의 질 좋은 식재료로 음식을 만드는 점도 믿음직스럽다. 음식의 맛 또한 거부감 없이 잘 맞고 맛있다. 실내는 작지만, 트렌디한 사람들로 늘 붐빈다. 저녁에는 태국 음식과 와인을 마시는 사람들이 많다.

**Data Map** 201H
**Access** BTS 통로 역 3번 출구로 나와 뒤돌아서 통로 메인 로드 방면으로 직진, 도보로 10분.
**Add** 160/11 Sukumvit soi 55 (Thonglor) Klongton Nuea, Wattana
**Cost** Gaeng Massaman Nue 190바트, Nam Prik Khai Pu 190바트, Moo Cha muang 190바트
**Open** 11:30~14:30, 17:30~23:30(월요일 휴무)
**Tel** 02-714-7508
**Web** www.facebook.com/Supannigaeatingroom

## 스위트 하운드 Sweet Hound

제이 애비뉴에 있는 그레이하운드 카페 바로 옆에 위치해 있는 디저트 바, '스위트 하운드'. 최고의 드레싱을 곁들인 '하이 패션 와플' 12가지가 이곳의 시그니처 메뉴다. 크랜베리, 딸기, 머시멜로, 초콜릿 시럽, 메이플 소스, 크림치즈 등 달콤하고 부드러운 재료를 넣은 와플 메뉴를 비롯, 바닐라 아이스크림을 얹은 초콜릿 브라우니 '호두 블론디', 크렘블레, 카라멜 초콜릿 케이크인 초코홀릭스, 코코넛 아이스크림과 나오는 망고 스티키 라이스 등의 디저트가 인기 있다. 저녁에 가면 조명 때문에 더욱 근사한 분위기가 연출된다.

**Data** Map 200F
**Access** BTS 통로 역 3번 출구에서 도보로 15분, 제이 에비뉴 건물 1층
**Add** J Avenue Shopping Center, Thonglor Soi 15, Sukhumvit 55
**Cost** 바닐라 아이스크림을 얹은 호두 블론디 110바트, 카라멜 초콜릿 케이크 140바트
**Open** 10:00~22:00
**Tel** 02-2712-6547~8
**Web** www.greyhoundcafe.co.th/sweethound

## 애프터 유 After You

방콕에서 가장 인기 있는 디저트 카페로 손꼽힌다. 태국의 연예인은 물론 멋쟁이들이 즐겨 찾는 곳이라 분위기도 좋다. 제이 애비뉴에 있는 이곳은 애프터 유 1호점으로 항상 디저트 마니아들의 발길이 끊이지 않는다. 애프터 유를 유명하게 만든 것은 시부야 허니 토스트. 누텔라 토스트, 초콜릿 시럽을 넣은 초콜릿 바나나 토스트 등 다양한 토스트 디저트는 단 것을 더 달게 먹는 방콕인들의 사랑을 한 몸에 받는 메뉴다. 딸기 크럼블, 피기 푸딩과 같은 시그니처 디저트 메뉴도 있다. 시암 파라곤과 빅토리아 모뉴먼트 역 쪽에 지점이 있다.

**Data** Map 200F **Access** BTS 통로 역 3번 출구로 나와 뒤돌아서 통로 메인 로드 방면으로 직진, 도보로 15분 **Add** GF, J Avenue, Thonglor Soi 13, Sukhumvit 55 **Cost** 시부야 허니 토스트 165바트, 커피 70바트~ 시그니처 디저트 145바트 **Open** 10:00~22:00 **Tel** 02-712-9266 **Web** www.afteryoudessertcafe.com

### 둥뎅다이 보트누들 Doong Deng Dai Traditional Thai Boat Noodle

보트누들이란 태국 사람들이 오래 전부터 즐겨먹던 음식 중 하나였다. 도시에 도로가 놓이기 전, 방콕은 수로가 많은 수상도시 형태였는데, 당시 배 위에서 팔고 사먹던 국수가 바로 보트누들이었다. 둥뎅다이 보트누들은 옛날의 보트누들을 콘셉트로, 싼 금액으로 거뜬하게 국수 한 그릇을 즐길 수 있게 한 집이다. 기본 국수에서 면과 고기를 선택할 수 있고, 고기의 종류와 부위를 선택할 때 30바트가 추가된다. 동북부 지방의 소스와 호주산 고기가 듬뿍 든 국물 요리도 대부분 200바트를 넘지 않으며, 간단한 사테와 미트 볼 등의 스낵도 있다. 주말에는 예약 필수.

**Data** Map 201H
**Access** BTS 통로 역 3번 출구로 나와 뒤돌아서 통로 메인 로드 방면으로 직진, 도보로 10분.
**Add** Siam Future Town Centre 6, Thonglor soi 5
**Cost** 호주산 소고기가 들어간 보트누들 150바트
**Open** 10:00~21:00
**Tel** 02-392-1417

### 푸껫 타운 Puket Town

통로 소이 6의 코너에 있다. 겨자빛이 도는 짙은 노란색 외관과 오래된 나무 문이 정겨운 곳. 방콕에서는 드물게 태국 남부의 음식을 선보이는데, 푸껫 타운이 고향인 주인이 운영하고 있다. 실내에 그려진 컬러풀한 푸껫 타운의 모습과 낡은 나무 테이블, 의자, 옛날 자전거까지 다분히 키치스러운 분위기가 넘친다. 찐 게살과 함께 내는 쌀국수, 카놈 진 남 야 푸와 푸껫에서 가장 유명한 음식 중 하나인 남 프릭 꿍시압(독특한 새우소스와 함께 나오는 마른 새우와 다양한 야채 요리)는 꼭 먹어봐야할 요리다.

**Data** Map 201H
**Access** BTS 통로 역 3번 출구로 나와 뒤돌아서 통로 메인 로드 방면으로 직진, 도보로 10분.
**Add** 160/8 Thong Lor Soi 6,
**Cost** 푸껫 샐러드(남 프릭꿍씨압) 150바트, 푸껫 스파이시 커리 120바트 카놈 진 남 야 푸 280바트
**Open** 10:30~22:00
**Tel** 02-714-9402

### 싱싱 시어터 Sing Sing Theater

**Writer's Pick!**

아이언 페어리스, 미스터 존스 오퍼란지, 메기 추 등 방콕에서 가장 특이한 바와 공간을 만들어온 디자이너 애슐리 서튼의 새 공간. 붉은 랜턴이 가득 매달린 천장 아래 1930년대의 클럽에서는 미래의 일렉트로닉 음악이 흘러나오고, 사람들은 쾌락과 환락의 경계를 넘나들며 방콕의 밤을 즐기고 있다. 오래된 극장 콘셉트로 만들어진 싱싱시어터에서는 벌레스크 쇼가 펼쳐지며, 치파오를 입은 스태프들의 퍼포먼스도 공존한다. 방콕만의 진짜 나이트라이프를 즐기고 싶다면 꼭 가봐야 할 클럽.

**Data** Map 200G
**Access** BTS 프롬퐁 역 4번 출구로 나와 도보로 6분 **Add** Sukhumvit 45
**Cost** 입장료 300바트 **Open** 화~일 21:00~03:00(화요일 휴무)
**Tel** 063-225-1331 **Web** singsingbangkok.com

## 라사야나 리트리트 리빙 푸드 카페
**Rasayana Retreat Living Food Cafe**

라사야나 리트리트 센터 안의 푸드 카페. 몸에 독소를 빼내고 다이어트를 돕는 건강 음료와 오가닉 음식들을 시켜먹을 수 있다. 로우 푸드란 43도 아래로 조리하거나 아예 조리하지 않은 음식을 일컫는 말로, 이곳에서는 신선한 야채와 과일, 발아식물, 곡물 등을 이용해 만든 건강 음료와 수프, 생식요리를 맛볼 수 있다. 당근과 파슬리, 사과로 만든 에너지 주스, 케일과 생강이 들어간 그린 자이언트 주스 등으로 MSG에 텁텁해진 입과 몸 속을 디톡스하고 싶을 때 찾으면 제격인 장소다.

**Data** **Map** 200D
**Access** BTS 프롬퐁 역에서 수쿰빗 소이 39방면으로 가다가 소이 프롬 미트로 우회전, 반 퓨 병원Baan Paew Hospital 앞에서 다시 좌회전. 역에서 거리가 좀 되므로 오토바이 택시를 타는 것이 가장 빠르다.
**Add** 57 Soi Sukhumvit 39 (Soi Prom-mitr), Klongton-Nua
**Cost** 프레시 주스 120~130바트, 그린 자이언트 주스 130바트, 위트그라스 칵테일 140바트
**Open** 10:00~20:00
**Tel** 02-662-4803 **Web** www.rasayanaretreat.com

### 퀸스 Quince

수쿰빗에 있던 1950년대의 집을 개조해 인더스트리얼 느낌의 카페 겸 레스토랑으로 개조했다. 통유리로 되어 있어 채광이 좋은 내부는 낮에는 브런치 명소로, 밤에는 와인을 마시는 바로 인기가 많다. 한국 사람들에게는 카페로 유명한데, 사실 이곳의 진가는 밤에 있다. 방콕에 사는 파랑들로 꽉 차는 이곳은 그들의 까다로운 입맛을 사로잡은 건강한 음식들과 분위기로 가득하다. 휴양지에 온 듯한 테라스의 등나무 소파에 기대어 와인을 홀짝홀짝 마시다보면, 근사한 밤이 어느덧 곁에 앉아있다.

**Data** Map 200G
**Access** BTS 프롬퐁 역 4번 출구로 나와 도보로 6분
**Add** 45 Sukhimvit Rd.
**Cost** 오렌지 스트로베리 티 125바트, 삭슈카 280바트, 치킨시저샐러드 270바트 **Open** 11:30-01:00
**Tel** 02-662-4478
**Web** quincebangkok.com

## 도이창 커피 Doi Chaang Coffee

태국 북부 치앙라이 고산지대에서 생산하는 100% 유기농 아라비카 태국 커피로 유명하다. 도이창 지역의 이름을 사용한 이 커피는 이 지역의 고산족인 아카족과 리수족이 전통적인 수작업을 통해 만드는데, 2006년과 2008년 유럽 커피 전문협회 SCAE로부터 세계 최고 품질을 인정받았다. 원래 이 지역은 세계 최대 아편 생산지로 악명을 떨치던 곳으로, 궁핍하게 살던 고산족들을 구제하기 위해 태국 국왕이 커피 재배지역으로 개선, 육성한 곳이다. 세계 최고급 커피로 명성을 얻은 도이창 커피를 꼭 마셔보자. 시내 곳곳에 도이창 커피 전문점이 자리해 있다.

**Data** Map 201L
**Access** BTS 에까마이 역 4번 출구에서 게이트웨이로 연결, G층 **Add** 982/22, Sukhumvit Rd, Phra Khanong, Khlong Toei **Cost** 커피 50바트~, 도이창 아이스 커피 60바트 **Open** 10:00~22:00 **Web** www.doichaang coffee.co.th

## 에까마이 게이트웨이 푸드코트 Ekkamai Gateway Foodcourt

일본 라이프스타일의 쇼핑몰인 에까마이 게이트웨이의 G층과 지하 1층에는 다양한 일본 음식점과 유명한 프렌차이즈점이 골고루 자리해 있어 여행자를 즐겁게 한다. 도쿄에서 온 R 버거와 합리적인 가격대의 라멘 구라쿠엔Kourakuen, UCC 오리엔탈, 히란야, 샤브샤브 전문점인 샤부통chabuton까지 믿고 찾을 수 있는 일본 음식점들이 포진해 있다. 또 지하 1층 푸드코트에서는 대나무 크레페, 각종 타이 음식, 김밥과 떡볶이를 파는 한국음식 코너까지 있어 부담없는 가격으로 한끼 식사를 거뜬히 해결할 수 있다.

**Data** Map 201L
**Access** BTS 에까마이 역 4번 출구와 연결 **Add** GF 982/22 Sukhumvit Rd, Phra Khanong, Khlong Toe **Cost** 타이 음식 50바트~ **Open** 10:00~22:00 **Tel** 02-108-2888 **Web** www.gateway ekamai.com

## 토스트 박스 Toast Box

싱가포르의 명물 카야 토스트를 먹을 수 있는 곳. 싱가포르 체인점으로 에까마이의 게이트웨이뿐만 아니라 터미널 21, 시암 파라곤 등 유명 쇼핑몰에는 모두 입점되어 있을 만큼 인기가 많다. 달디단 디저트를 사랑하는 방콕인들 사이에서 카야 토스트의 맛도 인정을 받은 셈. 커피와 토스트로 가뿐하게 아침식사를 해결할 수 있고, 말레이시안 스타일의 나시 르막Nasi Lemak, 미 시암Mee Siam 등의 간단한 점심 메뉴도 갖추어져 있다. 통로나 에까마이역 근처에 숙소가 있는 여행자가 아침을 해결하기 좋은 곳.

**Data** Map 201L
**Access** BTS 에까마이 역 4번 출구에서 게이트웨이로 연결, G층
**Add** GF 982/22, Sukhumvit Rd, Phra Khanong, Khlong Toei **Cost** 나시 리막 80바트, 미 시암 65바트
**Open** 10:00~22:00
**Web** www.breadtalk.com

## 호이텃 차우래 Hoi-Tod Chaw-Lae

CNN에서 선정한 세계 5위 팟타이집으로 유명하다. 방콕에서 '1일 1팟타이'를 외치는 팟타이 성애자들에게는 꼭 들러야하는 필수코스. 분위기는 동네 분식집 같지만, 얼음 위에 가득 놓여있는 각종 해산물 재료로 최고의 팟타이를 만든다. 새우나 굴, 조개살 중 선택해 계란을 입혀 팟타이를 만드는데, 해산물이 풍성하게 들어가고 면의 식감도 좋다. 태국식 굴전인 어수언도 인기 있다.

**Data** Map 201K
**Access** BTS 통로역 3번 출구로 나와 3분 거리
**Add** Soi Sukumvit 55
**Cost** 팟타이 100~150바트
**Open** 08:00~22:00

## 통로 55 거리 음식점

서머셋 통로가 있는 통로 소이 5에서 소이 11쪽으로 가다보면 중간 즈음에 해산물 음식점인 니욤 포차나Niyom Pochana가 나오는데 이 집 앞으로 밤마다 노점상이 함께 늘어선다. 니욤 포차나는 수쿰빗 소이 55에서 손꼽히는 로컬 음식점으로, 튀긴 게살요리를 비롯한 싱싱한 해산물을 맛볼 수 있다. 또 길거리에 생기는 노점상에서는 태국식 샤브샤브인 찜쭘을 시켜먹는 로컬 가족들을 밤늦도록 볼 수 있다. 테이블마다 올려진 찜쭘 항아리를 구경하다보면 한번 먹어보라고 권하는 친절한 가족들도 만나게 된다.

**Data** Map 201H Access BTS 통로 역 3번 출구로 나와 뒤돌아서 통로 메인 로드 방면으로 직진, 도보로 10분
Add Sukhumvit 55 Cost 돼지고기 사테 80바트, 똠얌꿍 140바트, 바비큐 오징어 200바트
Open 18:00~새벽까지

## 수쿰빗 소이 38

*Writer's Pick!*

BTS 통로 역을 기준으로 통로 메인 길의 도로 반대편이 수쿰빗 소이 38이다. 이 골목에 밤에만 문을 여는 야시장이 서는데, 보통 통로 지역의 클럽들이 문을 닫는 2시 이후가 피크타임이다. 소이 38의 입구부터 초입 30여 미터 정도에만 노점과 식당이 자리해 있는데, 식당들 중에는 30년 이상 된 내공의 집들도 여러 군데 있다. 쌀국수를 비롯해 '바미Bamee'라는 이름의 노란색 에그 누들, 팟타이, 각종 덮밥, 샐러드 등을 보통 50바트에 먹을 수 있다. 이 골목에서 가장 명물로 꼽히는 집은 팟타이 노점과 실내를 갖춘 죽집. 새벽녘 술 먹고 난 뒤 출출해서 찾아오는 한국인 여행자들도 자주 볼 수 있다.

**Data** Map 201K Access BTS 통로 역 3번 출구로 나와 뒤돌아서 통로 메인 로드 방면으로 직진, 도보로 10분
Add Sukhumvit 55 Cost 돼지고기 사테 80바트, 똠얌꿍 140바트, 바비큐 오징어 200바트
Open 18:00~새벽까지

# SLEEP

### 서머셋 통로 Somerset Thonglor

**Writer's Pick!**

방콕에서 내로라하는 최고급 호텔에서 며칠씩 묵었지만, 솔직히 가장 좋았던 숙소 중 한 곳이다. 무엇보다 집에 있는 듯한 편안함을 느꼈기 때문인 듯. 냉장고, 가스렌지, 세탁기까지 갖추어져 있는 스튜디오 타입의 객실은 이 도시의 이방인이 아니라 잠시나마 진짜로 살고 있는 사람이 된 듯한 감상과 편리함을 전해주기에 충분했다. 여러 지역에 서머셋 레지던스가 있지만, 통로에 있는 서머셋이 가장 최근에 지어져 깨끗하고 시설도 좋다.

**Data** Map 201H **Access** BTS 통로 역 3번 출구로 나와 뒤돌아서 통로 메인 로드 방면으로 직진, 도보로 10분. **Add** No 115 Suknumvit 55 (Thonglor), Sukhumvit Nua, Wattana, **Cost** 스튜디오 디럭스룸 3,400바트~, 스튜디오 프리미어 3,900바트~ **Tel** 02- 365- 7999 **Web** www.somerset.com

### 팬 퍼시픽 서비스 스위트
Pan Pacific Serviced Suite

팬 퍼시픽 호텔 브랜드는 아시아에서 가장 큰 호텔 그룹 중 하나인 싱가포르의 UOL 그룹 리미티드 UOL Group Limited가 운영하고 있는 호텔 체인이다. 우리에게는 다소 생소하나, 이미 방콕, 싱가포르, 요코하마, 마닐라, 자카르타 등 아시아의 주요 도시에 팬 퍼시픽 호텔이 있다. 2010년에 문을 연 이곳은 모든 객실이 스위트 급으로, 키친과 세탁시설이 갖추어진 스튜디오 타입에서 침실이 3개까지 나뉘어 있는 스위트로 구성되어 있다.

**Data** Map 201H **Access** BTS 통로 역 3번 출구로 나와 뒤돌아서 통로 메인 로드 방면으로 직진, 도보로 20분 **Add** 88/333, Sukhumvit Soi 55  North Klongton, Wattana **Cost** 3,900바트~ **Tel** 02- 763-9048 **Web** www.panpacific.com/en/pan_pacific_serviced_suites_bangkok/

# Bangkok By Area
# 02

# 시암 &
# 아눗싸와리
## SIAM & ANUT SAWARI

우리나라의 명동처럼 유명 쇼핑몰이 몰려 있는 시암과 그 윗쪽 지역인 아눗싸와리는 방콕 쇼핑의 1번지로 통한다. 시암에는 대형 고급 쇼핑몰이, 아눗싸와리에는 방콕 유일의 시내 면세점과 파투남 도매시장이 자리해 있다. 쇼핑은 물론 다양한 음식점들과 엔터테인먼트 시설까지 두루 갖추어져 있어 쇼핑몰 안에서 하루를 보낼 수 있을 정도. 방콕의 젊은이들이 모이는 시암과 아눗싸와리에서 최신 트렌드를 엿볼 수 있다.

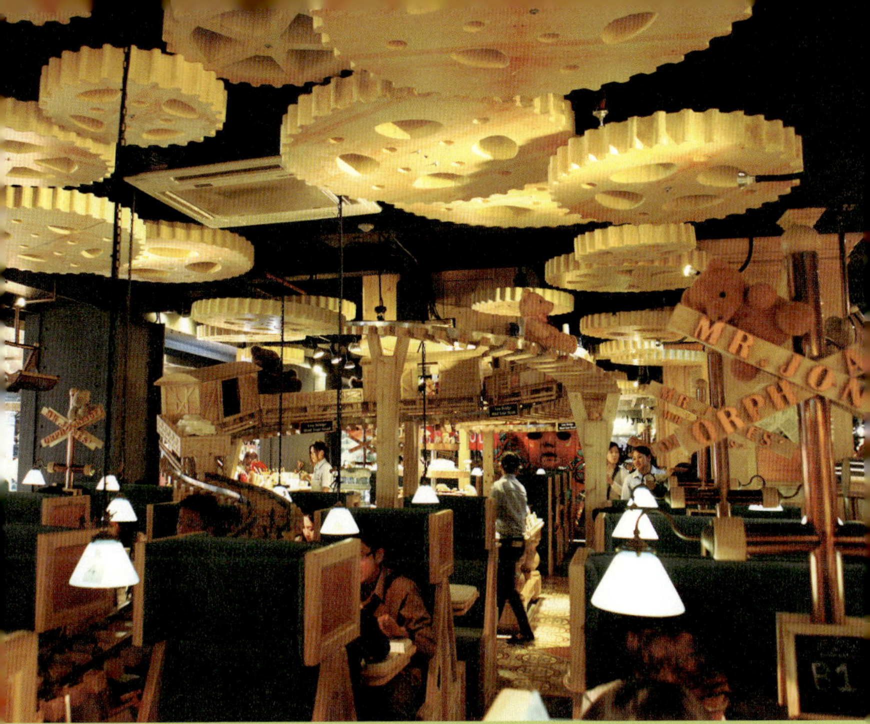

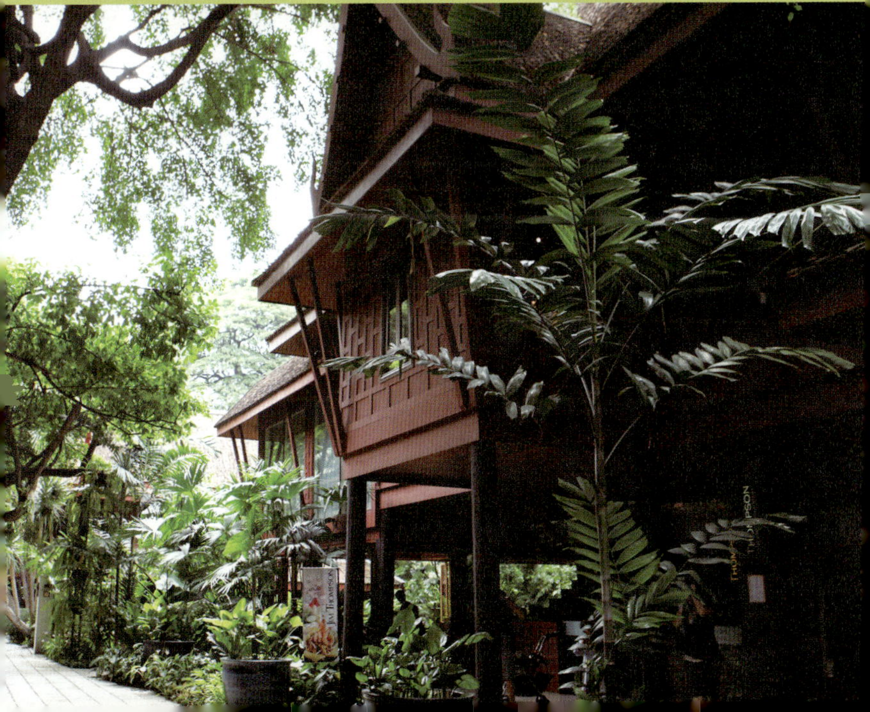

# PREVIEW

# 시암
## SIAM

시암은 방콕 최대의 쇼핑가이자 번화가이다. 우리나라의 명동 같은 곳. 시암 역에서 내리면 최고급 명품 쇼핑몰인 시암 파라곤과 젊은 감각의 시암센터, 시암 디스커버리가 같은 라인에 줄줄이 이어져 있고, 저렴한 가격의 보세 쇼핑몰 마분콩까지 합세해 있다. 이대 앞의 작은 숍들을 모아둔 것 같은 분위기의 시암 스퀘어는 더 젊은 감각의 야외 쇼핑 골목으로, 값싸고 맛있는 오래된 음식점들도 함께 포진해 있어 쇼핑을 더욱 즐겁게 한다. 시암 스퀘어 뒷쪽으로는 태국 최고 대학인 출라롱콘 대학*Chulalongkorn University*이 위치해 있어 오후에는 교복을 입고 거리를 활보하는 대학생들의 모습도 자주 볼 수 있다. 태국 젊은이들의 문화와 유행이 넘치는 지역이다.

## 📖 PLAN

쇼핑과 식사, 마사지까지 한 번에 끝낼 수 있는 지역. 명품쇼핑은 아이쇼핑으로 끝내고, 태국 현지 디자이너들의 패션과 감각을 둘러보는 데 더 많은 시간을 할애하는 것이 현명하다. 저렴한 식사를 하려면 시암 스퀘어 골목으로, 트렌디하고 분위기 좋은 곳에서 식사를 하고 싶다면 시암 파라곤 내의 레스토랑을 선택하면 된다. 쇼핑몰 내의 유명 브랜드 스파나 창 풋 마사지에서 발마사지로 하루를 마무리하자.

## 🚕 어떻게 갈까?

시암은 방콕에서 가장 교통 체증이 심한 번화의 중한 곳이다. 하루종일 차가 막히는 곳이라고 해도 과언이 아니다. BTS 시암 역과 내셔널 스타디움 역을 이용하면 이런 교통 체증에 시달리지 않고 도착할 수 있다. 내셔널 스타디움 역에서 칫롬 역까지 모두 스카이 브리지로 연결되어 있어 걷기도 편하다.

## 🚶 어떻게 다닐까?

시암 역에서 내셔널 스타디움 역은 한 정거장, 이 사이에 대형 쇼핑몰들이 이어져 있으므로 쇼핑몰 내부로 계속 이동하면서 시원하게 걸어다닐 수 있다. 택시를 타는 것은 돈 버리고 시간 버리는 지름길. 걷는 것만이 가장 빠르고 현명한 방법이다.

**SEE**

'시암'은 타이 왕국의 옛 이름으로, 현지인들은 '사얌'이라고 부르는 지역이다. 이름이 갖는 역사적인 의미와는 달리, 빠르게 변화하는 방콕의 트렌드를 보여주는 대표 쇼핑가이다. 내셔널 스타디움 역과 이어지는 방콕 아트 앤 컬처 센터와 짐톰슨 박물관이 이 지역의 대표 볼거리다.

**ENJOY**

두 말할 필요없이 쇼핑. BTS 시암 역에서 내셔널 스타디움 역에 이르기까지 시암 파라곤, 시암센터, 시암 디스커버리, 마분콩 등의 대형 쇼핑몰이 늘어서 있고, 이대 앞처럼 작은 숍들이 늘어선 시암 스퀘어가 있다. 시암 스퀘어는 야외에 만들어진 거리라 다른 쇼핑몰보다는 쇼핑할 때 더위를 감수해야 한다.

**EAT**

어디가서 뭘 먹어야할 지 잘 모를 때는 시암 파라곤과 같은 대형 쇼핑몰이나 백화점을 이용하는 것이 도움이 된다. 이미 검증받은 유명 레스토랑과 태국의 대표 프렌차이즈 레스토랑 등이 입점하여 있기 때문에 어디서 먹어도 실망할 확률이 적다. 시암 스퀘어 뒷골목으로 들어가면, 싸고 맛있는 현지 식당들이 숨어 있다. 한국인에게 인기가 많은 음식점도 여러 군데이며, 가뿐한 식사에서 디저트까지 살뜰하게 챙길 수 있다.

**SLEEP**

대형 쇼핑몰이 대부분인 이곳에서 호텔은 한 손에 꼽을 정도. 2010년에 오픈한 럭셔리 호텔 시암 캠핀스키 호텔이 시암 파라곤 뒤에 숨어있고, 노보텔 시암과 내셔널 스타이움 역 부근의 시암@시암 디자인 호텔이 대표적이다. 최고급 호텔은 칫롬과 프런칫 지역에 몰려 있다.

## SEE

### 짐 톰슨 하우스 뮤지엄 Jim Thompson House Museum

타이 실크의 대명사로 불리는 짐 톰슨. 이 브랜드의 창시자인 짐 톰슨이 직접 설계하고 살았던 집을 박물관으로 개조한 곳이다. 태국 전통의 미가 잘 살아있는 여섯 채의 티크목 가옥은 침실, 거실, 부엌, 다이닝룸, 손님 방, 공부방 등 6채로 나뉘어 있고, 생전에 그가 모아두었던 골동품과 도자기, 회화, 불상 등의 앤티크 작품과 가구들이 전시되어 있다. 박물관 내부는 개별적으로 관람할 수 없으며, 영어, 프랑스어, 일본어 등의 가이드 투어를 이용해야 한다. 울창한 나무와 정원, 그리고 전통가옥을 돌며 여유롭게 둘러보기 좋다. 매표소 앞에는 짐 톰슨 실크 매장과 레스토랑도 자리해 있다. 간단하게 커피 한 잔을 마시기에도 좋고, 식사 장소로도 훌륭하다. 오전에 박물관에 들렀다면 점심식사 장소로 안성맞춤. 짐 톰슨의 생애와 타이 실크에 대해 관심이 있는 사람은 짐톰슨 하우스에, 오로지 제품 쇼핑에 목적이 있다면 짐톰슨 팩토리 아웃렛을 방문하는 것이 좋다.

**Data** Map 232A  Access BTS 내셔널 스타디움 역 1번 출구로 나와 뒤돌아 걷는다. 카셈산 소이 2 이정표가 나오면 골목으로 약 100m. Add 6/1 Soi Kasemsan 2, Rama 1 Road  Cost 입장료 어른 150바트, 학생 100바트  Open 09:00~17:00  Tel 02-216-7368  Web www.jimthompsonhouse.com

## 방콕 아트 앤 컬처 센터 Bangkok Arts and Culture Center

방콕에서 미술관이나 갤러리 한 군데를 꼭 가보겠다고 생각한다면 1순위로 챙겨야할 곳이다. 쇼핑몰로 가득찬 시암에서 색다른 문화의 향기를 느낄 수 있다. 태국 컨템포러리 아트의 현주소를 보여주는 BACC에서는 태국 작가들의 그림과 조각은 물론 디자인, 음악, 영화 등 문화와 예술의 흐름을 감상할 수 있다. 입장료가 무료인데다 밤 9시까지 문을 열기 때문에 언제든 여유롭게 들르기 좋다. 2, 3, 4층에는 작은 갤러리들과 카페, 우동집 등이 있고, 아이디어가 돋보이는 아트숍도 여러 군데다. 층마다 워크숍을 하는 학생들의 모임도 자주 보이고, 패션 포럼, 조각, 악기까지 다루는 공간도 있다. 전시장은 5층부터 시작되는데, 둥근 오르막길을 따라 여러 작품과 설치 미술품을 먼저 만나게 된다.

**Data** Map 232B Access BTS 내셔널 스타디움 역 Add 939 Rama 1 Road
Cost 입장료 무료 Open 10:00~21:00(월요일 휴관) Tel 02-214-6630 Web www.bacc.or.th

## 시암 파라곤 Siam Paragon

2005년 오픈 당시부터 아시아를 대표하는 쇼핑몰로 큰 주목을 끌었다. 250여 개의 세계 명품 브랜드와 플래그십 스토어가 자리해 있고, 4층에는 BMW, 재규어, 람보르기니 등 세계 명품 자동차가 진열된 숍까지 들어가 있다. 시암 파라곤은 내로라하는 럭셔리 브랜드를 한 눈에 즐길 수 있지만, 제품을 직접 구입하기엔 그리 매력적인 장소는 아니다. 우선 가격 면에서 한국과 별 차이가 없고, 오히려 한국 면세점이 싼 경우도 많기 때문이다. 실질 쇼핑을 위한 곳은 못되지만, 태국의 톱 디자이너들과 신진 디자이너들의 콜라보레이션으로 만들어진 패션 부티크 '코드 10 Code 10'은 챙겨보자. 타이 패션 디자이너들의 저력을 느껴볼 수 있다. 시암 파라곤은 쇼핑 말고도 다양한 레스토랑과 영화관, 오션월드, 오페라 하우스까지 갖춘 라이프 스타일 몰이다. 시암 파라곤 G층(우리나라로 치면 1층)과 지하 푸드코트는 유명한 카페와 레스토랑이 가장 많이 입점해 있는 곳. 어떤 종류의 음식이 먹고 싶은지만 정하면 된다.

**Data** Map 232C **Access** BTS 시암 역 3번 출구와 연결 **Add** 991 Siam Paragon, Rama 1 Road **Open** 10:00~22:00 **Tel** 02-610-8000 **Web** www.siam.paragon.co.th

**Tip** 1층에 위치한 인포메이션 센터에서 여행자 할인카드를 만들 수 있다. 시암 파라곤과 시암 센터, 시암 디스커버리, 엠포리움 쇼핑몰에서 5%의 추가할인을 받을 수 있는 카드다. (여권 지참)

### 시암 센터 Siam Center

**Writer's Pick!**

시암 파라곤이 명품 위주의 고급 쇼핑몰이라면 시암 센터는 좀 더 젊은 층을 위한 감각있는 멀티 숍이라고 할 수 있다. 대대적인 레노베이션을 거쳐 2013년 1월에 재개장했으며, 이곳에서 가장 돋보이는 곳은 태국 신진 디자이너들의 브랜드를 모아놓은 2층과 3층이다. 세나다 티어리Senada Theory, 플라이나우Ⅲflynow Ⅲ, 클로셋Kloset, 그레이하운드 오리지널 등과 같은 방콕 패션을 리드하는 감각적인 브랜드들을 한자리에 만나볼 수 있다. 또 시크한 도시 남자를 위한 가방과 액세서리를 만드는 브랜드 컨테이너www.containerbag.net와 멀티레이블 숍인 더 셀렉티드The Selected 등의 새로운 브랜드들도 시선을 붙잡는다.

**Data** Map 232B
**Access** 시암 역 1번 출구에서 도보 10분 **Add** 979 Siam Center Rama 1 Road
**Open** 10:00~21:00
**Tel** 02-658-1491
**Web** www.siamcenter.co.th

### Talk 시암 센터 안에서 꼭 가봐야 할 디자이너 브랜드 숍

마침 방콕으로 놀러 간 때는 1월의 마지막 겨울 세일 기간이었다. 봄 신상 개시를 앞두고 기본 50% 이상씩 세일을 하는 방콕에서 친구들과 나는 "오늘은 더 이상 가지 않겠다" 해놓고도 매일 쇼핑몰을 들락거렸다. 그중에서도 가장 많이 갔던 곳은 시암센터 2층과 3층에 있는 방콕 디자이너 숍들. 플라이나우, 그레이하운드 등을 비롯, 젊은 타이 디자이너들의 브랜드가 한 층에 모여 있다. 여성스러움이 강조된 클로젯Kloset이나 깔끔한 라인의 워크숍, 플라이나우Ⅲ 등은 익히 알고 있었지만, 이번에 지름신을 내리며 새로 발견한 브랜드는 다퍼Dapper와 트루코Trucco. 다퍼에서는 40만 원 넘는 원피스를 19만 원 정도에, 트루코(스페인 브랜드)에서 10만 원 넘는 니트 옷을 4만원 정도에 샀다. 이밖에도 자스팔과 워크숍에서 쓸어담은 아이템 또한 쇼핑백 한 가득. 여행 중 세일 기간이 겹친다면 시암센터에 있는 디자이너 숍은 당신의 보물창고가 될 수 있다.

**Data** Map 232E
**Access** BTS 시암 역 2번 출구로 나와 시암스퀘어 소이 3으로 좌회전 후 소이 10으로 직진 **Add** 428 3-4F, Siam Square Soi 7, Rama 1 rd. **Cost** 블라우스 3,900바트, 원피스 6,900바트 **Open** 13:00~21:00 **Tel** 02-658-4686 **Web** www.wwa.co.th

### wwa 방콕 wwa Bangkok

방콕에서 가장 아방가르드한 패션 브랜드 매장. 아무리 유명한 타이 디자이너 브랜드라 할지라도 대부분이 명품 쇼핑몰 안에 매장을 갖고 있는 것과 달리, 이곳은 시암스퀘어 뒷쪽 허름한 건물 2층에 멋진 쇼룸을 숨기고 있다. wwa는 세 명의 타이 디자이너 이름의 약자를 따서 만들었다. '색을 더한 마르틴 마르지엘라'를 연상시킬 만큼 소재나 패턴, 디자인이 매우 독창적이고 아방가르드하다. 마무리되지 않은 단처리, 비대칭 라인, 완성되어 보이지 않은 형태, 성별을 구분하지 않은 옷 등 의상에 대한 새로운 시각, 새롭게 입는 방식을 제안한다. 때문에 한가지 타입으로만 입는 것이 아니라 접어서 입고, 뒤집어서 입고, 꺼서 입는 등 입는 방식이 매우 다양하다는 것도 특징이다. 보기만 할 때와 입을 때가 완전히 다른 옷. 그리고 한 번 입으면 꼭 하나는 사서 나오게 되는 곳이다. 단, 가격이 만만치 않은 게 흠이라면 흠. wwa 매장은 서울에도 있다.

### 시암 디스커버리 Siam Discovery

18년 만에 리노베이션을 감행하고 새롭게 태어난 시암 디스커버리. 방콕 최대 규모의 라이프스타일 체험 공간으로 거듭난 이곳에서는 모든 것이 새롭다. 미디어 아트와 라이팅으로 꾸민 몰의 전체 인테리어도 멋지지만, 인터랙티브한 체험 공간을 곳곳에 배치해 고객과의 소통을 꽤한 점도 매우 흥미롭다. 그중 자신의 인스타그램 계정을 삽입하고 들어가면 사방이 자신의 사진들로 꾸며지는 소셜 디스커버리 공간은 단연 으뜸이다. 층마다 보석같이 챙겨갈 곳들이 가득하다. 지금 방콕에서 꼭 가봐야 할 쇼핑 1순위다.

**Data** Map 232B **Access** BTS 시암 역 1번 출구에서 도보 3~5분 **Add** 989 Rama 1 Road **Open** 10:00~22:00 **Tel** 02-658-1000 **Web** www.siamdiscovery.co.th

| Theme |

## 새롭게 오픈한 시암 디스커버리에서 반드시 챙겨가야 할 곳들!

### 1. G층에 있는 드레싱 룸
'옷 갈아입는 곳이 거기서 거기지'라고 생각되더라도 꼭 가볼 것. 들어서는 순간 감탄사가 절로 나온다. 올 화이트의 아치형 철제로 만들어진 이곳은 뭔가 유럽적인 감성이 느껴지면서도 미래적이다. 또 개인 드레싱룸에서는 개인 스타일리스트가 직접 제품과 액세서리를 골라주고, 스타일을 제안해주기도 한다.

### 2. 세계 최초의 플래그십 스토어
이세이 미야키의 첫 번째 해외 플래그십 스토어가 생겼고, 세계적으로 유명한 빌보드 잡지의 전용 카페도 방콕에 처음으로 들어왔다.

### 3. M층에 있는 남성 뷰티 코너
영롱한 물방울처럼 반짝반짝 빛나는 조명들이 가득 내려앉는 이곳은 여성이 아니라 남성을 위한 화장품 코너. 피부 테스트는 물론 제품에 대한 친절한 설명과 함께 머리에서 발톱까지 필요한 제품 브랜드를 모아두었다.

### 4. 지속가능한 제품 콜렉션
친환경적인 노력은 시암 디스커버리에서 가장 중요하게 여긴 부분 중 하나다. 도쿄 바이크와 협업한 사이클링 제품과 장비들은 보는 것만으로도 아름답다.

### 5. 3층에 위치한 ODS(Object Design Store) 코너
세계 도시의 각종 디자인 어워드에서 수상한 태국의 160여 개 라이프스타일 제품과 홈데코 제품을 모아둔 곳. 떠오르는 타이 디자이너들의 감각을 고스란히 느낄 수 있는 이곳에서는 덴마크 어워드에서 수상한 트리몽드Trimode와 PDM 브랜드의 제품, 그리고 안나칸 아트 크래프트 스튜디오Yarnnakarn Art&Craft Studio의 세라믹, 그 밖에 예술적인 가구와 테이블 램프 등을 구경할 수 있다. 시암 디스커버리 전체를 통틀어 가장 독특하고 마음에도 들었던 공간이다.

### 6. 로프트와 스웨덴 가구 브랜드점
일본의 대표 인테리어 메가 스토어인 로프트Loft는 여전히 눈에 띄는 숍이다. 리미티드 에디션 아이템과 베스트셀러 디자인 용품, 인테리어 소품, 기념품 등을 다양하게 전시 판매한다. 북유럽의 스타일리시한 홈 데코 브랜드 Hay와 톰 딕슨, 카르텔 등 세계 첫번째 컨셉 스토어들도 그냥 지나칠 수 없다.

## 시암 스퀘어 Siam Square

시암 스퀘어는 이 지역에 많이 몰려있는 고급 쇼핑몰 중 하나가 아니라 골목길을 따라 구성된 여러 갈래의 상가 거리를 말한다. 서울 이대 앞에 있는 작고 아기자기한 숍들처럼 작은 골목마다 한두 평 남짓한 숍이 들어서 있고, 이 지역에서 내로라 하는 유명 음식점과 디저트 가게들도 많이 자리해 있다. 소이 7을 중심으로 양쪽 골목들이 갈래길로 반듯하게 나 있고, 이 작은 골목들을 돌며 쇼핑도 하고 값싸고 맛있는 타이 음식을 먹는 재미도 누릴 수 있다. 부근에 출라롱콘 대학교가 위치해 있어 오후 3시가 넘으면 흰색 셔츠에 검정 치마를 입은 대학생들도 자주 볼 수 있다. 10~20대의 방콕 젊은들이 자주 모이는 곳인 만큼, 시암 스퀘어의 숍들도 소녀 취향의 패션과 잡화가 주를 이룬다.

**Data** **Map** 232B **Access** BTS 시암 역 2, 4, 6번 출구 **Add** Siam Square, Rama 1 Road

## 마분콩 MBK

시암에 있는 여러 고급 쇼핑몰과는 분위기가 사뭇 다르다. 실내 분위기도 살짝 어둡고 산만하다. 한쪽에는 도큐Tokyu 백화점이 있는가 하면, 다른 한 켠에는 용산 전자상가처럼 전자제품 코너가 빼곡하다. 2,000여 개의 숍이 입점한 이곳에서는 패션과 잡화, 인테리어 소품과 가구, 각종 기념품과 전자제품 등 파는 아이템도 무궁무진하다. 몇몇 층은 거대한 짝퉁 시장처럼 몰 안에서 대놓고 가짜를 판다. 가격 흥정도 가능하고, 다른 곳보다 가격도 훨씬 저렴하다. 시암에서 가장 부담없이 쇼핑을 할 수 있는 만만한 쇼핑몰이다.

**Data** Map 232E
Access BTS 내셔널 스타디움 역 4번 출구와 연결
Add 444 Payathai Road
Open 10:00~22:00
Tel 02-620-9000
Web www.mbk-center.co.th

## 창 풋 마사지 Chang Foot Massage

시암에서 발바닥에 불이 나게 쇼핑을 하고 났다면 멀리 갈 것 없이 시암 스퀘어 쪽에 있는 창 풋 마사지로 달려갈 것. 모든 마사지 숍의 진리는 어떤 마사지사를 만나느냐 하는 것. 유명한 곳이든, 동네 마사지 숍이든, 중요한 것은 마사지사를 잘 만나야 한다. 그 마사지사를 기억했다가 다시 찾는 것도 방법이다. 시암 스퀘어의 창 풋 마사지 숍에서는 Aey를 찾을 것. 연륜이 묻어나는 그녀의 손길에서 깔끔한 마무리까지 완벽하게 끝난다.

**Data** Map 232F Access BTS 시암 역에서 6번 출구로 나와 시암 스퀘어 소이 6으로 들어가는 초입에 위치.
Add Siam Square 412/11-2 Rama 1 Road, Pathumwan
Cost 발마사지(1시간) 300바트, 타이전통마사지(1시간) 250바트
Open 09:00~01:00
Tel 02-654-6339
Web www.chang.massage.com

## 쏨땀누아 Som Tam Nua

시암 지역에 가는 한국 여행객들이 빼놓지 않고 들르는 유명 음식점이다. 현지 젊은이들에게도 인기가 많아 쏨땀누아가 있는 골목 안은 언제나 줄서서 기다리는 사람들로 분주하다. '맛있는 쏨땀 가게'라는 이름처럼 이산 지방의 대표 음식인 쏨땀을 전문으로 한다. 이산 지방 음식의 특징인 매운 쏨땀이 많지만, 과일 쏨땀처럼 맵지 않은 것도 있다. 쏨땀과 함께 한국여행객에게 가장 인기있는 메뉴는 바삭하게 튀긴 닭튀김, 까이톳. 우리네 치킨 맛과 비슷해서 더 인기가 많은 닭튀김과 짠맛을 덜어주는 찰밥 카우니여, 매콤한 쏨땀 한두 가지는 꼭 시켜 먹는 필수 메뉴들이다. 두 명이서 먹으면 1만원 정도 나오는 부담없는 집이다.

**Data** Map 232F **Access** 시암 역 6번 출구로 나와 방콕은행 골목으로 직진, 소이 5안에 위치 **Add** 392/14 Siam Square Soi5, Rama 1 Road **Cost** 까이톳(닭튀김) 150바트, 쏨땀 90바트~ **Open** 11:00~22:00 **Tel** 02-251-4880

## 카페 나우 바이 프로파간다

Café Now by Propaganda

시암 디스커버리 3층에 자리한 카페 나우는 태국의 유명 디자인 브랜드 회사인 프로파간다와 맛집으로 인정받는 레스토랑 보란Bo.Lan의 셰프 보 송비사바Bo Songvisava가 함께 협업해 선보이는 음식 공간이다. 휑키하면서도 창의적인 리빙 데코 브랜드로 인정받는 프로파간다는 우리나라의 밀리미터밀리그램mmmg 같은 자국 디자인 브랜드로 이해하면 되는데, 그들의 재미난 컨셉과 보란의 셰프가 뭉친 것만으로도 큰 화제를 모았다. 유기농 재료를 이용한 건강주스와 음식들을 선보인다.

**Data** Map 232B **Access** BTS시암역 1번 출구에서 도보 3분 **Add** 989 Rama1 Road **Open** 10:00~22:00 **Tel** 098-308-8210 **Web** www.propagandaonline.com

### 푸드플러스
#### Food Plus

시암 스퀘어 소이 5와 6사이에 만들어져 있는 노점 음식점 골목. 건물과 건물 사이의 통로에 길게 자리한 이곳은 지붕이 있는 먹자 골목처럼 생겼다. 주문을 하면 바로바로 만들어주는 타이의 길거리 음식은 음료수까지 다 챙겨먹어도 100바트를 넘기 힘들다. 시암 스퀘어 부근에서 가장 싸고 맛있게 한 끼 먹을 수 있는 공간이다. 방콕 사람들이 즐겨먹는 치킨 라이스와 태국식 오믈렛덮밥 등이 인기 메뉴. 론리플래닛 방콕 편에도 소개되었다. 현지인들이 많이 몰리는 점심시간은 피할 것.

**Data** **Map** 232F **Access** 시암 역 6번 출구로 나와 방콕은행 골목으로 직진, 소이 6안에 위치 **Add** Siam Sqare Soi 5~6, Rama 1 Road **Open** 10:00~23:00 **Cost** 50바트~, 음료 10~15바트

### 망고탱고 Mango Tango
*Writer's Pick!*

쏨땀누아와 함께 국내 여행자들이 꼭 빼놓지 않고 들르는 인기 카페. 방콕 시내에 세 군데의 지점이 있다. 망고 재료 하나로 주스, 아이스크림, 셰이크, 푸딩까지 만들어낸 다양한 종류의 망고 디저트 천국이다. 푸딩과 아이스크림, 싱싱한 망고 과일을 모두 맛보고 싶다면 이곳의 대표 메뉴인 '망고탱고'를 고를 것.

**Data** **Map** 232F **Access** 시암 역 6번 출구로 나와 방콕은행 골목으로 직진, 소이 3 **Add** Siam Sqare Soi 5 **Cost** 망고 디저트 75~160바트 **Open** 12:00~22:00 **Tel** 081-619-5504 **Web** www.mymangotango.com

### 반쿤매 Ban Khun Mae

시암 스퀘어에서 15년 넘게 자리를 지켜온 맛집. 똠얌꿍과 치킨 그린 커리, 타이식 도미찜 등 대표 메뉴가 골고루 나오는 세트 메뉴는 다섯 명 이상일 경우 주문할 수 있으며 350바트부터 시작한다.

**Data** **Map** 232F **Access** 시암역 6번 출구로 나와 방콕은행 골목으로 직진, 소이 5 코너에 위치 **Add** 458/6~9 Siam Sqare Soi 8, Rama 1 Road **Open** 11:00~23:00 **Cost** 망고 디저트 75~160바트, 토드만꿍 190바트, 공옵운센 250바트 **Tel** 02-250-1953 **Web** www.bankhunmae.com

### 몬놈솟 Mont Nom Sod
*Writer's Pick!*

우유 회사로 시작해 방콕에서 가장 유명한 토스트 가게가 된 몬놈솟. 본점은 방람푸에 있지만, 마분콩에 분점이 있다. 버터를 발라 겉만 바삭하게 구운 토스트에 코코넛 커스타드, 초코시럽, 땅콩버터 등의 소스를 발라 먹는다.

**Data** **Map** 232E **Access** BTS 내셔널 스타디움 역 4번 출구와 연결, 마분콩 2층 **Add** 2C-19-20 2F, MBK Centre 444 **Open** 11:00~21:00 **Cost** 토스트 20~25바트, 커피 45~80바트 **Tel** 02-611-4898 **Web** www.mont-nomsod.com

## 딸링 쁠링 Taling Pling

Writer's Pick!

모던하고 깔끔한 분위기 속에서 맛있는 타이 요리를 먹고 싶을 때 가기 좋은 곳. 태국의 대표 프렌차이즈 레스토랑 중 한 곳으로, 현지인은 물론 한국인에게도 인기가 많다. 방콕 베스트 레스토랑에도 매번 선정될 만큼 깔끔한 요리를 제공하며 가격대도 합리적이라 더욱 사랑받는다. 플럼소스에 찍어먹는 통새우살 완자 튀김과 똠얌꿍, 돼지바비큐구이인 무양, 얌문센 등 한국인도 무난하게 먹을 수 있는 요리들이 많다. 실롬에 단독 건물로 있는 본점을 비롯해 시암 파라곤, 센트럴월드, 라마 3세의 센트럴 백화점 등 여러 쇼핑몰에 분점이 있다.

**Data** Map 232C
**Access** BTS 시암 역 3번 출구와 연결, 시암 파라곤 G층.
**Add** GF, 991 Siam Paragon, Rama 1 Road **Cost** 토드문쿵 200바트 마사만 치킨 커리 230바트, 톰카치킨수프 165바트, 똠얌꿍 260바트
**Open** 10:00~22:00
**Tel** 02-129-4353
**Web** www.talingpling.com

## 씨파 Seefah

1936년부터 영업을 시작해 방콕에만 총 23개의 지점이 있을 정도로 대중적인 사랑을 받는 타이 음식점. 대표적인 타이 음식에서 도미와 게 등을 이용한 해산물 요리, 중국 스타일의 면 요리와 음식들까지 골고루 갖추었다. 동그랑땡과 비슷한 모양의 둥그런 새우살 완자 튀김과 맑은 수프의 똠얌 딸레, 푸팟퐁까리, 바삭하게 잘 튀겨나오는 생선요리 등이 두루 인기 있다. 외국인의 입맛을 고려해 맛은 아주 자극적이지 않고 비교적 순한 편이다. 시암 스퀘어와 통로에 있는 씨파는 단독 레스토랑 건물로 되어 있어 훨씬 분위기가 좋다.

**Data** Map 232F
**Access** BTS 시암 역 6번 출구 소이 8과 9사이의 뒷골목
**Add** 434-440 Siam Square Soi 9 **Cost** 카놈집(딤섬) 150바트, 토드문쿵(새우 튀김) 150바트, 똠얌꿍 180바트, 생선요리 295바트 **Open** 07:00~23:00
**Tel** 02-251-5517
**Web** www.seefah.com

### 쏨분 시푸드 Somboon Seafood

한국인에게도 매우 잘 알려진 해산물요리 전문점. 시암스퀘어 원빌딩 4층에 있는 이곳은 분위기는 번잡하지만, 음식 맛과 가격이 그리 부담스럽지 않아 한국인들도 즐겨찾는 장소이다. 푸팟 퐁가리, 칠리새우볶음, 모닝글로리 등 이곳에서 시키는 인기 메뉴들은 이미 우리에게도 친숙한 타이요리들이다.

**Data** Map 232F Access BTS 시암 역 2,4,6번 출구 Add 4F Siam Square1 building Rama Cost 푸팟퐁가리 380바트, 갈릭칠리새우볶음 450바트 Open 11:00~22:00 Tel 02-115-1401

### 카놈 Kanom

많은 태국 사람들이 알고 있을 만큼 유명한 로컬 베이커리 중 하나다. '카놈'은 달달한 타이 전통 후식이나 간식거리를 일컫는 말로, 이곳을 유명하게 만든 것은 바로 에그타르트. 에그타르트 맛에 반한 주인이 방콕에서 홍콩식 에그타르트를 만들어 팔면서 유명해졌다. 수쿰빗 소이 49에 카놈 본점이 있다.

**Data** Map 232C Access BTS 시암 역 3번 출구와 연결, 시암 파라곤 G층 Add GF, 991 Siam Paragon Cost 에그타르트 50바트 Open 10:00~22:00 Tel 02-610-8000 Web www.ka-nom.com

### 스라부아 긴긴 Sra Bua Kiin Kiin

*Writer's Pick!*

2010년 캠핀스키 호텔이 방콕에 문을 열면서 엄선한 파인 다이닝 레스토랑. 덴마크 코펜하겐에 위치해 있는 원 스타 미쉐린 레스토랑 긴긴의 자매점이다. 태국 요리를 현대적으로 재해석한 요리들을 선보인다. 태국 요리를 여러 번 경험해본 사람에게 알맞으며, 전통 태국 요리를 먹어보지 않은 사람은 이해하기 힘든 곳이다.

**Data** Map 232C Access BTS 시암 역 3번 출구 시암 파라곤을 통해 갈 수 있다. 시암 캠핀스키 호텔 1층 Add 991/9 Rama 1 Road, Pathumwan Cost 점심 세트 4코스 1,700바트 Tel 02-162-9000 Web www.srabuakiinkiin.com

## 생 에투와 Saint Etoile

일본의 유명 베이커리 브랜드 야마자키Yamazaki가 운영하는 생 에투와 베이커리는 방콕의 유명한 쇼핑몰에는 대부분 입점해 있을 정도로 인기가 많은 곳이다. 생 에투와 로고 위에 쓰여 있는 '블랑제리 쇼드Boulangerie Chaude'처럼 매일 방금 구워낸 따끈한 빵을 구입할 수 있다. 치즈빵, 번, 머핀, 다양한 종류의 크로아상, 샌드위치, 도넛, 컵케이크, 미니케이크 등을 비롯, 일본식 디저트와 모찌류도 구입할 수 있다. 출출할 때 언제든 들러서 간단하게 먹기 좋은 베이커리 숍이다.

**Data** Map 232C
**Access** BTS 시암 역 3번 출구와 연결, 시암 파라곤 G층.
**Add** GF, 991 Siam Paragon, Rama 1 Road
**Cost** 블루베리 팬케이크 26바트, 도라야키 18바트, 치즈 소프트 케이크 32바트 **Open** 10:00~22:00

## 미스터 존스 오퍼니지 밀크 바 Mr. Jones' Orphanage Milk Bar

천장에는 거대한 톱니바퀴들이 돌아가고, 열차의 객실처럼 생긴 테이블에는 사람들이 다닥다닥 앉아 있다. 좁은 좌석마다 사람들이 앉아서 케이크를 먹고 있고, 작은 기차가 진열되어 있고, 신호등이 반짝인다. 이 엉뚱하고 기발한 장식의 장소는 미스터 존스의 고아원. 카페 이름은 고아원이지만, 이름과는 달리 이곳은 장난감 공장 같기도 하고, 아이들의 꿈을 재현한 동화 속 세상 같기도 하다. 통로의 아이언 페어리, 팻 것츠 등의 요상한 바를 만들며 방콕에서 유명해진 호주 사업가 애슐리 서턴Ashley Sutton의 상상력이 만들어낸 또다른 디저트 카페다. 테이블마다 생김새가 다른 테디베어 인형이 앉아 있고, 각양각색의 케이크가 장식된 탑의 천장 위에는 커다란 시계도 달려 있다. 사람들이 줄을 서서 순서를 기다리는 이곳은 시암센터의 인기 카페. 디저트가 땡기는 오후 3시 이후부터 저녁까지 항상 사람들로 붐빈다. 다양한 맛의 케이크와 컵케이크, 마카롱, 그리고 달달하고 독특한 향의 홈메이드 우유를 판다. 디저트 홀릭을 유혹하는 방콕의 또다른 명소.

**Data** Map 232B **Access** BTS 시암 역 1번 출구에서 도보 10분 시암센터 3층 Add 3F, Siam Center, 989, Rama 1 Road Cost 각종 케이크 한 조각 100바트~ **Open** 10:30~22:00 Tel 02-658-1163 Web www.theironfairies.com

## 바닐라 브라세리에 Vanilla Brasserie

2004년 시암 스퀘어에서 아주 작은 베이커리 카페로 시작한 바닐라 인더 스트리가 운영하는 카페 겸 레스토랑. 시암 파라곤 G층에 있는 이곳은 파리의 감성이 물씬 풍기는 유럽풍의 공간으로, 커피와 케이크를 비롯, 크레페, 샐러드와 파스타 등의 음식 메뉴도 함께 갖추고 있다. 시암 파라곤 안에서도 인기있는 카페 겸 레스토랑으로, 점심식사 혹은 오후에 가벼운 커피 한 잔을 즐기기 좋다. 1, 2층으로 되어 있는 실내는 2층이 좀 더 안락하고 위에서 내려다보는 카페의 풍경도 재미있다. 정원이 있는 테라스도 있다. 에까까마이에는 일본 스타일의 바닐라 카페와 중국식 레스토랑인 로얄 바닐라가 함께 있는 바닐라 가든이 자리해 있다.

**Data** Map 232C Access BTS 시암 역 3번 출구와 연결, 시암 파라곤 G층 Add G 31, GF, 991 Siam Paragon, Rama 1 Road Cost 커피 110~180바트, 크레페케이크 90바트 (Tax&Sc 17% 추가) 샐러드 180바트~, 파스타 280~360바트 Open 10:00~23:00 Tel 02-610-9383 Web www.vanillaindustry.com

# SLEEP

### 시암 캠핀스키 호텔 Siam Kempinski

**Writer's Pick!**

세계적으로 유명한 독일 캠핀스키 호텔이 운영하는 6성급 호텔. 시암 파라곤 뒤편에 위치한 시암 캠핀스키 호텔은 마치 휴양지에 온 듯한 리조트 콘셉트를 보여주고 있다. 방콕에서 가장 번잡한 곳에 위치해있지만, 그 소란스러움을 전혀 느낄 수 없는 것도 장점이다. 호텔 건물이 벽처럼 둘러싸고 있고, 그 가운데에 야외 수영장과 열대 나무가 우거진 정원이 자리해 있다. 몇몇 스위트룸의 테라스에서는 수영장으로 바로 들어갈 수 있으며, 덴마크에 있는 미쉐린 원스타 레스토랑 긴긴의 자매점, 스라부아 긴긴이 호텔 내에 자리해 있다.

**Data** Map 232C
**Access** BTS 시암 역 시암 파라곤 뒷쪽으로 연결된 문이 나옴
**Add** 991/9 Rama 1 Road, Pathumwan
**Cost** 슈피리어 룸 10,800바트~ 이그제큐티브룸 13,900바트~
**Tel** 02-162-9000
**Web** www.kempinski.com/bangkok

### 시암@시암 디자인 호텔
Siam@Siam Design Hotel

오픈했을 당시에는 꽤 주목을 받았던 호텔인데, 홍보 부족 때문인지 지금은 예전만큼 인기를 끌지는 못하고 있다. 매우 강한 원색의 배치와 빨간색의 포인트, 거친 시멘트 느낌의 벽 등 때문에 분위기가 매우 센 편이다. 사람의 눈이 그려진 엘리베이터와 벽면에 튀어나온 거대한 입술, 스테인리스 스틸로 만들어진 발코니와 조각품 등 인더스트리얼 아트 작품들도 강렬하다. 가족여행자보다는 디자인에 관심이 많은 동성 친구나 커플이 머물기 적당하다.

**Data** Map 232A **Access** BTS 내셔널 스타디움 역 1번 출구로 나와 뒤돌아 걷는다. 카셈산 소이 3에 위치
**Add** 865 Rama 1 Road, Wang Mai, Patumwan
**Cost** 4,100바트~ **Tel** 02-217-3000
**Web** www.siamatbangkok.com

# PREVIEW

# 아눗싸와리
## ANUT SAWARI

'아눗싸와리 차이 싸머라품'이라 불리는 전승기념탑Victory Monument 주변이 아눗싸와리 지역이다. 전승기념탑은 프랑스와의 전쟁에서 승리한 후 전사자들을 기리기 위해서 세워졌다. 관광지가 많은 지역이 아니라서 단기 여행자보다는 현지인과 장기 여행자들이 많이 머문다. 방콕 현지인들의 일상을 만날 수 있는 소박한 동네다.

### PLAN
시내에서는 살짝 북쪽으로 떨어진 곳이라 시내 만큼 교통이 막히진 않지만, 고속도로와 공항철도가 지나고, 방콕 주변 도시로 나가는 버스 승합장도 많아 늘 사람들로 붐빈다. 아눗싸와리로 오는 가장 현명한 방법 역시 BTS나 공항철도 노선을 이용하는 것. 택시는 밤에만 이용하자.

### 어떻게 갈까?
BTS 파야타이Phaya Thai역과 빅토리 모뉴먼트Victory Monument역을 이용하면 된다. 교통 체증만 없다면 시암 역 주변에서 아눗싸와리까지 택시로 50바트 내외로 올 수 있지만, 아침과 낮에는 항상 막히므로 BTS를 이용할 것. 오후 9시 이후에는 크게 막히지 않으므로, 택시도 충분히 이용할 만하다. 파투남 시장도 멀지 않은데, 시장 부근에서 공항철도 라차프라롭Ratchaprarop역이 가까우므로 공항철도를 이용해볼 것.

### 어떻게 다닐까?
이 지역에는 고속도로와 공항철도 파야타이 역이 지나고, 담넌사두억 수상시장이나 꼬창으로 나가는 승합차 롯뚜의 매표소도 많아 교통이 붐빈다. 아눗싸와리는 큰 지역이 아니므로 웬만한 거리는 걸어다닐 것을 추천한다. 파투남 시장 근처 역시 많은 현지인과 도매상인들로 붐비기 때문에 도보로 다니도록 하자.

## SEE

아눗싸와리 이름의 주인공인 전승기념탑과 BTS 파야타이역에서 가기 편한 시아유타야 로드의 수안빠깟 궁전이 유일하다. 파투남 시장 부근에 있는, 방콕에서 가장 높은 빌딩 바이욕 스카이 호텔의 전망대에 올라가 방콕 야경을 보는 방법도 있다. 전망대 입장료는 250바트.

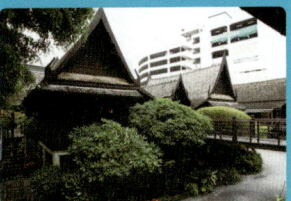

## ENJOY

파투남 시장 근처에서는 기념품 쇼핑을, 기대 이상으로 물건이 괜찮은 플래티넘 패션몰에서는 본격 쇼핑을 즐기기 좋다. 저녁에 한 잔을 하는 멋진 장소로는 재즈 라이브 연주를 들을 수 있는 색소폰이 유명하며, 랑남 로드에 있는 작은 로컬 바에서도 가볍게 맥주 한두 잔을 마실 수 있다. 트렌디한 바나 클럽은 없다.

## EAT

빅토리 모뉴먼트 역에서 내리면 랑남 로드가 가까운데, 이 골목은 태국 북동부의 이산 음식을 파는 식당들로 유명한 거리다. 점심과 저녁 때가 되면 망고스틴과 같은 각종 과일과 음료, 길거리 식당까지 생겨나 활기찬 현지인들의 식사시간을 경험할 수 있다. 영어 메뉴판은 거의 찾아보기 힘들지만, 그만큼 현지 음식을 제대로 즐길 수 있다.

## SLEEP

킹 파워 컴플렉스 옆에 있는 풀만 킹 파워 호텔과 시암 시티 호텔이 없어지고 생긴 수코손 호텔, 방콕에서 가장 높은 전망대가 있는 스카이 바이욕 호텔 등이 고급 호텔로 꼽힌다. 파투남 시장 근처에는 공항에서 바로 오는 배낭 여행자들과 시장에 물건을 떼러 오는 도매상인들이 묵는 중급호텔, 게스트하우스나 호스텔이 많다. 게스트하우스는 시설도 깨끗하고 반응도 좋은 편이다.

## SEE

### 수안빠깟 궁전 Suan Pakad Palace

풀만 킹 파워 호텔의 방에서 수안빠깟 궁전이 내려다보이지 않았다면 그냥 지나쳤을지도 모른다. 여행자들이 꼭 챙겨가는 방콕의 대표 명소는 아니지만, 이곳은 라마 5세의 손자인 춤봇Chumbhot 왕자와 그의 왕비가 살던 저택을 박물관으로 개조한 곳이다. 박물관 부지 안에는 17세기 아유타야 왕조의 절에 있던 파빌리온을 1959년 마시 공주의 50세 생일을 기념해 수안빠깟 궁전으로 옮겨둔 곳도 있는데, 황금으로 장식된 내부의 벽화가 매우 정교하고 아름답다. 태국 전통 양식의 고풍스런 가옥 8채와 아름다운 정원이 있고, 8채의 가옥들은 작곡가로도 명성을 떨쳤던 왕자가 사용하던 악기를 전시한 뮤직룸을 비롯, 각종 화석, 보석, 조각, 도자기 등을 전시한 공간으로 꾸며져 있다. 영어 가이드의 설명을 들으며 둘러보면 1시간 반 정도가 걸린다. 왕궁과 왓포 등을 이미 다녀온 여행자에게 추천할 만하다. 오전 시간에 천천히 산책하듯 둘러보면 좋은 곳.

**Data** Map 252C
**Access** BTS 파야타이 역 4번 출구로 나와 100m
**Add** 352-354 Sri Ayudhaya Road, Ratchathewi
**Cost** 입장료 100바트
**Open** 09:00~16:00
**Tel** 02-246-4934
**Web** www.suanpakkad.com

**Tip** 수안빠깟은 '배추 정원'이란 뜻. 현재는 50년 이상된 태국 최초의 박물관으로 통한다. 박물관이 시작되는 건물에는 화가였던 마시 공주의 미술 작품을 전시해 놓은 마시 갤러리도 위치해 있다.

# ENJOY

### 플래티넘 패션 몰 Platinum Fashion Mall

관광객에게 잘 알려진 쇼핑몰은 아니지만, 의외의 '득템'을 많이 할 수 있는 곳이다. 동대문 시장의 밀리오레나 두타 몰 같은 분위기로 주로 젊은 여성을 위한 보세 의류와 액세서리, 잡화가 많다. 냉방도 잘 되는 곳이라 짜뚜짝이나 파투남 시장처럼 더위 속에 찌들 염려도 없다. 2개의 건물 안은 세 개의 구역으로 나뉘는데, 지하 1층~지상 3층은 여성복, 4층은 여성복과 남성복이 함께, 5층은 아동복과 액세서리, 지상 6층에는 푸드코트가 있다. 도, 소매상인들이 이곳의 주 고객이지만 일반 쇼핑객도 많이 찾는다. 단, 같은 상품을 여러 개 사거나 한 숍에서 이것저것 많이 살수록 할인을 많이 받을 수 있다. 2,300개가 넘는 숍이 있기 때문에 무작정 다 돌아보려 하기보다는 원하는 아이템을 찾아 집중 공략하는 편이 좋다. 되도록 현금을 준비할 것. 만족스럽게 쇼핑할 수 있는 아이템은 청바지 GiGil Jeans와 유아동복, 여성 의류 등이다.

**Data** Map 252F **Access** BTS 칫롬 역 9번 출구 파투남 방면으로 도보 20분 Add 222 Petchaburi Road Open 09:00~20:00 Tel 02-121-8000 Web www.platinum fashionmall.com

**Tip** 플래티넘 패션 몰에서 멀지 않은 곳에 방콕의 최고층 건물인 바이욕 스카이 호텔이 있다. 82층 뷔페 레스토랑에서 식사를 하거나 전망대를 올라가보는 것도 즐길거리 중 하나.

### 킹 파워 콤플렉스 King Power Complex

방콕 시내의 유일한 면세점. 건물 안에 작은 박물관과 함께 전시 갤러리 – 공간도 있는데, 가장 중심이 되는 곳은 역시 면세점. 공항에서 쇼핑할 시간이 없는 경우에 이용할 만하다. 럭셔리 브랜드를 면세로 구입할 수 있지만, 상품의 가격이나 구성, 이곳까지 오는 수고로움을 생각하면 그렇게 매력적인 코스는 아니다. 특히 중국 단체 여행객들의 필수 쇼핑 코스여서 매우 번잡스럽고 소란스러운 쇼핑 분위기를 감수해야 한다. 면세점을 올 때는 여권과 탑승권 혹은 비행기 편명을 꼭 가져올 것.

**Data** Map 252C
**Access** BTS 빅토리 모뉴먼트 역 2번 출구에서 셔틀 툭툭 이용 **Add** 8 King Power Complex, Rangnam Road **Open** 10:00~21:00 **Tel** 02-677-8888 **Web** www.kingpower.com

### 파투남 도매 시장 Pratunam Market

짜뚜짝 시장까지 갈 여유가 없는 경우 시내에서 가깝게 갈 수 있는 시장이다. 도매 시장이기 때문에 가격이 짜뚜짝 시장보다 저렴한 편이다. 방콕에서 가장 크고 싼 도매 시장으로 통한다. 유행을 타는 스타일보다는 아주 기본적인 디자인의 옷이나, 살롱, 간단한 기념품 정도만 살 만하다. 제품의 질은 짜뚜짝이나 플래티넘 패션 몰의 것보다 한참 떨어진다. 디자인을 신경 쓴다면 적당한 쇼핑 장소가 아니다. 건물 안에 있는 숍들이 아니라서 조금 걷다보면 후덥지근하다.

**Data** Map 252F
**Access** BTS 칫롬 역 9번 출구 파투남 방면으로 도보 15분 **Add** Intersection of Ratchaprarop and Petchaburi Road **Open** 24시간, 11:00~20:00

### 이산 로디 레스토랑 Isan Rod Ded Restaurant

태국 동북부 이산 지방의 대표 음식인 쏨땀으로 유명한 집. 그린 파파야를 재료로 한 샐러드인데, 쏨땀 메뉴만 스무 가지가 넘는다. 이산 지방 음식의 특징인 맵고 새콤한 맛이 강하다. 매운맛을 달래주는 콩대와 산초맛이 나는 채소 잎 등을 덤으로 준다. 영어 메뉴판이 있고, 영어를 이해하는 직원도 한 명 있다. 간판이 태국어로 되어 있어 한눈에 알아보기는 힘들다. 대신 녹색으로 칠해진 벽과 테이블이 있고, 항시 사람이 많아 위치를 찾기는 어렵지 않다.

**Data** Map 252A Access BTS 빅토리 모뉴먼트 역 2번 출구, 킹 파워 컴플렉스 도로 맞은편 Add 3/5-6 Thanon Rangnam, Ratchathewi, Bangkok Cost 망고쏨땀 45바트, 놈 똑 무 80바트, 음식 50~100바트 Open 11:00~22:00 Tel 02-246-4579

### 티 레스토랑 T Restaurant

한국인에게 유명한 시푸드 음식점으로는 쏜통 포차나수쿰빗와 솜분 시푸드수라웡 로드가 있지만, 티 포차나는 대형 시푸드 레스토랑과 비교하면 가격도 상대적으로 싼 편이고, 방콕 현지인들이 즐겨찾는다. 문을 연 지도 40년이 넘었다. 옐로커리와 카카오밀크, 계란을 넣어 볶는 게 요리 푸팟퐁가리와 굴소스에 볶은 모닝글로리 볶음, 볶음밥 등은 기본으로 시켜야 하는 메뉴들! 시푸드 음식점인 만큼 기본적으로 가격대가 있다. 게의 경우 사이즈마다 가격이 다르다. 나홀로 여행객은 다 못먹고 오기 때문에 가기 힘든 곳.

**Data** Map 252D Access BTS 빅토리 모뉴먼트 역 2번 출구, 랑남 소이를 지나서 주유소 끼고 우회전 Add 78/12-16 Ratchprarob Rd, Makkasan, Phayathai Road Cost 푸팟퐁카리 1kg 670바트, 보통 1,400바트 정도(2인 기준) Open 11:00~01:00 Tel 02-247-1062

### 린파 차이니즈 레스토랑 Lin-Fa Chinese Restaurant

태국 사람들도 북경오리 요리를 즐겨먹는다. 그런데 방법이 좀 다르다. 껍질과 고기를 함께 먹는 광동식과 달리, 태국 사람들은 바삭하게 구운 껍질만 먹는다. 린파 레스토랑에서도 이 타이식 북경오리구이를 맛볼 수 있다. 바삭한 오리 껍질을 파, 오이 등과 함께 라이스 페이퍼에 싸서 직접 담근 자두소스에 찍어먹는다. 껍질을 먹고 나면, 고기는 나중에 따로 내온다. 고기는 맑은 수프와 함께 내거나, 마늘과 검은 후추 소스를 넣고 튀겨내는 방법이 있다. 후자가 더 맛있다. 아눗싸와리 부근에 많은 대사관 관계자들과 회사원들이 주 손님층이다. 주중 점심은 예약을 하지 않으면 자리가 없을 정도이고, 주말보다 주중에 손님이 더 많다. 여러 차례 방콕의 베스트 레스토랑으로 손꼽힌 실력있는 곳이다. 수코손 호텔을 대표하는 레스토랑이기도 하다.

**Data** Map 252C
**Access** BTS 파야타이 역 4번 출구로 나와 100m **Add** 477 Si Ayuthaya Road, Phaya Thai, Ratchathewi
**Cost** 북경오리구이 껍질 965바트, 딤섬 런치 795바트
**Open** 11:30~14:30, 18:00~22:30 **Tel** 02-247-0123
**Web** www.sukosolhotels.com

### 보트 누들 골목 Boat Noodle Alley

방콕의 유명한 현지 음식 중에 '보트 누들'이라는 게 있다. 배 위에서 국수를 팔고 사서 먹는 데서 유래한 서민 음식인데, 방콕에서 만날 수 있는 독특한 음식 문화다. 방콕에는 십 몇 년 전까지만 해도 도시 곳곳에 수상가옥과 수로가 많았다. 지금은 정비된 도로가 많이 생기면서 수로와 수상가옥도 많이 사라졌지만, 빅토리아 모뉴먼트 역 뒤쪽의 수로로 가면 아직도 보트 누들을 파는 골목을 만날 수 있다. 그중에서도 유명한 집은 오른편의 주황색 티셔츠를 입은 집. 태국어로 쓰여 있어 간판은 읽기 어렵지만, 주황색 옷을 보면 금방 알아챌 수 있다. 밖에서는 열심히 작은 그릇을 쌓아 놓고 국물을 담아주고, 안에서는 사람들이 그릇을 쌓아가며 국수를 들이킨다. 한 그릇에 12바트, 우리나라돈으로 400원 정도 하는 이 국수는 여자라면 대여섯 그릇 정도, 남자는 열그릇도 너끈히 비울 수 있다.

**Data** Map 252B
**Access** BTS 빅토리 모뉴먼트역을 나와 스카이브릿지를 따라 걷다가 큰 도로가 나오기 전 오른쪽 계단으로 내려간다. 왼쪽으로 보이는 좁은 골목을 통과해 운하를 건너면 된다
**Add** northeast corner of Victory Monument traffic circle
**Cost** 한 그릇당 12바트
**Open** 11:00~21:00

### 색소폰 Saxophone

5성급 호텔들에 자리한 고급 재즈바에 버금가는 방콕의 유명 재즈 클럽이다. 이곳에 있으면 여기가 태국인지 미국인지 헷갈릴 만큼 분위기는 웨스턴 스타일의 펍으로 꾸며져 있다. 26년 역사가 말해주듯 이곳에서 연주하는 밴드의 음악과 수준은 매우 높다. 요일마다 공연하는 밴드가 다른데, 이곳에서 고정으로 연주하는 밴드만도 9팀이나 된다. 이중에는 글래스베리 페스티벌에도 참가한 바 있는, 세계적으로 알려진 '티 본T-Bone'을 비롯해서 멤버가 12명에 이르는 'JRP 리틀 빅 밴드JRP Little Big Band' 등 매우 다양하게 구성되어 있다. 내가 갔을 때는 JRP 리틀 빅 밴드의 공연이 펼쳐지고 있었는데, 네 명의 색소폰 연주자와 세 명의 트럼펫, 한 명의 트럼본 연주자가 끼어 있는 이 팀의 음악은 한 마디로 '감동'이었다. 서울 어디에서 12명의 뮤지션들이 연주하는 재즈를, 그것도 매주 들을 수 있나 생각하니 한편으론 부럽기까지 했다. 공연은 7시 30분부터 시작되지만, 메인 공연은 9시에서 새벽 2시 사이에 주로 열린다. 무대 바로 앞에 둥글게 놓인 테이블 자리가 가장 인기 있다. 2층에는 신발을 벗고 앉는 곳도 있으며, 아래 공연을 내려다볼 수 있다.

**Data** Map 252A
**Access** BTS 빅토리 모뉴먼트 역 4번 출구로 나와 도보 4분, 오른쪽 골목 안으로 약 15m
**Add** 3/8 Phayathai Road Victory Monument, Bangkok
**Cost** 병맥주, 생맥주 170바트~, 칵테일 250바트~
**Open** 18:00~02:00
**Tel** 02-246-5472
**Web** www.saxophonepub.com

**Tip** 쇼타임은 19:30~20:30, 21:00~23:30, 24:00~01:30분으로 정해져 있다. 홈페이지에서 요일과 시간별로 연주하는 팀을 확인할 수 있다.

### 네온 나이트 마켓 푸드코트 Neon Night Market Food Court

**Writer's Pick!**

도로변에는 주로 상점들이, 시장 안쪽으로 들어갈수록 푸드코트들이 나타난다. 망고, 두리안 등의 열대 과일로 만든 음료와 망고 스티키 라이스 등의 디저트 등 가볍게 마실 수 있는 상점에서, 거한 저녁 식사까지 해결할 수 있는 곳. 특히 집집마다 싱싱하고 다양한 해산물을 내놓는데, 소금에 구운 생선과 푸팟퐁가리 등의 값비싼 해산물 요리도 비교적 저렴하게 먹을 수 있다.

**Data** **Map** 252F **Access** BTS 칫롬 역 1번 출구로 나와 펫차부리 32로드로 도보 10분
**Add** 1087, 167 Phetchaburi Road **Open** 17:00~24:00

### 고앙 파투남 치킨라이스 Go-Ang Pratunam Chicken Rice

**Writer's Pick!**

2019년 태국 미쉐린 빕 구르망에 소개된 집. 1960년부터 영업해온 이곳은 하이난 치킨라이스, 카우만까이를 전문으로 하는 집이다. 치킨라이스는 사실 싱가포르의 국민음식으로 유명하다. 하지만 태국, 말레이시아 등에도 각 나라 버전의 치킨라이스가 있고, 이 집은 심지어 싱가포르에 곧 분점을 낼 예정이라고 하니, 더 믿고 갈만한 곳. 닭육수로 밥을 짓고 닭고기 살을 얹어내는 치킨 라이스는 부드럽고 담백한 맛이 특징이며, 간장 소스를 적당히 넣어 비벼 먹어야 더 맛있다. 점심시간에는 줄을 서서 먹어야 하며, 포장만 전문으로 해가는 줄도 따로 있다.

**Data** **Map** 252F **Access** BTS 칫롬 역 1번 출구로 나와 펫차부리 32로드로 10분 도보 **Add** 960 962 Phetchaburi Road **Cost** 치킨라이스 40바트 **Open** 06:00~14:00, 17:00~02:00 **Tel** 081-779-7255

## SLEEP

### 풀만 킹 파워 Pullman King Power Hotel

방콕에는 풀만 이름의 호텔이 두 군데 있다. 사톤에 있는 풀만 G 방콕이 유행에 민감하고 부티크한 스타일로 지어졌다면, 아눗싸와리에 있는 풀만 킹 파워 호텔은 최고급 비즈니스 호텔을 표방한다. 비즈니스를 위한 다양한 미팅룸과 연회장이 완벽하게 준비되어 있지만, 사실 가족이나 친구가 묵기에도 매우 편리한 호텔이다. 전체 건물은 ㅁ자형 구조로 그 가운데에는 나무가 우거진 보타닉 가든과 델리스 카페가 평온하게 자리해 있다. 직사각형의 넓은 수영장도 호텔의 자랑거리 중 하나. 비록 건물의 객실이 배경으로 펼쳐지긴 하지만, 수영장 시설은 나무랄 데가 없다. 전통 타이 음식을 맛볼 수 있는 찬Chaan과 올데이 다이닝이 가능한 퀴진 언플러그드Cusine Unplugged, 프렌치 요리와 주말 점심에 딤섬이 나오는 데자뷰 등 6곳의 레스토랑과 바가 있다. BTS 빅토리 모뉴먼트 역까지는 툭툭 서비스를 제공한다. 이산 음식점이 많은 랑남 로드도 호텔 바로 건너편에 있다.

**Data** Map 252C
**Access** BTS 빅토리 모뉴먼트 역 2번 출구 150m
**Add** 8/2 Rangnam Road, Kweang Thanon-Phayathai, Ratchathewi,
**Cost** 4,100바트~
**Tel** 02-680-9999
**Web** www.pullmanbangkokkingpower.com

**Tip** 이그제큐티브룸 이용시, 별도 라운지에서의 체크인, 아웃과 무선 인터넷 사용, 원하는 레스토랑에서의 조식, 이그제큐티브 라운지 카테일, 한 벌의 무료 세탁과 다림질 서비스, 킹 파워 면세점 20% 할인쿠폰, 현지 무료 통화, 오후 3시 레이트 체크아웃 가능 등을 제공한다.

## 수코손 호텔 The Sukosol Hotels

방콕에서 수코손 일가의 이름을 말하면 모르는 사람이 없을 정도로 유명한 컬렉터, 카말라 수코손 여사가 운영하는 호텔이다. 수코손 방콕 외에도 초특급 리조트 분위기의 더 시암 방콕, 그리고 파타야에 세 곳의 호텔을 더 운영하고 있다. 호텔 전체가 태국 전역과 중국에서 수집한 골동품 도자기와 빈티지한 가구, 조각품들로 꾸며져 있어 그 어느 호텔보다 태국 전통의 멋이 강하게 느껴진다. 20년 넘게 시암 시티 Siam City 호텔이었던 이름을 지난해 수코손 브랜드로 바꾸면서 대대적인 레노베이션 작업을 했다. 타이식 북경오리 요리가 으뜸인 린파 Lin-Fa 레스토랑과 콜로니얼풍의 실내가 예뻐서 매스컴 촬영 장소로 인기가 많은 스파이스&라이스 타이 하랄 레스토랑, 지중해풍의 이국적인 복도가 인상적인 프라마베라 이탈리안 레스토랑 등 총 6개의 레스토랑과 사파이어 바가 위치해 있다. 가장 유명한 레스토랑은 각국 대사들의 식사 장소로도 유명한 린파 레스토랑이다.

**Data Map** 252C
**Access** BTS 파야타이 역 4번 출구로 나와 100m
**Add** 477 Si Ayuthaya Road, Phaya Thai, Ratchathewi
**Cost** 3,500바트~
**Tel** 02-247-0123
**Web** www.sukosolhotels.com

**Tip** ※ 영어 발음으로는 수코솔 Sukosol이 되지만 태국에서는 '수코손'이라 불린다. 아직도 시암 시티 호텔로 아는 사람이 많으며, 수코솔 호텔이라고 말하면 아무도 못 알아들으니 주의할 것.
※ 21층부터 시작되는 클럽시암룸이 특히 매력적이다. 클럽 라운지의 고풍스런 로비가 인상적인데, 조식, 타파스 뷔페와 칵테일 타임이 있으며, 현지 전화를 무제한 무료로 이용할 수 있고, 무료 세탁, 오후 4시 레이트 체크아웃 등 혜택이 매우 다양하다.

Bangkok By Area

# 03

# 칫롬&프런칫
## CHIDLOM&PLOENCHIT

고급 쇼핑몰과 백화점, 5성급을 뛰어넘는 럭셔리 호텔과 서비스 아파트먼트들이 모여 있는 우아한 동네다. 방콕에서 가장 땅값이 비싼 동네이기도 하다. 이 지역에서는 파인 다이닝 레스토랑에서 저녁을 먹고, 명품 쇼핑과 스파를 즐기는 방콕의 하이소들을 자주 볼 수 있다. 방콕을 여러 번 와본 부유한 여행자들이 많이 머무는 지역이다.

# PREVIEW

# 칫롬&프런칫
## CHIDLOM&PLOENCHIT

칫롬은 BTS 시암 역에서 겨우 한 정거장 떨어져 있을 뿐이지만, 분위기는 사뭇 다르다. 관광객과 쇼핑객으로 걷기조차 힘든 시암과는 달리, 거리에 여유가 있다. 칫롬과 프런칫에서 기억해둘 도로는 랑수언 로드와 와이어레스wireless, 루암루디Soi Ruam Rudi 로드다. 이중 랑수언 로드는 서울의 청담동, 혹은 가로수길에 비유되곤 하는데, 왕이 소유하고 있는 국유지로 방콕에서 가장 땅값이 비싼 지역이기도 하다. 프런칫 역에서 룸피니 공원으로 이어지는 와이어레스 로드에는 미국, 일본, 네덜란드, 뉴질랜드 등의 대사관과 5성급을 뛰어넘는 호텔, 은행 등이 자리해 있다. 정치와 상업의 비즈니스 밀집 지역이다.

### PLAN
시암과 함께 방콕에서 가장 차가 막히는 동네 중 한 곳이다. 출퇴근 시간뿐만 아니라 하루종일 차가 막히는 곳이라고 해도 과언이 아니다. 칫롬과 프런칫 지역을 오가는 최고의 방법은 BTS 뿐이다. 다른 교통수단은 생각도 하지 말자.

### 어떻게 갈까?
BTS 칫롬 역과 프런칫 역을 이용하면 된다. 웬만한 쇼핑센터는 이 역들과 스카이 브리지로 연결되어 있고, 매연 속의 도로를 걷지 않아도 돼서 편리하다. 랑수언 로드는 칫롬 역에서, 와이어레스와 루암루디 로드는 프런칫 역에서 가깝다.

### 어떻게 다닐까?
랑수언 로드나 와이어레스, 소이 루암루디 로드 모두 걸어서 처음부터 도로 끝까지 갈 수 있다. 사람들로 붐비거나 교통량이 많은 거리는 아니라서, 여유롭게 걷기 좋다. 단, 한낮에는 너무 뜨거우니 택시를 타는 것도 방법이다.

**SEE**

국제적인 규모의 회사들이 모여 있는 방콕 비즈니스의 1번지로 손꼽히는 곳이라, 특별한 관광지나 볼거리는 별로 없다. 태국인들이 중요한 대소사를 앞두고 간절히 기도 드리는 에라완 사당과 일명 '연인의 사당'이라 불리는 트리무르티 사당 정도가 있다.

**ENJOY**

이 지역에 가장 많이 자리한 것이 고급 쇼핑 센터다. 센트럴 월드 플라자, 센트럴 칫롬, 게이손, 에라완 방콕, 아마린 플라자 등의 최고급 쇼핑몰과 백화점이 BTS 칫롬 역과 프런칫 역의 스카이브리지와 연결되어 있다. 호텔 내의 유명 스파를 비롯, 규모는 아담하지만 실력 좋은 스파숍들도 많다.

 **EAT**

외국인 주재원들이 모여 사는 초고층 레지던스 아파트가 많은 동네여서인지는 몰라도 유독 파인 다이닝 레스토랑과 카페가 모여 있다. 레스토랑은 대로변보다는 뒷골목 쪽에 숨어있는 편이고, 방콕에서 내로라할 만한 최고의 퀄리티를 갖췄다. 태국의 하이소와 서양인들이 즐겨찾는다.

 **SLEEP**

다른 어느 지역보다 고급 숙소가 많은 지역이다. 5성급 호텔은 물론 한 단계 더 높은 수준의 6성급 호텔과 고급 서비스 아파트먼트들이 몰려 있다. 5성급 이상의 럭셔리 호텔로는 세인트 레지스, 콘라드, 플라자 아테네 방콕 로얄 메르디앙, 한사르, 오쿠라 프레스티지 등이 꼽힌다. 여행 초보자보다는 방콕 지리를 좀 아는 부유한 여행자들이 조용하게 숙소를 정하는 지역이다.

266 | 267

- 방콕 / Bangkok
- 푸드 로프트 / Food Loft
- 스렛시스 팔러 / Sretsis Parlour
- 영국대사관
- 센트럴 칫롬 / Central Chitom
- 나라 타이 퀴진 / Nara Thai Cuisine
- BTS 칫롬 역 / Chit Lom sta.
- 센트럴 엠버시 쇼핑몰 / Central Embassy Shoping Mall
- 더 포르티코 / The Portico
- 프런칫 타워 / Phreon Chit Tower
- BTS 프런칫 역 / Phreon Chit Sta.
- NaLoet
- 와인 로프트 / Wine Loft
- 오쿠라 프레스티지 방콕 / Okura Prestige Bangkok
- 노보텔 방콕 페닉스 프런칫 / Novotel BangkokFenixPhreon Chit
- 야마자토 / Yamazato
- 오쿠라 스파 / Okura Spa
- Duang Phithak
- Langsuan Rd
- Soi Ton Son
- 메디치 키친 앤 바 / Medici Kitchen & Bar
- 플라자 아테네 더 아테네 호텔 / Plaza Athenee The Athenee Hotel
- 스피크이지 / Speakeasy
- 플라자 아테네 / Plaza Athenee
- Wireless Rd
- 호텔 뮤즈 / Hotel Muse
- 위치스 / Witch's
- Soi Ruam Rudi
- 하이드 앤 식 / Hyde and Seek Gastro&Bar
- Chalerm Maha Nakhon Expy(Toll Rd)
- 프레이저 랑수언 / Fraser Langsuan
- 똔 손 갤러리 / Ton Son Gallery
- Langsuan Soi 1
- 크레프&코 / Crepes&Co
- Langsuan Soi 2
- 사벨베르그 / Savelberg
- 콘라드 방콕 / Conrad Bangkok
- 에타스 방콕 / The Aetas Bangkok
- Langsuan Soi 3
- Langsuan Soi 4
- Langsuan Soi 5
- 미국 대사관
- Soi Ruam Rudi 2
- Langsuan Soi 6
- Langsuan Soi 7
- 텐 페이스 / Ten Face

BANGKOK BY AREA 03
CHIDLOM&PLOENCHIT

## SEE

## 에라완 사당 Erawan Shrine

칫롬 역과 시암 역 사이를 잇는 스카이 브리지를 걷다보면 누구나 가던 길을 멈추고 아래로 내려다 보게 된다. 그곳에 향 연기 가득한 에라완 사당이 있기 때문이다. 여행자들은 신기함에 바라보고, 방콕인들은 기도를 하느라 멈춰서는 곳. 방콕인 들에게 매우 신성시되는 사당이다. 에라완 사당은 힌두교 창조의 신인 브라만Brahman을 모시고 있다. 불교신자가 대부분인 방콕에서 힌두교 사당에 이 토록 많은 사람들이 모이는 이유는 무엇일까. 바로 옆에 있는 그랜드 하얏트 에라완 호텔과 관계가 있다. 호텔이 지어질 당시 유독 사고가 자주 발생했는데, 힌두교의 한 성직자가 에라완 사당을 지어 호텔 주변의 나쁜 기운을 물리쳐야 한다고 조언했다. 후에 길한 날을 정해 이 사당이 지어졌고, 그 후로는 더 이상 나쁜 일이 생기지 않았다고 한다. 사당 주변에는 언제나 향과 연꽃을 파는 길거리 숍과 그것을 사는 사람들로 분주하다. 방콕 사람들은 사당 중앙에 있는 에라완머리가 세 개 달린 코끼리 주변을 한바퀴 돌면서 12개의 향을 피우고 기도를 올린다. 이곳에서 소원을 빌면 다른 어떤 곳보다 잘 이루어진다고 믿기 때문에 향 냄새 그칠 날이 없다. 사당의 한 편에서는 무희들이 태국의 전통춤을 추는 공연을 수시로 볼 수 있다.

**Data** Map 266B
**Access** BTS 칫롬 역 8번 출구 **Add** Junction of Thanon Ratchadamri and Thanon Phloen Chit

## ENJOY

### 센트럴 월드 플라자 Central World Plaza

2010년 방콕의 대규모 시위로 화제를 겪었지만, 대대적인 리노베이션을 통해 방콕 최대의 라이프스타일 쇼핑센터로 새롭게 태어났다. 500개의 숍과 100개의 레스토랑&카페, 푸드코트와 특급 수퍼마켓, 15개의 개봉관을 갖춘 극장과 아이스 스케이트 링크 등 모든 것이 갖추어진 메가 쇼핑몰. 센트럴 월드 플라자를 가운데 두고 양 끝에는 두 개의 백화점, 젠과 이세탄이 자리해 있다. 가운데 길은 '쇼핑 스트리트' 콘셉트로 5개의 존으로 나누어져 있는데, 자라, 톱숍Top Shop, 미스 식스티 등 35개의 플래그십 스토어가 들어서 있다. 타이 패션에 관심이 많은 사람이라면, 플라이나우Ⅲ, 자스팔, CPS Chaps와 같은 유명 타이 브랜드와 젠 백화점의 타이 디자이너 갤러리 코너를 공략해보자. 방콕의 고급 식문화를 한눈에 볼 수 있는 센트럴 푸드홀도 인기 스폿. 고급스럽게 패키지 된 타이 커리, 프리미엄 향신료와 소스 등을 사기에 안성맞춤이다. 들어가는 입구만 18군데, 규모가 엄청나게 크고 넓어서 마냥 다니다보면 길을 잃을 정도다. 센트럴 월드 플라자나 이세탄 백화점 1층에 있는 인포메이션 센터에서 안내도를 받아 원하는 상품 쇼핑을 계획적으로 하는 것이 효과적이다.

**Data** Map 266B Access BTS 시암 역 6번 출구로 나와 방콕은행 골목으로 직진, 쇼이 5 안에 위치 Add 392/14 Siam Square Soi5, Rama 1 Road Cost 까이톳(닭튀김 大) 130바트, 쏨땀 59바트~ Open 11:00~22:00 Tel 02-251-4880

### 센트럴 칫롬 Centreal Chidlom

센트럴 그룹에서 운영하는 고급 백화점. 상품 구성이 괜찮고 매장이 명확하게 나뉘어 있어 쇼핑하기에 편리하다. 전체 7층 중에 여성 의류가 3층에 걸쳐 구성되어 있어 다양한 브랜드를 만날 수 있고, 타이 고유의 디자이너 브랜드도 알차게 들어서 있다. 5층의 스파 코너가 압권인데, 판푸리, 탄, 한Harnn 등 최고급 스파 제품을 직접 테스트해볼 수 있으며, 직원들이 정성스레 설명해준다. 매장 안에 용품을 써볼 수 있는 세면대까지 갖추었다. 7층에 위치한 푸드 로프트는 쇼핑몰에 있는 푸드코트들 중 가장 고급스러운 곳으로 통한다. 한국인들에게도 인기가 높다. 아쉬운 점이라면, 시암이나 수쿰빗 지역에 있는 쇼핑몰과 달리 센트럴 칫롬에는 멀티 스크린 극장이나 다른 엔터테인먼트 공간은 없다. 그 말은 곧 순수하게 쇼핑에만 집중할 수 있다는 말이기도 하다.

**Data** Map 267C **Access** BTS 칫롬 역 **Add** Corner of Ploenchit and Lang Suan Roads **Open** 10:00~22:00 **Tel** 02-793-7777 **Web** www.central.co.th

### 센트럴 엠버시 Central Embassy

2014년에 문을 연 하이엔드급 명품 쇼핑몰. 지하의 럭셔리 푸드코트를 포함해 총 5층으로 이루어진 센트럴 엠버시에서는 워낙 비싼 브랜드가 많아 사실 구입할 물건이 많지는 않다. 하지만 5층에 자리한 식당가는 꽤 매력적인데, 솜분씨푸드, 나라, 오드리, 딘타이펑 등 방콕에서 손꼽히는 중상급의 외식 브랜드가 그 어느 매장보다 고급스럽게 들어서 있다. 어느 쇼핑몰보다 여유로운 느낌의 크고, 분위기가 근사한 식당가에서 폼내며 식사하기 좋다.

**Data** Map 267C **Access** BTS 칫롬 역 2번 출구 도보 5분 **Add** Central Embassy Shopping Mall 5F, 1031 Pleonchit rd. **Open** 10:00~22:00 **Tel** 02-119-7777 **Web** www.centralembassy.com

### 탄 생추어리 THANN Sanctuary

방콕에서 가장 럭셔리한 스파이자 최고의 스파로 손꼽히는 탄 생추어리. 대중적인 타이 스파 브랜드로 가장 인기있는 탄의 제품을 사용해 스파 메뉴를 구성한 플래그십 스파 센터다. 고급 호텔 스파를 버금가는 프로그램과 가격대를 갖추고 있다. 시그니처 메뉴인 아로마 테라피와 피부의 표면에서 더 깊은 근육을 자극하는 딥티슈 마사지, 그리고 탄의 새로운 제품 라인으로 출시된 나노 시소를 이용한 테라피 등이 인기 메뉴다. 탄 생추어리는 방콕에서 게이슨 플라자 3층과 센트럴 월드 2층에 스파 지점이 있다.

**Data** Map 266B **Access** BTS 칫롬 역 9번 출구와 연결 **Add** 3F Gayson Thanon Ratchadamri **Open** 10:00~20:00 **Cost** 시그니처 마사지(90분) 3,000바트, 나노 시소 테라피(2시간10분) 4,300바트 **Tel** 02-656-1423 **Web** www.thann.info

### 콴 스파 Quan Spa

르네상스 호텔 22층에 위치한 콴 스파는 '물'을 주제로 하고 있다. '콴'이란 스파의 이름도 '스프링 워터'를 의미한다. 때문에 물을 이용한 트리트먼트 메뉴가 돋보이는데, 바닥이 따뜻한 돌침대에 누워 물줄기로 마사지를 받는 트로피컬 샌드 레인샤워 리튜얼이 이곳의 대표 스파 메뉴 중 하나다. 테라피스트가 20여 분간 정성스럽게 바디 스크럽한 몸은 레인샤워기의 물줄기로 씻어낸다. 그 후 부드러운 오일 마사지로 마무리. 오일이나 타이마사지에 익숙한 여행자가 뭔가 새로운 트리트먼트를 원할 때 시도해보면 좋다. 단, 45분간 진행되는 시간이 좀 짧은 듯한 아쉬움을 남긴다.

**Data** Map 266B **Access** BTS 칫롬 역 2번 출구, 도보로 5분 **Add** 518/8 Pleonchit Road, Bangkok **Cost** 아로마 퓨전 마사지(60분) 2,500바트, 트로피컬 샌드 레인샤워 리튜얼(45분) 2,500바트 **Tel** 02-125-5000 **Web** www.renaissancebangkok.com

## 럭사 스파 Luxsa Spa

산스크리트어로 '힐링-물을 통한 치유'라는 뜻의 럭사 스파는 지구, 물, 공기, 불의 네가지 요소를 기반으로 하는 고대 타이의 치료법에 그 기초를 두고 있다. 스파에 도착해서 신상 정보와 요청 사항을 적는 종이를 보면 이 네 가지 카테고리 중 자신이 어디에 속하는지를 체크하면서 알게 된다. 그리고 타입별로 어울리는 오일이 정해진다. 예를 들어 워터 타입에는 라벤더와 제라늄 오일이 어울리고, 불의 타입의 경우는 로즈메리와 진저가 어울리는 식이다. 그렇다고 꼭 그 오일을 써야하는 것은 아니라서, 만약 자신이 원하는 오일이 따로 있다면 테라피스트와 상의 후 그 오일을 이용할 수도 있다. 정원처럼 꾸며진 야외 테라스에 샤워기와 자쿠지가 설치되어 있는 프리미어 프라이빗 스위트 마사지룸은 그 자체로 오아시스의 느낌을 전해준다. 방콕에서 스파는 항상 바디 마사지를 위주로 받아왔기 때문에 럭사 스파에서는 특별히 타이 허브를 이용한 페이셜 마사지에 도전해 봤다. 요거트 클린징, 참깨와 꿀이 들어간 허브 스크럽, 오이 마스크 팩 등 모든 제품은 직접 제조하는 내추럴 허브와 식물 등을 이용해 만든다. 피부에 자극을 주지 않고, 개운하게 마무리되는 점이 만족스럽다.

**Data Map** 266F
**Access** BTS 라차담리 역 4번 출구, 도보로 5분 **Add** 3/250 Soi Mahadlekluang 2, Rajadamri Road, Lumpini, Pathumwan
**Open** 10:00~22:00
**Cost** 더 이스턴 블렌드(60분) 2,500바트, 허벌 힐링(90분) 3,000바트 **Tel** 02-209-1234
**Web** www.hansarbankgok.com

### 오쿠라 스파 Okura Spa

일본 계열의 호텔 스파답게 내부는 간결하고 정갈하게 꾸며져 있다. 자쿠지가 딸려 있는 커플룸을 포함해 5개의 고급스러운 트리트먼트 룸이 준비되어 있다. 어느 스파에서나 그렇듯이, 오쿠라 스파에서도 30분 전에 와서 스팀 사우나를 하며 15분 정도 피부의 모공을 열어주면 훨씬 효과적이다. 스파 메뉴 중에는 대나무를 이용한 타케 릴리프 마사지 메뉴가 돋보인다. 등-어깨-다리-배-팔-가슴 순으로 하는데, 대나무로 문지르는 압력이 생각보다 부드럽다. 등이나 어깨 등 집중해 달라는 부위에 대해서는 꽤 충실하게 마사지를 해주지만, 그 나머지 부분에 대해서는 골고루 마사지되지는 않는 느낌도 조금 있다. 그리스인들이 중독증을 예방할 수 있다고 믿었고, 중세 유럽의 병사들은 전투에서 살아남게 해준다고 믿었던 자수정을 이용한 스톤 마사지 오쿠라 게이트도 이곳의 시그니처 마사지다. 프랑스 제품 달고Thalgo를 스파 제품으로 이용한다. 스파를 받는 동안 나오는 일본 뉴에이지풍의 피아노 연주곡도 매우 인상적이다. 방콕 스파에 가면 항상 비슷하게 나오던 태국 명상 음악이 아니라서 더 새롭다.

**Data** Map 267D
**Access** BTS 프런칫 역과 바로 연결, 오쿠라 호텔 25층
**Add** Park Ventures Ecoplex 57 Wireless Road, Bangkok
**Open** 10:00~22:00 (라스트 오더 21시)
**Cost** 오쿠라 게이트웨이 1시간 3,500바트, 타케 릴리프 1시간 30분 3,600바트, 타케 리플렉솔로지 2,200바트
**Tel** 02-687-9000
**Web** www.okurabangkok.com

 **판푸리 오가닉 스파 앤 숍**
Writer's Pick! Panpuri Organic Spa & Shop

가장 귀족적이고 럭셔리한 타이 스파 브랜드 중 하나. 탄과 함께 태국에서 가장 유명한 스파 브랜드이지만, 탄보다는 가격대가 높다. 판푸리 스파 제품은 태국 선조들이 오래 전부터 사용해 온 천연허브와 재료로 만든 플라워 오일, 스파&바디, 미용 제품의 탁월한 효능과 질을 인정받고 있다. 공작이 그려진 화려한 제품 용기와 케이스도 아름답다. 게이손 플라자 로비 층에 있는 판푸리 오가닉 스파점에는 이국적인 숍과 함께 별도의 스파룸도 갖추고 있다. 2013년 스파룸을 확장해 5개의 룸을 갖추고 있다. 제품 중에 개인적으로 가장 추천하는 제품은 물에 오일을 타면 우윳빛으로 변하는 안티 옥시단트 밀크 배스&마사지 오일. '매혹적인 각종 향의 향초와 디퓨저도 탐나는 제품들이다. 판푸리 제품들은 매장에서 직접 사용해볼 수 있는 세면대가 있어 제품을 사는데 도움이 된다.

**Data** Map 266B
**Access** BTS 칫롬 역 6번 출구에서 도보 5분
**Add** Lobby Level, Gaysorn Plaza 999, Pleonchit Rd
**Cost** 시그니처 마사지(90분) 3,500바트, 슬림 제레니티(60분) 2,400바트 **Open** 10:00~20:00
**Tel** 02-656-1199 **Web** www.panpuriorganicspa.com

# EAT

### 사벨베르그 방콕 Savelberg Bangkok

사벨베르그의 명성이 아직 한국까지 알려져 있지는 않다. 하지만 네덜란드에서 내로라하는 미쉐린 스타 셰프이자, 그가 운영하는 네 개의 레스토랑이 모두 17년간 미쉐린 스타를 지켜오고 있다는 점에서 그의 방콕 진출은 매우 의미심장하다. 네덜란드에서 2주, 방콕에서 2주의 시간을 보내며 그의 창작 요리를 선보이는 사벨베르그에서 특별한 방콕여행을 만들어보길 권한다. 두 달 반마다 메뉴를 바꾸며 계절감을 느낄 수 있는 요리를 선보인다. 물론 방콕에서는 딱히 시즌이랄 게 없긴 하지만 그래도 메뉴를 변화시키는 일에는 변함이 없다.

**Data** **Map** 267G
**Access** BTS프런칫역 1번 출구로 나와 와이어레스 길로 좌회전, 오리엔탈 레지던스 방콕 1층에 위치
**Add** 110 Wireless Rd, Lumpini, Patumwan **Cost** 4코스 3,000바트, 6코스 3,700바트 **Open** 수~월 12:00~14:30, 18:00~22:00
**Tel** 02-252-8001
**Web** www.savelbergth.com

### 나라 타이 퀴진 Nara Thai Cuisine

**Writer's Pick!**

2003년에 보트 누들을 파는 유명 음식점으로 시작해, 현재는 센트럴월드, 에라완, 엠버시 등 고급 쇼핑몰에 매장을 운영하는 로컬 프랜차이즈점이다. 엠버시 쇼핑몰에 있는 나라 레스토랑은 고급스럽고 우아한 분위기가 으뜸. 안쪽 홀의 테이블에서 내려다보이는 전망도 근사하다. 딸링쁠링보다 고급스러운 분위기이며, 싱가포르에도 나라 타이 레스토랑이 있다.

**Data** **Map** 267C
**Access** BTS 칫롬 역 2번 출구 도보 5분 **Add** Central Embassy Shopping Mall 5F, 1031 Pleonchit rd **Cost** 핫앤 스파이시 치킨 윙 200바트, 치킨 마사만 커리와 오믈렛 185바트 **Open** 10:00~22:00
**Tel** 02-160-5988-9 **Web** www.naracuisine.com

### 스렛시스 팔러 Sretsis Parlour

방콕 인스타그램에서 가장 핫한 장소로 등극한 곳. 연한 핑크 빛 문을 열고 들어가면 온갖 화사한 꽃무늬 벽지와 데이지가 장식된 카펫 바닥, 고풍스러운 가구와 핑크색으로 차려 입은 메이드 복장의 직원까지, 어디다 먼저 눈을 둬야 할지 분주해진다. 여심저격의 이곳은 방콕의 패션 브랜드 스렛시스Sretsis의 세 자매가 새로 문을 연 디저트 카페. 파슨스를 졸업한 핌다오Pimdao와 클라이두안Klyduan, 주얼리 디자이너인 마티나Matina의 세 자매가 영감과 상상력을 발휘해 만든 이곳에서는 차이나본 찻잔 속에 동화책 그림처럼 그려진 유니콘 라테아트를 마실 수 있다. 패션 브랜드처럼 매우 여성스러우면서도 판타지가 가득한 스렛시스 팔러에서 오후의 디저트를 음미하길. 공간이 작아서 예약을 미리 하고 가는 것이 좋으며, 1인당 한 세트를 주문해야 한다. 이 카페 바로 옆에는 스렛시스의 플래그십 스토어도 있으니 함께 둘러볼 것.

**Data** Map 267C
**Access** BTS 칫롬 역 2번 출구 센트럴 엠버시 몰 2층
**Add** Central Embassy, Level 2, 1031 Ploenchit Rd.
**Cost** 티타임 위드 유니콘 750바트, 시아미즈 딜라이트 490바트
**Open** 10:00~20:00
**Tel** 02-160-5875
**Web** www.sretsis.com

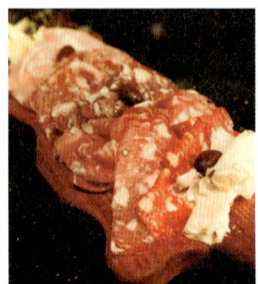

### 메디치 키친 앤 바 Medici Kitchen&Bar

호텔 뮤즈 지하 1층의 나선형의 계단을 내려가면 상당히 어두운 실내가 나오는데, 아치형의 구조물 때문에 마치 까브(와인 저장고)에 들어온 듯한 느낌을 준다. 벽로로 마감한 벽과 오크통 장식도 그런 분위기를 더해주고, 내부는 캐주얼 다이닝 공간과 칵테일, 타파스 메뉴를 즐길 수 있는 바, 그리고 오픈키친을 바라보며 식사를 할 수 있는 셰프 테이블 등으로 나뉘어 있다. 정통 이탈리아 남부 요리를 진두지휘하고 있는 헤드 셰프 프란체스코 렌지|Francesco Lenzi가 손님의 테이블을 살피며 나누는 대화는 이곳의 식사를 더욱 즐겁게 하는 요소. 관자살 위에 올려진 푸아그라와 트뤼플의 환상적인 궁합, 컬러 매치가 돋보이는 리조또 등을 와인과 함께 즐기는 동안, 어디선가 노래 소리가 나기 시작했다. 두 명의 남녀 성악가가 테이블을 돌며 오페라를 부른다. 동굴 속 같은 레스토랑 안에 울려퍼지는 오페라는 메디치의 저녁을 더욱 황홀하게 한다.

**Data** Map 267G **Access** BTS 칫롬 역 4번 출구에서 도보로 10분 **Add** B1, 55/555 Soi Langsuan, Ploenchit Road **Cost** 샐러드 420~590바트, 파스타 490~650바트 **Open** 12:00~14:30, 18:00~22:30 **Tel** 02-630-4000 **Web** www.Hotelmusebangkok.com

### 하이드 앤 식 Hyde and Seek Gastro&Bar

오픈한 지 2년, 파랑과 방콕 트렌드세터들의 열렬한 사랑을 받고 있는 가스트로 바다. 브런치를 왜 일요일에만 먹나, 매일 먹을 수도 있지 라는 생각에서 출발한 주중 브런치와 각종 칵테일 메뉴가 매우 훌륭하다. 셀리브리티 셰프인 이안 키티차이 Ian Kittichai와 피터 피탁웡 Peter Pitakwong, 그리고 플로우 칵테일 Flow Cocktail 팀이 만들어낸 하이드 앤 식은 런던과 뉴욕의 클래식한 펍 다이닝을 콘셉트로, 오픈 당시부터 화제를 모았다. 유명 칵테일이 생겨나게 된 각각의 역사와 들어가는 재료를 상세하게 설명해 놓은 칵테일 북은 들여다보는 것만으로도 흥미롭다. 하이드 앤 식만의 창의적인 레시피로 만들어진 칵테일로 세련된 방콕의 밤을 즐길 수 있는 곳.

**Data** Map 267D
**Access** BTS 프런칫 역 6번 출구에서 도보로 5분
**Add** GF, 61 Plaza Athenee, Wireless Road, Lumpini
**Cost** 시그니처 칵테일 295바트~, 올데이 브런치 450바트
**Open** 11:00~01:00
**Tel** 02-168-5152
**Web** hydeandseek.com

### 교 롤 엔 센트럴 엠버시 Kyo Roll en Central Embassy

교토 라이프스타일 카페를 표방하는 일본식 디저트 카페. 콘셉트는 일본 스타일이지만, 주인은 태국의 젊은 사업가 청년이다. 방콕에만 10개가 넘는 지점이 있으며, 웬만큼 큰 쇼핑몰에는 거의 다 들어가 있다. 태국 사람들의 디저트 사랑을 보여주는 곳으로, 저렴하지 않은 가격임에도 늘 인기가 많다. 마차를 이용한 아이스크림, 롤, 파르페, 푸딩 종류는 물론, 대나무 숯을 이용한 롤과 아이스크림 등 특이하고 예쁜 모양새와 맛을 갖추었다. 까만색의 차콜 반, 녹차 반으로 된 아이스크림과 롤이 함께 나오는 세트메뉴가 인기 있다. 한때 한국에서도 유행이었던 물방울 떡도 판다. 물방울 떡 위에 콩가루를 뿌리고 달짝지근한 소스를 뿌려서 먹는다. 먹으면 입에서 물처럼 사라지는데, 소스나 콩가루 없이 먹으면 정말 아무 맛도 안 난다. 녹차 특유의 텁텁하고 쓴 맛이 담겨있는 말차 라테 등 롤과 어울리는 음료 메뉴도 다양하다.

**Data** **Map** 267C
**Access** BTS 칫롬 역 2번 출구에서 도보 5분
**Add** 5F, Central Embassy, Level 2, 1031 Ploenchit Rd.
**Cost** 말차아이스크림 155바트, 물방울떡 135바트, 수미세트 239바트, 네 가지 롤 케이크를 고르는 스페셜 세트 420바트
**Open** 10:00~22:00
**Tel** 02-160-5963
**Web** www.kyorollen.com/find-us

### 가간 Gaggan

아시아 베스트 레스토랑 50위 중 3년 연속 1위에 오른 집이다. 가간에서는 분자요리를 접목한 프로그래시브 인디안 퀴진을 맛볼 수 있다. 이곳의 진가를 제대로 느끼려면 10코스의 테이스팅 메뉴가 답이다. 방콕에서 단 하루의 파인 다이닝 기회가 있다면 이곳에 가보기를 추천, 아니 강요하고 싶다.

**Data** **Map** 266F **Access** BTS 칫롬 역 4번 출구에서 도보로 15분, 가간의 간판을 보고 우회전
**Add** 68/1 Soi Langsuan, Ploenchit Road
**Cost** 10코스 테이스트 오브 가간 6,500바트 **Open** 12:00-14:30, 18:00~23:00 **Tel** 02-652-1700
**Web** www.eatatgaggan.com

## 스피크이지 Speakeasy

호텔 뮤즈의 24층과 25층에 위치한 루프톱 바. 스피크이지 컨셉으로 만들어졌다. 24층에는 야외 테라스 바 말고도 '블라인드 피그'라는 이름의 시가 바 라운지가 숨어 있는데, 실크 재킷으로 갈아입고 들어가면 완벽하게 숨은 프라이빗 룸이 나온다. 25층으로 올라가는 계단은 벽으로 위장한 미닫이문을 찾아 열고 올라가야 한다. 숨은 통로를 찾아 올라가면 꼭대기에는 멋진 야경의 옥상 바가 등장. 커피를 담는 머그잔이나 투명한 잼 통에 술을 담아주는 컨셉도 1920년대의 주류밀매점 스타일을 그대로 가져온 것. 스피크이지는 방콕에서 손꼽히는 루프톱 바이기도 하다.

**Data** Map 267G
**Access** BTS 칫롬 역 4번 출구에서 도보로 10분
**Add** 24&25F, Hotel Muse 55/555 Langsuan Road, Ploenchit Road
**Open** 18:00~01:00
**Cost** 시그니처 칵테일 350바트
**Tel** 02-630-4000
**Web** www.Hotelmusebangkok.com

## 에라완 티룸 Erawan Tearoom

에라완 티룸은 하얏트 에라완 호텔에서 운영함에도 불구하고 애프터눈티의 가격이 부담스럽지 않다. 우리나라 돈으로 2만 5,000원 정도. 무엇보다 메뉴 구성이 독특한데, 타이의 전통 음식을 한 입 크기의 간식으로 구성, 망고 스티키 라이스와 같은 태국식 인기 디저트와 과일도 8가지가 올라간다. 주말에는 예약을 하지 않으면 자리를 얻기 힘들다.

**Data** Map 266B
**Access** BTS 칫롬 역에서 에라완 이정표를 따라 나오면 스카이 브리지로 연결 **Add** 2F, Erawan Bangkok, 494 Rajadamri Road **Cost** 애프터눈 티 세트 750바트~ **Open** 10:00~22:00 애프터눈티 14:30~18:00 **Tel** 02-254-1234 **Web** www.erawanbangkok.com/tearoom.php

**Data** Map 267C
**Access** BTS 칫롬 역 5번 출구와 연결, 센트럴칫롬 7층에 위치
**Add** 7F, Central Chit Rom, 1027 Thanon Phloen Chit
**Cost** 태국 음식 100바트~, 이탈리안 200바트~, 일식 170바트~
**Open** 10:00~22:00
**Tel** 02-793-7070
**Web** chidlom.foodloft central.com

### 푸드 로프트 Food Loft

방콕의 유명한 푸드코트들 중에서도 가장 고급스러운 곳으로 통한다. 센트럴 칫롬 백화점 7층에 위치한 푸드 로프트는 고급스러운 인테리어와 좋은 식재료를 사용해 성공한 케이스. 들어갈 때 한 사람씩 바코드가 찍혀 있는 카드를 받는데, 원하는 부스에서 음식을 주문하고 받은 영수증을 자리에 앉아 직원에게 주면 음식을 가져다준다. 계산은 다 먹고 난 후 나가는 출구 앞에서 한다. 쌀국수, 팟타이 등의 타이 음식을 비롯해 중식, 일식, 이탈리안, 인디안 요리 등 나라별 음식을 다양하게 즐길 수 있다. 다른 푸드코트보다 비싼 가격이 흠이라면 흠. 5%의 서비스 차지도 붙는다.

**Tip** 들어올 때 받은 카드를 절대 잃어버리면 안 된다. 분실 시 카드 사용의 최고 한도액을 지불해야 나갈 수 있다.

### 크레프&코 Crepes & Co

1996년 문을 연 방콕 최초의 크레프 전문점이다. 지금은 방콕에서 유명한 브런치 명소가 됐다. 식사용으로 먹을 수 있는 크레프에서 디저트까지 크레프 종류만도 350가지에 이르고, 샐러드, 스파게티, 지중해 요리까지 다양하게 갖췄다. 기본 레시피 85바트에 아이템(베이컨, 치즈, 과일, 소스 등)을 추가해서 원하는 스타일대로 먹을 수도 있다. 인기 크레프 메뉴와 함께 아이스크림이 들어간 디저트 크레프가 항상 인기다. 통로와 센트럴 월드, 그리고 후아힌과 상하이에도 지점이 있다.

**Data** Map 267G
**Access** BTS 칫롬 역 4번 출구에서 도보로 15분
**Add** 59/4 Langsuan Soi 1, Ploenchit Road
**Cost** 크레프 275~390바트
**Open** 월~토 09:00~23:00, 일요일 08:00~23:00
**Tel** 02-672-1230
**Web** www.crepesnco.com

### 레드 스카이 Red Sky

**Data** Map 266B
**Access** BTS 칫롬 역 8, 9번 출구로 나와서 스카이브리지 이용, 센트라 그랜드 월드와 연결된 센타라 그랜드 호텔 55층에 위치.
**Add** 55/555 Langsuan Road, Ploenchit Road, Lumpini, Pathumwan
**Open** 17:00~01:00
**Cost** 칵테일 400바트~ **Tel** 02-100-1234 **Web** www.centarahotelsresorts.com

반얀트리의 버티고 앤 문 바, 르부아 호텔의 시로코와 함께 방콕의 3대 루프톱 바로 손꼽히는 곳이다. 이 세 곳 중에는 가장 최근에 생겼다. 시로코나 버티고에서처럼 차오프라야 강이 보이지는 않지만 360도로 펼쳐지는 방콕 시내의 야경은 그 자체로 드라마틱하다. 버티고나 시로코보다 관광객도 덜하다. 센트럴 월드 옆에 위치한 센타라 그랜드 Centara Grand 호텔의 54층과 55층에 위치해 있다. 식사를 하면 54층, 바를 이용한다면 55층으로 가게 된다. 이곳에서의 식사가 부담스럽다면 바에서 칵테일 한잔을 즐겨도 충분하다. 7시까지는 맥주와 칵테일에 한해 한 잔을 시키면 한 잔을 무료로 더 마실 수 있는 해피아워가 진행된다.

### 주마 Zuma

*Writer's Pick!*

런던을 시작으로 홍콩, 이스탄불, 마이애미, 두바이 등 여러 도시에 분점을 갖고 있는 유명한 퓨전 일식 다이닝 레스토랑&바. 세인트 레지스 방콕 호텔의 1층에 위치한 주마는 정통 일식 레스토랑이라기보다는 이자카야 라운지의 성격이 더 강하며, 야외로 이어진 테라스 바에서는 사케를 이용한 독특한 칵테일을 즐길 수 있다. 칵테일이나 와인만 마시는 장소로도 이미 엄청난 인기를 구사하고 있는 주마는 DJ의 라이브 음악이 흐르는 가운데 칠리앤패션, 루밥 칵테일 등과 같은 흥미로운 맛의 칵테일을 즐길 수 있다.

**Data** Map 266F **Access** BTS 라차담리 역에서 세인트 레지스 호텔로 바로 연결 **Add** 159 Rajadamri Road, Lumpini, Pathumwan **Cost** 주말 브런치 1,280바트, 단품 350바트~1,000바트, 칵테일 320바트~ **Open** 레스토랑 12:00~15:00, 18:00~23:00 / 라운지 바 일~목 12:00~24:00, 금~토 12:00~01:00 **Tel** 02-252-4707 **Web** www.stregis.com/bangkok

### 야마자토 Yamazato

오쿠라 프레스티지 방콕의 24층에 위치한 야마자토는 호텔을 대표하는 시그니처 레스토랑이다. 암스테르담의 미쉐린 원스타 레스토랑인 야마자토의 분점으로 방콕의 여러 일식 레스토랑 중에서도 손꼽히는 곳. 오리가미를 표현한 천장 장식이나 기모노를 입고 있는 직원들도 인상적이지만, 뭐니뭐니해도 일본 현지에서 먹는 것과 같은 퀄리티의 가이세키 요리와 점심 메뉴가 으뜸이다. 니기리 스시 정식, 쇼우가야키 정식, 장어 정식 도시락 등의 메뉴가 인기 있다. 별도의 스시바와 데판야키 코너, 그리고 25가지가 넘는 사케의 종류도 준비되어 있다.

**Data** Map 267D
**Access** BTS 프런칫 역과 바로 연결 **Add** Park Ventures Ecoplex 57 Wireless Road, Bangkok **Cost** 니기리 스시 고젠 950바트, 장어 정식 도시락 1,000바트, 사케 420바트~ 1만 5,000바트 **Open** 조식 06:30~10:30, 점심 11:30~14:30, 18:00~22:30 **Tel** 02-687-9000 **Web** www.okurabangkok.com

### 페이야 Fei Ya

르네상스 라차프라송 호텔 3층에 있는 차이니즈 레스토랑. 베이징 덕과 딤섬으로 유명한 곳이다. 지난 해에는 방콕 최고의 레스토랑 중 한 곳으로 선정되기도 했다. 중국 본토의 맛에 충실한 레스토랑으로, 중국 동북 지방의 요리를 주로 선보인다. 페이야는 만다린어로 '플라잉 덕'이란 뜻. 커다란 원형 테이블을 다 덮을 만큼 큰 종 모양의 조명 장식과 강렬한 붉은색 인테리어, 중국풍의 별장을 연상시키는 실내가 고급스럽다. 베이징덕 요리와 주중과 주말 모두 선보이는 딤섬 런치가 특히 인기 있다.

**Data** Map 266B
**Access** BTS 칫롬 역 2번 출구, 르네상스 호텔 내에 위치 **Add** 518/8 Pleonchit Road, Bangkok **Open** 11:30~14:30, 18:00~22:30 **Cost** 베이징덕 1,500바트, 칵테일 350바트 **Tel** 02-125-5000 **Web** www.renaissance bangkok.com

# SLEEP

### 르네상스 방콕 라차프라송 Renaissance Bangkok Ratchaprsong

칫롬 역에 몰려 있는 세계적인 체인 호텔들이 각자 고유의 클래식하고 정통적인 느낌으로 승부하고 있다면, 르네상스 방콕은 블링블링하고 펑키한 디자인과 감각으로 여행자를 반긴다. 우리가 기존에 알고 있는 르네상스 이미지와는 많이 다르다고나 할까. 화려하게 반짝이는 레드 컬러의 로비를 지나 현대적으로 잘 디자인된 객실에 들어서기까지, 그리고 방콕에서 손꼽히는 중식 레스토랑과 올데이 뷔페 레스토랑 플레이버Flavors, 글래머러스한 R바와 수준급의 콴 스파 등을 경험하다 보면 르네상스 호텔이 내세우는 '울트라 시크'를 인정하게 된다. 클럽라운지를 이용할 수 있는 이그제큐티브 클럽 룸의 혜택도 많은데, 벨Bae 과일로 만든 차와 스트레스 해소에 탁월한 블루 버터 플라이 피티를 마시는 티타임과 각종 와인과 술을 마실 수 있는 카나페 타임도 4시간(16:30~20:30)이나 된다.

**Data** Map 266B
**Access** BTS 칫롬 역 2번 출구, 도보 5분
**Add** 518/8 Pleonchit Road, Bangkok
**Cost** 5,100바트~
**Tel** 02-125-5000
**Web** www.renaissancebangkok.com

## 오쿠라 프레스티지 방콕
Okura Prestige Bangkok

2012년 5월 오픈한 오쿠라 호텔은 일본의 대표적인 호텔 그룹으로, 기존 5성급의 유명 체인 호텔보다 한 단계 위인 프리미엄 5성급 호텔로 지어졌다. BTS 프런칫 역과 바로 연결되는 파크벤처 에코플렉스 건물의 24층에 로비가 있으며, 이 빌딩 자체가 지은 지 얼마 안 된 호화 건물이다. 오쿠라 호텔은 원래 일본의 최고급 비즈니스 호텔로 유명한데, 일본 특유의 차분한 분위기와 함께 인테리어도 군더더기 없이 매우 깔끔한 모양새다. 방콕의 완전 중심가에 위치해 있고, 호텔이 24층부터 시작되는 만큼 모든 공간에서 바라보는 도심 전망이 매우 뛰어나다. 객실은 이런 전망을 골고루 즐길 수 있게끔 벽보다 유리창이 많은 느낌인데, 한 면이 모두 유리로 되어 있는 욕실도 자연 채광이 충분히 들어와 매우 밝고 화사한 느낌을 준다(물론 블라인드로 열고 닫을 수 있다). 객실과 욕실 사이에는 여행가방을 올릴 수 있을 정도의 큰 대리석 선반 공간이 있는데, 이 부분에 미닫이 문이 있어서 객실과 욕실을 분리하거나 한 공간으로 만들 수 있다. 미닫이문을 열어두면 객실이 넓어보이고, 미닫이 문을 닫으면 민망할 일없이 욕실을 쓸 수 있는 것. 작은 공간도 틈틈이 잘 활용해 놓은 객실의 인테리어와 녹차 다기 세트, 유카타 형태의 가운 등은 오쿠라 호텔만이 지닌 매력이라 하겠다. 오쿠라 호텔을 대표하는 일식 레스토랑 야마자토Yamazato와 뷔페식으로 먹을 수 있는 업앤어보브Up&Above 레스토랑 두 군데에서 모두 조식을 먹을 수 있다는 점도 특별하다. 야마자토에서 정갈한 한상 차림으로 아침식사를 할 수도 있고, 가짓수가 풍부한 업앤어보브 레스토랑에서 든든한 조식을 먹을 수도 있다. 또 오쿠라 암스테르담에 있는 미쉐린 2스타 레스토랑 시엘 블루Ciel Bleu와 연계된 엘리먼츠Elements 레스토랑에서 150 가지의 와인과 함께 창조적인 모던 퀴진을 즐겨볼 수도 있다. 25층에 위치한 수영장은 큰 규모는 아니지만, 최고의 전망을 즐길 수 있는 또 하나의 공간. 붐비지 않아 언제든지 여유롭게 수영을 할 수 있다. 또 일본 전통의 대나무로 마사지를 받을 수 있는 오쿠라 스파도 색다른 스파 경험을 선사해 준다.

**Data** Map 267D
**Access** BTS 프런칫 역과 바로 연결 **Add** Park Ventures Ecoplex 57 Wireless Road, Bangkok
**Cost** 7,100바트~ **Tel** 02-687-9000
**Web** www.okurabangkok.com

## 호텔 뮤즈 Hotel Muse

**Writer's Pick!**

필자가 직접 묵어본 방콕 호텔 중 개인적으로 최고 3위 안에 꼽는 곳이다. 지금은 클래식이 된 1920년대 유럽의 고전적인 스타일을 타이 스타일과 버무려 우아하게 풀어냈다. 객실에서 호텔 구석구석까지 앤티크한 장식과 분위기가 넘쳐난다. 온기가 느껴지는 객실의 티크 나무바닥과 오래된 여행가방 장식, 다리가 달린 욕조와 태국의 전통 문양이 새겨진 세면대 등 여자들의 혼을 쏙 빼놓을 정도다. 테이블을 돌며 오페라 공연을 하는 메디치 키친&바와 루프톱 바인 스피크이지Speakeasy는 방콕인들 사이에서 이미 소문이 자자한 힙 플레이스!

**Data** Map 267G
**Access** BTS 칫롬 역 4번 출구에서 도보로 10분
**Add** 55/555 Langsuan Road, Ploenchit Road, Lumpini, Pathumwan
**Cost** 4,896바트~
**Tel** 02-630-4000
**Web** www.Hotelmusebangkok.com

## 한사르 방콕 Hansar Bangkok

**Writer's Pick!**

포시즌스, 세인트 레지스 방콕, 콘라드 방콕 등 쟁쟁한 호텔들이 모여 있는 라차담리 지역에서 태국 고유의 호텔 브랜드로 당당히 어깨를 겨루고 있는 5성급 부티크 호텔. 94개의 모든 룸이 스위트로 구성되어 있고, 객실 크기도 가장 넓은 축에 속한다. 가장 작은 규모의 '스튜디오 스위트'도 '넉넉하다'를 넘어 '크다'는 느낌을 전해줄 정도. 태국의 고급 천연 티크나무로 만든 침대와 짐 톰슨으로 꾸민 인테리어 소품, 한사르의 야심작이라고 할 수 있는 놀라운 침대의 쿠션감, 탁 트인 욕조와 파우더룸 등이 인상적이다. 주변이 초고층 빌딩으로 둘러싸여 있어 자칫 삭막해 보일 수 있는 단점을 '버티컬 가든'이라 불리는 초록 식물 벽으로 채운 객실도 감동적이다.

**Data** Map 266F **Access** BTS 라차담리 역 4번 출구, 도보로 5분 **Add** 3/250 Soi Mahadlekluang 2, Rajadamri Road, Lumpini, Pathumwan **Cost** 스튜디오 스위트 5,900바트~ **Tel** 02-209-1234 **Web** www.hansar-bankgok.com

## 세인트 레지스 방콕 St.Regis Bangkok

100년의 역사를 가진 세인트 레지스 뉴욕을 시작으로 전세계 대도시에 체인을 갖고 있는 명성 높은 호텔. 기존 5성급 호텔을 뛰어넘는 6성급 호텔로, 홍콩이나 싱가포르에서는 상상도 할 수 없는 금액으로 세인트 레지스 방콕을 즐길 수 있다는 것이 장점이다. 객실은 다른 호텔에 비해 다소 작은 편이고, 수영장 역시 조금은 딱딱한 분위기이지만, 무엇보다 객실마다 개인 집사 서비스 Butler Service를 두고 있어 특별한 대우를 받고 있다는 뿌듯함을 들게 한다. 매일 저녁 샴페인 세이버링 의식을 선보이는 세인트 레지스 바와 뉴욕 스타일의 애프터눈티를 즐길 수 있는 드로잉룸, 고급 이탈리아 식문화를 경험할 수 있는 조조Jojo 레스토랑이 유명하다.

**Data** Map 266F
Access BTS 라차담리 역 4번 출구와 바로 연결
Add 159 Rajadamri Road, Lumpini, Pathumwan
Cost 7,500바트~
Tel 02-207-7777
Web www.stregis.com/bangkok

## 그랜드 센터 포인트 라차담리
Grand Centre Point Ratchadamri

가족단위 여행객에서 커플 여행까지 골고루 만족시킬 수 있는 레지던스형 호텔. 전자레인지와 주방도구를 갖춘 부엌, 세탁기까지 모두 갖추어져 있으며, 넉넉한 수영장과 라이브러리, 비디오룸, 키즈클럽까지 갖추고 있다. 자주 프로모션을 하고 객실 업그레이드도 잘해주는 편이라, 디럭스룸을 예약했다 하더라도 숙박일이 많으면 침실과 거실이 나뉘어 있는 그랜드 스위트룸으로 업그레이드를 받을 수 있다.

**Data** Map 266F
Access BTS 라차담리 역 4번 출구에서 도보로 7분
Add 153/2 Soi Mahatlek-Luang 1, Ratchadamri Rd, Lumpini Cost 디럭스룸 3,900바트 정도
Tel 02-670-5000
Web http://wtfbangkok.com/ www.grandecentrepointratchadamri.com

Bangkok By Area
# 04

# 실롬&사톤 &리버사이드
## SILOM & SATHORN & RIVERSIDE

실롬&사톤 북부
실롬&사톤 남부와 리버사이드

실롬과 사톤 지역은 방콕 최대의 상업지구이자 유흥지구로 통한다. 사톤에는 세계적 금융회사와 외국계 기업 회사, 대사관, 특급 호텔들이 포진해 있다. 또 힌두사원과 인디안, 중국인 커뮤니티, 많은 게스트하우스와 마사지 숍들이 모여 있는 실롬에는 남자들을 위한 유흥의 밤거리가 여전하다. 여행자를 위한 동선상, 크게 실롬& 사톤의 북부 그리고 실롬& 사톤의 남부와 리버사이드 지역을 묶어 소개하기로 한다.

## PREVIEW

# 실롬&사톤 북부
## NORTH SILOM & SATHORN

*실롬과 사톤 북부는 두 얼굴을 지녔다. 사톤 로드에는 메트로폴리탄, 반얀트리, 소피텔 소 방콕 등과 같은 5성급의 부티크 호텔이 위치해 있고, 외국 기업 회사와 은행들이 모여 있는 점잖고 고급스러운 동네인 반면, 실롬 북부는 골목마다 유흥업소들이 빽빽하게 들어찬 밤문화의 1번지다. 수쿰빗 지역의 통로나 아속만큼 핫한 공간들은 없지만, 구석구석 돌아다녀보면 새로 둥지를 튼 레스토랑과 이미 탄탄하게 자리를 잡고 있는 맛집들을 발견할 수 있다.*

###  PLAN

이 지역의 대표 즐길 거리는 역시 밤거리다. 물론 상당수의 장소가 남성을 위한 전문 업소가 대부분이지만, 여성들끼리도 한번쯤 경험해 보라고 권하고 싶다. 방콕에서 여자들은 모르는 남자들의 밤을 훔쳐(?)볼 수 있다. 생각보다 무섭거나 두려운 면도 덜하다. 오히려 좀 웃긴 면들을 발견하게 된다. 소이 컨벤트와 살라댕 소이 2 안에는 밤에 들어서는 야식점들이 많다. 시원한 싱하 한 병과 치킨구이 등을 마시며 현지의 분위기를 느껴볼 수 있다.

### 어떻게 갈까?

BTS 살라댕 역과 MRT 실롬 역, 룸피니 역을 이용하면 된다. 실롬의 밤거리를 즐기려면 살라댕 역이나 MRT 실롬 역(살라댕 역이 더 가깝다), 수코타이와 반얀트리 호텔 등이 있는 사톤로드로 가려면 MRT 룸피니 역에서 내린다.

### 어떻게 다닐까?

실롬로드에서 사톤로드까지 가는 거리는 넉넉잡고 300m 정도가 되는데, 그 중심거리인 소이 컨벤트와 살라댕 거리는 실롬로드처럼 복잡하지 않아 충분히 즐기며 걸을 수 있다. 단 점심시간과 저녁시간에 맞춰 가면 많은 노점상들과 사람들이 있어 볼거리도 많고, 더욱 활기를 띠지만, 오후 2시 이후에는 햇빛이 강해 걷는 것을 피하는 것이 좋다. 실롬과 사톤 남부 지역으로 넘어가지 않는다면 왠만한 거리는 걸을 만하다.

**SEE**

사톤 로드 북쪽 끝에 있는 룸피니 파크가 유일하다. 별다른 관광지는 없다. 갖가지 열대나무와 야자수가 가득한 룸피니 공원 안에서 볕이 뜨겁지 않은 아침이나 저녁 나절에 조깅을 할 수도 있고, 호숫가에서 느긋한 시간을 보낼 수도 있다. 호숫가에 사는 물왕 도마뱀과 악어는 평화로운 공원의 반전!

**ENJOY**

저녁 때가 되면 실롬 로드에 빼곡히 들어서는 야시장이 대표 쇼핑 장소다. 하지만 다른 지역보다 비싼 기념품과 짝퉁들이 많아서 흥정을 잘해야 한다. 처음 부르는 금액 대로 지불하는 불상사는 만들지 마시길. 실롬 소이 2와 4에 있는 게이 바와 클럽, 실롬 소이 6의 팟퐁 거리에 있는 스트립 바와 아고고는 가는 사람은 또 찾아가는 대표 유흥의 거리.

**EAT**

한국인에게 유명한 솜분 시푸드Somboon Seafood를 비롯, 반 카니타&갤러리, MK골드 살라댕과 같은 인기있는 태국 음식점이 있다. 소이 컨벤트와 수안플루에 들어서는 길거리 음식점들, 아니면 호텔 내에 있는 유명 레스토랑 등에서 다양한 먹거리를 즐길 수 있다. 반얀트리나 메트로폴리탄에 묵는 투숙객들은 호텔 밖으로는 별로 먹을 데가 없는 것처럼 보이지만, 호텔에서 도보로 10분 거리의 소이 컨벤트와 소이 수안플루로 들어가면 그 어느 동네보다 맛있고 저렴한 길거리 음식을 즐길 수 있으니 꼭 찾아가볼 것.

**SLEEP**

두짓타니 실롬, 반얀트리, 수코타이, 메트로폴리탄과 같은 최고급 호텔에서 에스콧 사톤, 프레이저 스위트 어바나 사톤, 센터 포인트 살라댕과 같은 고급 서비스 아파트먼트, 그리고 이비스 레지던스 실롬, 글로 트리니티 실롬 등의 시설과 서비스 좋은 중급 호텔까지 다양한 타입의 숙소가 넉넉하게 위치해 있다.

## SEE

### 룸피니 파크 Lumpini Park

방콕에 와서 공원을 간다는 것이 뉴욕의 센트럴 파크나 런던의 하이드 파크를 가는 것처럼 자연스러운 일은 아니지만, 방콕 시민들에게 룸피니 공원은 푸른 휴식처 역할을 하는 소중한 공원이다. 특히 방콕에는 산이 없기 때문에 이렇게 나무가 우거지고 잔디와 연못이 있는 녹음지대는 더욱 특별하게 여겨진다. '룸피니'란 이름은 부처가 태어난 네팔의 장소 '룸비니Lumbini'에서 따왔다. 공원이 생긴 것은 1920년대 라마 6세에 의해서다. 이른 아침과 저녁 무렵이면 공원 곳곳에서 조깅을 하거나 에어로빅, 무에타이, 자전거를 타는 사람들을 볼 수 있다. 또 운동 기구가 설치된 공원 한 쪽에서는 열심히 운동하는 남자들도 보인다. 공원 입구는 네 군데, 방콕에 첫번째로 생긴 도서관과 댄스홀도 공원 안에 자리해 있다. 그리고 놀라지 마시라! 인공 호숫가에는 물왕도마뱀과 악어도 어슬렁거린다! 역시 방콕은 어매이징한 도시다!

**Data** Map 295C
**Access** BTS 살라댕 역 5번 출구 도보로 5분, MRT 룸피니 역에서 도보 3분
**Add** Rama IV Road, Pathumwan
**Open** 04:30~21:00
**Tel** 02-252-7006

# ENJOY

### 팟퐁과 실롬 소이 | Patpong & Silom Soi

실롬 소이는 골목마다 그 유명한 방콕의 밤문화를 대변하는 장소들이 포진해 있다. 골목 입구부터 이곳이 게이들의 메카임을 느끼게 하는 실롬 소이 4와 실롬에서 가장 유명한 게이 바 디제이 스테이션DJ Station이 있는 실롬 소이 2, 그리고 스트립 쇼와 아고고 바로 유명한 팟퐁이 실롬 소이 6에 자리해 있다. 실롬 소이 4안에서는 오랫동안 이 골목의 터줏대감 역할을 해온 타파스룸 클럽과 골목 맨 끝의 바스BAS바가 가볼 만한데, 이 골목 안에 있는 바와 클럽들은 라이브 음악을 연주하고 춤도 추는 식이라 별 거부감 없이 즐길 수 있다. 팟퐁은 모든 곳들이 대부분 남성을 위한 곳이지만, 여자들이 나와 춤을 추는 클럽, 게이들이 나와 춤을 추는 클럽 등으로 그 성격이 나뉘어 있다. 팟퐁 1과 2사이에 있는 바다빙Bada Bing은 여자들이 나오는 클럽으로, 모델급의 댄서와 평범한 댄서들이 타임을 바꿔서 폴 댄스를 추고, 게이들끼리 나와 춤을 추고 특별한 쇼를 벌이는 곳으로는 주피터스Jupiters가 유명하다.

**Data** Map 294B
**Access** BTS 살라댕 역 1번이나 3번 출구로 나와서 방콕 크리스찬 병원쪽으로 도보 2분
**Add** 462/61 Rama 3 Road, Yan Nawa
**Open** 18:00~02:00

### 코모 샴발라 Como Shambala
*Writer's Pick!*

과학적인 방법과 고대의 힐링요법, 숙련된 테라피스트가 잘 결합된 코모 샴발라의 스파는 동양적이라기보다는 매우 현대적이고 유럽적인 감성을 선보인다. 코모 샴발라에서 자체 제작하는 바디 및 스파용품도 스파 마니아의 사랑을 듬뿍 받는 제품들이다.

**Data** Map 295K **Add** Metropolitan 27 South Sathorn Road **Cost** 코모 샴발라 마사지(90분) 3,600바트 **Open** 10:00~22:00 **Tel** 02-625-3333 **Web** metropolitan.como.bz

### 반얀트리 스파 Banyantree Spa
*Writer's Pick!*

반얀트리 호텔이 세계적으로 유명해질 수 있었던 데에는 반얀트리 스파의 역할이 컸다. 태국 교육부와 보건부의 승인까지 받은 반얀트리 스파 아카데미에서 최소 300시간 이상 교육을 마친 테라피스트들이 상주하는 반얀트리 스파는 그 어느 스파보다 전문성과 신뢰도를 인정받고 있다.

**Data** Map 295G **Access** MRT 룸피니 역 2번 출구에서 도보로 10분 **Cost** 하모니 반얀 (3시간) 1만바트 **Open** 09:00~22:00 **Tel** 02-679-1200 **Web** www.banyantree.com

### 잇 미 Eat Me

오픈한 지 15년이 지났지만 지금도 방콕의 트렌드세터와 게이 사이에서 유명한 레스토랑으로 손꼽힌다. '나를 먹어달라'는 레스토랑의 이름도 파격적이지만, 이곳에서 선보이는 음식이나 분위기도 매우 특별하다. 특히 최근 몇 년 사이에 '아시아의 베스트 레스토랑 50위' 중 19위, 31위를 차지하며 맛이 예전같지 않다는 항간의 비판도 잠재웠다. 뉴욕에서 온 셰프 팀 버틀러Tim Butler가 맡고 있는 주방에서는 레드 파파야가 들어간 블랙 치킨, 고추와 빈랑나무잎 샐러드, 된장 소스와 양파를 곁들인 타즈마니안 굴 등 동서양을 넘나드는 창작요리를 선보인다. 현대 타이 예술 작가들의 전시를 두세 달 간격으로 꾸준히 선보이고 있는 갤러리 레스토랑으로도 큰 호응을 얻고 있다. 키 높은 대나무와 식물들로 둘러싸여 싱그러움을 더하면서도 내부는 감각적이고 세련됨이 넘친다. 단품 요리의 가격대는 1만5,000~4만원대로 센 편이다.

**Data** **Map** 294F **Access** BTS 살라댕 역에서 하차, 컨벤트 로드 중간 **Add** 1/6 Phiphat Soi2, Thanon Convent **Open** 15:00~01:00 **Cost** 애피타이저 350바트~, 생선 요리 650바트~, 호주산 와규 스테이크 타르타르 750바트 **Tel** 02-238-0931 **Web** www.eatmerestaurant.com

## 소이 수안플루의 카놈진 스톨 Kanom Jeen Stall in Soi Suanplu

사톤로드에서 반얀트리 호텔을 등지고 오른쪽으로 걷다보면 소이 수안플루로 들어가는 입구가 나온다. 수안플루는 골목이라 하기에는 넓고, 도로라고 하기에는 좀 좁은 1차선 도로 길인데, 이곳에도 소이 컨벤트만큼은 아니지만 점심시간이 되면 길거리 음식점이 들어서고, 길 중간에는 재래시장도 형성되어 있다. 소이 수안플루에서 눈여겨 봐야 할 곳은 카놈진Kanom Jeen을 파는 식당들이다. 카놈진은 태국인들이 가장 즐겨먹는 음식 중 하나로, 소면처럼 삶은 면에 '남야Namya'라 부르는 특별한 소스를 부어 먹는다. '카놈'이란 말이 태국어로 달달한 디저트를 뜻하지만, '카놈 진'이라고 하면 전혀 다른 음식을 말한다. 이 거리에서 가장 소문난 집은 '카놈진 스톨Kanom Jeen stall'이다. 이 집에서 파는 남야 소스는 크게 네 가지로, 코코넛 밀크가 들어간 생선 커리인 남야 크라티Namya Krathi, 맵지 않고 달달한 남야 프릭Namya Prik, 그린 치킨커리 등이 있다. 의외로 생선커리 소스가 가장 맛있다. 소스를 붓고 갖가지 허브와 야채, 삶은 계란 등을 함께 넣어 먹는다.

**Data** Map 295K
**Access** BTS 룸피니 역에서 나와 반얀트리 호텔 지나 소이 수안플루로 좌회전. 길 중간 위치
**Add** Soi Suanplu, South Sathorn, Yannawa **Cost** 카놈진 50바트 **Open** 08:00~19:00

### 초코랩 Chocolab

소피텔 소 방콕의 1층에 위치한 초코랩에 가면 여행의 피로는 물론, 눈까지 즐거운, 달달한 초콜릿 세상을 만날 수 있다. 초코랩은 이름처럼 초콜릿을 연구하는 곳이자, 직접 만드는 공장이다. 프리미엄급 카카오와 재료를 써서 쇼콜라티에가 직접 만드는 가지각색의 초콜릿은 작품이라 불러도 손색이 없을 정도다. 통유리창을 통해 안에서 직접 초콜릿 제품을 만드는 전 과정을 구경할 수 있고, 오후 4시에 5시반까지만 진행하는 '코코아 샤워' 타임에는 풍부한 느낌의 초콜릿과 패스트리를 무제한 즐길 수도 있다.

**Data** Map 295H Access MRT룸피니 역 2번 출구에서 도보 3분 Add GF, Sofitel So Bangkok, 2 North Sathorn Road Cost 볼케이노 케이크 220바트, 초코 버거 250바트, 초콜릿 케이크 120바트, 음료 180~200바트 Open 7:00~20:00 Tel 02-624-0000 Web www.sofitel-so-bangkok.com/en/chocolab.html

### 레드 오븐 Red Oven

소피텔 소 방콕 호텔의 7층에 위치한 레드 오븐은 조식 장소로 애용되지만, 점심이나 저녁 식사로도 손색없다. 유럽의 시장처럼 꾸며진 레스토랑의 쿠킹 스테이션에서는 분주하게 요리를 하는 셰프들의 모습을 감상할 수 있고, 주말에는 브런치 장소로도 사랑받는다. 호텔의 콘셉트로 '불'의 테마로 꾸며져 강렬한 빨간색의 인테리어와 불을 이용한 그릴 음식이 잘 어울리는 곳이기도 하다. 프랑스의 다양한 햄과 소시지를 진열한 '샤르퀴뜨리'와 치즈 코너, 사시미 바, 홈메이드 파스타 등 입에 착착 감기는 음식들이 가득하다.

**Data** Map 295H Access MRT룸피니 역 2번 출구에서 도보 3분 Add 7F, Sofitel So Bangkok, 2 North Sathorn Road Cost 런치 뷔페 900바트, 비즈니스 런치 890바트 Open 6:00~22:00 Tel 02-624-0000 Web www.sofitel-so-bangkok.com/en/chocolab.html

### 제 지에 옌타포 Jay Jia Yentafo

**Writer's Pick!**

방콕에서 30년 이상 된 쌀국수집이다. 홍석천 씨가 최고로 꼽은 쌀국수 집 중 한군데이기도 하다. 제 지에 옌타포는 방콕에 두 군데가 있는데 한 곳은 점심, 다른 한 곳은 밤에 문을 연다. 라마 4로드에 있는 제 지에 옌타포 본점은 오후 5시까지 영업하는 곳으로, 핑크누들이라 불리는 옌타포와 직접 만들어 파는 새우볼 쌀국수가 가장 유명하다. 방콕 미쉐린 가이드 2018에서도 추천한 집.

**Data** Map 294A
Access MRT 삼얀 역에서 후아람퐁 역 방향으로 도보 5분 Add 564 Rama 4 Road, Bang Rak, Krung Thep Cost 쌀국수 45~100바트 Open 09:00~17:30 Tel 095-953-5038

## 소이 컨벤트와 살라댕 소이 2 Soi Convent and Saladaeng Soi 2

BTS 살라댕 역에서 나와 소이 컨벤트Soi Convent 로드로 들어서면 중간에 BNH 병원이 위치해 있다. 점심시간이 되면 이 병원에서 일하는 직원들이 모두 밖으로 나와 소이 컨벤트 거리에서 점심을 먹는다. 이들을 위한 노점상과 식당들이 점심시간에만 100m 넘게 자리를 까는 것이다. 사실 이 일대는 병원뿐만 아니라, 많은 회사들도 모여 있는 오피스타운이라 다른 지역보다 길거리 음식점이 발달했다. 어느 곳에서 먹어도 기본 이상을 하는 맛집들이 포진해 있다. 소이 컨벤트 초입에서 소이 살라댕으로 가로지르는 좁은 골목 안은 살라댕 소이 2라 불리는데, 이 안에도 아침일찍 생선볼을 넣은 쌀국수나 가벼운 수프 등을 파는 길거리 음식점들이 선다. 아침 6시에서 9시 반까지 열고, 이후 오전 10시에서 오후 1시 반 사이에 또 문을 연다. 늦은 밤에도 다시 노점상이 들어선다. 퇴근을 한 회사원들이 술 한잔을 하기 위해 즐겨찾는다. 소이 컨벤트와 살라댕 소이 2에는 맛없는 노점상이 별로 없을 정도로 음식 내공 또한 상당하다.

**Data** Map 294F
**Access** BTS살라댕 역에서 하차, 컨벤트 로드로 우회전
**Add** Soi Convent, Bangrak
**Cost** 길거리 식당 50~60바트

## 쏨땀 더 Somtum Der

태국의 대표 음식 중 하나인 쏨땀은 길거리 음식점이나 트럭에서 가장 많이 사먹을 수 있는 서민음식이다. 이산 지방의 음식으로, 덜 익은 파파야를 채 썰어 맵고 시게 무쳐 먹는다. 보통 밖에서 한끼 간단하게 먹기 때문에 더운 날씨는 물론이거니와 매워서 땀이 많이 난다. 하지만 요즘 태국의 젊은 셰프들은 이 친근하면서도 서민적인 음식을 좀 더 근사한 방법으로 개발하기 시작했고, 한 단계 더 진보된 메뉴로 만들었다. 그곳이 바로 '쏨땀 더'이다. 우선 카페 같은 분위기에 에어컨이 솔솔 나오고, 오렌지색의 실내는 밝고 화사하다. 아삭아삭 씹히는 파파야와 알싸하게 매운 쏨땀은 매운 맛을 덜어주는 닭 튀김과 새우 튀김, 대나무 찰밥 등과 함께 먹으면 최고의 궁합을 이룬다. 길거리에서 사먹는 것보다는 비싸지만 여전히 100바트가 안 넘는 가격은 여행자에게 매우 반가운 일이다.

**Data** Map 294B **Access** BTS 살라댕 역 4번 출구로 나와 살라댕 소이로 들어가면 바로 왼쪽편
**Add** 5/5 Saladaeng rd. Silom **Cost** 쏨땀무앙 85바트, 게살을 넣은 파파야 샐러드 110바트
**Open** 11:00~22:00 **Tel** 02-632-4499
**Web** somtumder.com

### 타완댕 디스틸러리 Tawandang Distillery

**Writer's Pick!**

1999년부터 운영해온 방콕의 독일 마이크로 브루어리 집이다. 1,400명이 들어갈 수 있을 정도로 규모가 큰데, 얼마나 방콕 사람들이 좋아하는지 주말이면 빈자리가 없을 정도다. 큰 무대에서는 태국 가수들이 타이 가요를 부르고, 사람들은 테이블에서 술을 마시다가 흥에 겨우면 그냥 일어나서 춤을 춘다.

**Data** Map 294J
**Access** BTS 총논시 역이나 아속 역에서 택시로 15분 **Add** 462/61 Rama 3 Road, Yan Nawa **Cost** 생맥주 300mℓ 100바트, 생맥주 3ℓ 900바트, 딥 프라이드 시바스 350바트 **Open** 17:00~01:00 **Tel** 02-717-2108~9 /02-678-1114 **Web** www.tawandang.com

### 멧 바 MET Bar

메트로폴리탄 호텔의 1층에 위치. 초기에는 철저한 멤버십 바로 운영되었으나 지금은 누구나 밤을 즐기러 오는 바가 되었다. 큰 파티나 이벤트가 있는 때가 아니면 대체로 조용한 분위기가 주를 이루는데, 그럼에도 불구하고 멧 바를 찾는 이유는 이곳의 수준 높은 칵테일 솜씨 때문. 타이 사바이, 시암지토, 블러드메리는 물론이고, 똠얌꿍의 맛이 나는 똠얌 마티니까지!

**Data** Map 295G
**Access** MRT 룸피니 역에서 도보로 10분 **Cost** 타이 사바이, 시암지토 칵테일 260바트, 똠얌마티니 280바트, 멧 바 스낵 240~380바트 **Open** 14:00~02:00 **Tel** 02-625-3333 **Web** www.comohotels.com/metropolitanbangkok

### 짠펜 레스토랑 Chandrphen Restaurant

70년 전통의 태국 차이니즈 스타일의 레스토랑. MRT 룸피니 역에서 가깝고 한국인들이 좋아하는 소피텔 소 호텔과도 가까워 이 부근에 머무는 여행자가 들르기 좋다. 홍석천 씨의 태국 친구가 운영하는 곳으로, 그도 갈 때마다 들르는 단골집이다. 홍석천 씨의 사진과 함께 그가 추천하는 메뉴판이 따로 있을 정도이며, 돼지고기와 마늘, 호추를 볶아 작은 오징어 안에 넣은 음식(220바트), 푸팟퐁가리 등이 인기가 많다.

**Data** Map 295H
**Access** MRT 룸피니 역 1번 출구로 나와 10분 도보 **Add** 1030 Thanon Rama IV, Wang Mai, Pathum Wan **Cost** 모닝글로리 볶음 140바트~, 돼지고기, 마늘 후추를 볶아 오징어 안에 넣은 음식 220바트~, 푸팟퐁커리 180바트 **Open** 11:00~22:00 **Tel** 02-287-1535 **Web** www.chandrphen.com

### 버티고 앤 문 바 Vertigo & Moon Bar

2002년 문을 연 이래 시로코와 함께 줄곧 방콕 최고 루프톱 바의 명성을 지켜왔다. 버티고 앤 문 바에서 경험한 극진한 서비스와 미식의 경험은 잊을 수 없다. 워낙 인기가 많은 곳이라 저녁식사는 오후 6~8시, 8~10시로 시간을 나눠 이용한다. 알라카르트 외 4~5코스의 세트메뉴도 있다.

**Data** **Map** 295G **Access** MRT 룸피니 역 2번 출구에서 도보로 10분 **Add** 61F, Banyantree Hotel **Cost** 맥주 360바트 **Open** 18:00~01:00 **Tel** 02-679-1200 **Web** www.banyantree.com

### 남 Nahm

호주 출신의 셰프 데이비드 톰슨이 런던에 이어 방콕에 연 레스토랑이다. 2014년에는 '아시아 베스트 레스토랑 50위'에서 1위에 오른 집이다. 한두 가지의 메인 음식을 시켜 두세 명이 나눠먹을 수 있고, 타이 정통의 맛을 강렬하게 즐길 수 있다.

**Data** **Map** 295G **Access** MRT 룸피니 역 2번 출구에서 도보로 10분 **Add** GF, Metropolitan Hotel **Cost** 남 세트 메뉴 2,800바트 **Open** 12:00~14:00, 19:00~23:00 **Tel** 02-625-3333

### 파크 소사이어티 Park Society

식사를 할 수 있는 실내 레스토랑과 방콕의 야경을 감상할 수 있는 야외 바로 구성되어 있다. 미래적인 느낌의 스테인리스 스틸과 거울 장식으로 더욱 화려한 느낌이다. 프라이빗 파티나 이벤트를 열 수 있는 공간 하이소Hi·SO도 있다.

**Data** **Map** 295H **Access** MRT 룸피니 역 2번 출구에서 도보 3분 **Add** 29F, Sofitel So Bangkok **Open** 18:00~01:00 **Cost** 애피타이저 550~1,200바트, 메인 1,700~2,900바트 **Tel** 02-624-0000 **Web** www.sofitel-so-bangkok.com

### MK 골드 살라댕 MK Gold Saladang

설명이 필요없을 만큼 유명한 타이 스타일의 샤브샤브집. 태국에 200여 개가 넘는 지점이 있다. 살라댕점은 MK골드점 중에서도 가장 분위기 좋고 럭셔리한 곳. 기존 메뉴 구성은 똑같으나 재료의 질이 훨씬 좋고, 가격 또한 일반 MK 수키보다 비싸다.

**Data** **Map** 295G **Access** BTS 살라댕 역 4번 출구에서 도보 5분 **Add** 118 Soi Saladaeng **Open** 10:45~21:30(연중무휴) **Cost** 채소 단품 20바트~, 채소 세트 295바트, 해산물 단품 60바트 **Tel** 02-234-8822

## SLEEP

### 메트로폴리탄 방콕 Metropolitan Bangkok

2005년 메트로폴리탄 방콕은 그야말로 핫한 호텔로 이름을 날리고 있었다. 다시 찾은 메트로폴리탄은 그 때의 뜨거운 화제에서 밀려난 지 오래지만, 세계적으로 유명한 코모Como 그룹에서 운영하는 호텔 체인답게 노련한 서비스와 품위는 여전하다. 절제된 디자인과 젠 스타일의 분위기도 그대로여서 수시로 변하는 유행에 휘둘리지 않고 도도함을 지켜왔다. 메트로폴리탄의 명성을 지켜주는 것은 자연과 웰빙을 콘셉트로 한 코모샴발라 스파. 메트로폴리탄 호텔에서만 판매하는 코모 샴발라 스파 제품과 어메니티도 투숙객의 지대한 사랑을 받는다. 2010년에 문을 연 타이 레스토랑 남Nahm은 방콕 트렌드세터들의 발길을 다시 되돌리고 있는 화제의 맛집. 데이비드 톰슨 셰프가 선보이는 정통 타이 음식에 대한 소문이 자자하다. 스위트룸처럼 넉넉한 디럭스룸의 여유, 유리문으로 구분없이 길게 하나의 공간으로 짜여져 있는 욕실의 짜임새는 늘 갈 때마다 그 시크한 감각을 인정하게 만드는 요소이다.

**Data** **Map** 295G **Access** MRT 룸피니 역 2번 출구로 나와 직진, 사톤 소이 1을 지나고서 반얀트리 호텔 가기 바로 전 골목으로 우회전 **Add** 27 South Sathorn Road **Cost** 4,500바트~ **Tel** 02-625-3333 **Web** comohotels.com/metropolitanbangkok

### 소피텔 소 방콕 Sofitel So Bangkok

**Writer's Pick!**

소피텔 소 호텔은 세계 두 도시에만 있다. 크리스찬 라크르와의 작업으로 화제를 모았고, 태국의 유명 건축가, 디자이너 5명이 참여한 디자인 부티크 호텔이다. 크리스찬 라크르와가 직접 꾸민 클럽 시그니처 공간, 게이들의 엄청난 입소문을 탄 루프톱 바 파크 소사이어티 등 감각 넘치고 흥미진진한 공간이 가득하다.

**Data** Map 295H Access MRT 룸피니 역 2번 출구에서 도보 3분 Add 2 North Sathorn Road, Cost 5,250바트부터~ Tel 02-624-0000 Web www.sofitel.com

### 반얀트리 방콕 Banyan Tree Bangkok

**Writer's Pick!**

도심 속의 힐링, 혹은 도심 속의 휴식을 완벽하게 보장하는 호텔. 모든 객실은 침실과 거실이 나누어져 있는 스위트룸 형태다. 특히 반얀트리 스파와 방콕에서 손꼽히는 루프톱 명소 버티고 앤 문 바는 호텔에 머물지 않는 여행자들에게도 필수코스로 통하는 곳. 투숙객을 위해 무료로 진행되는 타이 쿠킹 클래스도 있다.

**Data** Map 295G Access MRT 룸피니 역 2번 출구에서 도보로 10분 Add 21/100 South Sathon Road Cost 디럭스룸 4,590바트~ Tel 02-679-1200 Web www.banyantree.com

### 수코타이 호텔 Sukhothai Hotel

13세기 태국의 첫 수도 이름을 따서 지은 수코타이 호텔은 방콕의 어느 호텔보다 타이 고유의 전통이 넘치는 곳이다. 로비 곳곳의 전통 장식품과 인테리어는 물론 호텔 안뜰의 연못 위에 떠 있는 사리탑까지 모두 수코타이 시대의 복제 예술품으로 치장했다. 태국 전통의 패브릭으로 꾸민 객실도 아늑하고, 은은한 백합이 피어있는 연못 위에 전통 가옥으로 지어진 타이 레스토랑 셀라돈Celadon도 이국적이다. 한국인들에게는 잘 알려지지 않았으나 최근 입소문을 타고 뒤늦게 인기를 얻고 있는 5성급 호텔이기도 하다.

**Data** Map 295G Access MRT 룸피니 역 2번 출구에서 도보로 10분 Add 13/3 South Sathorn Road Cost 수피리어룸 6,500바트~ Tel 02-344-8899 Web www.sukhothaiHotel.com

# PREVIEW

# 실롬&사톤 남부 리버사이드
## SOUTH SILOM & SATHORN AND RIVERSIDE

*실롬&사톤 남부는 실롬 북부에 비하면 낮이나 밤이나 좀더 여유로운 풍경을 만날 수 있다. 실롬 남부 로드에는 방콕에서 가장 큰 힌두사원이 위치해 있어 이 주변으로 항상 번잡하고, 이마에 빨간 점을 붙인 힌두인들을 자주 볼 수 있다. 실롬&사톤 남부에는 인디안과 중국 음식점이 많은 것도 특징이다. 실롬 남부와 사톤 남부를 잇는 주요 도로는 수라삭Surasak, 프라무안Pramuan, 판Pan 로드를 들 수 있는데, 이 도로변에도 고급스럽고 유명한 레스토랑들이 위치해 있다. 사톤 남부 로드에는 BTS 수라삭 역이 지나고, 한 정거장을 더 가면 차오프라야 강변의 사판탁신 역이 나온다. 이 부근에서 샹그릴라, 만다린 오리엔탈 호텔과 같은 5성급 럭셔리 호텔들로 이동할 수 있다.*

## PLAN

힌두사원을 제외하면 딱히 낮에 구경할 곳을 찾기 힘들다. 대신 사톤 로드에 헬스랜드Healthland, 디바나 벌츄 스파, 블루 엘리펀트 쿠킹 스쿨 등이 자리해 있어 마사지를 받거나 요리를 배우면서 낮 시간을 보내기 좋다. 저녁에는 오후 5시부터 문을 여는 아시아티크나 리버시티의 강변 쪽에 있는 레스토랑과 바에서 저녁 시간을 보내는 것도 한 방법이다. 리버시티는 한낮에 가면 썰렁하기 때문에 오후 4시 이후에 가는 것이 좋다. 리버시티에서 출발하는 디너크루즈를 예약하고 강 위에서 오붓한 시간을 보내는 것도 좋겠다.

##  어떻게 갈까?

BTS 총논시 역, 수라삭 역과 사판탁신 역을 이용할 수 있다. 실롬 남부 로드로 가려면 총논시에서 내려야 하고, 사톤 남부 로드는 수라삭 역, 강변 쪽의 호텔이나 아시아티크, 디너크루즈를 가려면 사판탁신 역에서 내리면 된다. 실롬 남부의 길로는 BTS 라인도 지나지 않기 때문에 이곳에서는 걷거나 택시를 타는 방법밖에는 없다.

##  어떻게 다닐까?

수라삭 로드나 프라무안 로드는 실롬 북부 로드에서 사톤 북부 로드로 이어지는 컨벤트 로드나 살라댕 길처럼 활기차거나 음식점, 가게들이 많지는 않다. 비슷한 길이의 거리이기 때문에 걷기에 벅차지는 않지만 구경할 곳들이 별로 없어 지루할 수 있다. 힌두사원이 있는 판 로드가 제일 북적대는 길이라 할 수 있는데, 이 안에 카트만두 사진 갤러리, 아기자기한 숍과 인디안 음식점들이 많아 구경할 거리가 좀 된다. 실롬 로드는 걸어다니기, 사톤과 차오프라야 강쪽으로 가려면 BTS 수라삭 역과 사판탁신 역을 이용한다.

**SEE**

실롬은 오래 전부터 외국 상인들이 많이 오가는 거래의 중심지였다. 때문에 다양한 종교 유적들이 자연스럽게 생겨났는데, 힌두사원과 야나와 사원, 어섬션 주교좌 성당 등이 바로 그곳이다. 모두 실롬 남부 쪽에 자리해 있다. 사판탁신 역에서는 배를 타고 디너 크루즈를 즐기거나 요즘 가장 주목받는 야시장인 아시아티크로 이동할 수도 있다.

 **ENJOY**

이 지역에서 인기있는 쇼핑지는 단연 아시아티크다. 사판탁신 역에서 운행하는 무료 셔틀 보트를 타고 10분 만에 갈 수 있다. 주말이면 BTS 역까지 길게 늘어서 있는 줄을 감수해야 하는데, 그만큼 현지인과 관광객 모두에게 큰 인기를 끌고 있다.

**EAT**

판 로드와 프라무안 로드, 수라삭 로드 안에 괜찮은 음식점들이 자리해 있다. 판 로드에서는 오푸스OPUS 와인 바&레스토랑과 딸링 쁠링, 프라무안 로드에는 로얄패밀리가 운영하는 칼파프록 타이 레스토랑, 수라삭 로드에서는 반 치앙이 가깝다. 반 실롬 단지 안에 레바논과 라오스 음식점 등이 있는 것도 이 거리의 특징이다.

 **SLEEP**

실롬 남부에는 풀만 방콕 호텔 G를 제외하면 이렇다 할 큰 호텔들은 거의 없다. 사판탁신 역으로 가면 강변 쪽에 우뚝 선 샹그릴라와 만다린 오리엔탈 호텔, 로열 오키드 쉐라톤, 그리고 강 건너편의 밀레니엄 힐튼, 차트리움 등 유명한 호텔들로 이동하는 호텔 셔틀 보트가 분주하게 다닌다.

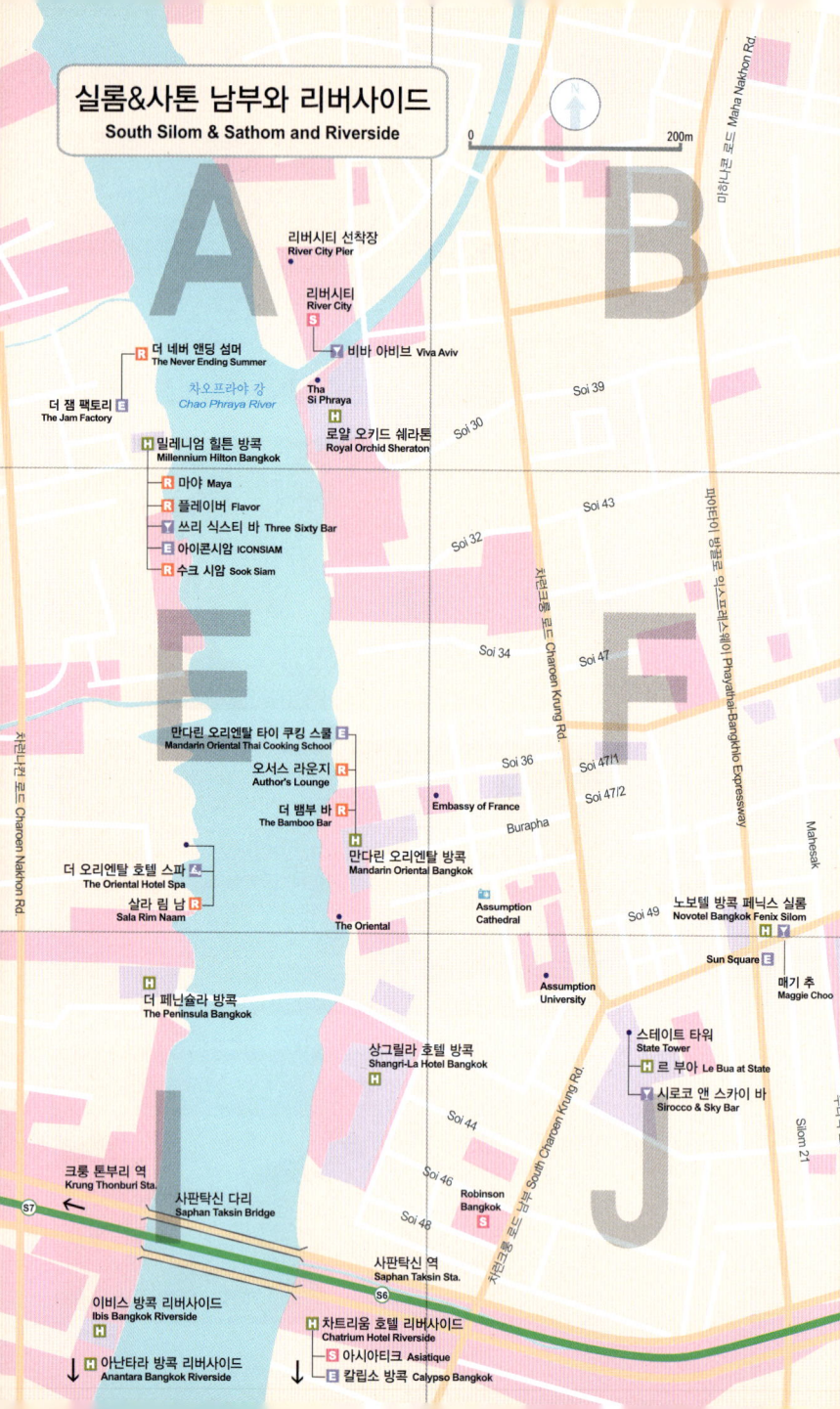

308 | 309

시 프라야 로드 Si Phraya Rd.

C　D

송분 시푸드
Somboon Seafood

수라웡 로드 Surawong Rd.

Decho Rd.

럭스 부티크 호텔 방콕
Luxx Boutique Hotel Bangkok

실롬 플라자
Silom Plaza

풀만 방콕 호텔 G
Pullman Bangkok Hotel G

G　H

Silom 16

25디그리스 25degrees

스칼렛 와인 바&레스토랑
Scarlett Wine Bar&Restaurant

총논시 역
Chong Nonsi Sta.

Pramot 2

Pramot 3

Silom 14

보그 라운지
Vogue Lounge

실롬 빌리지
Silom Village

실롬 로드 Silom Rd.

Silom 9

Central Department
Store Silom

왓 캑
Wat Khaek

Silom 17

Silom 15

카트만두 사진 갤러리
Kathmandu Photo Gallery

Silom 13

반 실롬
Bann Silom

사바이 사톤 서비스 아파트먼트
Sabai Sathorn Service Apartment

Silom 19

더 헤리티지 반 실롬
The Heritage Hotels Bann Silom

W방콕
W Bangkok

Jewelry
rade Center

i 인 실롬
y Inn Silom

넘버 원 갤러리
Number1 Gallery

칼파프룩
Kalpapruek

판 로드 Pan Rd.

Sathorn 12

반 치앙
Bann Chiang

오푸스 와인 바
Opus Wine Bar

딸링 쁠링
Taling Pling

헬스랜드(사톤점)
Health Land

애스콧 방콕 사톤
Ascott Bangkok Sathorn

프란짠 로드 Pranjan Rd.

방콕 크리스천 칼리지
Bangkok Christian College

미얀마 대사관
Embassy of the Union
of Myanmar

사톤 로드 Sathon Rd.

디바나 벌츄 스파
Divana Virtue Spa

BTS 실롬 선 BTS Silom Line

라오스 대사관
Embassy of Laos

K　L

남부 사톤 로드 South Sathon Rd.

Soi Saint Louisa 2

Soi Saint Louise 3

수라삭 역
Surasak Sta.

바티칸 대사관
Embassy of Vatican

성 루이스 병원
St Louis Hospital

블루 엘리펀트 쿠킹 스쿨
Blue Elephant Cooking School

# BANGKOK BY AREA 04
## SILOM & SATHORN & RIVERSIDE | SOUTH SILOM & SATHORN AND RIVERSIDE

### 왓 캑 Wat Khaek, Sri Mariamman

실롬 거리에는 유난히 인디안 레스토랑이 많다. 이유는 인근에 방콕에서 가장 유명한 힌두사원 왓 캑Wat Khaek이 자리해 있기 때문이다. 우마 데비 사원Uma Devi Temple이라고도 불리는 왓 캑은 1821년 방콕에 정착한 인도 타밀 나두 출신의 상인들이 만들었다. 시바 신의 부인인 우마 데비를 모시고 있는 전형적인 남인도 사원으로, 6m 높이의 고푸람Gopuram에는 수많은 힌두 신들이 조각되어 있다. 신자가 아닌 사람도 누구나 들어갈 수 있지만, 사진 촬영은 엄격히 금지된다. 하루에 6번 특별한 푸자Pooja, 제사 의식을 거행한다. 힌두사원에서 대로를 건너면 작은 시장 골목인 소이 쁘라띳이 나오는데 여기에는 이슬람 모스크가 자리해 있다. 길 하나를 두고 서로 다른 종교 사원이 공존하고 있는 모습을 확인할 수 있다.

**Data** Map 309G
**Access** BTS 총논시 역 2번 출구에서 도보 12분, 수라삭 역 3번 출구에서 10분 소요
**Add** Khun Suraphong Siridhornkul Sri MahaMariAmman Temple No.2, Thanon Pan, Silom soi 13
**Tel** 02-238-4007
**Web** srimahamariammantemplebangkok.com

### 카트만두 사진 갤러리 Kathmandu photo Gallery

힌두사원이 있는 판 로드 맞은편 쪽에 위치한 사진 갤러리다. 키치적인 느낌이 강해 조금만 눈독 들여보면 금방 찾을 수 있다. 원래 보석을 가공하는 작은 공장으로 쓰이던 곳을 아티스트 마닛 스리완치품Manit Sriwanichpoom 씨가 2006년에 개조해 사진 전문 갤러리로 오픈했다. 방콕에서는 유일한 사진 전문 갤러리라 할 수 있다. 마닛 작가는 2006년 광주 비엔날레에 초청되기도 한 타이 사진작가로 지금까지 다섯 번 정도 한국을 다녀갔다 한다. 1층은 그의 사진 작품을 비롯, 세계 작가들의 사진집을 함께 전시 판매하며 2층은 사진 전시장으로 꾸며져 있다. 신발을 벗고 2층으로 올라가면 높은 천장의 양쪽 벽에 작품이 걸려 있다. 창문이 활짝 열려 있는 2층 전시장에 맨발로 서성이는 기분이 좋다. 마닛 작가의 사진 작품에는 핫핑크색의 양복을 입은 '핑크맨'이 빠지지 않고 등장한다. 어떤 작품 속에서는 핫핑크로 칠해진 카트도 등장한다. 핑크맨은 권력과 부와 모든 것을 차지하고자 하는 요즘 시대의 욕심 많은 아시아의 남자상을 대변하고 있다. 그림 속의 모델이 된 남자는 작가의 친구이자 태국의 시인이며 퍼포머이기도 한 인물. 천천히 갤러리를 둘러보며 작가와 이야기도 나누고, 작품들도 감상할 수 있는 멋진 공간이다. 갤러리라기보다 작가의 집에 놀러온 듯한 편안함이 든다.

**Data** **Map** 309G **Access** BTS 수라삭 역 1번 출구로 나와 직진, 판로드로 좌회전 150m
**Add** 87 Pan Road Silom
**Open** 화~일 11:00~18:00, 월요일 휴무
**Tel** 02-234-6700
**Web** www.kathmandu-bkk.com

## 아이콘시암 ICONSIAM

2018년 11월, 차오프라야 강변에 오픈한 아이콘시암은 태국 최대 규모의 쇼핑몰로 등극했다. 총 8층 높이의 쇼핑몰로 500개가 넘는 매장에 7,000여 개의 세계적인 브랜드가 입점해 있으며, 태국 최초로 애플 스토어와 일본의 다카시마야 백화점이 입점했다. 아이콘시암의 백미는 수상시장 컨셉으로 만들어진 G층의 공간. 강변 쪽으로 향한 쇼핑몰 밖에는 톤부리 왕조 250주년을 기리는 수상 박물관이 실물 크기의 교역선으로 재현되어 있다.

**Data** Map 308E **Access** BTS 끄룽톤부리 역에서 도보 20분 소요
**Add** 299 Charoen Nakhon Soi 5, Charoen Nakhon Road **Open** 10:00~22:00 **Tel** 02-495-7000

## 실롬 빌리지 Silom Village

실롬 빌리지는 30년도 더 된 관광센터다. 입구에서부터 그런 냄새가 솔솔 풍긴다. 이런 곳은 원래 '뻔하기' 마련이어서 들어가도 잠깐 둘러보고 마는데, 예상 외로 즐길거리가 많아 놀랐다. 우선 15채 이상의 티크 목재로 지은 태국의 전통 가옥이 멋스럽다. 1908년에 지어졌다는데, 1981년에 레스토랑과 상점들로 개조했다. 안에는 실롬 빌리지 인 숙소와 쇼핑 아케이드, 타이 전통 무용수들이 공연하는 루엔 텝Ruen Thep 무대와 레스토랑, 시푸드 레스토랑, 스파, 네일 숍 등이 자리해 있다. 아케이드에는 80개의 숍이 들어서 있는데, 실크와 전통 수공예품, 전통 조각품, 은제품, 액세서리 등을 판다. 대체로 가격이 저렴하지는 않지만, 기념품의 가격은 생각보다 싸고, 흥정도 가능했다. 실롬 빌리지 안에서 애용한 곳은 헬스 스파Health Spa의 네일 숍. 매니큐어와 페디큐어를 모두 하면 750바트, 패디큐어만 하면 450바트로 매우 저렴한 금액에 깔끔한 관리를 받을 수 있다. 실롬 빌리지 안에서는 값비싼 식사를 하기보다는 오후 무렵에 맥주 한 잔을 하거나, 손발 관리를 하는 정도로 이용하면 만족도가 높은 곳이다.

**Data** Map 309G **Access** 수라삭 역 1번 출구에서 도보 10분 **Add** 286/1 Silom Village, Silom Road, Sathorn **Tel** 02-234-4448 **Web** www.silomvillage.co.th

### 더 잼 팩토리 The Jam Factory

태국의 유명 건축가인 두앙그릭 분락Duangrit Bunnag은 차오프라야 강변에 있던 오래된 잼 공간을 개조해 그의 디자인 사무실과 아트 갤러리, 북카페, 레스토랑이 모인 복합문화공간으로 만들었다. 오래된 공장 외벽을 살려 빈티지하면서도 큰 나무들이 여기저기 많아 여유롭고 느긋한 분위기를 전해준다. 가구를 전시하고 판매하는 갤러리와 노트북을 가지고 와 열심히 작업하는 현지 젊은이들의 카페, 그리고 태국 레스토랑 '네버 앤딩 서머' 등이 자리해 있다. 강변을 향한 야외 테라스도 있어 밤에 술 한잔 즐기기에 좋다.

**Data** Map 308A
**Access** 아이콘시암에서 밀레니엄힐튼을 지나 도보 5분 소요 **Add** 41/1-5 Charoen Nakhon Road
**Open** 11:00~23:00 **Tel** 02-861-0950

### 아시아티크 Aisatique

**Writer's Pick!**

차오프라야 강변에 새로 만들어진 나이트 바자. 룸피니 공원에서 열리던 수완룸 야시장을 옮겨온 아시아티크는 1,500개가 넘는 부티크 숍과 40여 개의 레스토랑이 들어서 있는 인기 절정의 쇼핑 스폿이다. 매일 저녁 5시에 문을 여는 야시장으로, 감각있게 꾸며진 숍들과 분위기 좋은 레스토랑이 포진해 있어 쇼핑은 물론 데이트 장소로도 각광받는다. 관광객과 현지인에게 두루 사랑받는 곳이다.

**Data** Map 308I
**Access** BTS 사판탁신 역에서 아시아티크 무료 셔틀보트가 다닌다. 보트로 10분 소요
**Add** 2194 Charoenkrung Soi, Wat Prayakrai District, Bangkor Laem
**Open** 17:00~23:00 **Tel** 02-108-4488 **Web** www.asiatiquethailand.com

### 리버 시티 River City

사실 사람들이 즐겨가는 인기 쇼핑센터는 아니다. 아시아티크가 생긴 이후로 가는 사람이 더 줄었을 수도 있다. 하지만 이곳은 골동품 수집가들에게는 매우 상징적인 곳이다. 태국 전역은 물론 미얀마, 캄보디아 등 아시아 곳곳에서 수집한 불상과 부처의 그림, 도자기, 금과 은 장신구 등을 파는 숍들이 몰려 있다. 오랫동안 골동품 무역상들의 거래 장소이기도 해서 이곳에서 판매하는 골동품들은 그 질과 가격도 매우 높은 편이다. 층마다 자리한 골동품 숍을 돌며 구경하는 데에는 별 지장이 없어 오히려 조용히 감상하며 시간을 보내기 좋다. 골동품 숍 외에도 태국 실크와 보석, 홈 데코, 액세서리를 파는 숍들이 있지만 적극적으로 살 만한 분위기는 아니다. 비바 아비브를 비롯해 와인과 프렌치 요리를 맛볼 수 있는 라 그랑데 펄 La Grande Pearl, 살라 타이 Sala Thai 레스토랑 등이 1층 강변을 향해 자리해 있다. 6개월 전에 문을 연 2층의 '테테 콰터스 바이 더 리버' 레스토랑은 이제 막 입소문을 타고 있다. 리버 시티 앞은 각종 크루즈가 출발하는 장소이기도 하다.

**Data** Map 308A Access BTS 사판 탁신 역 2번 출구로 나와 사톤피어에서 시 프라야 피어까지 무료 셔틀버스 이용 Add 23 Trok Rongnamkaeng, Charoen Krung Soi 30 Open 10:00~20:00 Tel 02-237-0077 Web www.rivercity.co.th

### 오리엔탈 스파 Oriental Spa

*Writer's Pick!*

매년 선정하는 세계의 톱 스파 순위에서 빠지지 않는다. 타이 전통 기술과 유럽 스타일을 결합한 오리엔탈 스파의 시그니처 마사지는 천연식물에서 추출한 오일로 먼저 마사지를 하고, 레몬그라스와 강황 등이 들어간 뜨거운 허브 볼로 어깨와 등을 지압하는 것으로 마무리한다.

**Data** Map 308E Add GF, 48 Oriental Avenue Cost 오리엔탈 시그니처 트리트먼트(90분) 6,500바트 Open 10:00~22:00 Tel 02-659-9000 (ext 7440) Web www.mandarinoriental.com/bangkok

### 디바나 벌츄 스파 Divana Virtue Spa

실롬의 조용한 주택가에 자리해 있다. 싱그러운 나무로 둘러싸인 정원과 연못, 하얀색의 이국적인 건물이 아름다운 곳. 직원의 설명을 듣고 오일과 스크럽에 필요한 제품을 선택할 수 있는데, 만약 고르기 힘들다면 직원과 상담 후 정해주기도 한다.

**Data** Map 309K Access BTS 수라삭 역 3번 출구 도보 10분 Add 10 Srivieng Silom, Bangrak Open 월~금 11:00~23:00, 토·일 10:00~23:00 Tel 02-236-6788 Web www.divanavirtuespa.com

### 더 네버 앤딩 섬머 The Never Ending Summer

한국 관광객에게는 이제 너무 잘 알려진 곳이다. '더 잼 팩토리' 내에 있는 레스토랑으로 전통 태국 요리를 현대식으로 풀어낸다. 더 잼 팩토리를 만든 건축가와 그의 파트너 나레 분야끼얏 Naree Boonyakiat이 함께 운영한다. 오픈 키친에서는 제철 허브를 듬뿍 사용하고 2~3개월마다 바뀌는 메뉴를 선보인다. 수년째 인스타그램을 점령한 인기 메뉴는 구운 돼지목살 요리인 고무양 Ko Mu Yang. 가격대가 꽤 있는 음식은 호불호가 있지만, 화창한 브런치를 즐기거나 와인과 함께 저녁 식사하며 한 번쯤 분위기 내기 좋은 곳이다.

**Data** Map 308A
**Access** 아이콘시암에서 밀레니엄힐튼을 지나 도보 5분. 더 잼팩토리 안에 있음.
**Add** 41/5 Charoen Nakhon Road
**Cost** 고무양 390바트
**Open** 11:00~23:00
**Tel** 02-861-0953

### 반 치앙 Ban Chiang

한국인들에게는 거의 알려지지 않은 태국요리 맛집이다. 아마도 쉽게 찾기 어려운 위치와 한국인들에게 알려진 타이 레스토랑이 많아서인듯하다. 게다가 이 집은 서양인 관광객의 비중이 많은 탓도 있을 것이다. 반 치앙은 나무와 화분에 가려 입구가 잘 보이지 않는다. 하지만 안에는 손때가 느껴지는 나무 테이블과 싱그런 화분들로 둘러싸인 테라스가 나오고, 그 안으로 1930년대에 지어진 아름다운 옛 주택이 숨어 있다. 반 치앙은 20년 넘게 운영되어온 전통 타이 레스토랑이다. 이곳의 시그니처 메뉴인 케일 잎에 싸 먹는 다진 닭고기 요리나 마늘과 화이트 페퍼로 양념한 새우 요리 등을 즐겨보자. 태국 요리와 함께 마실 수 있는 와인도 준비되어 있다.

**Data** Map 309K **Access** BTS 수라삭 역에서 나와 수라삭 로드로 우회전, 좁은 스리비엥 골목으로 다시 우회전해서 50미터 **Add** 14 Soi Sri-vieng, Surasak Road **Open** 11:30~14:00, 17:30~22:30 **Cost** 애피타이저 150바트~, 메인 250바트~ **Tel** 02-236-7045
**Web** www.banchiangthairestaurant.com

### 칼파프룩 Kalpapruek

**Writer's Pick!**

방콕의 하이소 부인들에게 무한 사랑을 받고 있는 타이 레스토랑. 태국 왕이 실시한 로얄 프로젝트Royal Project에서 생산하는 최고의 식재료만을 사용하는데, 이 레스토랑의 주인이 바로 협회의 회장이다. 최고 퀄리티의 재료를 사용하는 만큼 음식 값이 당연히 비싸다고 여길 만하지만, 이곳의 음식 가격은 대부분 80~120바트. 아침과 점심식사를 위해서만 문을 여는 것도 독특한데, 식사 시간을 맞춰가면 사람이 너무 많으므로 오후 1시가 살짝 넘은 후에 가는 것도 테이블을 바로 얻을 수 있는 방법이다.

**Data**
**Map** 309K
**Access** BTS 수라삭 역에서 나와 프라무안 로드로 들어가 도보로 5분
**Add** 27 Soi Pramuan, Silom Road
**Open** 09:00~18:00
**Cost** 그린 비프 커리와 로띠 110바트
**Tel** 02-238-4002

### 블루 엘리펀트 레스토랑 Blue Elephant Restaurant

방콕을 비롯해 전 세계에 12개의 지점이 있는 블루 엘리펀트는 태국 왕실 요리를 맛볼 수 있는 최고 레스토랑 중 하나다. 전통의 맛을 충실하게 보존하고 있는 옛 왕실 요리와 현대 시대에서 흔히 먹는 일상의 타이 음식, 셰프 쿤 누로Nooror의 책임 아래 세계로 선보이는 미래의 타이 음식 메뉴로 그 콘셉트가 나뉘어 있어 원하는 시대로 태국 음식 여행을 떠날 수 있다. 푸른색 코끼리의 그림을 바라보며 격식 있는 테이블에 앉아 우아하게 태국 요리를 즐길 수 있는 곳. 태국 요리와 어울리는 태국 와인도 맛볼 수 있으며, 요리 재료에 들어가는 허브나 재료로 만든 독특한 칵테일도 눈길을 끈다.

**Data**
**Map** 309K
**Access** BTS 수라삭 역 4번 출구로 나와 옆길로 직진, 도보 1분.
**Add** 233 South Sathorn Road, Kwaeng Yannawa
**Open** 11:30~14:30, 18:30~22:20
**Cost** 애피타이저 270바트~, 메인요리 450바트~, 맥주 220바트~
**Tel** 02-673-9353
**Web** www.blueelephant.com

### 보그 라운지 Vogue Lounge

짐작되듯, 보그 잡지에서 직접 운영하는 곳이다. 방콕의 패션피플도 많이 찾는 곳으로, 시크하고 고급스럽게 밤을 즐길 수 있다. 유명 포토그래퍼들이 찍은 보그의 패션 사진들로 장식되어 있는 실내는 좀 더 클래식한 분위기이며, 야외 테이블 자리에서는 사방의 빌딩 전경이 펼쳐진다. 마하나콘 큐브 빌딩의 6층 위치라 탁 트인 야경은 기대하기 어렵지만, 근사하게 칵테일이나 와인을 마시며 보내기 좋다.

**Data** Map 309H
**Access** BTS 총논시역 3번 출구 앞에 있는 마하나콘 큐브 빌딩 6층 **Add** 6F Mahanakhon CUBE 96 Narathiwas
**Cost** 시그니처 칵테일 360바트~
**Open** 17:00~24:00
**Tel** 02-001-0697
**Web** voguelounge.com

### 더 뱀부 바 The Bamboo Bar

1953년 문을 연 이래, 만다린 오리엔탈 방콕 호텔과 함께 역사를 만들어 온 라이브 재즈 바. 매일 요일별로 다른 재즈 공연이 열리는데, 이지 리스닝 재즈부터 스윙, 블루스, 보사노바까지 다양하게 들을 수 있다. 하지만 가장 수준급의 재즈공연이 열리는 날은 역시 금요일과 토요일. 호피무늬, 등나무 등으로 만들어진 빈티지한 의자와 옻칠한 짙은 색의 가구들, 1920년대 스타일의 천장 유리 등의 인테리어는 영화 <미드나잇 인 파리>처럼 순간 과거로 돌아가 어느 바에 들어간 듯한 느낌을 준다. 유명한 재즈 뮤지션과 노래 제목을 딴 뱀부 바의 오리지널 칵테일을 마시며 재즈를 듣는 기분이란!

**Data** Map 308E
**Access** BTS 사판탁신 역 2번 출구, 사톤 선착장에서 호텔 셔틀보트 이용
**Add** 48 Oriental Avenue, Mandarin Oriental Hotel
**Cost** 클래식 칵테일 490바트~
**Open** 17:00~01:00
**Tel** 02-659-9000
**Web** mandarinoriental.com

## 25 디그리스 25 degrees

LA에 있는 정통 아메리칸 스타일의 버거 바 '25 디그리스'의 자매점이다. 펑키한 음악과 정열의 레드톤이 잘 어울리는 이곳에서는 네 가지의 정해진 버거 메뉴 외에도 고기 종류와 재료, 치즈, 소스를 선택해서 나만의 스타일대로 먹을 수 있다. 고기는 등심, 칠면조, 참치, 야채로 만든 패티 네 가지. 추가로 넣을 수 있는 재료와 소스는 14가지, 치즈 종류도 13가지나 된다. 200g의 등심과 캐러멜라이즈한 양파, 크레센차 치즈와 고르곤졸라, 베이컨, 사우전드 아일랜드 드레싱 등이 들어간 '넘버 원Number One' 버거가 이곳의 대표 메뉴. 버거의 빵으로 쓰이는 번도 직접 만들어 부드럽고 촉촉하다.

**Data** Map 309H
**Access** BTS 총논시 역 3번 출구로 나와 사거리까지 직진, 왼쪽 방향으로 도보 5분 **Add** 188 Silom Road, Bangkok **Open** 24시간 영업 **Cost** 버거 330바트~, 샐러드 330바트, 디저트 140바트 **Tel** 02-238-1991 **Web** www.randblab.com

## 살라 림 남 Sala Rim Naam

만다린 오리엔탈 호텔에서 셔틀보트를 타고 강을 건너가면 살라 림 남 타이 레스토랑이 나온다. 점심은 뷔페 스타일로, 저녁에는 세트메뉴나 알라카르트로 구성된 정통 타이 요리를 즐길 수 있다. 가격대가 꽤 있는 만큼, 예약 없이 가도 자리가 있겠지 생각할 수 있지만, 태국 전통 공연이 열리는 실내의 자리는 늘 예약 완료 상태다. 태국 북부 지방의 전통 건축 스타일을 그대로 살린 살라 림 남에서 차오프라야 강의 야경을 바라보며 즐기는 저녁식사는 꼭 한번 경험해볼 만하다.

**Data** Map 308E
**Access** BTS 사판탁신 역 2번 출구, 사톤 선착장에서 셔틀보트 이용 **Add** 48 Oriental Avenue **Cost** 남 프릭 카이무 300바트, 얌쏨오 320바트, 똠얌꿍 380바트 **Open** 12:00~14:30, 19:00~22:30(공연 20:15~21:30) **Tel** 02-437-3080 **Web** www.mandarinoriental.com

### 비바 아비브 Viva Aviv

리버 시티의 1층에 있는 여러 레스토랑과 바들 중에서 단연 돋보이는 곳이다. 사각의 메인 바가 갖춰진 실내의 천장에는 바다가재를 잡을 때 쓰는 덫과 배의 부속품들이 주렁주렁 매달려 있고, 와인셀러가 있는 또다른 실내에는 시골 느낌 물씬 풍기는 나무 바구니와 말린 풀들이 가득하다. 멋스러운 가죽 소파와 빈티지 소품들이 많아 분위기가 차분하면서도 고급스럽다. 이곳을 오는 가장 좋은 시간은 노을이 지는 저녁 이후. 야외 테라스 자리에 앉아 시원한 맥주와 피자를 마시며 강의 풍경을 즐기기 좋다. 여기에 더해지는 디제이들의 라이브 음악도 감각적인 분위기를 한껏 고조시켜준다. 방콕 시내의 이름난 클럽 디제이들이 주말마다 이곳에서 디제잉을 한다. 차오프라야 강변의 호텔 바가 지겨운 사람들이 새롭게 즐길 만한 곳. 그러나 칵테일의 가격은 호텔과 별 다를 바 없다.

**Data** **Map** 308A **Access** BTS 사판탁신 역 2번 출구에서 시 프라야 피어까지 무료 셔틀버스 이용 **Add** River City, 23 Yota Rd. Chareongkrung 30 Road **Open** 11:00~00:00 **Cost** 칵테일 285~350바트, 맥주 145바트~, 애피타이저 180바트, 파스타 280바트 **Tel** 02-639-6305 **Web** www.vivaaviv.com

### 매기 추 Maggie Choo
*Writer's Pick!*

1930년대 상하이의 퇴폐적이면서도 관능적인 술집 분위기를 테마로 만든 재즈 바. 방콕의 하이소와 외국인 거주자, 잘 차려 입은 비즈니스맨들이 많이 오는 곳으로, 여전히 입소문을 타고 있다. 피아노 위에 비스듬히 누워 있는 여자, 그네를 타는 여자, 그리고 술을 시키는 바의 윗쪽 선반 안에도 누워 있는 여자들을 발견하고 나면, 이곳이 얼마나 '작정'하고 만든 곳인지 알 수 있다. 시대를 되돌아간 듯한 옛스러운 분위기와 신비로운 여인들, 그리고 감미롭고 때로는 격정적인 재즈를 듣고 있노라면 방콕의 밤은 더욱 섹시해진다. 바로 들어가기 전에 있는 국수집의 컨셉은 벌써 이태원 '밍' 클럽이 가져다 거의 똑같이 만들어두었다.

**Data** **Map** 308J **Access** BTS 수라삭 역에서 나와 수라삭 로드로 우회전 도보 10분 후 좌회전 길 건너편 **Add** Novotel Bangkok Fenix Silom Hotel, 320 Silom Rd **Cost** 글라스 와인 300바트, 와인 보틀 1,500~6,950바트, 맥주 200바트 **Open** 19:30~02:00 **Tel** 091-772-2144 **Web** www.facebook.com/maggiechoos

###  스칼렛 와인 바&레스토랑
Scarlett Wine Bar&Restaurant

호텔 안에 있음에도 불구하고 그리 비싸지 않은 음식과 와인 가격에 방콕의 젊은이들이 환호하는 곳이다. 개인적으로는 이곳의 전망이 가장 멋지다고 느껴진다.

**Data** **Map** 309H **Access** BTS 총논시 역 3번 출구로 나와 사거리까지 직진, 왼쪽 방향으로 도보 5분 **Add** 188 Silom Road **Open** 18:00~01:00 **Cost** 와인(병) 790~6만5,000바트, 맥주 160~280바트, 칵테일 320~340바트 **Tel** 096-860-7990 **Web** www.randblab.com

### 오서스 라운지 Author's Lounge

만다린 오리엔탈 호텔에 머물렀던 20세기의 유명 작가들의 사진과 사인 등이 전시되어 있다. 라운지 안쪽에는 라이브러리까지 갖춰져 있어 작가들의 책과 이야기를 더 깊이 만나볼 수도 있다. 정오에서 오후 6시까지 즐기는 오서스 라운지의 애프터눈 티는 항상 최고로 꼽힌다.

**Data** **Map** 308E **Access** BTS 사판탁신 역 2번 출구, 사톤 선착장에서 셔틀보트 이용 **Add** GF, 48 Oriental Avenue **Cost** 애프터눈 티 1,450바트 **Open** 12:00~20:00 **Tel** 02-659-9000 **Web** www.mandarinoriental.com/bangkok

### 스리식스티 바 Threesixty Bar

방콕 시내에 워낙 쟁쟁한 루프톱 바가 많아서 스리식스티 바를 일부러 찾아가기에는 무리가 있다. 그러나 차오프라야 강변이 훤히 내다보이고, 에어컨이 나오는 좌석에서 라이브 음악을 들으며 야경을 즐길 수 있다는 점은 매력적이다.

**Data** **Map** 308A **Access** BTS 사판탁신 역 2번 출구, 사톤 선착장에서 셔틀보트 이용 **Add** 123 charoennakorn Road, Klongsan **Open** 18:00~01:00 **Tel** 02-442-2000 **Web** www.hilton.com

### 시로코 Sirocco

CNN GO에서 뽑은 '아시아에서 전망이 좋은 최고의 호텔 톱7'에 뽑힌 루프톱 레스토랑 앤 바. 황금빛 돔이 트레이드마크인 시로코는 저녁식사를 할 수도 있지만, 바에 서서 칵테일 한 잔을 하면서 야경을 감상하는 것만으로도 족하다.

**Data** **Map** 308J **Access** BTS 사판탁신 역 2번 출구에서 도보 10분 **Add** 63F, Lebua Hotel at State Tower, 1055 Silom Road **Open** 18:00~01:00 **Cost** 시그니처 칵테일 690바트~ **Tel** 02-624-9555 **Web** www.thedomebkk.com

# SLEEP

### 만다린 오리엔탈 방콕 Mandarin Oriental Bangkok
**Writer's Pick!**

오리엔탈 호텔이 처음 문을 연 건 1876년의 일이다. 1975년에 만다린 오리엔탈 그룹이 운영을 맡으면서 만다린 오리엔탈 방콕이 되었고, 올해로 137년을 맞았다. 방콕에서 가장 오래된 호텔이자 비싼 호텔 중 하나이기도 하다. 건물은 오픈 당시부터 있던 오리지널 가든 윙과 16층으로 지어진 현대 건물의 메인윙이 함께 있다. 서머싯 몸, 조셉 콘라드와 같은 20세기의 유명 작가들이 머물렀던 역사적 호텔로 그들의 이름을 딴 스위트룸과 작가의 방 등을 갖추고 있다.

**Data** Map 308E Access BTS 사판탁신역 2번 출구, 사톤 선착장에서 셔틀보트 이용
Add 48 Oriental Avenue Cost 1만950바트~ Tel 02-659-9000 Web www.mandarinoriental.com

### 밀레니엄 힐튼 방콕
**Writer's Pick!**
Millennium Hilton Bangkok

밀레니엄 힐튼 방콕은 요즘 회자되는 방콕의 핫한 호텔은 아니지만, 가족 여행객에게는 늘 톱 순위에 오르는 곳이다. 어린이를 위한 서비스와 공간에 충실한데, 호텔 로비에는 재미를 위한 어린이 전용 체크인 데스크까지 두었다. 차오프라야 강을 굽어보는 수영장 더 비치The Beach를 비롯, 타이 레스토랑 마야Maya와 야경이 멋진 스리식스티 바Threesixty Bar, 전용 치즈룸을 갖춘 플로우Flow 레스토랑이 특히 인기 있다.

**Data** Map 308A
Access BTS 사판탁신 역 2번 출구, 사톤 선착장에서 셔틀보트 이용 Add 123 charoennakorn Road, Klongsan
Cost 스튜디오 디럭스룸 3,900바트~
Tel 02-442-2000 Web www.hilton.com

## 차트리움 호텔 리버사이드 Chatrium Hotel Riverside

차오프라야 강을 건너다보면 30층이 넘는 고층 빌딩 세 개가 나란히 있는데, 그곳이 바로 호텔과 레지던스, 콘도미니엄으로 구성된 차트리움 리버사이드 호텔이다. 이중 강변 쪽을 향하고 있는 것이 호텔로, 룸 안에 레지던스처럼 키친이 갖추어져 있다. 조식으로 이용되는 피어 28에서 감상하는 노을도 멋지고, 35미터에 달하는 수영장도 한적하니 좋다. 강 쪽에 위치해 있어 교통이 아주 편리하지는 않으나 사판탁신 역까지 셔틀보트를 운영하니 BTS를 이용하기 편리하다.

**Data** Map 308I **Access** BTS 사판탁신역 2번 출구, 사톤 선착장에서 셔틀보트 이용 **Add** 28 Charoenkrung Soi 70, Bangkholame **Cost** 그랜드룸 리버뷰 3,900바트~ **Tel** 02-307-8888 **Web** www.chatrium.com

## 헤리티지 호텔 반 실롬 Heritage Hotel Baan Silom

쇼핑과 다이닝 컴플렉스인 반 실롬 단지 내에 있는 헤리티지 호텔은 36개의 객실만을 갖춘 부티크 호텔이다. 유럽풍의 이국적인 건물 안에는 1950년대의 저택에서 흔히 볼 수 있는 앤티크 가구와 발코니가 근사한 객실이 있다. 부티크 감성 넘치는 헤리티지 호텔을 비수기 때는 5만원도 안 되는 금액으로 이용할 수 있다는 것도 매력적이다. 사톤과 스리나카린 지역을 포함 방콕에 총 5군데의 헤리티지 호텔이 있으며 그 중 가장 독특하고 고풍스러운 호텔이다.

**Data** Map 309G **Access** BTS 수라삭 역 3번 출구에서 도보 5분 **Add** 659 silom Soi 19, Silom Road **Cost** 1,490바트~ **Tel** 02-236-8388 **Web** www.theheritagebaansilom.com

## 풀만 방콕 호텔 G Pullman Bangkok Hotel G

**Writer's Pick!**

랑남 로드에 있는 풀만 킹 파워 호텔이 가족과 비즈니스맨에게 적합한 호텔이라면, 실롬에 있는 풀만 방콕 호텔 G는 싱글이나 커플의 도시 여행자에게 어울리는 부티크 호텔이다. 시크한 바처럼 꾸며진 로비의 분위기도 감각적이고, 올 화이트 톤의 객실도 깔끔하고 모던하다. 로비 층과 이어지는 1층의 플레이그라운드 바와 꼭대기층의 와인 바 겸 레스토랑인 스칼렛은 방콕의 밤을 멋지게 즐길 수 있는 장소. 풀만 방콕 호텔 G에 머무는 투숙객이라면 최고의 전망을 갖춘 스칼렛을 피해갈 수 없다.

**Data** Map 309H **Access** BTS 총논시 역 3번 출구로 나와 사거리까지 직진, 왼쪽 방향으로 도보 5분 **Add** 188 Silom Road, Bangkok **Cost** 3,200바트~ **Tel** 02-238-1991 **Web** www.pullmanbangkokHotelG.com

## W 방콕 W Bangkok

2013년 3월에 정식 오픈한 W 방콕은 방콕에서 W 브랜드답게 블링블링하고 글래머러스한 분위기가 곳곳에서 빛을 발한다. 툭툭 조명을 이용해 디스코 분위기를 낸 엘리베이터나 객실 침대에 놓여있는 금색의 반짝이는 복싱 글로브 등이 재미있다. 아르코스 타블렛을 이용해 객실 조명이나 에어콘 온도 설정 뿐만 아니라 룸 서비스를 위한 메일을 간단하게 보낼 수 있는 점도 편리하다. 또 초현실적인 분위기의 수영장과 컬러풀한 조명이 은은한 어웨이 스파도 매력적. 그러나 욕실 문이 없이 커튼으로 열고 닫으며, 특히 용변기가 있는 쪽에도 별도의 문이 없어 영 불편하다.

**Data** Map 309H **Access** BTS 총논시 역 1번 출구에서 도보 5분 **Add** 106 North Sathorn Road **Cost** 스탠더드 5,600바트 **Tel** 02-344-4000 **Web** www.wHotelbangkok.com

Bangkok By Area

# 05

# 두짓&카오산
# 차이나타운
## DUSIT&KHAOSAN
## AND CHINATOWN

방콕의 대표 관광지인 왕궁 부근과
배낭여행자들의 천국이라 불리는
카오산, 카오산에서 북쪽으로 3km
정도 올라가면 나오는 두짓 지역을
포함한다. 시내 중심가에서 보자면
북서쪽으로 꽤 떨어져 있는데,
BTS나 MRT의 대중교통이 닿지
않아 택시 외에는 이동이 불편하다.
카오산이 방콕에서 가장 혼돈스러운
곳 중 하나라면 두짓은 가장 조용한
분위기로 상반된 매력을 지녔다.

# 두짓&카오산
## DUSIT&KHAOSAN

*PREVIEW*

카오산은 방콕을 여행하는 배낭여행자들에게는 성지와도 같은 곳이다. 이곳은 방콕의 한 동네가 아니라 마치 하나의 독자적인 도시처럼 존재한다. 세상의 히피들은 다 모인 것 같은 자유로운 차림의 여행자들과 현지인들이 카오스 상태로 공존한다. 아침부터 밤까지 뜨거운 열기가 가시지 않는 곳. 반면 두짓 지역은 방콕에서 가장 유럽풍의 분위기를 느낄 수 있는 지역으로, 각국의 대사관과 현재의 왕이 거처하는 궁전이 자리한 여유롭고 조용한 동네다.

## PLAN

아침 일찍 왕궁과 왓포, 왓아룬 혹은 두짓의 위만멕 궁전과 아난다 사마크홈 궁전 등을 둘러보고 카오산으로 넘어오는 것이 좋다. 무리해서 하루에 다 볼 수도 있겠지만, 박물관도 한꺼번에 과식하면 질리기 마련. 여유를 갖고 날짜를 나눠 둘러보는 것이 좋다. 점심은 저렴하고 맛있는 식당이 많은 카오산에서 해결하고, 밤에 소문난 라이브 밴드 바나 클럽에서 즐기면 완벽하게 마무리된다.

## 어떻게 갈까?

카오산과 두짓 모두 BTS나 MRT가 닿지 않는 지역이다. 가장 간편한 방법은 택시로 이동하는 것. 하지만 시내에서 서쪽으로 꽤 떨어져 있으므로 최소 100바트 이상씩 택시비가 나온다. 다른 방법은 BTS 사판 탁신 역에서 내려 수상보트를 타고 카오산 인근 지역의 선착장인 타 프라아팃이나 왕궁 부근의 타 창 선착장, 그리고 두짓 지역은 테웻 선착장에서 내리는 것. 공항에서 올 때는 무료 셔틀버스를 타고 버스터미널로 이동 후 516번 에어컨 버스를 타면 카오산까지 한 번에 올 수 있다.

## 어떻게 다닐까?

카오산까지 오는 교통이 수월하지 않으므로 최대한 붐비는 시간을 피해 이동하는 것이 좋다. 카오산 안에서는 걷는 것이 가장 편한 방법. 하지만 무더위에 지치지 않게 가장 더운 시간에는 식사를 하거나 카페에 들어가 갈증을 풀거나 아니면 박물관(방콕 국립 박물관, 두짓의 위만멕 궁, 사마크홈 궁전 등) 등에 들어가 관람을 하는 것도 좋은 방법이다. 짧은 거리라면 오토바이 택시나 툭툭을 이용하는 것도 괜찮다. 두짓 지역은 여행객들이 많이 가는 곳이 아니라서 일반택시가 가장 이동하기 쉬운 수단이다.

## SEE

왕궁과 왓포, 왓프라깨우, 왓아룬 등 태국 왕조의 화려한 역사를 한눈에 둘러볼 수 있는 유적들이 많다. 두짓 지역에는 라마 5세 왕이 유럽풍으로 지은 위만멕 궁전을 비롯, 유럽의 궁과 똑같은 아난다 사마크홈 궁전, 그리고 현재 왕이 살고 있는 칫랄라다 궁전Chitralada Palace , 창 똔 왕실 코끼리 박물관, 현지인들에게 사랑받는 두짓 동물원 등이 여유롭게 자리해 있다.

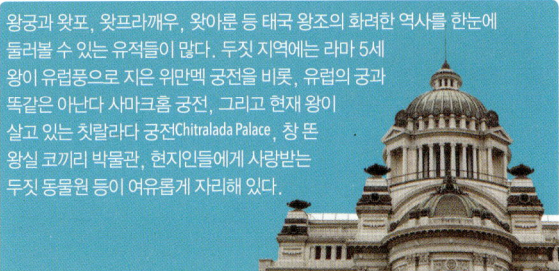

## ENJOY

길거리 가득 늘어선 노점상과 좌판에서는 형형색색의 사롱과 태국 스타일의 원피스, 에스닉한 스타일의 액세서리와 샌들, 수영복까지 다양한 제품을 판다. 하지만 다른 유명 쇼핑지에 비해 질이 좋은 것도 아니고 가격도 비싸기 때문에 적극적으로 쇼핑을 할 곳은 아니다. 쇼핑보다는 평소에 쉽게 하기 힘든 헤나나 레게머리를 시도해보는 것은 어떨까. 길거리에 앉아서도 30분 만에 뚝딱 레게머리가 완성된다.

## EAT

다양한 길거리 음식과 소문난 맛집들이 카오산에 모여 있다. 수북히 쌓아놓고 길거리에서 만드는 팟타이는 카오산의 명물. 프라아팃 로드에 가면 있는 쌀국수 나이쏘이국수와 꾼댕, 말레이시아식 로띠를 파는 로띠 마타바도 유명하다. 방콕 최고의 팟타이를 파는 팁 사마이, 푸팟퐁까리를 저렴하게 먹을 수 있는 쪽 포차나도 인기 맛집. 현지인들이 많이 가는 낀롬 촘싸판에서는 라마 8세 다리를 볼 수 있다.

## SLEEP

두짓은 관광객이 많이 가지 않는 곳이라 더 시암을 빼고는 이렇다 할 호텔이 거의 없는 지역이다. 카오산에는 배낭여행자를 상대로 하는 저렴한 게스트하우스가 대부분인데, 시설이 오래된 곳이 많아 다른 지역보다 숙소에 대한 기대를 낮춰야 한다. 카오산에서 꾸준히 인기를 얻고 있는 곳은 뉴시암New Siam(카오산에 3군데가 있다), 람부뜨리 빌리지, 에라완 하우스 등. 최근 프라아팃 로드에 문을 연 나발라이 리버 리조트나 리바 수르야는 부티크 감성을 지닌 고급 호텔로 새로운 바람을 몰고왔다.

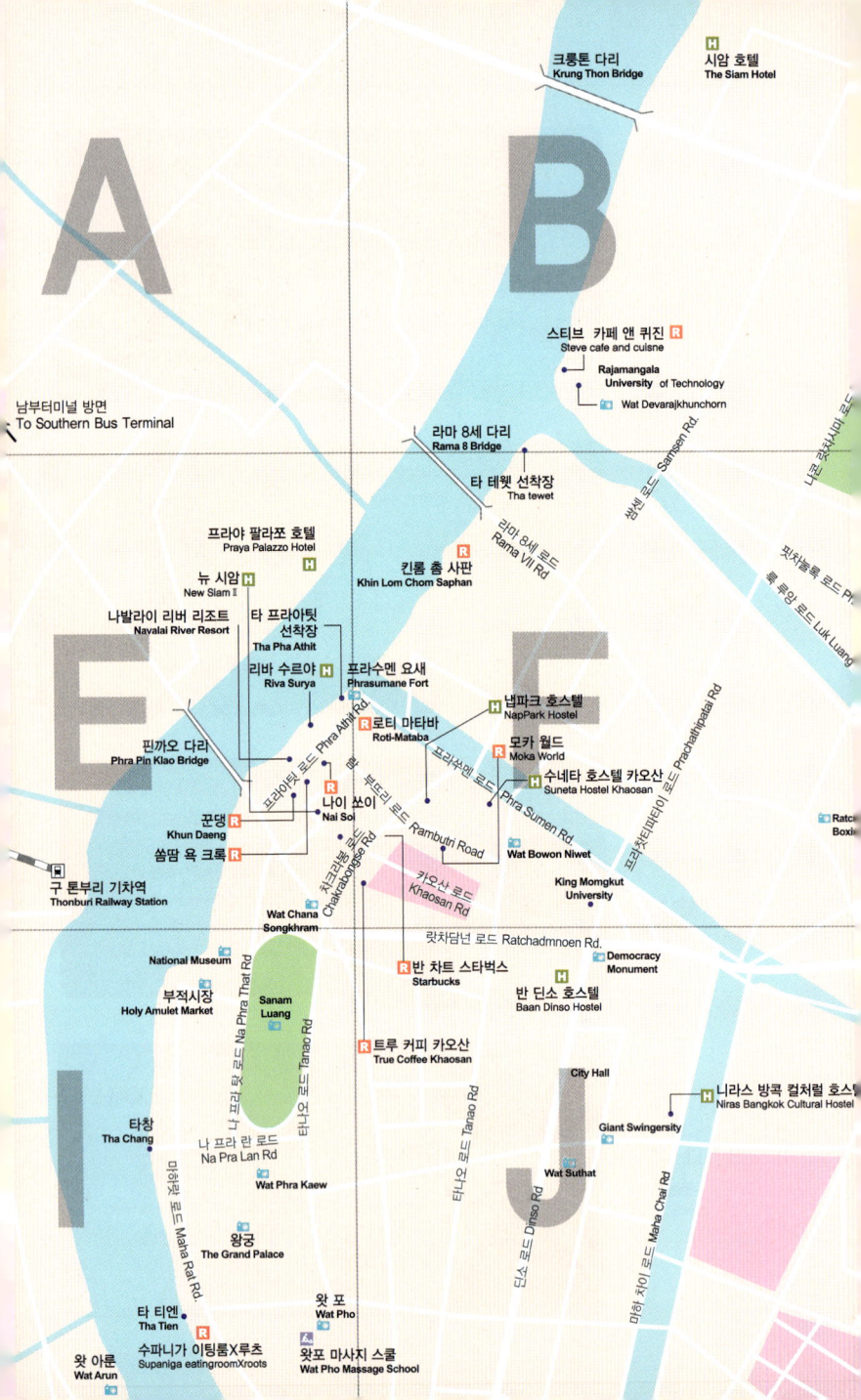

### 위만멕 궁 Vimanmek Mansion

태국의 왕 중 최초로 유럽 여행을 시작한 왕은 라마 4세였으며, 가장 빈번하게 유럽을 여행한 왕은 라마 5세였다. 태국에서 가장 존경받는 왕이자, 태국 근대화에도 가장 큰 공을 세웠던 라마 5세는 유럽 여행 중에 많은 앤티크 가구와 보석, 값진 물건들을 태국으로 들여왔는데, 위만멕 궁 역시 유럽에서 보았던 많은 궁전과 저택들에서 영감을 받아 만들게 되었다. 1897년 유럽에서 돌아온 라마 5세는 개인 돈을 들여 지금의 자리에 두짓 정원을 만들고, 그 안에 위만멕 맨션을 세웠다. 1901년에 완성된 이 저택에서 왕은 5년 동안 살았으며, 1982년부터는 박물관으로 개조돼 일반에게 공개되고 있다. 고급 티크나무로 지어진 유럽풍의 이 맨션은 왕궁과 사원에 몰두한 여행자들에게는 매우 신선한 공간으로 다가온다. 한국 단체 관광객들도 많이 오는 걸 보면, 패키지 코스에는 종종 들어가는 듯하다. 팔각형의 4층 건물에는 침실, 응접실, 서재,

왕의 집무실, 욕실 등 31개의 방이 오픈되어 있고, 방마다 화려하고 고급스런 소품과 가구, 장식들이 그대로 남아 있다. 라마 5세와 왕족의 고급스런 생활상을 그대로 엿볼 수 있으며, 섬세하고 화려한 내부와 달리 수수하면서도 이국적인 건물 외관과 주변을 산책하는 것도 즐겁다. 두짓 정원 안에는 위만멕 궁전 외에도 10개가 넘는 박물관이 있다. 위만멕 맨션 앞에서 무료로 운행하는 버기를 타면, 여기가 방콕인가 싶을 만큼 아름다운 유럽풍의 아난다 사마크홈 궁전에 갈 수 있다. 이 궁전은 150바트의 입장료를 따로 받는다.

**Data** Map 329C Access 강변 쪽에 있다면, 테웻Thewet 선착장까지 스피드보트를 타고 와서 택시를 타는 것이 가장 가깝다. 택시비 60바트 정도
Add 16 Ratchawithi Rd, Dusit
Cost 성인 100바트(어린이 20바트)
Open 화~토 09:30~16:00(입장권은 15:15까지 판매)
Tel 02-628-6300 Web www.vimanmek.com

### Tip 이것만은 알아두기

1. 2016년 7월부터 리노베이션 작업으로 계속 문을 닫은 상태이다. 가기 전에 꼭 미리 확인하고 가자.
2. 위만멕 궁전으로 들어가기 전에 가방과 소지품을 카페테리아와 상점이 있는 건물 라커에 맡겨야 한다. 궁전 내부 촬영 불가.
3. 소매없는 옷과 짧은 하의 차림은 입장이 불가능. 무릎 아래 길이의 하의와 민소매를 가릴 수 있는 스카프 등이 있으면 좋다.
4. 위만멕 궁전의 영어 가이드 투어는 오전 11시와 오후 2시에 있다.

### 프라쑤멘 요새 Phrasumane Fort

방람푸 지역의 차오프라야 강변에 위치한 아름답고 느긋한 쁘라깐 공원 안에 있다. 성처럼 솟은 건물과 하얀색 성벽으로 이루어진 곳이 프라쑤멘 요새다. 수도를 방콕으로 옮긴 라마 1세 왕이 적의 침입을 알기 위해 14개의 요새를 지었는데 지금까지 유일하게 남아있는 곳이다. 유적지로 지정되어 공원에서는 술과 담배가 금지되어 있다. 프라쑤멘 요새가 보이는 공원은 여행자의 혼을 쏙 빼놓는 카오산에서 잠시 휴식을 취하고 싶을 때 가면 정말 좋은 곳이다. 곳곳에 벤치와 잔디밭이 많아 간단하게 샌드위치를 가져와 먹는 외국 여행자들도 많고, 혼자 조용히 책을 읽는 친구들도 많다. 유럽의 공원에 온 것 같은 기분도 든다. 밤에는 요새 전체에 조명이 들어와 더 아름답다. 방콕 시민들도 무척 아끼는 유적지 공원이다.

**Data** Map 328F
**Access** BTS 사판탁신 역 1번 출구로 나와 수상보트 타고 프라팃 선착장에서 내리면 된다.
**Add** Phra Arthit Road
**Open** 05:00~24:00

### 왓 아룬 Wat Arun

18세기 말, 톤부리 왕조 시대에 지어진 사원이다. 차오프라야 강 건너편 톤부리 지역에 위치해 있는데, 새벽 햇살을 받으면 눈부시게 반짝인다 해서 '새벽사원'이라 불린다. 사원 안에는 높이가 74m에 이르는 옥수수 모양의 거대한 프랑(탑)이 세워져 있고 그 주변으로 네 개의 작은 프랑이 대칭으로 배치되어 있다. 계단을 올라 프랑의 전망대에 올라갈 수 있으나 경사가 심해 적잖이 힘이 든다. 하지만 전망대 위에서 보는 왕궁과 차오프라야 강의 전망은 언제나 아름답다. 왓아룬 건너편의 강변 쪽에는 왓아룬이 바로 보이는 전망의 카페와 레스토랑들이 늘 인기를 얻는다.

**Data** Map 328 I
**Access** 왕궁 부근의 타 티엔 선착장에서 왓아룬 가는 배 이용
**Add** 34 Thanon Arun Amarin Kwang Arun, Khet Bagkok Yai
**Cost** 입장료 100바트
**Open** 08:00~17:30
**Web** www.watarun.net

## 왕궁 The Grand Palace

**Writer's Pick!**

1782년에 라마 1세가 톤부리에서 방콕으로 수도를 이전하면서 짓기 시작한 왕궁이다. 현재의 국왕인 라마 9세는 이곳에 머물지 않지만, 라마 8세까지는 이곳에 거처를 두었다. 높이 둘러싸인 성벽 안에는 역대의 왕들이 세운 웅장하고 화려한 건축물이 가득하다. 수차례의 증축과 확장으로 태국의 전통 양식과 유럽 건축양식이 혼합된 독특한 형태로 완성되었다. 사람들이 가장 가보고 싶어하는 곳은 왕실 전용 사원인 왓 프라깨우. 에메랄드 사원이라 불리는 이 사원 안에는 벽옥으로 만든 불상이 안치되어 있는데, 에메랄드빛이 난다해서 이름 붙여졌다. 태국에서 가장 신성시되고 있는 불상이다.

**Data** Map 328 I
**Access** BTS 사판탁신 역 1번 출구로 나와 수상보트 타고 타 창 선착장.
**Add** Na Phra Lan Road, Old City
**Open** 08:30~16:30
(티켓 판매는 15:30분까지)
**Cost** 입장료 500바트
**Tel** 02-623-5500
**Web** www.palaces.thai.net

## 왓 포 Wat Pho

**Writer's Pick!**

방콕에서 가장 크고 오래된 사원으로 길이 45m에 달하는 거대한 황금 와불상이 모셔져 있다. 왓포는 방콕이 건설되기 전에 이미 만들어진 곳으로, 라마 1세 때 증축해 현재의 모습을 갖추었다. 라마 3세 때에는 16년 넘게 다시 복원 작업을 진행하였는데 이때 와불상을 봉안했다. 황금색으로 칠해진 와불은 열반에 든 부처의 모습을 형상화한 것이며, 자개로 만들어진 부처의 발바닥에는 108 번뇌를 뜻하는 그림이 그려져 있다. 사원으로 들어가는 입구는 총 16개, 다양한 모양의 첨탑과 불탑, 건축물들을 만나게 된다.

**Data** Map 328 I
**Access** BTS 사판탁신 역 1번 출구로 나와 수상보트 타고 타 띠안 선착장에서 내린 후 마하랏 로드를 지나 째뚜폰 로드방면으로 도보 10분
**Add** Maharat Road, Old City
**Cost** 입장료 100바트
**Open** 08:00~18:30
**Tel** 02-221-5910
**Web** www.watpho.com

### 부적 시장 Holy Amulet Market

왕궁에서 탐마삿 대학교 쪽으로 가다보면 나오는 부적 시장이다. 방콕에 있는 여러 부적 시장 중 가장 큰 규모를 자랑하는 곳으로, 방콕인들은 '탈랏 프라 크르앙' 이라 부른다. 얼핏 보면 각종 앤티크 제품을 파는 것 같지만 이 것들은 모두 태국 사람들이 주변의 악귀를 쫓고 행운을 가져다준다고 믿는 부적들이다. 그래서 태국인들은 거의 대부분 부적을 갖고 있다. 가장 많이 파는 부적은 다채로운 펜던트 모양으로 부처, 관음, 유명한 승려의 모습을 담고 있다. 아주 조그만 불상에서 꽤 큰 사이즈의 불상도 부적용이다. 남근 모양으로 조각된 열쇠고리도 이곳에서는 민망한 물건이 아니다.

**Data** **Map** 328I
**Access** 타 프라 찬 선착장에서 도보 3분. 탐마삿 대학교 앞
**Add** Phra Chan Road&WatMahathat, Ratanakosin
**Open** 08:00~18:00

## 왓포 마사지 스쿨 Wat Pho Massage School

태국에서 가장 공신력 있는 마사지 교육기관으로 왓포 사원 근처에 있다. 정식 교육은 1년에서 3년까지 받게 되지만, 하루에 6시간씩 5일을 배울 수 있는 단기코스(총 30시간)도 마련되어 있다. 일반 여행자들은 이 단기코스를 배우면 된다. 타이마사지, 발마사지 코스가 있다. 수업은 영어로 진행되며 코스를 끝내면 수료증을 준다. 교육 신청시 여권 사본, 여권 사진 3장, 수강료, 신청서가 필요하다.

**Data**
**Map** 328I
**Access** 마하랏 로드에 위치. BTS 사판탁신 역 1번 출구로 나와 수상보트를 타고 타 띠안 선착장에서 내려 마하랏 로드를 따라가다 소이 펜까 1끝에 위치
**Add** 2 Sanamchai Road | Wat Po, Tatian
**Cost** 제너럴 타이마사지 코스 교육 9,500바트(30시간), 발 마사지 코스 교육 7,500바트(30시간)
**Open** 09:00~17:00
**Tel** 02-622-3551
**Web** www.watpomassage.com

## 카오산 로드의 쇼핑과 마사지

카오산 로드에도 셀 수 없이 많은 노점상들이 늘어서 있다. 방콕 여행을 카오산 로드에서 시작하는 여행자들은 다양한 무늬의 사롱과 전통 무늬의 원피스, 샌들, 액세서리에 마음을 빼앗길 수밖에 없다. 가격 또한 서울보다 몇 배는 싼 것처럼 느껴지지만 방콕의 다른 유명 쇼핑지와 비교하면 결코 싼 가격은 아니다. 그래도 흥정을 잘하면 바가지 쓸 일은 없으므로 센스 넘치는 쇼핑을 즐겨보시길. 골목 안에 도매상인들을 위한 액세서리 숍도 숨어 있으니 대량 구매할 마음이 있다면 둘러보자. 길거리에 누워 천연덕스럽게 발마사지를 받고 있는 풍경도 카오산에서만 볼 수 있는 장면. 다른 지역처럼 스파 숍의 브랜드나 시설이 다양하지는 않지만 노천의 마사지용 의자에 앉아 피로를 푸는 것도 색다른 재미를 준다. 다만 손맛 좋은 마사지사를 만나기란 쉽지 않다는 거.

### 낀롬 촘사판 Khin Rom Chom Saphan

차오프라야 강변에는 강의 야경을 보며 저녁식사를 할 수 있는 멋진 레스토랑이 꽤 있다. 한국인에게는 강 건너의 왓 아룬 사원이 바로 보이는 레스토랑 '데크The Deck'가 유명한데, 그곳보다는 덜 알려졌지만, 훨씬 현지인들이 많이 가고 흥겨운 분위기의 레스토랑을 소개할까 한다. 라마 8세 다리가 바로 코 앞에 보이는 낀롬 촘사판이다. 한눈에 보기에도 탁 트인 전망과 테이블마다 꽉 찬 사람들이 있는 야외 레스토랑이다. 혼자 오기보다는 가족, 친구들과 와서 다양한 해산물 요리를 여럿 시키고 신나게 먹는 곳이다. 낀롬 촘사판이란 이름은 '다리를 바라보며 바람을 마시다'라는 근사한 의미를 담고 있다. 밤 10시까지 태국인 밴드의 공연이 펼쳐지고, 활기찬 밤의 기운과 바람을 느낄 수 있다. 강에 가장 가까운 테이블 자리는 언제나 인기가 많아 예약을 하는 것이 좋다.

**Data** Map 328F  Access 주변에 BTS나 MRT가 없다. 카오산에서 툭툭을 타고 약 10분
Add 11/6 Soi 3 Samsen Road  Cost 게요리 450바트, 생선요리 320바트, 맥주 100바트
Open 11:00~24:00  Tel 02-628-8382  Web www.khinlomchomsaphan.com

## 로띠 마타바 Roti-Mataba

카오산의 명물. 여행자와 현지인 모두에게 인기 있다. '로띠'와 '마타바'를 파는데, 로띠는 얇은 밀가루 반죽을 기름에 호떡처럼 지져 안에 바나나나 달걀을 넣고 위에 시럽을 뿌려 먹는다. 마타바는 커리 양념을 한 채소나 닭고기, 해물 등을 속에 넣고 두툼하게 구워낸 로띠로 고로케나 만두 같은 맛이 난다. 속 재료를 싸고 있는 피(로띠)가 얇디 얇은 것이 특징. 태국의 무슬림 음식으로 유명하다. 플레인 로띠나 바나나 로띠, 초콜릿 치즈 로띠 등은 모두 '당' 떨어질 때 찾아가 먹으면 좋은 달달한 별미로, 방콕 길거리에서도 많이 파는 간식이다. 1층에 음식을 만드는 공간과 함께 길거리에 테이블 자리가 있으며, 2층에도 에어콘이 나오는 실내 자리가 있다.

**Data** **Map** 328F **Access** 프라쑤멘 요새에서 도로 바로 맞은편 부근
**Add** 136 Phra Athit Road, Pra Nakorn **Cost** 로띠 20~40바트
**Open** 화~일 07:00~20:00 **Tel** 02-282-2119

# BANGKOK BY AREA 05
## DUSIT&KHAOSAN

### 모카 월드 Moka World

같은 디자인 학교를 졸업한 세 명의 친구들이 모여 만든 카페. 지금은 아티스트 '모카 피니다'와 요리를 좋아해 이곳의 음식을 전담하고 있는 '게이'가 주로 운영하고 있다. 이곳은 원래 모카의 증조 할머니집이었던 것을 카페와 갤러리로 개조했다. 처음에는 갤러리로 오픈을 했으나 주변에 괜찮은 커피집이 없어 커피도 함께 팔게 되었다. 맛있는 커피를 찾기 어려운 카오산에서 괜찮은 커피집으로 통한다. 마침 이태리에서 여행온 파멜라가 이 집 커피를 마시며 비로소 안도하고 있다. 내부에는 갖가지 인형, 소품과 함께 눈두덩이가 부풀어오르고 입술이 도드라진 만화 캐릭터의 여자애가 그려진 그림이 사방에 걸려 있다. 이 작품 속 캐릭터는 '모다카'. 모다카는 태국의 아티스트들이 특히 많이 믿는 카네샤 신의 손에 올려진 캔들을 일컫는 말로, 건강, 행복 등을 의미한다. 카페에는 그림 속의 캐릭터와 꼭 닮은 주인이 상주하고 있다. 그녀가 바로 이 작품을 그리는 작가 모카피나다이다. 작품을 직접 팔기도 한다. 카오산 여행자들에게 인기가 많다.

**Data** Map 328F
**Access** 람부트리 로드, 위엥탕 호텔 맞은편
**Add** 92 Ram Buttri Road
**Cost** 커피 60~80바트, 아포가토 120바트
**Open** 월~토 08:00~20:00 (일요일 휴무)
**Web** www.mokaworld.net

### 나이쏘이 Nai Soi

카오산 지역에서 한국 여행자들에게 가장 유명한 음식점 중 하나. 얼마나 유명한지 음식점 앞에 큼지막하게 한글로도 '나이쏘이'라고 쓰여 있다. 메뉴는 간단하다. 오랜 시간 끓여 만든 육수에 소고기를 얹어주는 고기국수 집. 보통 사이즈와 곱배기가 있는데 남성에게는 곱배기도 양이 적을 수 있다. 국물 맛은 진하지만 좀 짜고 달달하다. 저렴한 금액으로 부담없이 한 끼 먹을 수 있는 집으로 무난하다.

**Data** Map 328E
Access 프라아팃 로드에 위치
Add 100/2-3 Phra Athit Road, Pra Nakorn
Cost 쌀국수 80바트(곱배기 100바트), 커피 20바트
Open 07:00~18:00
Tel 086-982-9042

### 쏨땀 욕 크록 Papaya Salad@Phra-a-thit Rd

스무 가지가 넘는 쏨땀 메뉴가 있는 쏨땀 전문점. '욕 크록'이란 '절구'라는 뜻으로, 쏨땀을 시키면 돌절구에 재료를 넣고 열심히 빻은 다음 절구째 갖다준다. 쏨땀은 원래 매운 이산 음식이기 때문에 찰쌀통밥인 카우 니여우나 닭날개 튀김인 까이텃과 같이 먹는 것이 일반적이다.

**Data** Map 328E Access 로티 마티바 지나서 위치
Add 8 Phra Athit Road Cost 쏨땀 35바트부터, 까이텃 60바트 Open 08:00~10:00
Tel 02-282-6037

### 꾼댕 Khun Daeng

위치는 형광 연두색 컬러의 외관으로 찾는다. 간판은 없지만 금방 찾을 수 있다. 방콕 매체는 물론 외국 가이드북에도 많이 소개돼, 여행자들 사이에서도 유명한 꾸어이띠여우(쌀국수)집이다. 한국 여행자들에게는 꾼댕보다 나이쏘이가 더 유명하지만, 꾼댕의 얼큰한 국물은 우리 입맛에도 잘 맞는다.

**Data** Map 328E Access 타 프라아팃에 내리면 도로 맞은편 Add 68 Phra Athit Road
Cost 베트남 국수 45바트(곱배기 55바트)
Open 월~토 11:00~22:00 Tel 085-246-0111

# BANGKOK BY AREA 05
## DUSIT&KHAOSAN

 **수파니가 이팅룸X루츠** Supaniga eatingroom X roots

**Writer's Pick!**

'할머니의 레시피'를 전수받아 모던한 플레이팅으로 선보이며 젊은이들의 핫 스폿이 된 수파니가 이팅룸이 차오프라야 강변에 2017년 7월 새롭게 오픈하였다. 이곳의 절대 매력은 강 너머의 왓아룬이 바로 건너편에 보인다는 점. 왓아룬을 구경하고 해가 질 때 쯤 넘어와도 좋고, 왓아룬의 조명이 켜지는 7시부터 저녁식사를 하며 야경을 즐겨도 좋다. 방콕의 루츠 커피와 컬래버레이션한 곳이라, 커피만 마시기에도 좋은 곳. 차오프라야 강가의 리바 아룬Riva Arun 호텔 앞의 건물, 오래된 나무집으로 지어져 있다. 너무 더운 낮에는 2층 야외 테라스보다 시원한 에어컨이 나오는 1층 창가 자리가 좋을 수도. 방콕의 진짜 맛집으로 일찌감치 인정받은 집이라 음식 맛은 기대해도 좋다.

**Data** Map 328I
**Access** 타 티엔 선착장 **Add** 392/25-26 Maha Rat Road
**Cost** 남 프릭 카이 푸 240바트, 무차 무앙 240바트 **Open** 11:30~22:30
**Tel** 02-015-4224 **Web** www.supannigaeatingroom.com

### 트루 커피 카오산 True Coffee Khaosan

태국의 유명 통신회사인 트루Ture에서 운영하는 커피숍이다. 카오산점은 티크나무로 지어진 2층 구조의 가정집을 카페로 개조했다. 트루 커피에서는 초고속 인터넷을 무료로 쓸 수 있어 노트북을 가져와 작업하는 젊은이들을 자주 볼 수 있다.

**Data** Map 328F Access 똠얌꿍 레스토랑이라 쓰여 있는 좁은 골목 안 Add 204 Sunset Street complex, Khaosan Rd Cost 커피 80바트~, 주스 100바트, 케이크 75바트~ Open 09:30~23:00 Tel 02-629-0560 Web www.truecoffee.com

### 반 차트 스타벅스 Starbucks@Baan Chart

1900년대 지어진 유서깊은 건물에 있던 노란색 스타벅스는 사라지고 새로 문을 연 '반 차트' 건물에 파란색 스타벅스가 들어섰다. 방콕에 파란색 건물이 거의 없어서인지, 멀리서도 단번에 눈에 띈다. 커피 메뉴나 가격은 한국과 별 차이가 없지만, 위, 아래 층 모두 테라스가 있어 운치 있다.

**Data** Map 328F Access 람부트리 로드를 지나 차크라퐁 거리로 가서 우회전 Add Baan Chart, 98 Charkraphong Road Open 06:30~23:00 Tel 02-629-0354 Web www.starbucks.coth

### 스타붕 커피 Starbung Coffee

익숙한 로고 탓에 스타벅스라고 쓰여 있는 것처럼 보이나 자세히 보면 스타붕이다. '풉'하고 웃음을 뿜게 되는 포장마차 형태의 이동식 커피집. 사진을 찍으면 이곳의 주인 아저씨가 로고와 똑같은 포즈를 취한다. 그는 현재 스타벅스로부터 로고 사용 정지 요청을 받은 상태. 판결 여부에 따라 스타벅스가 이기면 그땐 상호를 내리겠단다. 커피맛은 물론 스타벅스와 다르다. 달달한 타이커피를 판다.

**Data** Access 익스프레스 보트를 타고 타 프라아팃에 내리면 도로 맞은편 Add Phra Athit Road, Pra Nakorn Cost 커피 30바트

**노을 보며 즐기는 오리지널 타이푸드**
## 스티브 카페 앤 퀴진 Steve Café and Cuisine

차오프라야강변에 자리한 고즈넉한 카페다. 찾아가는 길이 고생스럽지만 그 보상은 충분히 해준다. 바로 눈앞에서 떨어지는 노을을 보며 즐기는 오리지널 타이푸드는 한국인의 입맛에도 꼭 맞다. 흡사 김치찌개 같은 맛을 내는 타이스타일의 계란 수프와 이곳의 푸팟 퐁가리는 꼭 시켜 먹어야 하는 메뉴. 식사를 마친 후에는 1만원 안팎의 저렴한 금액 때문에 또 한 번 놀라게 된다. 다만, 찾아가는 길은 조금 복잡하다. 라마 8세 다리를 마주보고 다리 왼편에 낀롬촘사판이, 다리 오른편 쪽으로 스티브 앤 퀴진이 있다. 타 테벳 선착장에서 내리면 스티브 카페 앤 퀴진이 바로 보일 정도로 가깝지만, 막상 가는 길은 쉽지 않다. 선착장에서 스티브 카페로 바로 오는 길이 없어 데바랏쿤촌 Wat Devarajkhunchorn 사원까지 150m를 걸어 나간 다음 사원을 돌아 옆길로 다시 100m를 들어와야 하기 때문이다. 가장 좋은 방법은 왓 데바랏쿤촌 사원 앞까지 택시를 타고 와서 작은 집들이 있는 골목 사이로 이정표를 보고 들어오는 것이다.

**Data** **Map** 328B **Access** 아유타야 로드 소이 21 근처에 있는 왓 데바랏쿤촌 사원 안까지 택시를 타고 와서 골목으로 100m 들어온다. **Add** 68 Sri Ayuthaya road, Soi Sri Ayuthaya 21, Vachiraphayabaan, Dusit **Cost** 옐로우커리가 들어간 푸팟퐁가리 240바트, 타이스타일 에그 사워 스프 160바트, 똠얌새우 200바트 **Open** 월~금 11:30~14:30, 16:30~23:00 토~일 11:00~22:30 **Tel** 02-281-0915 **Web** www.stevecafeandcuisine.com

## 카오산 로드의 맛집&술집

카오산의 주요 거리는 300m에 이르는 카오산 로드와 람부뜨리Ram Buttri 로드. 배낭여행자들을 타깃으로 하는 저렴한 식당과 노천 음식점, 바들이 많다. 다양한 길거리 음식을 먹을 수 있는 것도 큰 즐거움인데, 수북하게 쌓아놓은 면을 그때그때 볶아주는 팟타이(25바트)는 항상 인기가 넘친다. 카오산 로드의 밤은 현란하다. 멀리건스 아이리시 바Mulligans Irish Bar, 브릭 바Brick Bar, 몰리Moly Bar 등은 라이브 연주를 하는 바로 유명하고, 노천 바와 클럽은 새벽까지 여행자들로 흥청거린다. 프라쑤멘 요새가 있는 프라아팃 로드에도 라이브 바가 밀집되어 있는데, 현지 젊은이들이 주로 간다. 카오산 로드보다 덜 붐비고 여유가 있다.

**Data** **Map** 328F **Access** 타 프라아팃 선착장에서 내려 도보 20분
**Add** Khaosan Road, Old City

## SLEEP

### 리바 수르야 Riva Surya

카오산에서 보기 드문 감각 만점의 부티크 호텔이다. 호텔은 100년 전 방콕으로 시간 여행을 떠나게 해준다. 호텔 안으로 들어서기 전까지는 과거로 되돌아간 듯한 분위기를 알아채기 어렵다. 외관은 매끈한 유리재질과 함께 상반된 목재를 사용해 매우 현대적이다. 그러나 호텔 내부와 객실로 들어서면 타이 전통 스타일의 목재 가구와 소품들, 콜로니얼 스타일의 문양이 고풍스러운 분위기를 가득 전한다. 카오산 로드 쪽을 향한 어번룸과 차오프라야 강을 바라보는 리바룸으로 크게 나뉘며 리바룸을 제외한 모든 객실에는 발코니가 설치되어 있다. 해질 무렵의 근사한 차오프라야 강의 풍경을 즐길 수 있는 수영장과 바블앤룸 레스토랑, 라운지도 모두 매력적이다. 이 호텔이 위치한 프라이팃 로드는 소문난 국숫집과 로띠집, 분위기 좋은 바 등이 모여 있어 카오산에서는 최고의 위치를 자랑한다.

**Data** Map 328E
**Access** 프라이팃 선착장에서 내려 도보 5분 **Add** 23 Phra Arthit Road, Phra Nakorn
**Cost** 비수기 4,300바트~
**Tel** 02-633-5000
**Web** rivasurya.com

### 프라야 팔라쪼 호텔 Praya Palazzo Hotel

카오산의 프라이팃 선착장에서 호텔 전용 보트를 타고 차오프라야 강을 건너야 호텔이 나온다. 강을 건너야 하는 번거로움이 있지만, 그 수고스러움만큼 더 조용하고 자연적인, 그리고 개인적인 휴양을 보장받을 수 있다. 1923년 라마 5세 왕의 권한 아래 이탈리아 건축가가 설계하고 디자인한 호텔 건물은 원래 왕실 건물이었으나 이후 학교로 이용되다 2011년에 프라야 팔라쪼 호텔로 탄생하였다. 오래된 이야기만큼이나 호텔 또한 고풍스럽고 우아한 분위기가 가득하다. 객실은 17개 뿐이며 타입 또한 모두 다르다. 왕실의 응접실 같은 분위기의 라운지와 레스토랑, 수영장 등을 갖추고 있다.

**Data** Map 328E
**Access** 카오산 지역에 있는 프라이팃 선착장에서 호텔 전용 보트 이용
**Add** 757/1 Som dej Prapinklao Soi 2 BangYee Khan
**Cost** 수페리어룸 2,975바트~  **Tel** 02-883-2998
**Web** www.prayapalazzo.com

| Theme |
## 카오산 지역의 추천 게스트하우스

세계의 배낭여행자들이 모이는 카오산 지역에는 게스트하우스가 많다.
평판 좋고 디자인 감각도 뽐내는 깔끔한 게스트하우스를 뽑았다.

### 뉴 시암 II New Siam II
프라아팃 로드 주변으로 뉴 시암 게스트하우스가 네 군데 있다. 알 만한 사람은 다 아는 게스트하우스. 이중 뉴 시암 II와 뉴 시암 리버사이드는 풀장까지 갖추고 있다.

Map 328E Access 타 프라아팃 선착장에서 도보로 5분 Add 86/7 Ratchaprarop Road Phaya Thai Cost 도미토리 룸 350바트~ Tel 02-2282-2795 Web www.newsiam.net

### 냅파크 호스텔 NapPark Hostel at Khaosan
무료 인터넷, 에어콘, 전기 콘센트, 샤워시설을 갖춘 백패커 호스텔. 영화를 보거나 무료 인터넷 사용을 할 수 있는 공동구역이 있다. 카오산 로드에서 도보로 5분 거리.

Map 328F Access 공항철도를 이용해 파야타이 역에서 내려 택시로 100바트 Add 5 Tani Rd, Taladyod Phranakorn Bangkok 10110 Cost 도미토리 룸 330바트~ Tel 02-2822-2324 Web www.nappark.com

### 반 딘소 호스텔 Baan Dinso Hostel
오래된 나무집을 개조해 방 9개짜리 부티크 호스텔로 만든 곳. 공용화장실과 샤워실도 매우 깔끔하며 방 안에 화장실을 갖춘 곳도 있다. 카오산 로드에서 도보로 10분 거리에 있다. 조용해서 좋다. 전승기념탑 부근의 딘소 로드에 위치.

Map 328J Add 113 Trok Sin, Dinso Rd, Borvornnivate, Pranakorn Cost 6인실 도미토리 340바트 Tel 086-815-2200 Web www.baandinso.com

### 수네타 호스텔 카오산
Suneta Hostel Khaosan
도미토리 중 캐빈형으로 생긴 16인실이 이색적이다. 사다리를 이용해 한 명이 딱 누울 수 있는 사각의 침대에 들어가는 구조다. 위치 찾기가 쉽지 않지만, 다른 호스텔과 비교해볼 때 조용하다.

Map 328F Access 타 프라아팃 선착장에서 도보로 10분. Add 209-211 Kraisi Road, Banglampoo, Phranakorn Cost 도미토리 룸 350바트~ Tel 02-629-0150 Web www.suneta.net

### 링크 코너 호스텔 방콕
Link Corner Hostel Bangkok
카오산에 위치한 호스텔은 아니지만, 게스트하우스 중 매우 평판이 좋은 곳이다. 공항철도 라차프라롭Ratchaparok역에서 도보 5분 거리라 공항에서 오기 아주 편리하다. 4인 1실, 6인 1실, 더블룸이 있으며, 침대로 구성된 도미토리식이다. 매우 깨끗하고 청결한 것이 장점.

Access 공항철도 라차프라롭역에서 도보 2분 Add 86/7 Ratchaprarop Road Phaya Thai Cost 도미토리 룸 350바트~ Tel 02-6400-0550 Web www.linkcornerhostel.com

### 니라스 방콕 컬처럴 호스텔
Niras Bankoc Cultural Hostel
100년이 넘은 올드 차이니즈 타운 하우스를 호스텔로 만들었다. 옛날 스타일의 지붕과 좁은 복도, 바닥과 판유리를 그대로 살린 문화 호스텔이다. 호텔 내에 있는 카페에서 질 좋은 커피와 케이크를 즐길 수 있다. 카오산 로드에서 15분 거리.

Map 328J Add 204-206 Mahachai Road l Sumranrat Phra-Nakorn Cost 6인실 도미토리 룸 340바트~ Tel 02-221-4442 Web www.nirasbankoc.com

# PREVIEW

# 차이나타운
## CHINATOWN

방콕 구시가지의 동쪽 일대인 차런 크룽Charoen Krung과 차오프라야 강 사이가 차이나타운에 해당된다. 메인 거리는 야오와랏Yaowarat 거리와 차런 크룽 거리. 중국계 태국인들이 방콕으로 수도를 이전할 당시부터 터를 잡은 곳으로, 태국 국민의 10%를 차지하는 이들은 방콕의 하이소로서 경제적인 부를 누리고 있다. 음식 부분에 있어서도 차이나타운은 그냥 지나칠 수 없는 중요한 동네다.

## PLAN
가장 일반적인 방법은 MRT 후아람퐁Hualampong 역에서 내려 차이나타운으로 가는 길에 있는 왓 트라이밋을 구경한 뒤 차이나타운의 메인 거리인 야오와랏 거리로 들어가는 것이다. 쇼핑이 목적이 아니라면 너무 더운 한낮은 피하는 것이 좋다. 싱싱하면서도 저렴한 해산물로 푸짐한 저녁식사를 먹고 사판 풋 야시장을 돌아보거나 아예 차이나타운을 빠져나오는 것이 좋다.

## 어떻게 갈까?
방콕 시내에서 MRT 후아람퐁 역 1번 출구로 나와 도보로 5~10분 정도 걸으면 야오랏 로드가 나온다. 후아람퐁 역 주변이 계속 공사 중이라 막힌 출구도 있으니 역 안에서 확인할 것. 차이나타운은 방콕에서도 악명 높은 교통체증 구역이므로 가급적 택시는 타지 않는 것이 좋다. 수상 버스를 타고 라차웡Rachawong에서 내리면 도보로 5분 거리.

## 어떻게 다닐까?
상점도 많고 상인도 많고 관광객도 많다. 어느 거리나 사람들로 붐비므로 빨리 걷기도 쉽지는 않다. 야오와랏 거리와 차런 크룽 거리가 가장 중심이 되는 거리이며 다른 곳보다 가방 단속을 잘해야 한다.

**SLEEP**

꼭 차이나타운에서 자야 하는 특별한 이유가 없는 이상, 이곳에 숙소를 정할 이유는 없다. 호텔은 오래됐고, 밤에는 불량배나 소매치기도 많아 위험하고 지저분하다. 방콕 시내에 호텔을 잡거나 저렴한 숙소를 찾는다면 카오산 로드의 게스트하우스가 적당하다.

**ENJOY**

삼펭Sampeng 올드 마켓은 차이나타운이 생기면서 가장 먼저 생긴 곳. 갖가지 의류와 가방, 시계, 보석, 약재 등을 판매하는 시장이지만 미로처럼 이루어진 골목들로 쇼핑이 만만치는 않다. 또 도매시장이라 일반 사람들에게 물건을 팔지 않는 상점도 여럿 있다. 파후랏은 아랍거리, 혹은 인디아 거리라 불리는 거리로, 차이나월드 백화점이 이곳에 위치해 있다.

**EAT**

질 좋은 해산물을 저렴하게 먹을 수 있는 곳으로 차이나타운만한 곳이 없다. 해산물을 먹을 수 있는 거리인 소이 텍사스Soi Texas를 비롯, 야오와랏 메인 거리에서 많은 음식점을 만날 수 있다. 딤섬, 어묵을 올린 국수와 같은 서민 음식에서 샥스 핀과 제비집 같은 값비싼 요리도 다른 곳보다 부담없이 맛볼 수 있다.

## SEE

### 왓 트라이밋 Wat Traimit

차이나타운에서 유일한 관광지라 할 수 있는 왓 트라이밋은 후아람퐁 역에서 그리 멀지 않아 먼저 들르기 좋다. 세계에서 가장 큰 황금불상이 있는 곳으로 유명하며, 높이 3m, 무게 5.5톤에 달하는 좌불상이 모셔져 있다. 수코타이 왕조의 전성기 때 만들어진 황금불상은 아유타야 시대에 미얀마군이 자주 침략하자 약탈을 막기 위해 겉에 석회칠을 해두었다. 이후 방콕의 허름한 사원에 방치되었다가 1955년 현재의 왓 트라이밋 사원으로 옮기던 중 석회가 벗겨지며 황금불상임이 밝혀졌다. 사원 자체는 규모가 작은 편이어서 둘러보는 데는 오랜 시간이 걸리지 않는다.

**Data** Map 348F
**Access** MRT 후아람퐁 역 1번 출구에서 도보 5분
**Add** 661 Traimit Road, Chinatown
**Cost** 박물관 입장료 100바트, 황금좌불 40바트
**Open** 08:00~17:00 (월요일 휴관)
**Tel** 02-623-1226

## EAT

### 야오와랏 거리 맛집

차이나타운 하면 야오와랏을 의미할 정도로 가장 중심이 되는 도로다. 야오와랏 거리는 '금행'이라 적힌 수많은 금은방과 빨간 간판들, 그리고 한약재와 제기, 홍등, 부적 등 중국 물품을 파는 가게와 국수, 만두, 딤섬, 샥스핀, 오리구이 등 먹거리를 파는 음식점과 노점들이 수두룩하다. 간단한 한끼 식사에서 두리안, 드래곤 프루트 등 과일을 집중적으로 파는 곳만 모여 있는 곳도 있다. 저녁이 되면 더 많은 노점이 들어선다. 추천 음식점은 샥스핀과 제비집 요리를 선보이는 후아 쌩 홍 Hua Seng Hong, 샥스핀 전문 포장마차인 시에 샥스핀Xie SHark's Fin, 소이 텍사스 중간 즈음에 있는 텍사스 수끼Texas Suki, 튀긴 국수 요리인 미끄롭과 팟 씨유가 유명한 노점 짜이오운Jay Oun Rard Na Yod Pak 등이 있다.

**Data** Map 348B **Access** MRT 후아람퐁 역 1번 출구에서 도보 10분
**Add** Yaowarat Road, Chinatown

## 알앤엘 vs 티앤케이 레스토랑 R&L vs T&K Restaurant

차이나타운의 맛집을 이야기할 때 빼놓을 수 없는 곳이다. 해산물과 중국 요리를 먹을 수 있는 소이 텍사스 입구에 경쟁하듯 이 두 레스토랑이 마주하고 있다. 직원들이 빨간 티셔츠를 입고 있는 왼쪽의 집은 알앤엘R&L레스토랑, 초록색 티셔츠를 입고 있는 오른쪽 집은 티앤케이T&K 레스토랑이다. 두 곳 모두 우열을 가릴 수 없을 만큼 사람이 많은데, 필자가 갔을 때는 알앤엘 레스토랑에만 사람이 꽉 차 있었다. 길거리에 내놓은 테이블에 방콕 현지인들이 다닥다닥 붙어앉아 다양한 해산물 요리를 먹는다. 푸팟퐁가리로 유명한 시내의 음식점보다 가격이 훨씬 저렴하면서도 질이 좋아 현지인들은 이곳을 즐겨찾는다. 각 메뉴를 사이즈별로 골라 주문할 수 있어 적은 양을 시켜 여러 가지 음식을 맛볼 수 있고, 여러 명이 간다면 사이즈가 클수록 이익이다. 신선한 굴, 왕새우 구이 꿍 파오, 양념이 듬뿍 들어가 입에 착착 붙는 푸팟퐁가리까지 방콕 최고의 해산물을 즐길 수 있다.

**Data** Map 348E
**Access** MRT 후아람퐁 역 1번 출구에서 도보 15분
**Add** Soi Phadung Dao, Yaowarat Road, Chinatown
**Cost** 푸팟퐁가리(대) 400~450바트, (중) 350바트, (소) 300바트, 모닝글로리 50바트,
**Open** 18:00~02:00

# 여행준비 컨설팅

계획한 여행이 생각한 대로 잘 진행되고 안 되고는 얼마나 일찍부터 준비를 하느냐에 달렸다. 비행기표나 숙박료는 일찍 예약할수록 싸다는 건 누구나 아는 사실. 여행 준비에 필요한 최소 기간을 남겨두고 차근차근 준비하다보면 걱정보다는 여행에 대한 자신감과 기대를 가질 수 있을 것이다. 자, 이제부터 날짜에 맞춰 방콕 갈 준비를 시작해 보자.

# MISSION 1 여행일정을 계획하자

## 1. 여행의 형태를 결정하자

단체 패키지 여행은 개별여행에 비해 저렴하고 특별한 준비 없이 가이드만 따라다니면 되지만, 패키지에 따라 옵션이 들어간다는 단점이 있다. 패키지 여행을 선택하더라도 여행사별 항공권과 상품의 일정, 호텔, 옵션 투어 등 포함 조건도 잘 따져보자. 항공권에서 숙소까지 알아서 해결할 자유여행자라면 패키지여행보다 준비할 것들이 많지만, 그만큼 더 자유로운 나만의 여행을 꾸릴 수 있다.

## 2. 출발일을 결정하자

방콕은 비가 거의 오지 않고 기온이 상대적으로 높지 않은 겨울철이 가장 여행하기 편리하다. 때문에 보통 11월에서 2월까지는 성수기로 모든 것들이 가장 비쌀 때다. 방콕이 가장 더운 달은 4월. 우기에 해당하는 여름(6~10월)과 함께 비수기에 해당하지만 6~8월은 한국인들에게 휴가철에 해당하기 때문에 4월만큼 비수기는 아니다. 3~5월은 방콕 호텔이 매우 저렴해지는 기간이며 고급 스파들도 50%까지 할인하는 등 다른 달보다 싸게 여행할 수 있다. 하지만 40도에 육박하는 살인적인 더위를 감수해야 한다. 이밖에도 크리스마스와 연말 연시, 중국의 춘절 연휴 등도 잠깐 성수기에 들어간다. 4월에는 송끄란 축제, 7~8월에는 방콕 메가 세일, 11월에는 러이끄라통과 같은 축제와 행사가 있으니 출발일을 정할 때 참고하자.

## 3. 여행기간을 결정하자

방콕은 보통 2박3일, 3박4일, 4박5일로 가는 여행자가 가장 많다. 하지만 개개인의 성향과 여행 패턴에 따라 이 기간은 충분할 수도, 모자랄 수도 있다. 이 도시를 다양하고 풍성하게 즐기려면 최소 3박4일은 필요하다. 4박5일로 오는 여행자 중에 파타야나 코사멧을 일정에 넣는 경우가 많은데, 방콕을 여러 번 와본 여행자가 아니라면, 애써 다른 지역까지 가지 말고 방콕에서만 머물기를 권한다. 그런 일정으로는 방콕도, 파타야도 제대로 즐길 수 없으리라 생각되기 때문이다. 그보다는 방콕에서 머물면 담넌 사두악 수상시장처럼 하루안에 돌아보고 올 수 있는 일일투어를 다녀오는 것이 좋겠다. 방콕은 서울의 두 배가 훨씬 넘는 큰 도시다. 한 번 갔다오면 충분하겠지 하는 느낌보다는 갈 때마다 새로운 곳들이 튀어나온다. 그만큼 크고 그만큼 버라이어티하다.

# MISSION 2 여행예산을 짜자

## 1. 항공권은 얼마나 들까?

항공권은 빨리 예약하면 할수록 싸게 살 수 있다. 여행객이 많은 여름 휴가철과 방학기간, 연말연시를 전후로 해서 요금이 급상승한다. 방콕으로 가는 일반 항공권은 40~50만원 수준(공항세 포함). 성수기 때 닥쳐서 표를 사려고 하면 70만~80만원까지 가기도 한다. 반대로 저가항공의 경우에는 30만원 대 안으로 살 수 있다. 단, 저가항공은 기내 수화물과 기내식 등의 비용이 추가로 발생하고 날짜 변경 등도 불가능하니 이모저모 잘 따져보자.

## 2. 숙박비는 얼마나 들까?

선택하는 숙소의 수준에 따라서 비용 차이가 크게 난다. 배낭여행자들이 묵는 게스트하우스의 경우만 해도 1만원 정도에 묵을 수 있는 도미토리가 있는가 하면 2인실 기준 2만5,000원(600~700바트) 하는 곳도 많다. 방콕 호텔이 좋은 것은 가격이 저렴하면서도 호텔 상태는 매우 뛰어난 곳이 많다는 것인데, 5만원 대의 저가 호텔도 매우 괜찮은 곳이 많다. 10만원대 초반의 중급 호텔은 웬만한 4성급 못지 않으며, 세계적인 체인 호텔도 10만~20만원 사이에 잡을 수 있다. 최신 부티크 호텔은 20만원대, 6성급이라 자부하는 최고급 호텔들도 다른 대도시와 비교한다면 훨씬 숙박료가 저렴한 편이다. 물론 하룻밤에 40만원을 넘는 럭셔리 호텔도 많다.

## 3. 식비는 얼마나 들까?

어디서 무엇을 먹느냐에 달렸다. 현지인처럼 길거리 음식이나 현지 식당의 간단한 끼니(쌀국수 같은)를 먹는다면 1,500~2,000원선, 샤테나 음료 같은 길거리 간식은 그보다 싸다. 방콕의 중산층과 외국인이 많이 찾는 깔끔한 식당이나 체인점은 1인 1만원 정도의 예산을 잡으면 둘이서 두세 가지 음식을 나눠먹을 수 있다. 호텔 레스토랑이나 파인 다이닝 레스토랑의 디너코스도 10만원 선에 즐길 수 있다. 물론 방콕 물가를 생각하면 매우 비싼 금액이겠지만, 다른 대도시나 서울에서는 20만~30만원 대에 먹을 수 있는 퀄리티의 음식들이므로, 한번쯤 근사한 저녁식사를 위해서 투자할 가치가 있다고 여겨진다.

## 4. 교통비는 얼마나 들까?

시내 중심에서는 지상철 BTS나 지하철 MRT를 이용하는 것이 가장 현명한 방법이다. 구간에 따라 요금은 15~40바트. 하지만 일행이 세 명 이상 된다면 택시를 타는 것이 이득이다. 방콕의 BTS 요금은 비싼 편에 속한다. 수시로 막히는 구간만 피할 수 있다면 택시는 유용한 수단이다. 택시의 기본 요금은 35바트. 거리에 따라 2바트씩 올라간다. 아주 먼거리가 아니라면 아무리 막혀도 100바트를 넘는 일은 거의 없다. 오토바이 택시는 약간의 흥정이 필요한데, 보통 15~20바트. 30바트를 넘으면 바가지다. 툭툭은 정해진 금액이 없으므로 가장 흥정이 필요한 수단이다. 흥정을 해도 비싼 경우가 많으므로 재미를 위해 한두 번 정도만 타고, 많이 타지 않는 것이 상책이다.

## 5. 입장료는 얼마나 들까?

방콕의 주요 관광지인 왕궁과 사원은 대개 입장료가 있다. 왕궁이 400바트로 가장 비싸고, 보통 사원은 50~100바트 정도 한다.

## 6. 비상금은 얼마나 필요할까?

갑자기 돈이 필요한 경우가 생길 수 있으니 일정 금액을 따로 챙겨두거나 신용카드를 준비하자. ATM 기계에 따라 오류가 발생할 수도 있으므로 현금카드는 두 종류 이상 가져가는 것이 좋다.

# MISSION 3 항공권을 확보하자

## 1. 어떻게 살까?

같은 항공권이라도 항공사나 여행사마다 판매 가격이 다르다. 항공권을 구입할 때는 항공사와 여행사 사이트 등을 두루 살피는 것이 한 푼이라도 아끼는 방법이다. 여러 여행사에서 내놓은 항공권 가격을 한꺼번에 비교해볼 수 있는 사이트도 있다. 대기자 명단에 들어간다면 2~3개의 항공사에 이름을 올려놓고 확약을 기다리는 것이 좋다. 단, 예약하는 여행사가 다르더라도 동일 항공사의 같은 편명에 이중으로 예약을 하면 사전 경고 없이 예약 모두가 취소되므로 주의하자.

## 2. 어떤 표를 살까?

가장 단순하고 편리한 노선은 직항편이다. 현재 인천공항과 방콕을 바로 연결하는 직항편은 대한항공KE과 아시아나항공OZ, 타이항공TG, 진에어LJ, 제주항공7C, 비즈니스 에어BB 등이 있다. 거의 매일, 아침 저녁으로 직항 노선이 넉넉하게 있다. 방콕까지 가는 경유 항공편은 타이항공TG이 홍콩이나 대만을 경유하는 노선이 있고, 싱가포르항공SQ이 싱가포르를 경유한다. 경유편의 경우 스탑오버를 활용하면 큰 추가 비용 없이 경유하는 도시까지 여행할 수 있지만, 여행 일정이 길지 않은 여행자라면 직항편을 추천한다. 단순히 경유만 하는 경우 공항세 추가 등으로 항공권이 더 비싸질 수도 있다.

### 항공사 예약 문의
대한항공KE 1588-2001 / www.koreanair.co.kr
아시아나항공OZ 1588-8000 / www.flyasiana.com
타이항공TG 02-3707-0011 / www.thaiairways.co.kr

### 저가항공 예약 문의
비즈니스에어BB 02-730-1900 / www.businessair.co.kr
제주항공7C 1599-1500 / www.jejuair.net
진에어LJ 1600-6200 / www.jinair.com

## 3. 주의할 점은?

### 티켓의 조건을 확인하자
항공권의 유효 기간을 확인하고 날짜 변경이나 귀국 일자 변경에 대한 조건도 미리 확인하자. 저렴하게 나온 항공권일수록 출발과 귀국일 변경이 불가능하거나 많은 수수료를 요구하는 경우가 많다.

### 공항세 등 각종 세금을 확인하자
항공사와 경유지에 따라서 공항세의 차이가 많이 난다. 액면가는 저렴하지만 공항세까지 합하고 나면 비싸지는 경우도 많다. 이밖에 세금과 유류 할증료 등도 꼼꼼히 따져야 한다.

### 경유지에서의 체류 시간을 확인하자
항공사에 따라서는 당일 연결이 어려운 경우도 있다. 이때 경유지에서 들여야 할 숙박비와 공항 이동, 비용 등을 항공권 가격과 비교해보도록 하자.

### 발권일을 지키자
아무리 예약을 해두었어도 발권하지 않으면 내 표가 아니다. 정해진 발권 기간 내에 표를 사야 하며, 발권을 미루면 좌석 예약이 취소될 수도 있다. 유류 할증료 또한 발권일에 따라서 달라진다. 상담원과 상담하면서 큰 금액 차이가 아니라면 발권하는 것이 낫다.

### 좌석 확약을 받았는지 확인하자
좌석 확약이 안 된 상태로 출국하면 돌아오는 항공편을 구하기 어려울 수도 있다. 항공편의 'Statue'란에 OK라고 적혀 있는지 확인하고 미심쩍으면 해당 항공사에 직접 전화해 좌석 확약 여부를 확인하자.

# MISSION 4 여권을 확인하자

## 1. 어디에서 만들까?

여권은 외교통상부에서 주관하는 업무이지만 서울에서는 외교통상부를 포함한 대부분의 구청에서, 광역시를 비롯한 지방에서는 도청이나 시구청에 설치되어 있는 여권과에서 편리하게 발급받을 수 있다. 인터넷 포털 사이트에서 '여권 발급 기관'을 검색하면 서울 및 각 지방 여권과에 대해 자세한 안내를 받을 수 있으니 가까운 곳을 선택해 방문하자.

## 2. 어떻게 만들까?

전자여권은 타인이나 여행사의 발급 대행이 불가능하기 때문에 본인이 신분증을 지참하고 직접 신청해야 한다. 단, 18세 미만의 신청은 대행이 가능하다.

여권 종류에 따른 필요서류와 여권 사진을 챙긴다 → 거주지에서 가까운 관청의 여권과로 간다 → 발급신청서 작성 → 수입인지 붙이기 → 접수 후 접수증 챙기기 → 3~7일 경과 → 신분증 들고 여권 찾기

여권 발급 신청 준비물
≫ 여권 발급 신청서
≫ 여권용 사진 2매
≫ 주민등록등본 1통
≫ 신분증(주민등록증이나 운전면허증)
≫ 발급수수료

## 3. 여권을 잃어버렸거나 기간이 만료됐다면?

재발급 절차는 여권 발급 때와 비슷하지만 재발급 사유를 적는 신청서가 더 추가된다. 분실했을 경우에는 분실신고서를 구비해야 한다. 여권 기간 연장은 2008년 6월 28일 이전에 발급된 여권 중 유효기간 연장이 가능한 것에 한해서 할 수 있다. 연장 신청은 여권 유효 기간 만료일 전후 1년 이내에 할 수 있으며, 신규발급 신청에 필요한 서류 일체와 구 여권을 지참해야 한다.

## 4. 군대 안 다녀온 사람은?

25세 이상의 군 미필자는 여전히 허가를 받아야 한다. 병무청 홈페이지에서 신청서를 작성하며, 신청 2일 후 홈페이지에서 국외여행허가서와 국외여행허가증명서를 출력할 수 있다. 원하는 경우 복수여권 발급도 가능해 매번 여권을 새로 만들어야 하는 번거로움은 없어졌다. 국외여행허가서는 여권 발급 신청시 제출하고, 국외여행허가증명서는 출국할 때 공항에 있는 병무신고센터에 제출한 후 출국신고를 마치면 된다.

## 5. 어린 아이들은?

만 18세 미만의 미성년자는 부모의 동의 하에 여권을 만들 수 있다. 여권을 신청할 때는 일반인 제출 서류에 가족관계증명서를 지참해 부모나 친권자, 후견인 등이 신청할 수 있다. 만 12세 이상은 본인이 직접 신청할 수도 있는데, 이럴 경우 부모나 친권자의 여권발급동의서와 인감증명서, 학생증을 지참해야 한다. 본인이나 친권자 등 법정대리인이 신청할 수 없을 때에는 2촌 이내의 친족에게 대리 신청을 위임할 수 있으며, 이 경우 대리인은 자신의 신분증을 지참해야 한다.

# MISSION 5 숙소를 예약하자

## 1. 방콕에는 어떤 숙소가 있나?

### 5성급 유명 체인 호텔
방콕의 호텔 수준은 한마디로 대단하다. 쉐라톤, 힐튼, 메리어트, 소피텔처럼 내로라하는 유명 호텔 브랜드는 물론, 만다린 오리엔탈, 시암 캠핀스키, 포시즌스, 반얀트리와 같은 초특급 럭셔리 호텔도 거의 다 들어와 있다. 여행자를 가장 만족시키는 부분은 다른 대도시에서는 감당하기 힘들 만큼 비싼 숙박료의 호텔들을 방콕에서는 그 절반에 가까운 금액으로 예약할 수 있고, 최고급 호텔 서비스와 문화는 똑같이 만끽할 수 있다는 점이다. 때문에 방콕에서는 어느 도시에서보다 특급 호텔에서 자는 일이 부담스럽지 않고, 좋은 호텔에서 지내는 것이 하나의 여행 트렌드로 꼽힌다.

### 5성급을 능가하는 초특급 럭셔리 호텔
우리에게 익숙한 호텔 브랜드보다 더 높은 단계의 호텔들이다. 흔히 6성급 호텔이라고 부르기도 하는데, 포시즌스, 만다린 오리엔탈, 시암 캠핀스키, 세인트 레지스 등이 이 카테고리에 속한다. 도심 속 휴양지 스타일이 많으며, 더 시암 같은 호텔은 풀빌라 형태를 갖추고 있다. 가격대 또한 대부분 40만원대를 넘는다.

### 부티크&디자인 호텔
방콕의 호텔이 각광받는 점 중 하나는 스타일리시하고 디자인 감각 넘치는 부티크 호텔도 많다는 것이다. 이런 부티크 호텔은 확실히 서울보다 많고 다양하다. 패션피플이나 트렌드세터들이 좋아하는 형태의 호텔로, 숙박료는 유명 체인 호텔과 비슷하거나 그보다 살짝 저렴한 수준. 호텔 뮤즈, W방콕, 소피텔 소, 풀만 G 방콕, 한사르 호텔 등이 대표적인 호텔로 꼽힌다.

### 서비스 아파트먼트 혹은 레지던스 호텔
객실 내에 부엌 시설과 세탁기, 거실 등이 갖춰진 형태로 장기여행자를 위한 숙소로 각광받는다. 5성급 호텔을 능가하는 시설과 서비스를 갖춘 서비스 아파트먼트로는 프레이저 스위트, 팬퍼시픽 서비스 스위트, 그랜드 센터포인트 호텔 앤 레지던스 등이 있고, 합리적인 가격대의 서머셋, 시타다인, 중저가 서비스 아파트먼트 중 대표적인 센터 포인트 등이 인기가 높다.

### 중급 호텔
방콕은 중급 호텔도 그 수준이 4성급에 해당할 만큼 시설이 좋고 깔끔한 곳이 많다. 보통 3성급 호텔까지가 중급 호텔이지만, 5~6만원대의 중급 호텔도 다른 대도시에 비하면 시설이 매우 훌륭한 편이다. 비수기에 나오는 10만원대의 호텔 중에는 4성급과 5성급도 꽤 많다.

### B&B
외국인 여행자들을 주로 상대하는 소규모 숙소. 보

통 빌라나 가정집을 개조해서 가족들이 함께 운영한다. 싱글룸, 더블룸, 그리고 여러 명이 방을 나눠쓰는 도미토리가 있다. 저가형 호텔과의 차이점이라면 리셉션 담당직원이 따로 없다는 정도. 사람들과 이야기하는 것을 좋아하고, 따뜻하고 다정한 숙소 분위기를 좋아하는 사람에게 추천할 만하다.

### 호스텔
보통 도미토리가 있으면 '호스텔 Hostel '이라는 이름을 사용한다. 방콕에서는 게스트하우스에도 도미토리가 있고, 호스텔과 혼용해서 쓰는 경우가 많아 시설 면에서는 큰 차이가 없다. 게스트하우스와 호스텔은 배낭여행자들이 많이 모이는 카오산로드에 집중되어 있다.

## 2. 어떻게 예약할까?

**CHECK 1 ≫ 인터넷 예약사이트를 적극 활용한다.**
방콕 여행자들이 가장 많이 호텔을 예약하는 방법이며, 가장 싼 방법이기도 하다. 아고다 www.agoda.co.kr 와 부킹닷컴 www.booking.com, 익스피디아 www.expedia.co.kr와 같은 유명 예약 사이트를 이용한다. 방콕 여행통들에게 가장 인정받는 사이트로는 타이호텔뱅크 www.thaiHotelbank.com가 있다. 가격 경쟁력이 매우 뛰어나며 예약처리도 빠르다. 할인 프로모션을 진행하는 호텔이 많이 올라오고 새로 생긴 호텔도 빨리 등록되는 것도 장점. 이밖에 레터박스 www.letterbox.co.kr, 타이프렌즈 www.thaifriends.co.kr, 타이호텔 www.thai-Hotel.co.kr, 트루타이 true-thai.com도 방콕 호텔을 예약할 수 있는 사이트다.

**CHECK 2 ≫ 고급 숙소들은 방콕전문여행사들을 적극 활용한다.**
호텔 홈페이지에 표시된 가격은 공식 가격일 뿐, 여행사에게 판매하는 가격은 따로 있다. 여기에 특별 프로모션이나 추가옵션 등 다양한 혜택들이 제공될 때도 많다. 한국인들이 운영하는 방콕 전문 여행사가 인터넷에 많으니 확인해보자.

**CHECK 3 ≫ 호텔의 홈페이지도 체크해 본다.**
인터넷을 통한 예약이 일반화되면서 호텔들도 서서히 자체예약시스템을 도입하고 있다. 인터넷 예약사이트에 제공하는 가격과 같거나 되려 더 싼 가격을 자체 홈페이지에서 제공하기도 하니, 관심 있는 호텔이 있다면 주목해보자. 특히 여러 호텔을 보유하고 있는 호텔 그룹(아코르, 스타우드호텔그룹 등)이나 관심있는 호텔에 직접 회원가입을 하고 뉴스레터를 받으면, 그때그때 얼리버드 패키지나 특가 프로모션 패키지 등을 알려주기 때문에 더 손쉽게 정보를 얻을 수 있다.

**CHECK 4 ≫ 소셜커머스를 통해 예약한다.**
요즘 소셜 커머스를 통해 저렴한 호텔 딜이 올라오는 경우가 종종 있다. 그중에서도 돋보이는 곳은 럭셔리 디자인 호텔에 포커스가 맞추어져 있는 에바종 www.evasion.co.kr. 일반 소셜 커머스와 달리 에바종은 회원가입을 한 회원들에게만 정보를 프라이빗하게 전달하는 데에 그 목적이 있으며, 디자인, 부티크, 럭셔리 호텔에 관심있는 특정 타깃을 전문으로 하기 때문에 이 타깃의 여행자들이 이용하기에 적합하다. 숙박료의 30~70%까지 할인된 수준급 호텔과 주변 정보가 알차게 꾸며져 있어 매우 만족도가 높다.

## MISSION 6 여행정보를 수집하자

ⓒ태국정부관광청

### 1. 책을 펴자

가장 폭넓게 정보를 담은 것이 가이드북이다. 가이드북의 형태도, 방콕을 처음 가느냐, 여러 번 갔느냐, 짧은 기간을 가느냐, 길게 가느냐에 따라 다양하게 나와 있으며, 여행자의 취향에 맞춰 좀더 깊은 정보를 담은 가이드북들도 있다. 모든 가이드북은 일단 출간 시일 혹은 개정 시기가 언제인지 확인하고, 철 지난 정보가 있을 수도 있으니, 가장 최근에 나온 것을 기준으로 보는 것이 좋다. 또 책에 표기된 물가보다는 여유 있게 예산을 잡는 게 현명하며, 지역에 대한 기본 줄기를 잡았다면, 관심이 더 증폭되는 부분의 관련 서적들도 찾아보자. 방콕에 호기심을 가지다 보면 불교, 음식 문화, 스파&마사지, 방콕의 컨템포러리 아트 등 다방면에 관심이 늘어나게 된다.

### 2. 인터넷을 켜자

다수의 사람들이 실시간으로 쏟아내는 정보들이 인터넷 안에 있다. 본인들이 직접 체험한 느낌을 전해 들을 수가 있어서 생생한 정보를 찾아낼 수 있다. 단, 개인 블로그의 특성상 지극히 주관적인 경험이나 선입견에 기반한 경우가 많다는 건 알아둘 것. 여행정보를 얻을 수 있는 인터넷카페에도 가입해보자. 여행사들이 운영하는 홈페이지나 카페에도 좋은 정보들이 많다.

**태국 정부 관광청 www.visitthailand.co.kr**
태국 정부에서 운영하는 공식 사이트. 가장 정확하고 풍부한 정보를 얻을 수 있는 곳 중 하나다.
**태사랑 www.thailove.net**
태국 지역 전반에 대한 다양한 정보와 여행 후기, 여행 시 참고할 만한 팁과 교통 정보까지 방대한 정보를 갖추고 있다.
**트립 어드바이저 www.tripadvisor.com**
전 세계 도시의 호텔을 비롯, 레스토랑, 카페, 바 등에 대해 직접 그곳을 다녀온 여행자들이 코멘트를 남기고 별점을 주는 여행 정보 사이트다. 최신 정보와 감상, 평가들이 바로바로 올라오기 때문에 새로운 소식을 빠르게 접할 수 있다. 단 그곳을 다녀온 사람들의 취향과 수준이 모두 다르므로 많은 사람들의 의견을 살펴보는 것이 좋다.
**태초의 태국 정보 cafe.naver.com/thaiinfo**
최근에 태국 여행을 다녀온 국내 여행자들이 정보와 후기를 공유하는 네이버의 태국 여행 전문 카페.

### 3. 사람을 만나자

어찌 보면 책이나 인터넷보다 가장 생생한 정보를 얻을 수 있는 루트다. 그곳을 미리 체험한 사람들과 이야기를 나누거나 방콕 현지에 친구들이 있다면 금상첨화. 특히 자신과 취향과 관점이 비슷하다면 가장 만족스러운 정보를 얻을 수 있을 것이다. 페이스북이나 트위터와 같은 SNS를 통해 방콕과 관련된 커뮤니티나 친구를 소개받을 수도 있으니 적극 활용해보자.

# D-10

## MISSION 7 여행자보험을 가입하자

### 1. 여행자 보험은 왜 들까?

외국인이 낯선 곳에서 여행을 하면서 어떤 일을 겪게 될지는 누구도 예상할 수 없는 일. 외부에서의 활동이 많아지는 만큼 당연히 다치거나 아파서 병원에 가게 될 확률도 높아진다. 의도치 않게 귀중품을 도난 당하는 일도 생기고. 이런 경우를 대비하는 것이 바로 여행자 보험이므로 귀찮더라도 꼭 가입해 두어야 한다.

### 2. 보상 내역을 꼼꼼하게 따져보자

패키지여행상품을 신청하면 보통 포함되는 것이 '1억원 여행자보험'. 얼핏 대단해 보이나 사망할 경우 1억원을 보상한다는 뜻일 뿐, 도난이나 상해 보상금이 1억원이라는 뜻이 아니다. 사실 여행자가 겪게 되는 일은 도난이나 상해가 대부분. 이 부분에 보장이 얼마나 잘 되어 있는가를 꼼꼼히 확인해보자. 보험비가 올라가는 핵심요소는 바로 도난보상금액. 이 부분의 상한선이 올라가면 내야 할 보험비도 많아진다.

### 3. 보험 가입은 미리 하자

여행자보험은 인터넷이나 여행사를 통해 신청할 수도 있고 출발 직전 공항에서 가입할 수도 있다. 당연히 공항에서 드는 보험이 가장 비싼 편. 미리 여유 있게 가입해서 한 푼이라도 아끼자. 항공사 마일리지 적립 등 보험에 들면 혜택을 주는 상품도 많다. 보험사의 정책에 따라서 보험 혜택이 불가능한 항목들(고위험 액티비티 등)도 있으니 미리 확인해둘 것. 또한 군데의 여행자보험을 지속해서 이용하면 장기이용자 할인도 받을 수 있으니, 마음에 드는 여행자 보험사를 찾았다면 그곳을 계속 이용해보는 것도 방법이다.

### 4. 증빙 서류는 똑똑하게 챙기자

보험증서와 비상연락처는 여행 짐가방 안에 잘 챙겨두자. 도난을 당하거나 사고로 다쳤을 경우 경찰서나 병원에서 받은 증명서와 영수증 등은 잘 보관해 두어야 한다. 도난을 당했다면 가장 먼저 경찰서에 가서 도난 증명서부터 받을 것. 서류가 미비하면 제대로 보상을 받기 힘드니, 꼼꼼하게 무엇이 필요한지 물어보도록 한다.

### 5. 보상금 신청은 제대로 하자

귀국 후에는 보험 회사로 연락해 제반 서류들을 보내고 보상금 신청 절차를 밟는다. 병원 치료를 받은 경우 병원 진단서와 병원비 및 약품 구입비 영수증 등을 꼼꼼하게 첨부한다. 도난을 당했을 경우 '분실 Lost'이 아니라 '도난 Stolen'으로 기재된 도난증명서를 제출해야 한다. 주의! 도난 물품의 가격을 증명할 수 있는 쇼핑 영수증을 요구하는 곳이 많으니, 영수증을 버리지 말고 모아두도록 한다.

# MISSION 8 알뜰하게 환전하자

## 현금 Cash

대부분 서울에서 바트Baht로 환전해갈 수 있다. 인천공항에 도착해서 환전하는 것이 가장 비싸므로, 가급적이면 시내 은행에서 출국하기 며칠 전에 환전하는 것이 좋다. 주거래 은행이 있다면 인터넷 환전, 혹은 전화 환전도 가능하다. 은행까지 직접 가지 않고, 인터넷, 전화 한 통이면 주거래 은행에서 환전이 가능하고, 환전한 돈은 출국날 공항에 도착해 해당 은행 창구에서 찾기만 하면 된다. 또 인터넷 환전이나 전화 환전은 최대 70%까지 환전 우대를 받을 수 있으므로 더욱 유용하다. 은행에서 환전할 때도 환전 수수료를 할인받을 수 있는 우대 쿠폰을 챙기자. 국내 은행의 홈페이지 혹은 여행사의 홈페이지 등에서 쉽게 다운받을 수 있다. 환전을 할 때는 1,000바트, 500바트, 100바트 식으로 화폐 단위를 골고루 바꾸면 편리하다. 너무 큰 돈으로만 바꾸면 공항에서 시내로 들어갈 때 불편하다.

**Tip** 서울에서 미국달러로 바꾼 다음, 방콕 현지의 환전소에서 바트로 바꿀 수도 있지만, 몇 천만원을 바꾸는 게 아닌 이상 금액에는 큰 차이가 없다.

## 신용카드 Credit Card

현금에 비해서 안전하고 부피도 작다. 상점에서 물건을 사는 것뿐만 아니라 ATM에서 현금서비스를 받을 수도 있다. 호텔이나 고급 레스토랑, 식당, 백화점 등에서 편리하게 이용할 수 있으나, 저렴한 현지 식당이나 유흥가에서는 되도록 쓰지 않도록 한다. 불법 신용카드의 복제 우려가 있다. 신용카드를 쓰면 환율 하락 시기에는 내가 쓴 금액보다 적은 금액이 청구될 수 있고, 반대로 환율 상승시기에는 내가 쓴 금액보다 더 많은 금액이 원화로 청구될 수 있으나 방콕은 환율이 워낙 낮아 크게 차이는 없다. 그리고 신용카드는 쓸 때마다 대부분 카드 사용 수수료가 붙는다.

**Tip** 해외에서 사용할 수 있는 카드VISA, MASTER, AMEX 등을 준비하자. 현지에서 도난·분실한 경우에는 바로 해당 카드사에 신고해야 불상사를 막을 수 있다.

## 현금카드 Debit Card

내 통장에 있는 현금을 현지 화폐로 바로 인출할 수 있다. 현지 은행 ATM에서 그때그때 필요한 만큼만 출금, 미리 환전할 필요도 없다. 도무지 알 수 없는 환율 상황일 때는 높은 환율에 통째로 환전하는 위험을 줄일 수 있다. 특히 방콕에서 시티은행 카드로 시티은행을 이용하는 것도 아주 좋은 방법이다. 한국에서 미리 환전을 해오나 방콕에서 뽑으나 거의 차이가 없다. 현금카드는 인출 ATM에 따라서 약간의 수수료가 붙는다.

**Tip** 해외에서 사용할 수 있는 Plus나 Cirrus 등의 마크가 찍힌 국제현금카드를 준비. 마그네틱 선이 손상되거나 비밀번호 입력오류로 정지될 수도 있으니 2장 이상의 카드를 분산 보관하자.

## 여행자수표 Traveler's Check

도둑을 맞거나 분실했을 때 재발급을 받을 수 있다는 장점이 있다. 여행자 수표에는 2개의 사인이 있는데, 한 곳은 수표를 구입하자마자 서명해두는 자리, 다른 한 곳Counter sign은 환전하는 곳에서 서명하는 자리이다. 이 두 서명과 여권 서명이 일치해야만 환전할 수 있다. 여행자수표는 호텔에서 이용할 수 있으며 은행에서 환전이 가능하다.

# MISSION 9 완벽하게 짐 꾸리자

## 꼭 가져가야 하는 준비물

| | |
|---|---|
| **여권** | 없으면 출국부터 불가능. 사진 부분의 복사본을 2~3장 따로 보관해두고, 여권용 사진도 몇 장 챙긴다. 휴대폰에 사진을 보관해두는 것도 한 방법. |
| **항공권** | 전자티켓이라도 예약확인서를 미리 출력해두자. 공항으로 떠나기 전 여권과 함께 반드시 다시 확인. |
| **여행경비** | 현금, 여행자수표, 신용카드, 현금카드 등 빠짐없이 준비. |
| **각종증명서** | 국제운전면허증, 국제학생증, 여행자보험 등. |
| **의류&신발** | 거리를 걸을 때 입을 옷과 고급식당에 갈 때 입을 옷 등 상황에 맞는 옷과 신발을 빠짐없이 챙겼는지 확인하자. |
| **가방** | 가볍게 들고 다닐 수 있는 작은 가방을 별도로 준비하면 좋다. |
| **우산** | 우기라면 3단으로 접는 가벼운 우산을 준비. 배낭여행자라면 배낭을 덮을 방수커버도. |
| **전대** | 도미토리를 주로 이용할 배낭여행자라면 여권과 현금을 보관하기에 숙소 사물함이 100% 안전하지는 않다. |
| **세면도구** | 호텔에서 묵으면 샴푸, 베스젤 비누 등을 기본적으로 제공. 칫솔과 치약만 챙겨도 된다. |
| **화장품** | 필요한 만큼 작은 용기에 담아서 가져갈 것. |
| **비상약품** | 감기약, 소화제, 진통제, 지사제, 반창고, 연고, 물파스 등 기본적인 약 준비. |
| **생리용품** | 평소 자신이 사용하던 것을 발견하기가 쉽지 않다. |
| **카메라** | 충전기를 빠뜨리기 쉬우니 다시한번 확인. 메모리 카드도 넉넉하게 준비하자. |
| **가이드북** | 정보가 없으면 여행이 힘들어진다. |
| **휴대전화** | 로밍을 해가면 비상시에 편리하다. 알람시계로 쓰기에도 제격. |
| **선글라스** | 강한 햇빛에서 눈을 보호하기 위해서 필요하다. |
| **자외선차단제** | 햇빛이 강렬하기 때문에 날씨가 선선해도 피부가 쉽게 그을린다. 귀찮다고 건너뛰면 나중에 후회한다. |
| **모자** | 햇빛을 막는 데 유용하다. |
| **수영복** | 많은 4, 5성급 호텔이 호텔 수영장을 갖추고 있으니 꼭 챙겨가자. |
| **반짇고리** | 단추가 떨어지거나 가방이 망가졌을 때 유용. 좋은 호텔은 객실에 있거나 컨시어지에 부탁하면 가져다 준다. |
| **소형자물쇠** | 소매치기 방지를 위해 가방의 지퍼 부분을 잠궈 두면 든든하다. |
| **지퍼백** | 젖은 빨래거리나 남은 음식 보관 등 용도는 무궁무진. |
| **손톱깎기·면봉** | 없으면 아쉬운 물품 1호. |
| **물티슈** | 작은 것으로 준비하면 급할 때 쓸 일이 생긴다. |

# MISSION 10 방콕으로 입국하자

## 인천공항에서 출국하기

**1. 항공사 카운터 확인** 출발 2시간 전까지는 공항에 도착해 출국장인 3층으로 간다.

**2. 탑승 수속** 항공사의 카운터로 가서 여권과 전자 항공권을 제출하고 보딩 패스 Bording Pass를 받는다. 대한항공이나 아시아나의 경우 셀프 체크인 기기를 통해 체크인하고 비행기표를 발권할 수 있다.

**3. 짐 부치기** 일반적인 이코노미 클래스의 항공수하물은 보통 20Kg까지 허용(저가항공은 별도 비용). 칼이나 송곳, 면도기나 발화물질, 100ml가 넘는 액체나 젤 등 기내에 들고 탈 수 없는 물건들은 미리 구분해서 항공 수하물 안에 집어넣자. 항공사에 따라 스프레이 타입은 아예 부칠 수 없는 경우도 있다.

**4. 보안검색** 여권과 보딩패스가 있는 사람만 출국장 안으로 들어갈 수 있다. 보석이나 고가의 물건을 휴대하고 있다면 세관에 미리 신고할 것.

**5. 출국수속** 출국심사대에서 여권과 보딩패스를 보여주면 심사 후 통과한다. 출국검사를 받을 때는 모자와 선글라스 등을 벗어야 한다.

> **Tip 자동 출입국 심사**
> 만 19세 이상 대한민국 여권 소지자라면 사전 등록 절차 없이 자동 출입국 심사 서비스를 이용할 수 있다. 그러나 만 19세 미만 또는 인적 사항이 변경되었거나 주민등록증을 발급받은 지 30년이 지난 사람은 사전 등록을 해야 한다. 사전 등록은 인천공항 제1터미널 출국장 3층 F발권 카운터 앞 등록 센터 및 제2터미널 2층 중앙 정부 종합 행정 센터 쪽 등록 센터에서 할 수 있다. 운영 시간은 모두 07:00~19:00까지. 사전 등록 시 여권과 얼굴 사진 준비는 필수다.

**6. 탑승** 탑승구에는 아무리 늦어도 출발 30분 전에는 도착해야 한다. 외국 항공사의 경우 모노레일을 타고 별도의 청사로 이동해야 하니 주의할 것.

## 방콕 수완나품 공항으로 입국하기

**1. 출입국 신고서 작성하기** 태국 출입국 신고서를 기내에서 먼저 작성한다. 방콕에서 투숙하는 호텔 이름을 써넣으면 된다. 혹시라도 호텔을 미리 예약하지 않았다면 앞으로 머물 호텔이나 알고 있는 호텔 이름을 적으면 된다.

**2. 방콕 도착** 방콕 수완나품 공항에 비행기가 무사히 도착하면 짐을 챙겨서 내린다. 입국 심사장까지 거리가 꽤 되므로 이미그레이션 Immigration 사인을 따라 계속 이동한다.

**3. 입국심사** 입국심사대에 여권과 미리 작성한 출입국카드를 제시한다. 심사원이 여권에 도장을 찍고 출국신고서만 돌려주는데, 방콕을 출국할 때 필요하니 잘 보관해두자.

**4. 수하물 찾기** 해당 항공편이 표시된 레일로 이동해 짐을 찾는다. 수하물이 분실됐다면 비행기표를 받을 때 함께 받았던 '배기지 클레임 태그Baggage Claim Tag'을 가지고 분실 신고를 한다.

**5. 세관 통과** 신고할 것이 없으면 녹색 심사대Nothing to Decalre 쪽으로 나간다. 신고 물품이 있을 경우에는 Goods to Decalre를 거쳐 나오면 된다. 태국 화폐로 1만 바트 이상의 물품을 갖고 입국할 경우에는 관세 대상이 된다. 세관 신고대는 구입한 면세품의 범위 초과와 담배, 술 반입의 단속을 철저한 편이다. 일반 담배는 200개비 한 보루, 주류는 1ℓ로 종류에 상관없이 한 병만 반입 가능하다. 또한 태국에서는 전자담배 소지 자체가 불법이다. 전자담배를 소지하고 있는 것만으로도 5천 바트의 벌금이 부과된다. 또한 흡연 금지구역에서 담배를 피우다 적발되면 최고 1년의 징역 또는 10만바트의 벌금을 내야 한다. 전자담배는 한국에서부터 아예 가져오지 않는 것이 상책이다.

# MISSION 11 수완나품 공항에서 시내로 들어오기

### 공항철도 Suvarnabhum Airport Rail Link

공항에서 시내로 가는 가장 빠른 방법. 여행자들이 많이 가는 시내까지 완전히 들어가지는 않기 때문에, 공항철도에서 내려 다시 대중교통으로 갈아타거나 택시를 타야 하는 번거로움이 있다. 공항철도는 매 15분마다 운행하는 시티라인과 매 30분 간격으로 운행하는 파야타이 익스프레스 노선이 있다. 시티라인은 시내까지 30분, 파야타이 익스프레스 노선은 정차하는 역 없이 막까산(시티 에어 터미널)까지 15분 걸린다. 대중교통으로 환승 가능한 역은 BTS와 연결되는 파야타이 역이나 막까산 역과 연결된 MRT 펫부리 역이다. 총 7개의 역을 정차하며 시티라인은 역에 따라 15~45바트, 파야타이 익스프레스 노선은 150바트의 요금이 나온다.

**Open** 익스프레스 노선 06:00~24:00
**Web** www.bangkokairporttrain.com

### 미터택시 Meter Taxi

수완나품 공항에서 시내까지 들어오는 데 보통 250~350바트 정도가 나온다. 방콕의 택시비는 저렴한 편이라 택시는 가장 편하면서도 손쉬운 이동 방법이다. 우선 수완나품 공항의 입국장을 빠져나와 1층의 퍼블릭 택시 승강장으로 간다. 택시 부스에서 목적지를 말하고 목적지가 적힌 종이를 받은 다음, 기다린 순서대로 택시를 타면 된다. 이때 통역 서비스 요금 50바트가 추가된다. 또 택시기사가 만약 고속도로를 탄다면, 고속도로 이용 요금도 내야 한다(65바트 정도). 고속도로를 타지 않겠다고 말하면 택시기사가 고속도로로 가지 않을 수도 있지만, 시내 교통 상황을 생각하면 타는 것이 이득일 때가 많다. 단, 한밤중에 방콕에 도착하는 여행자의 경우는 굳이 고속도로를 타지 않아도 크게 막히지는 않는다. 택시를 타면 미터로 가는지 꼭 확인하도록 하자. 시내까지 걸리는 시간은 차가 막히지 않을 경우 대략 30~40분 정도.

> **Tip** 4층 출국장에서 택시 타는 방법
> 입국장에 있는 퍼블릭 택시 승강장에서 택시를 타지 않고 4층의 출국장에서 타는 방법도 있다. 이 경우엔 50바트를 내지 않아도 된다. 단, 차를 세워놓고 기다리는 택시를 타지 말고 사람을 태우고 들어오는 택시를 골라탈 것. 기다리는 택시는 미터 대신 흥정을 하려는 경우가 많다. 또한 들어오는 택시를 탔더라도 '미터로 가자'는 말을 꼭 하는 것이 좋다. 태국어로는 '빠이 미터 나카(캅)'이라고 하면 된다.

### 시내버스(에어컨 버스)

가장 저렴하게 시내까지 들어갈 수 있지만, 시간이 많이 걸린다. 시내로 가는 에어컨 버스는 공항에서 운영하는 무료 셔틀버스를 타고 공항터미널로 가서 타야 한다. 입국장을 나온 2층에서 바로 셔틀버스를 탈 수 있으며, 공항버스 터미널까지는 약 5분이 걸린다. 시내로 가는 주요 노선은 551, 554, 556(카오산 로드)이다. 요금은 35바트. 20~30분 간격으로 운행한다.

### 호텔 픽업서비스

호텔 예약 시 호텔 리무진 픽업 서비스를 신청할 수 있다. 물론 금액은 비싸지만 좋은 서비스를 받으며 편리하게 호텔에 도착할 수 있는 방법이다. 타이호텔뱅크와 같은 호텔 예약 사이트를 통해 3박 이상 예약하면 무료 픽업 서비스를 제공하는 곳도 있으며, 호텔에 따라서도 무료 픽업 서비스를 실시하는 곳이 있으니 골고루 살펴보는 것이 좋다.

# 꼭 알아야 할 방콕 필수 정보

## NO.1

### 이건 알아두자! 방콕에 대한 기본 상식

**방콕은** 타이만으로 흐르드는 차오프라야 강 동쪽에 위치한 태국의 수도다. 타이어로는 끄룽텝 마하나콘 혹은 끄룽텝Krung Thep:천사의 도시이라고 한다. 1782년 라마 1세가 톤부리에서 방콕으로 수도를 옮겨 왔다.

**시차는** 한국보다 2시간 느리다.

**언어는** 타이어가 공용어다.

**인구는** 910만 명

**종교는** 인구의 95% 정도가 불교를 믿고 있지만 국교는 아니다. 이슬람교 4.6%

**기후는** 고온 다습한 열대우림기후로, 건기와 우기가 뚜렷이 구분된다. 1년 중 가장 더운 달은 3월과 4월이며, 우기는 5~10월, 건기는 11~2월에 해당한다. 특히 9월과 10월에 비가 많이 내린다.

**통화는** 태국 바트(Baht). 1바트가 35.06원 정도(2019년 1월 기준)이나 대략 40바트로 계산하면 쉽다. 지폐 단위는 10바트, 20바트, 50바트, 100바트, 500바트, 1,000바트가 있으며, 동전은 1바트, 2바트, 5바트, 10바트짜리가 있다. 모든 화폐에 현재 태국의 국왕인 라마 9세의 얼굴이 새겨져 있다.

**전압은** 우리나라와 같은 220V. 플러그는 우리나라와 같은 2핀 코드에 11자형 플로그와 원형을 주로 쓴다.

**전화는** 로밍을 하거나 스마트폰의 경우 현지 유심을 사서 금액 충전 후 끼우면 바로 사용 가능. 현재 휴대폰유심카드 충전식을 빌리거나 구입하는 것도 가능. 태국에서 한국으로 전화를 걸 때는 국가번호 82를 누르고 0을 제외한 지역번호 및 전화번호를 누른다. 태국의 국가번호는 62.

### 유용한 전화번호
» 태국 주재 한국 대사관 02-247-7537/39
» 태국 정부관광청 현지 콜센터 1672
» 긴급 전화 관광 경찰 1699
» 태국정부 관광청 서울 사무소 02-779-5417

## NO.2

### 유용한 타이 회화 몇마디

**타이어의 중요한 특징 세 가지만 기억하자**

<u>1</u>. 인칭 대명사가 남성, 여성에 따라 다르다.
나: 폼남성 디찬여성 / 너: 쿤
<u>2</u>. 말하는 사람이 남자인지 여자인지 따라 뒤에 붙이는 존대말 어미가 달라진다. 남자는 크랍Krap 혹은 줄여서 캅Kab, 여자는 카Ka를 붙인다.
<u>3</u>. 모두 5가지의 성조가 있다. 하지만 관광객이 이 성조까지 똑같이 따라하기란 매우 어렵다.

- **안녕하세요** > 사왓디 카/캅 >
  Sawa dee Ka/ Krap
- **감사합니다** > 캅푼 카/캅 >
  Khorb Khun Ka/ Krap
- **천만에요·괜찮아요** > 마이 뻰 라이 카/캅 > mai ben rai Ka/ Krap
- **미안합니다** > 커톳 카/캅 >
  khor tho Ka/ Krap
- **알겠습니다. 이해했어요** >
  카오짜이 > Khao Jai Ka/ Krap
- **모르겠어요·이해를 못하겠어요** >
  마이 카오짜이 > mai khao jai
- **잠시 기다려주세요** > 러디아우 나 카/캅
- **이름이 뭐예요?** > 쿤츠 아라이 카/캅
  > khun chue arai Ka/ Krap
- **내 이름은 OO입니다.** >
  폼 츠 OO > phom chue OO
- **만나서 반갑습니다** >
  인 디 티다이 루 쭉 > yin dee tee dai roo-juk
- **당신은 무엇을 하십니까** > 쿤 탐아라이 카/캅
  > khoon tam-ngan a-rai Ka/ Krap
- **어느 나라에서 왔습니까** > 쿤 마 짝 나이 > Kun maa jaak nai?
- **저는 한국에서 왔습니다.** >
  폼 마짝 까올리 > Pom/dii chan ma jak Kaoli
- **저는 태국어를 아주 조금 합니다** > 폼/디찬 풋파사타이 다이 닉노이 > pom/dii chan poot pa sa ang grit dai nit noi
- **태국어로 뭐라고 하나요?** > 니 파사 타이 리악 와 아 라이 > nee pa sa thai riak wa a-rai
- **영어를 할 줄 아세요?** >
  쿤 풋파사 앙끄릿 다이마이? >
  Khoon poot pa sa ang grit dai mai
- **당신은 이것을 좋아합니까?** >
  쿤 첩안이 라이 > khoon chawp rai?
- **저는 좋아합니다** > 폼 첩 카/크랍 >
  pom chawp Ka/ Krap
- **저는 싫어합니다** > 폼 마이첩 카/크랍 >
  pom mai chawp Ka/ Krap

0 > 쑨 / 1 > 능 / 2 > 썽 / 3 > 쌈 /
4 > 씨 / 5 > 하 / 6 > 혹 / 7 > 쩻 /
8 > 뺏 / 9 > 까오 / 10 > 씹

10 > 씹엣 / 20 > 이씹 / 30 > 쌈씹 /
40 > 씨씹 / 50 > 하씹 / 60 > 혹씹 /
70 > 쩹씹 / 80 > 뺏씹 / 90 > 까오씹
(10, 20, 30은 우리 말과 발음이 매우 비슷해서 외우기 쉽다. 또 40 이상의 숫자도 1단위에 10씹만 붙이면 되므로 쉽게 익힐 수 있다)

# INDEX

**SEE**

| | |
|---|---|
| 담넌사두악 수상시장 | 094 |
| 룸피니 파크 | 296 |
| 방콕 아트 앤 컬처 센터 | 234 |
| 방 크라차오 | 096 |
| 수안빠깟 궁전 | 253 |
| 아유타야 | 095 |
| 에라완 사당 | 269 |
| 왓더펀 갤러리 | 206 |
| 왓 아룬 | 093, 332 |
| 왓 캑 | 310 |
| 왓 트라이밋 | 349 |
| 왓 포 | 092, 333 |
| 왕궁 | 091, 333 |
| 위만멕 궁 | 330 |
| 짐 톰슨 하우스 뮤지엄 | 233 |
| 태국 크리에이티브 앤 디자인 센터 | 202 |
| 프라쑤멘 요새 | 332 |

**ENJOY**

| | |
|---|---|
| 72코트야드 | 205 |
| DND 클럽 | 060, 208 |
| J 보로스키 믹스올로지 | 057, 207 |
| J-애비뉴 | 211 |
| K 빌리지 | 213 |
| wwa 방콕 | 238 |
| WXYZ 바 | 184 |
| 게이트웨이 에까마이 | 211 |
| 네스트 | 186 |
| 더 엠쿼티어 | 211 |
| 더 잼 팩토리 | 313 |
| 더 커먼스 | 204 |
| 데모 | 209 |
| 디바나 스파 | 067 |
| 디바나 디바인 스파 | 212 |
| 디바나 벌츄 스파 | 314 |
| 딸랏 롯 빠이 마켓 | 147 |
| 라사야나 리트리트 스파 | 212 |
| 라차다 거리 | 214 |
| 럭사 스파 | 273 |
| 레벨스 | 059, 185 |
| 렛츠 릴렉스 | 191 |
| 리버 시티 | 314 |
| 마분콩 | 241 |
| 매기 추 | 051, 319 |
| 반얀트리 스파 | 071, 297 |
| 배드 모텔 | 203 |
| 백스테이지 칵테일 바 | 055, 209 |
| 부적 시장 | 334 |
| 빌라 마켓 프롬퐁 점 | 213 |
| 센트럴 엠버시 | 271 |
| 센트럴 월드 플라자 | 270 |
| 센트럴 칫롬 | 271 |
| 소이 나나 | 188 |
| 소이 카우보이 | 188 |
| 수쿰빗 소이 11 거리 | 187 |
| 스피크이지 | 052 |
| 시암 나라밋쇼 | 077, 190 |
| 시암 디스커버리 | 140, 238 |
| 시암 센터 | 143, 237 |
| 시암 스퀘어 | 240 |
| 시암 파라곤 | 236 |
| 신스페이스 | 210 |
| 실롬 빌리지 | 312 |
| 아시아티크 | 141, 313 |
| 아시아 허브 어소시에이션 | 068, 213 |
| 아이콘시암 | 312 |
| 아포테카 럭스 바 | 189 |
| 엠포리엄 | 210 |
| 오리엔탈 스파 | 072, 314 |
| 오아시스 스파 | 190 |
| 오쿠라 스파 | 274 |
| 옥타브 바 | 134, 203 |
| 와인 리퍼블릭 | 210 |
| 왓 포 마사지 | 069 |
| 왓 포 마사지 스쿨 | 082, 335 |
| 이블 맨 블루스 | 205 |
| 주드랑마 레코드 숍 | 207 |
| 짐 톰슨 팩토리 아웃렛 | 149, 213 |
| 짜뚜짝 주말 시장 | 148 |
| 창 풋 마사지 | 241 |
| 카트만두 사진 갤러리 | 310 |
| 칼립소 방콕 | 079 |
| 코모 샴발라 | 073, 297 |
| 쿠데타 클럽 라운지 | 061 |
| 큐 바 | 184 |
| 콴 스파 | 272 |
| 클라이맥스 | 186 |
| 킹 파워 콤플렉스 | 255 |
| 탄 생추어리 | 068, 272 |
| 터미널 21 | 142, 191 |
| 파인드 더 라커룸 | 056, 206 |
| 파투남 도매 시장 | 255 |
| 판푸리 오가닉 스파 앤 솔 | 069, 275 |
| 플래티넘 패션 몰 | 254 |

## EAT

| 항목 | 페이지 |
|---|---|
| 25 디그리스 | 318 |
| 가간 | 108, 280 |
| 가스트로 1/6 | 194 |
| 고양 파투남 치킨라이스 | 259 |
| 골드 살라댕 | 303 |
| 교 롤 엔 센트럴 엠버시 | 280 |
| 그레이하운드 카페 | 216 |
| 꾼 댕 | 339 |
| 낀 롬 촘 사판 | 336 |
| 나라 타이 퀴진 | 107, 276 |
| 나이쏘이 | 339 |
| 남 | 131, 303 |
| 네온 나이트 마켓 푸드코트 | 259 |
| 더 네버 앤딩 섬머 | 314 |
| 더 뱀부 바 | 317 |
| 더 아이론 페어리스 | 131, 208 |
| 도이창 커피 | 224 |
| 둥뎅다이 보트 누들 | 220 |
| 딸링 쁠링 | 107, 244 |
| 라사야나 리트리트 리빙 푸드 카페 | 223 |
| 레드 스카이 | 283 |
| 레드 오븐 | 300 |
| 로띠 마타바 | 337 |
| 롱 테이블 | 193 |
| 린파 차이니즈 레스토랑 | 257 |
| 망고탱고 | 125, 243 |
| 메디치 키친 앤 바 | 278 |
| 멧 바 | 057, 302 |
| 모카 커피 앤 갤러리 | 338 |
| 몬놈솟 | 125, 243 |
| 미스터 존스 | |
| 오퍼니지 밀크 바 | 247 |
| 바닐라 브라세리에 | 248 |
| 바와르치 | 192 |
| 반 차트 스타벅스 | 341 |
| 반 치앙 | 315 |
| 반쿤매 | 243 |
| 버티고 앤 문 바 | 133, 303 |
| 보그 라운지 | 317 |
| 보트 누들 골목 | 257 |
| 블루 엘리펀트 레스토랑 | 316 |
| 비바 아비브 | 319 |
| 사벨베르그 | 112, 276 |
| 살라 림 남 | 318 |
| 색소폰 | 258 |
| 생 에투와 | 246 |
| 소울푸드 | 105, 217 |
| 소이 수안 플루의 카놈진 스톨 | 299 |
| 소이 컨벤트와 살라댕 소이 2 | 301 |
| 수스타니아 오가닉 숍&레스토랑 | 217 |
| 수크 시암 | 114 |
| 수쿰빗 소이 38 | 128, 226 |
| 수파니가 이팅 룸 | 218, 340 |
| 스라부아 긴긴 | 110, 245 |
| 스렛시스 팔러 | 277 |
| 스리식스티 바 | 320 |
| 스위트 하운드 | 219 |
| 스칼렛 와인 바&레스토랑 | 320 |
| 스타붕 커피 | 341 |
| 스티브 카페 앤 퀴진 | 342 |
| 스피크이지 | 052, 281 |
| 시로코 | 320 |
| 싱싱 시어터 | 053, 221 |
| 쏨땀누아 | 242 |
| 쏨땀 더 | 301 |
| 쏨땀 욕 크록 | 339 |
| 쏨 분 시푸드 | 245 |
| 씨파 | 244 |
| 알앤엘 | 350 |
| 애프터 유 | 219 |
| 야마자토 | 284 |
| 야오와랏 거리 맛집 | 349 |
| 얌뎃 | 242 |
| 에라완 티룸 | 281 |
| 에까마이 게이트웨이 푸드코트 | 224 |
| 어보브 일레븐 | 195 |
| 오서스 라운지 | 320 |
| 이산 로디 레스토랑 | 256 |
| 잇 미 | 298 |
| 잇츠 해펀 투비 어 클로젯/23 | 192 |
| 제 지에 옌타포 | 300 |
| 짠펜 레스토랑 | 302 |
| 주마 | 057, 283 |
| 초코랩 | 300 |
| 카놈 | 245 |
| 카페 나우 바이 프로파간다 | 242 |
| 칼파프룩 | 106, 316 |
| 쿠파 | 193 |
| 퀸스 | 223 |
| 크레프&코 | 282 |
| 타완댕 디스틸러리 | 129, 302 |

# INDEX

| | |
|---|---|
| 테테 콰터스 바이 더 리버 | 317 |
| 토스트 박스 | 225 |
| 통로 55 거리 음식점 | 226 |
| 트루 커피 카오산 | 341 |
| 트리플릿츠 브라세리에 | 278 |
| 티 레스토랑 | 256 |
| 티앤케이 레스토랑 | 350 |
| 파크 소사이어티 | 135 |
| 팟퐁과 실롬 소이 | 296 |
| 페이야 | 284 |
| 푸드 로프트 | 117, 282 |
| 푸드 플러스 | 243 |
| 푸켓 타운 | 220 |
| 플라잉 치킨 | 130 |
| 피어 21 | 116, 193 |
| 하바나 소셜 클럽 | 195 |
| 하이드 앤 식 | 279 |
| 하지메 로봇 레스토랑 | 131 |
| 호이텃 차우래 | 225 |

### SLEEP

| | |
|---|---|
| W 방콕 | 323 |
| 그랜드 센터 포인트 라차담리 | 173, 289 |
| 냅파크 호스텔 | 345 |
| 뉴 시암 II | 345 |
| 니라스 방콕 컬처럴 호스텔 | 345 |
| 더 시암 | 155 |
| 드림 호텔 | 197 |
| 르네상스 방콕 라차프라송 | 285 |
| 리바 수르야 | 344 |
| 링크 코너 호스텔 방콕 | 345 |
| 만다린 오리엔탈 방콕 | 156, 321 |
| 메트로폴리탄 방콕 | 304 |
| 밀레니엄 힐튼 방콕 | 171, 321 |
| 반 딘소 호스텔 | 345 |
| 반얀트리 방콕 | 158, 305 |
| 소피텔 소 방콕 | 164, 305 |
| 수네타 호스텔 카오산 | 345 |
| 수코손 호텔 | 261 |
| 수코타이 호텔 | 305 |
| 서머셋 통로 | 173, 227 |
| 세인트 레지스 방콕 | 289 |
| 시암@시암 디자인 호텔 | 249 |
| 시암 캠핀스키 호텔 | 160, 249 |
| 어 프로트 방콕 | 196 |
| 오쿠라 프레스티지 방콕 | 286 |
| 유지니아 호텔 | 197 |
| 차트리움 호텔 리버사이드 | 172, 322 |
| 팬 퍼시픽 서비스 스위트 | 227 |
| 풀만 킹 파워 | 260 |
| 풀만 방콕 호텔 G | 163, 323 |
| 프라야 팔라쪼 호텔 | 344 |
| 한사르 방콕 | 168, 288 |
| 헤리티지 호텔 반 실롬 | 322 |
| 호텔 뮤즈 | 166, 288 |

### SHOP

| | |
|---|---|
| 네온 나이트 마켓 | 149 |
| 딸랏 롯 빠이 마켓 | 147 |
| 시암 디스커버리- 더 익스플로라토리움 | 141 |
| 시암 센터 | 143 |
| 짐 톰슨 팩토리 아웃렛 | 149 |
| 짜뚜짝 주말 시장 | 148 |
| 터미널 21 | 142 |

BANGKOK MAP BOOK
# CONTENTS

| | |
|---|---|
| 방콕 전도 | 002 |
| 지하철 안내도 | 004 |
| 차오프라야 익스프레스 보트 노선도 | 005 |
| 나나 & 아속 | 006 |
| 통로 & 에까마이 | 008 |
| 아눗싸와리 | 010 |
| 시암 | 011 |
| 칫롱 & 프런칫 | 012 |
| 실롬 & 사톤 북부 | 014 |
| 실롬 & 사톤 남부와 리버사이드 | 016 |
| 두짓 & 카오산 | 018 |
| 차이나타운 | 020 |

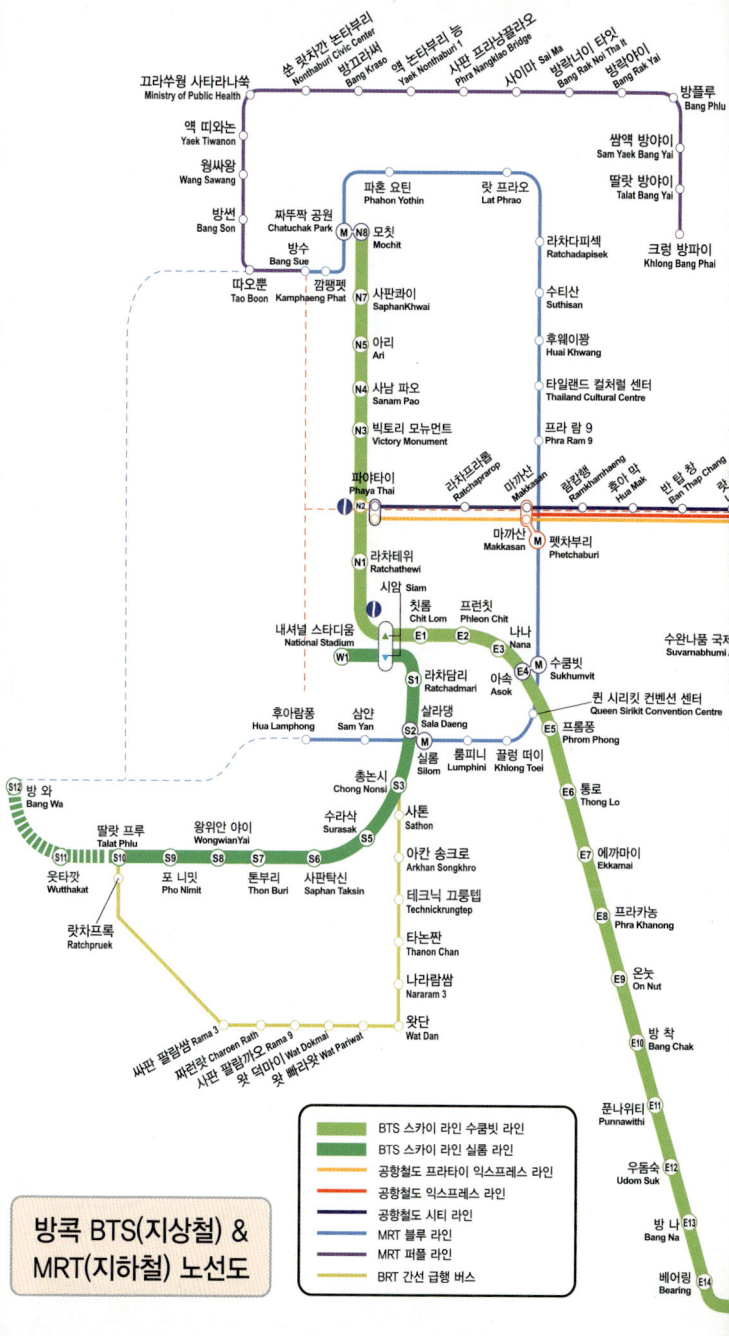

# BANGKOK MAP BOOK

- Ariyasom Villa
- 범룽랏 병원 / Bamrungrat Hospital
- 네스트 Nest
- 하바나 소셜 / Havana Social
- 르 페닉스 수쿰빗 / Le Fenix Sukhumvit
- 어보브 일레븐 / Above 11
- 프레이저 스위트 수쿰빗 / Fraser Suites Sukhumvit
- 아포테카 럭스 바 / Apoteka Lux Bar
- President Solitaire Hotel & Spa
- 올드 저먼 비어하우스
- 어 로프트 / A Loft
- WXYZ 바 / 레벨스 Levels
- 프런칫 역 / Phloen Chit Sta.
- 타파스 카페 / Tapas Cafe
- 바와르치 / Bawarchi
- 드림 호텔 / Dream Hotel
- 칩 찰리 바 / Cheap Chrlie Bar
- JW Marriott Bangkok
- Land Mark Hotel
- The Ambassador Hotel Bangkok
- 나나 플라자 / Nana Plaza
- 나나 역 / NaNa Sta.
- 클라이맥스 / Climax
- Sofitel Bangkok Sukhumvit
- The Westin Grande Suhkumvit
- Sheraton Grande Suhkumvit
- 아속 역 / Asok Sat.
- 캐비지 앤 콘돔 / Cabbages & Condoms
- Citadines Sukhumvit 8 Bangkok
- Park Plaza Sukhumvit Bangkok
- 소이 카우보이 / Soi Cowboy
- Centre Point Sukhumvit Soi 10
- 컬럼 라 / Column
- Benjakiti Park
- 쿠피
- 룸피니 역 / Lumphini Sta.

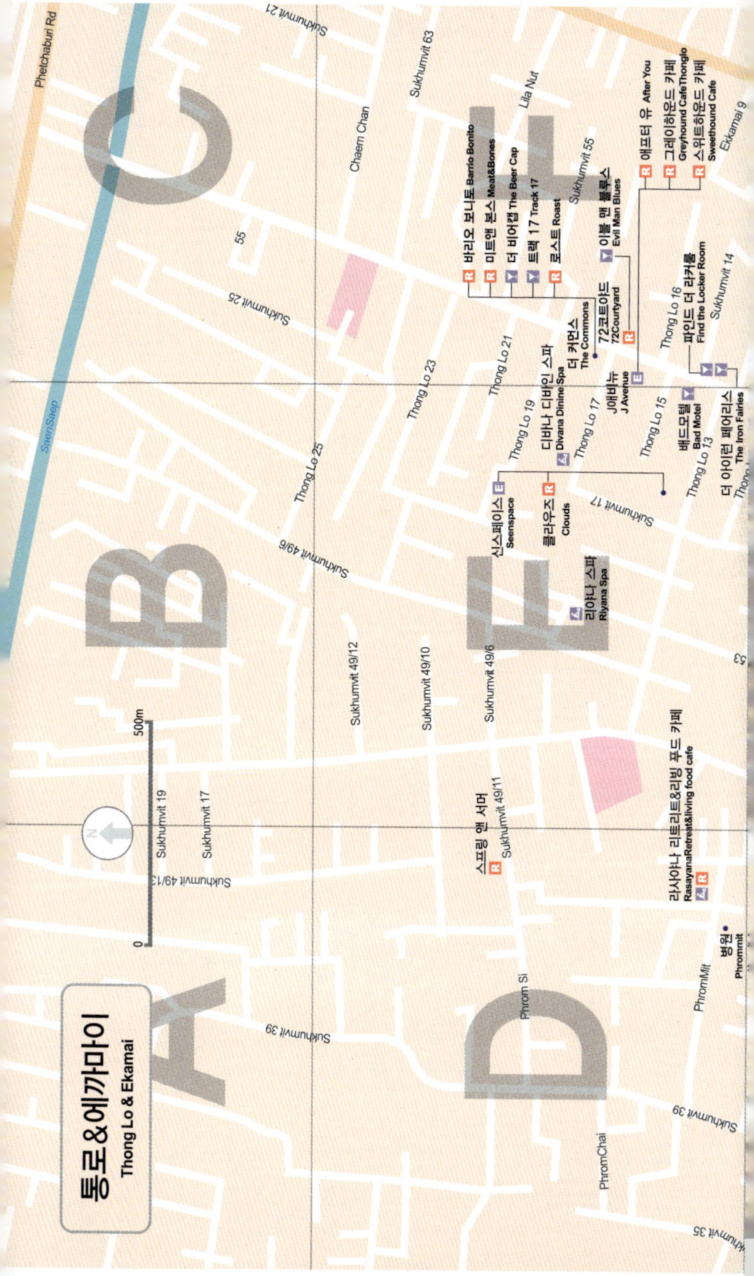

# BANGKOK MAP BOOK

## 통로&에까마이
## Thong Lo & Ekamai

**R** 바리오 보니또 Barrio Bonito
**R** 미트앤본스 Meat&Bones
**R** 더 비어캡 The Beer Cap
**R** 트랙 17 Track 17
**R** 로스트 Roast
**R** 이블 맨 블루스 Evil Man Blues
**R** 애프터 유 After You
**R** 그레이하운드 카페 Greyhound Cafe Thonglo
**R** 스윗하운드 카페 Sweethound Cafe
**R** 72코트야드 72Courtyard
**E** 더 커먼스 The Commons
**E** 디바나 디바인 스파 Divana Divine Spa
**R** J애비뉴 J Avenue
**H** 배드모텔 Bad Motel
**E** 파인드 더 라커룸 Find the Locker Room
**H** 더 아이언 페어리스 The Iron Fairies
**E** 신스페이스 Seenspace
**R** 클라우즈 Clouds
**E** 리야나 스파 Riyana Spa
**R** 라사야나 리트리트&리빙 푸드 카페 Rasayana Retreat&living food cafe
**R** 스프링 앤 서머

• 펑핏 Phrom Mit

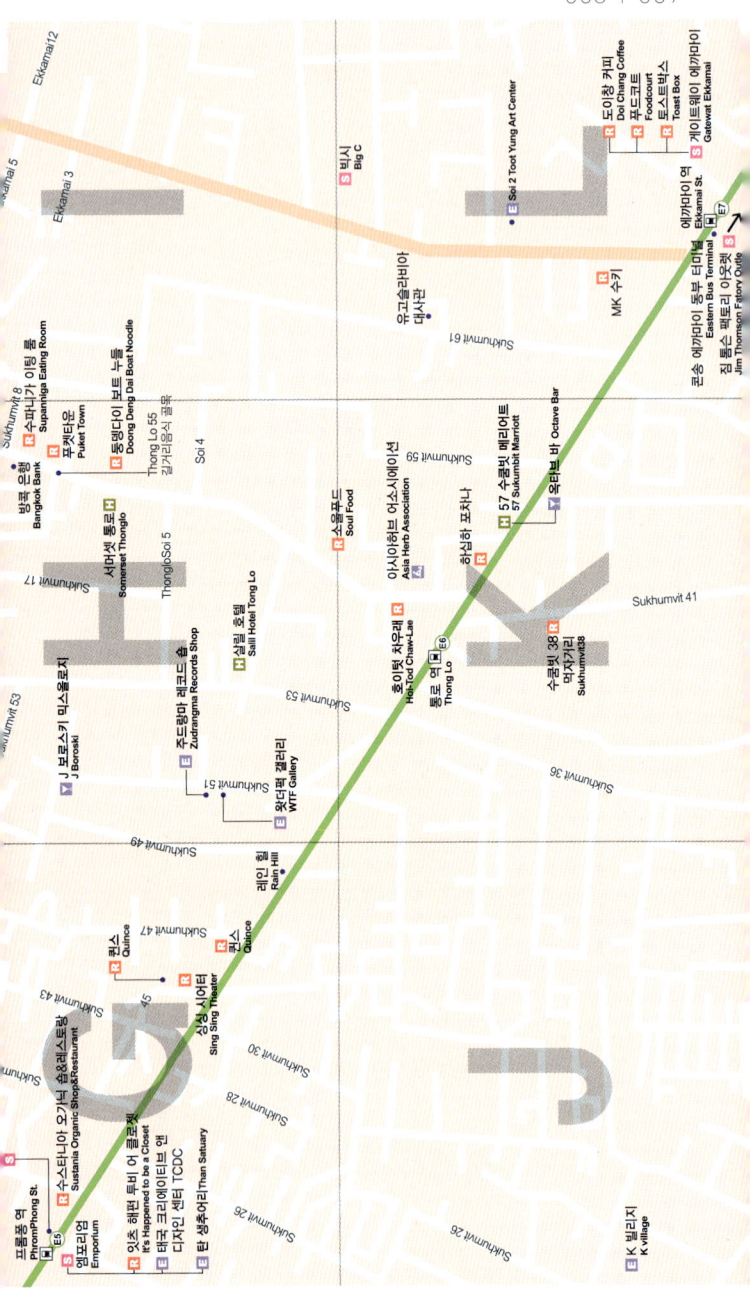

# BANGKOK MAP BOOK

## 아눗싸와리 / Anut Sawari

0 — 200m

- Hospital For Tropical
- Rajavithi Hospital
- Ratchawithi
- 보트누들 골목 / Boat Noodle Alley
- Sirat Expy (Toll Road)
- 빅토리 모뉴먼트 / Victory Monument
- Fashion Mall
- 색소폰 / Saxophone
- Ratchawithi
- 빅토리 모뉴먼트 역 / Victory Monument st. (N3)
- Ratchawithi 9
- Ratchawithi 7
- Ratchawithi 3
- Soi Phin San
- Santiphap Park
- Century Movie Plaza
- 이산 로디 레스토랑 / Isan Rod Ded Restaurant
- 반 바 / Baan Bar
- Rangnam Rd
- Soi Punya
- 킹 파워 콤플렉스
- Ratchaprarop
- Ibis Acco
- Rajchavej Hospital
- The Ture Siam Hotel
- 풀만 방콕 킹 파워 / Pullman Bangkok King Power
- 꽝 시푸드 / Kuang Seafood
- 린파 차이니즈 레스토랑 / Lin-Fa Chinese Restaurant
- 사파이어 바 / Sapphire Bar
- Soi Ayutthaya 8
- 수코손 호텔 / Sukosol Hotel
- Soi Ayutthaya 2
- 티 레스토랑 / T-Restaurant
- BTS 파야타이 역 / Phaya Thai (N2)
- 파야 타이 로드 / Phaya Thai Rd
- Deja Hospatal
- 수안빠깟 궁전 / The Suan Pakkad Palace Museum
- Chaturathit Rd
- Phyathai Hospital
- 파야타이 역 / Airport Link Phaya Thai
- Phetchaburi
- Phetchaburi 13
- Best Western Mayfair Suites
- 라차프라롬 역 / Airport Link Ratchaprarop
- 바이욕 스카이 호텔 / Baiyoke Sky Hotel
- Som Prasong
- Som Prasong 2
- 바이욕 스카이 전망대 / Baiyoke Sky
- Phetchaburi 11
- Phetchaburi 13 / Som Prasong3
- Phetchaburi 15 / Som Prasong4
- Phetchaburi 17 / Som Prasong4
- Chunbatit
- Kanchana
- Ratchaprarop
- First
- Metro Fashion Mall
- 빅 시 / Big C
- 네온 나이트 마켓 / Neon Night Market
- City Plaza
- 파투남 시장 / Pratu Nam Market
- First House Hotel
- Phetchaburi Rd
- Residence Rajtaevee(The) Bangkok
- Pantip Plaza
- Amari Watergate Bangkok
- 고앙 파투남 치키라이스 / Go-Ang Pratunam Chicken Rice
- The Tube Bar
- Yamiaulkoirlyah Mosque
- 플래티넘 패션 몰 / Platinum Fashion Mall
- 파투남 센터 / Pratu Nam Center
- Novotel Bangkok Platinum

# BANGKOK MAP BOOK

## 칫롬 & 프런칫
### Chitlom & Ploenchit

- 시암 파라곤 / Siam Paragon
- BTS 시암역 / Siam Sta.
- 시암 스퀘어 / Siam Square
- 센트라 그랜드 호텔 / Centara Grand Hotel
- 레드스카이 / Red Sky
- 탄 생추어리 / Than Sanctuary
- 센트럴 월드 / Central World
- 판푸리 오가닉 스파 / Panpuri Organic Spa &
- 게이손 플라자 / Gayson Plaza
- 인터컨티넨탈 / Intercontinental
- 에라완 사당 / Erawan Shrine
- 아마린 플라자 / Amarin Plaza
- 그랜드 하얏트 에라완 방콕 / Grand Hyatt Erawan Bangkok
- 에라완 티룸 / Erawan Tea Room
- 출라롱콘 대학교 / Chulalongkorn University
- 르네상스 방콕 라차프라송 / Renaissance Bangkok Ratchaprasong
- 콴 스파 / Quan Spa
- 페이야 / FeiYa
- 페닌슐라 플라자 / Peninsula Plaza
- 그랜드 센터 포인트 라차담리 / Grand Centre Point Rachadamri
- 코티야드 메리어트 / Courtyard Marriott
- 아난타라 방콕 / Anantara Bangkok
- 한사르 방콕 / Hansar Bangkok
- 세인트 레지스 방콕 / St. Regis
- 럭사스파 / Luxsa Spa
- BTS 라차담리 역 / Rathcadamri Sta.
- 주마 / Zuma
- 로열 방콕 스포츠 클럽 / Royal Bangkok Sport Club
- Grand Langham / Condor
- Marriot Executive Apartments / Mayfair Bangkok
- Calderazzo Bistro
- 니라다 스파 / Nirada Spa
- 라차담리 로드 / Rathcadamri Rd
- 헨리 듀란트 로드 / Henri Durant Rd
- 럭스 엑스엘 호텔 / LUXX XL Hotel
- 남아프리카 대사관
- 사라신 / Sarasin
- 룸피니 파크 / Lumpini Park

0 — 200m

# BANGKOK MAP BOOK

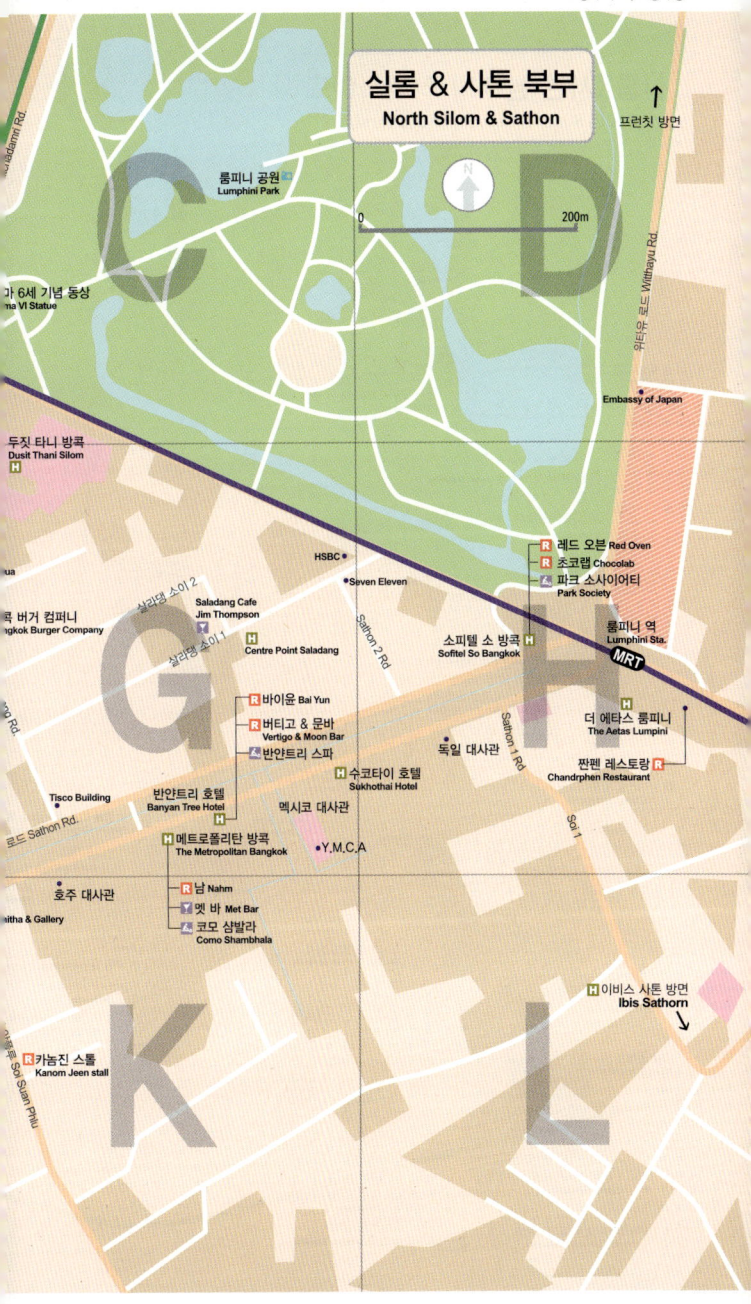

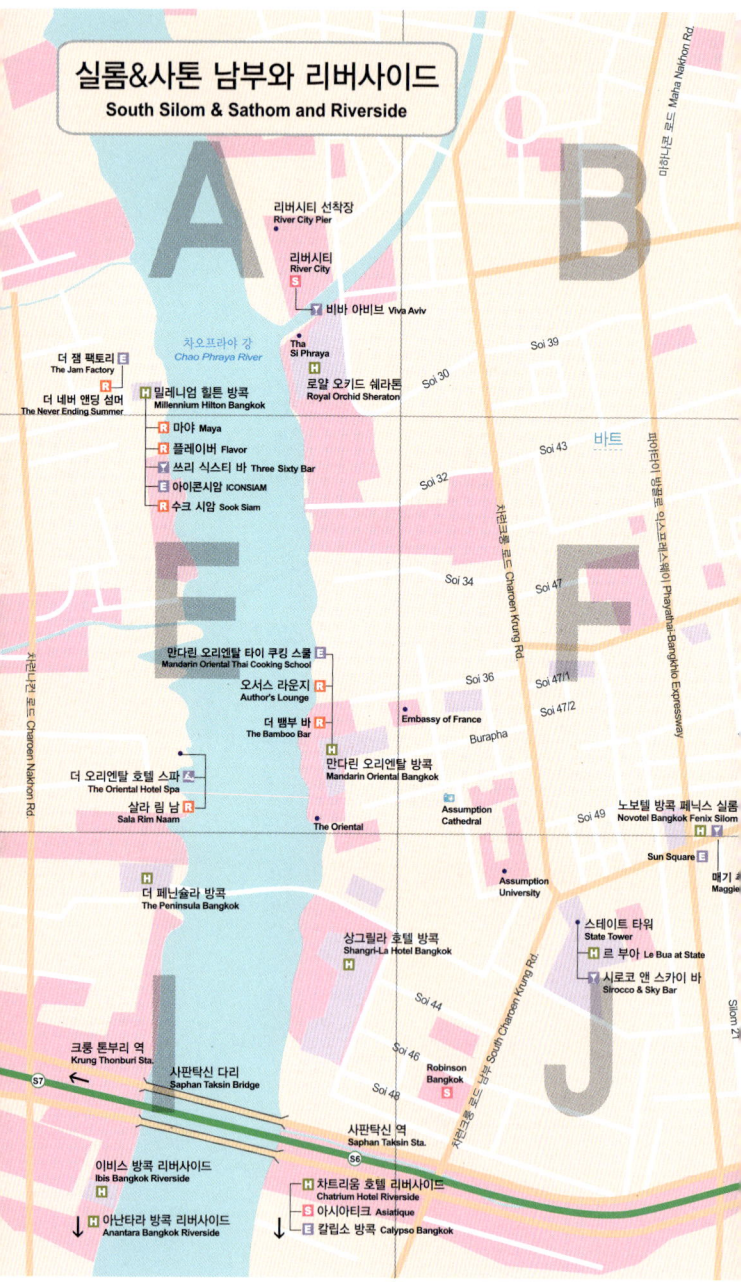

# BANGKOK MAP BOOK

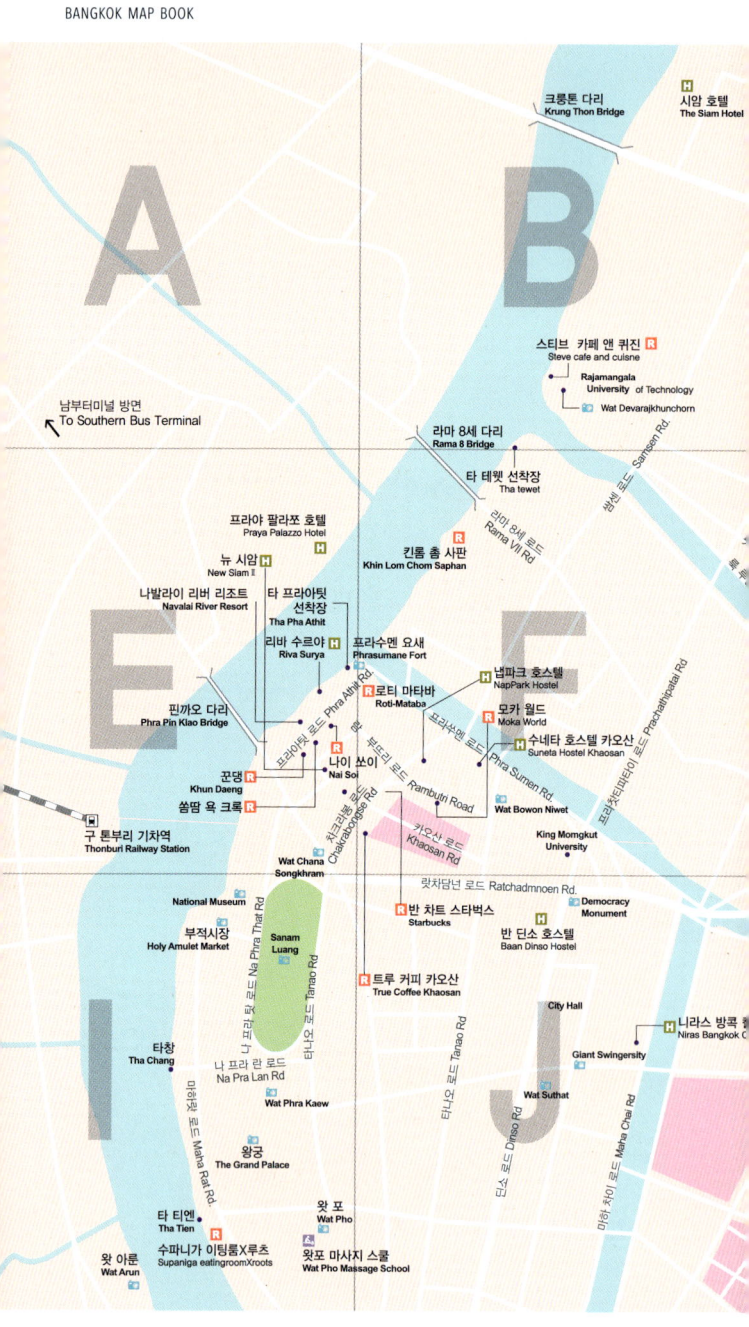